Wilhelm Fritz

# Die Briefe des Bischofs Synesius von Kyrene

Ein Beitrag zur Geschichte des Attizismus im IV. und V. Jahrhundert

Wilhelm Fritz

**Die Briefe des Bischofs Synesius von Kyrene**
*Ein Beitrag zur Geschichte des Attizismus im IV. und V. Jahrhundert*

ISBN/EAN: 9783743684522

Hergestellt in Europa, USA, Kanada, Australien, Japan

Cover: Foto ©ninafisch / pixelio.de

Weitere Bücher finden Sie auf **www.hansebooks.com**

# DIE BRIEFE

DES

# BISCHOFS SYNESIUS VON KYRENE.

## EIN BEITRAG ZUR GESCHICHTE DES ATTIZISMUS
## IM IV. UND V. JAHRHUNDERT.

VON

## Dr. WILHELM FRITZ,

KGL. GYMNASIALLEHRER IN ANSBACH.

LEIPZIG,

DRUCK UND VERLAG VON B. G. TEUBNER.

1898.

# Vorwort.

Den ersten Anstofs zur Beschäftigung mit dem Gegenstande der nachfolgenden Blätter gab mir die in Bayern damals noch in Geltung stehende, jetzt leider abgeschaffte Einrichtung des philologischen Spezialexamens. Nachdem das nächste Ziel, dem meine Arbeit dienen sollte, erreicht war, mochte ich der mir lieb gewordenen Beschäftigung nicht völlig entsagen und kehrte, zugleich in der festen Überzeugung, dafs die Fortsetzung wissenschaftlicher Studien, wenn sie nur mit Selbstverleugnung geübt wird, dem Lehrer eine nicht hoch genug zu veranschlagende Erfrischung und Erhebung einbringt, gerne von neuem zur genauen Durchforschung des einmal gewählten Arbeitsgebietes zurück. Dabei konnte die Erkenntnis nicht ausbleiben, dafs meine früher gewonnenen Resultate in manchem Stücke unvollkommen, einer Vervollständigung, Vertiefung und Sichtung bedürftig seien. So entstand die nachfolgende Studie; sie wurde bei der hohen philosophischen Fakultät der Universität München zur Erlangung der Doktorwürde eingereicht.

Wie ich einerseits, wenn ich die meiner Beobachtung unterstellten Geisteserzeugnisse in den Zusammenhang mit der durch die Jahrhunderte gehenden Frage nach der gegenseitigen Durchdringung von Humanismus und Christentum rückte, aus solcher Betrachtungsweise stets neues Interesse an meinem Autor schöpfte, so war es mir, insbesondere bei dem rein grammatischen Teile meiner Untersuchungen, eine hohe Befriedigung und zu gleicher Zeit ein tüchtiger Ansporn, die bisher in weit höherem Grade nur traditionell behauptete als wissenschaftlich nachgewiesene Zugehörigkeit des Synesius zum Attizismus genau verfolgen und so meinen Autor auch formell als bedeutsames Glied in der Kette einer langen Entwickelung darstellen zu können. Was mich aber zur Veröffentlichung meiner Arbeitsfrüchte veranlafste und ermutigte, das war sowohl die bekannte Bestimmung, welche die Drucklegung von Promotionsarbeiten fordert, als auch die stille Hoffnung, dafs das, was mich schliefslich dem Endziel einer Neuherausgabe der Briefe des Synesius zuführen soll, doch wohl als eine nicht unwillkommene Fortsetzung von W. Schmids Attizismus — in seinen grammatischen Partieen wenigstens — sich geben darf und manchem auf dem gleichen Gebiete arbeitenden Kollegen einigen Gewinn bringen könnte. Nicht ohne Einfluſs auf meine lange Zeit recht schwankenden Entschlüsse ist schlieſslich auch die Zuvorkommenheit gewesen, mit welcher sich der Herr Verleger, der langjährige und verdiente patronus der humaniora, zur Aufnahme meiner Arbeit in seinen geschützten Verlag bereit finden lieſs.

So möge denn dieser Erstlingsversuch einer wohlwollenden Beurteilung begegnen!

Ansbach, im März 1898.

W. Fritz.

# Inhaltsverzeichnis.

|                                                                      | Seite |
| -------------------------------------------------------------------- | ----- |
| Einleitung                                                           | 1     |

**Erstes Kapitel.**

| Ausgaben und Handschriften                                           | 4     |

**Zweites Kapitel.**

| Die Sprache des Synesius                                            | 22    |
| I. Formenlehre                                                      | 24    |
| Nichtattische Formen                                               | 24    |
| A. Das Nomen.                                                       |       |
| a. Das Substantivum                                                | 29    |
| b. Das Adjektivum                                                  | 33    |
| c. Das Pronomen                                                    | 39    |
| d. Das Numerale                                                    | 41    |
| B. Das Verbum.                                                      |       |
| a. Die Verba im allgemeinen                                        | 42    |
| b. Die Verba auf -ω                                                | 54    |
| c. Die Verba auf -μι                                               | 57    |
| d. Einzelne Verba                                                  | 64    |
| II. Syntax                                                          | 70    |
| A. Das Nomen.                                                      |       |
| 1. Genus                                                           | 70    |
| 2. Numerus                                                         | 71    |
| 3. Kasus                                                           | 75    |
| a. Akkusativ                                                       | 75    |
| b. Genetiv                                                         | 76    |
| c. Dativ                                                           | 79    |
| 4. Komparation                                                     | 85    |
| 5. Artikel und Pronomen                                           | 86    |
| B. Das Verbum.                                                     |       |
| 1. Genus                                                           | 95    |
| 2. Numerus                                                         | 98    |
| 3. Tempus                                                          | 98    |
| 4. Modus                                                           | 102   |
| 5. Konjunktionen und Modi in Nebensätzen                          | 113   |
| C. Negationen                                                      | 129   |
| D. Satzgefüge                                                      | 133   |
| E. Präpositionen                                                   | 135   |
| I. Präpositionen mit einem Kasus.                                 |       |
| a. Mit dem Akkusativ                                              | 135   |
| b. Mit dem Dativ                                                  | 139   |
| c. Mit dem Genetiv                                                | 141   |
| II. Präpositionen mit zwei Kasus, mit dem Akkusativ und mit dem Genetiv | 147 |
| III. Präpositionen mit drei Kasus                                | 156   |
| F. Partikeln                                                      | 168   |
| Über den Hiatus bei Synesius                                     | 175   |

**Drittes Kapitel.**

| Einzelne Stellen                                                   | 202   |

# Einleitung.

Synesius wurde nach den Berechnungen von Sievers (Studien zur Geschichte der römischen Kaiser, Berlin 1870 p. 373) und Schneider (De vita Synesii. Grimma Diss.: 1876 p. 8 ff.) ums Jahr 370, nach dem Ansatz von Clausen (De Synesio commentatio Hafniae Diss. 1831 § 1) ums Jahr 375 als der Sohn einer hochangesehenen altheidnischen Familie in Kyrene geboren. Seine Jugend fiel also in die Zeit, in der sich lauter und lauter an den Thoren des römischen Reiches der gewaltige Aufmarsch der jugendfrischen germanischen Völker vollzog, deren Söhne von den einen damals noch in ihrer ungeschlachten Kraft bespöttelt und verachtet, von den andern, den Einsichtigeren, bereits als die künftigen Herrn römischen Bodens und Gutes mit scheuen Blicken beobachtet, von den Grofsen des Reiches zuweilen als allenfalls brauchbare Diener und Stützen des alten Staatsgefüges begünstigt und umschmeichelt, bald in den bewegenden Fragen des Tages ein mafsgebendes, bestimmendes Wort mitreden sollten. Es war eine Zeit dumpfer Gewitterschwüle; die Stunden nahten, in denen unter furchtbaren Zuckungen des ganzen Römerreiches aus dem Schofse der alten griechisch-römischen Kultur eine neue christlich-germanische Welt herausgeboren werden sollte. Übergangszeiten sind stets schwere Zeiten des Ringens und Kämpfens, mögen diese Kämpfe mit dem Schwert des Geistes oder mit den Waffen aus Eisen und Stahl auszufechten sein. Und hier stand ein Kampf auf beiden Gebieten bevor. Doppelt schwer sind aber solche Zeiten, wenn der zum Kampfe aufgerufenen Menschheit die Siegeszuversicht und das Vertrauen in die eigene Sache abhanden gekommen ist, jener frohe Mut, der später, als wieder eine neue Welt im Heraufzuge begriffen war, einen glänzenden Verfechter der zukünftigen Ideale jubelnd in die Worte ausbrechen liefs: „Es ist eine Lust in dir zu leben, Jahrhundert!"

Von solchem sieghaften Mute war damals wenig zu verspüren. Glücklich derjenige, der ohne Wanken auf seiner einmal gefafsten Überzeugung zu beharren die Kraft hatte und· dem tausendfachen Herüber und Hinüber des um ihn tobenden Streites keinen Eingang in sein eigenes Innerstes gestattete. So auf der Schwelle zweier Welten stehend wurde auch Synesius von den Leiden seiner Zeitgenossen nicht verschont. Seine Briefe, soweit uns dieselben erhalten sind, erzählen uns weniger von den grofsen und kleinen Freuden des Lebens, denen das edle Herz ihres Schreibers so offen stand, als von den Trübsalen und Ärgernissen eines Mannes, der in einer mit sich selbst uneins gewordenen Zeit auf die Höhe eines verantwortungsvollen Berufes gestellt mit erschrecklicher Gründlichkeit die Mühsale seines Zeitalters durchzukosten hatte.

Durch das Edikt des Kaisers Theodosius vom 24. Februar 391 schien zwar der Sieg des Christentums über das Heidentum endgiltig besiegelt: die Anbetung der Olympier war in den Tempeln gesetzlich verboten. Aber das Heidentum, das einen Jahrhunderte langen Kampf mit dem Christentum geführt hatte, war mit einem Federstrich noch nicht zu ertöten: wenn auch als geheime Religion, hielt sich die Anbetung der alten Götter noch lange Zeit und blieb immer noch als beachtenswerter Faktor im geistigen Leben der damaligen Zeit in Geltung. Die heidnische Philosophie vollends, die alles nichtchristliche religiöse Bedürfnis in den Kreis ihrer Betrachtungen und Bestrebungen gezogen hatte, blieb unangetastet in voller Lebens- und Lehrfreiheit erhalten; nur so war die öffentliche und tiefgreifende Thätigkeit Hypatias möglich. Erst 529 schloß Iustinian die Philosophenschulen in Athen. Und das Christentum seinerseits hatte während der letzten Jahrzehnte, nachdem der Kampf ums Dasein durchgefochten schien, in breiten Schichten des Volkes an Tiefe und Ernst merklich verloren. Seit Constantin war es hoffähig geworden; aber die Einführung in diese Kreise schien ihm nicht zum Segen gereichen zu sollen. Fast möchte man es als eine damit im Zusammenhang stehende Erscheinung bezeichnen, wenn sich manche Gemeinden versucht fühlten, die repräsentierenden Stellen in ihrer Kirche nicht sowohl den durch ernste Religiosität und lebendigen Glauben leuchtenden Männern als den durch alten Adel und glänzende Bildung prunkenden, wenn auch noch heidnischen Persönlichkeiten zu verleihen. Diesem Brauche huldigten auch die Christen von Ptolemais; Synesius, obschon wohl bereits getauft, so doch keinesfalls ein in den lebendigen Bau der Kirche eingefügtes Glied derselben, wurde zum Bischof gewählt, und Theophilos von Alexandria bestätigte diese Wahl. Mochten auch politische Rücksichten der schwer bedrängten Gemeinde die Wahl des glänzend begabten Mannes empfehlen (man erhoffte eben von ihm günstige Erfolge in politischen Fragen), so war es doch ein schweres Wagnis, den, der mit Begeisterung zu den Füßen Hypatias, der letzten glänzenden, idealen Vorkämpferin des sinkenden Heidentums, gesessen hatte, zum christlichen Bischof zu wählen. Er diente mit voller Hingebung der ihm anvertrauten Gemeinde; von tiefem Danke für das ihm erwiesene Vertrauen erfüllt zeigte er seinen Gemeindegliedern das Bild eines echten Friedensfreundes. Allein die Folgen des bei seiner Wahl begangenen Mißgriffes konnten nicht ausbleiben. Synesius war zu sehr mit allen Wurzeln nicht nur seines Geschlechtes (er rühmte sich ein Heraklide zu sein), sondern auch seines ganzen

Denkens im Heidentum gegründet. Dazu kam der Umstand, dafs er in Alexandria, auf dem klassischen Boden des heidnisch-christlichen Synekretismus, seine höhere Bildung erhielt. Wie vor ihm Origenes glaubte er so nach platonischer Lehre an die Präexistenz der Seele, an die Ewigkeit der Welt und, was noch mehr besagen will, die Lehre von der Auferstehung hielt er für ein ἀπόρρητον, gegen eine Übereinstimmung mit den gewöhnlichen Anschauungen des gemeinen Volkes in dieser Frage sich ausdrücklich verwahrend. So mufste er alle Gewissensnöte eines Priesters erfahren, der zu spät einsieht, dafs er auf einem Posten steht, den er auszufüllen nicht im stande ist. Daher seine wiederholten Bitten, seine Gemeinde möge für ihn beten, während doch er sich in den damaligen schweren Kriegszeitläuften mit aufgehobenen Händen vor seine Gemeinde hätte stellen sollen; daher auch sein aus geprefstem Herzen stammendes Zeugnis, dafs er glaube umsonst gebetet zu haben, dafs Gott ferne von ihm sei. Er ruft Gott zum Zeugen an, dafs er lieber vielmals den Tod der Übernahme seines priesterlichen Amtes vorgezogen haben würde. Wenn auch in anderem Zusammenhang gebraucht, gilt hierfür des Synesius Ausspruch, dafs Politik und Priesteramt mit einander zu verbinden soviel heifse als unvereinbare Dinge zusammenweben zu wollen.

Auch die Unsicherheit der politischen Zustände griff in das Leben des edlen Kyrenaikers rauh und unbarmherzig ein. Auf dem Nordrande Afrikas waren es damals noch nicht die germanischen Vandalen, die alle Schrecknisse eines erbitterten und barbarisch geführten Krieges über die Bewohner des Landes brachten; zu Synesius' Zeiten regten sich an den südlichen Grenzen der römischen Provinz die im Hinterlande wohnenden barbarischen Stämme und begannen damals das Werk, als dessen schliefslichen Erfolg wir noch heutzutage den fast völligen Untergang römisch-griechischer Kultur in diesen Landstrichen bedauern. Es zeigten sich damals zum ersten Male die verhängnisvollen Folgen des von den Römern bei der Okkupation von Nordafrika gemachten Fehlers, dafs sie es unterlassen hatten, ihr Gebiet gegen die Wüstenstämme Afrikas zu sichern. In dem jetzt beginnenden Kampfe brauchte man ein tüchtiges Heer, hier that energisches Eingreifen und selbstloser Dienst am Vaterlande not. Aber beides war in der in Selbstsucht versunkenen und durch Wohlleben entnervten Zeit — für Afrika wenigstens — nicht mehr zu finden. Patriotische Hingabe ans Vaterland konnte Synesius bei denen, deren Arm und Herz seine Heimat anvertraut war, nicht entdecken; die herrschenden Gewalten im Centrum des Reiches scheinen dieses Gebiet teilnahmlos aufgegeben zu haben und überliefsen es ruhig den Quälereien seiner bestechlichen und blutdürstigen, verkappten und offenen Feinde. So mufste denn Synesius thun, was ihm zu thun möglich war; der Bischof mufste aus den Händen der Feinde zu retten suchen, was noch nicht verloren war. Es ist ein erhebendes Schauspiel und ein glänzender Beweis für die Stärke der in Synesius lebenden Vaterlandsliebe, wenn wir sehen, wie der sonst so zaghafte Geistliche jetzt als „reisiger Bischof" sich an die Spitze der Landesverteidiger stellt. Bald werden Maschinen und Geschosse zum Kampfe gegen die Feinde und zur Verteidigung der festen Plätze ersonnen und bestellt, bald hören wir, wie er zum Schutze der in seine Obhut Geflüchteten die Nächte auf der Wache zubringt, bald preist er eine kleine Schar tapferer Jünglinge glücklich, die den Unholden standhaften Widerstand geleistet, und feuert sie zu neuem mutigen Kampfe an. Gewiſs, er war ein treuer Diener seiner Gemeinde, wenn auch die Art seines Dienstes uns nicht in allen Stücken gefallen will. Dies sind einige Züge aus dem Leben des für seine Zeit bedeutenden Mannes. Er war keiner von den glänzend begabten Geistern, aus deren Gedankenarbeit die Nachwelt Begeisterung und Belehrung zu entnehmen vermocht hätte — solche Geister waren damals gar selten anzutreffen —, aber er ist uns, besonders durch seine Briefe, ein wohlzuschätzender Zeuge für die sittlichen und politischen Zustände seiner Zeit geworden. Die Lektüre seiner Briefe gestattet uns einen tiefen Einblick in den Zustand eines nicht geringen Teiles der Menschheit in den letzten Tagen des untergehenden Altertums. Neuerdings hat Charles Kingsley in seiner „Hypatia", angeregt durch die Lektüre dieser Briefe, ihrem Autor ein ehrendes Denkmal gesetzt; im Jahre 1869 hat Richard Volkmann unter dem Titel: „Synesius von Cyrene. Eine biographische Charakteristik aus den letzten Zeiten des untergehenden Hellenismus" mit warmen Farben ein lebendiges Bild von der gesamten Thätigkeit des Synesius entworfen.

***

## Erstes Kapitel.

### Ausgaben und Handschriften.

Die Briefe des Synesius sind noch nicht oft herausgegeben worden. Den ersten Druck derselben besorgte (cf. Fabricii bibliotheca Graeca cur. Harles IX p. 196) Aldus Venedig 1499; er gab sie zugleich „cum aliis Graecorum epistulis" heraus. Eine zweite Ausgabe der Briefe und mit ihnen anderer Werke des Synesius stammt von Turnebus Paris 1553. Eine Sonderausgabe der Briefe unseres Autors erfolgte zum ersten Male durch Thomas Naogeorgus, der dieselben „Graece et Latine" Basel 1559 veröffentlichte; ebenso, aber ohne lateinische Übersetzung, erschienen sie aus der Hand des Cl. Morellus in Paris 1605. Im Vereine mit sämtlichen uns erhaltenen Werken des Synesius wurden dann die Briefe durch den Jesuiten Denis Petau (Dionysius Petavius) viermal 1612, 1631, 1633, 1640 herausgegeben. Diese Rezensionen, von denen die dritte vom Jahr 1633 für die beste gilt, bildeten bis in unsere Zeit den landläufigen Text; auch Migne hat in seinen Patrologi (Band LXVI, Paris 1859) lediglich einen Abdruck des Textes von Petau gegeben.

Durch eine ungünstige Fügung traf es sich, dafs Johann Georg Krabinger, der die übrigen Werke des Synesius mit Ausnahme der Briefe in Einzelbänden und zusammen in dem ersten Bande einer Gesamtausgabe bereits herausgegeben hatte, durch den Tod verhindert wurde, mit seiner erprobten Sorgfalt auch die Briefe unseres Autors zu behandeln. Gewifs hätte er, nach den bereits gelieferten Ausgaben zu schliefsen, auch die Textkritik der Briefe entscheidend gefördert. Zum letzten Male sind diese Briefe in Paris bei Firmin-Didot im Jahre 1873 in der Rezension Rud. Herchers erschienen. Hier befinden sie sich in dem grofsen Sammelbande der Epistolographi Graeci. Mit berechtigtem Selbstgefühl konnte Hercher seine praefatio mit den Worten beginnen: „epistolographorum Graecorum greges dispersos et errantes in unum locum compulimus"; wie viele Arbeit bei der Sammlung und Bearbeitung des zu behandelnden Stoffes aufgewendet worden sein mufs, liegt bei einem nur einigermafsen genaueren Einblick in die Anlage des Werkes offenkundig zu Tage. Hercher hat zum ersten Male seiner Ausgabe der Briefe des Synesius auch einen kritischen Apparat beigefügt, leider freilich einen sehr wortkargen und für die Feststellung des Textes durchaus nicht genügenden Berater. Denn erstlich hat H. nicht alle Handschriften, die bis zu seiner Zeit bekannt geworden waren, bei seinen Studien beigezogen, sondern nur einige wenige — es sind im ganzen acht — angegangen und befragt. So hat er statt der Parisini 1039, 1040, 1041 und 1042, unter denen einer (1039) unseren besten Zeugen zuzuzählen ist, nur die „notae a Boissonadio conscriptae" benützt, über deren Bewandtnis man sich bei H. selbst praefatio p. VIII instruieren mag. Die Autorität dieser schedae ist nun aber eine sehr fragliche. Denn diese Notizen, die zum Teil in Sinners Delectus Patrum Graecorum (Paris 1862), wo Boissonade den 4. Brief des Synesius mit seinen handschriftlichen Bemerkungen herausgab, zum Teil an andern Stellen der von Boiss. gefertigten Ausgaben des Eunapius, der Heroica des Philostratus, des Marinus, des Aristaenetus und in andern Werken allenthalben zerstreut zu finden sind, führen nie oder nur höchst selten eine Angabe ihres handschriftlichen Ursprunges mit sich. So sagt z. B. Boiss. in dem an erster Stelle angegebenen Werke in der adnotatio zu p. 445. 11: codices quinque, 13: sex codices, 17: ab uno codice — abest, an et ab aliis nescio, p. 446. 9: codices quinque, p. 449. 6 codices tres u. s. w.; es sind dies alles Pariser Handschriften; welche er aber aus der grofsen Zahl derselben (es sind meines Wissens 22) gemeint habe, ist nicht zu erraten.

Und in den an zweiter Stelle namhaft gemachten Ausgaben habe ich ebenfalls nur ganz selten eine genaue Angabe über die Provenienz der daselbst angeführten handschriftlichen Notizen finden können. Und doch hätte, sollte man meinen, Boiss. die handschriftlichen Bezeichnungen beifügen müssen, wenn sie ihm eben zu Gebote gestanden hätten. Doch wir wollen hören, wie sich der Herausgeber selbst in der Einleitung seines kritischen Apparats über diese Angelegenheit äufsert: „Praeterea (d. h. aufser den acht Handschriften) praesto fuerunt notae a Boiss. conscriptae, de quibus in praefatione dixi. Earum partem efficiunt lectiones codicum „ABCD", quorum (?) originem ille quidem non aperuit, sed quos a Parisinis 1039, 1040, 1041, 1042 non diversos esse aliunde colligere licet." Woher dies H. vermutete, wird uns vorenthalten. Dafs dem Herausgeber selbst die Herkunft der Boissonad'schen Notizen nicht im einzelnen klar war, geht mit Deutlichkeit daraus hervor, dafs in seinem ganzen Apparat zu 100 Firmin-Didot-Seiten von den in Rede stehenden Handschriften Par. 1039 dreimal, Par. 1041 dreimal, Par. 1040 und 1042 niemals namentlich erwähnt sind; die Bezeichnungen ABCD habe ich nur zweimal angetroffen. An den übrigen Stellen, deren es 12 sind, kann H. von den Handschriften, deren Kenntnis er den schedae Boissonadianae verdanken will, nichts anderes aussagen, als dafs „in uno Boissonadii" oder „in tribus Boiss. codicibus" diese oder jene Lesart sich finde. Einmal (zu p. 649. 22) taucht sogar ein Unbekannter, Namens E, auf. Von den drei Stellen, an denen, wie oben gesagt, Par. 1039 namentlich mit seiner Lesart angeführt ist, stimmt übrigens die Bemerkung zu 7. 647. 3 insofern nicht, als das dortstehende $\tau\iota\varsigma$, wie ich selbst gesehen, im Par. 1039 von ganz später Hand beigefügt ist. Auch sind die Lesarten aus dem Par. 1039 nicht vollständig beigebracht: so steht 2. 638. 28 $\mu\iota\sigma\vartheta o\delta ó\tau\eta\nu$; 4. 639. 39 $\pi o\nu\eta\varrho ó\varsigma$; 4. 641. 9 $\pi\varrho o\sigma\tau\iota\vartheta\acute{\epsilon}\nu\tau\alpha$ und 4. 644. 21 $\tau\grave{o}$ $\tau\tilde{\omega}\nu$ auch im Par. 1039; 4. 639. 44 hat der gleiche codex $\varkappa\acute{\alpha}\nu$ $\tau\iota$ $\varkappa\alpha\grave{\iota}$ $\sigma\nu\mu\beta\alpha\acute{\iota}\eta$ und 4. 643. 46 liest Par. 1039 das von H. nach seinem eigenen Gutdünken eingesetzte $\pi\lambda\epsilon\tilde{\iota}\nu$.

Auch in der Auswahl der von ihm eingesehenen Handschriften läfst sich bei H. keine leitende Idee erkennen. Weder die ältesten noch die im Rufe besonderer Güte stehenden Codices hat er kollationiert, ja es sind unter den von ihm benutzten 8 Handschriften nur zwei oder gar nur eine, die sämtliche Briefe enthielten, die andern bieten sämtlich nur einen gröfseren oder kleineren Teil derselben. Und doch hätte H., der für die Briefe des Synesius eine kritische Behandlung zum ersten Male in die Wege leiten wollte, für sein Werk eine möglichst breite Basis bauen sollen. Im Gegensatz dazu hat aber H. sehr oft auf die Worte des Laurentianus LXXXVI. 8, der, wie es scheint, allein von seinen Handschriften alle Briefe enthielt, geschworen und andere nicht zu unterschätzende Zeugen gar nicht

zu Worte kommen lassen. Der Guelferbytanus ist im Anfang ver-
stümmelt (cf. Krabinger zu Synesii Cyrenaei opera omnia Tom. I
p. XXVII), ob der Lipsiensis alle Briefe biete oder nur einen Teil
derselben, habe ich bei dem Mangel eines zuverlässigen Katalogs für
die Leipziger Bibliothek aus Krabingers praefatio (p. XXVIII) nicht
zu ersehen vermocht. Auch über diesen Punkt hat sich H. ausge-
schwiegen; er hat für keine seiner Handschriften eine eingehende Beschreibung geliefert. Das wäre aber bei der schriftstellerischen Thätigkeit unseres Autors und bei der Art der uns hier speziell beschäftigenden Werke besonders notwendig und fruchtbringend gewesen. Die
verschiedenen Werke unseres Autors konnten in der verschiedensten
Weise angeordnet werden und eine gleiche oder ähnliche oder verschiedene Reihenfolge derselben gibt auch einen Fingerzeig für die
engere oder weitere Verwandtschaft oder für die Selbständigkeit der
diese Werke bietenden Codices. Und was speziell die Briefe anlangt,
so war hier dem Umtauschen der Reihenfolge und dem Auswerfen
einzelner Briefe der weiteste Spielraum gelassen, je nachdem einen
Schreiber willkürliche Neigungen oder auch ästhetische, vielleicht
auch selbst theologische Anschauungen und Bestrebungen veranlassen
mochten, die ursprüngliche Vollständigkeit oder Ordnung zu trüben.
Was durch eine derartige Vergleichung erzielt werden kann, sei mir
gestattet durch ein Beispiel aus den Handschriften unseres Autors zu
illustrieren. Als ich im Anfang meiner Arbeiten, lediglich auf den
von Krabinger seiner grofsen Ausgabe vorausgeschickten Conspectus
codicum gestützt, die die Briefe enthaltenden Handschriften zusammen-
suchte und dieselben dann mit Angabe der daselbst zu lesenden Werke
des Synesius auf einem Blatt zusammenstellte, fand ich, dafs codex
Meermannianus, jetzt in Leyden, des Synesius Rede De regno zweimal
enthielt. Ich glaubte mir dies nicht anders erklären zu können, als
durch die Annahme, dafs der Schreiber genannter Handschrift die
erste Rede De regno aus einer andern Vorlage als die zweite abgeschrieben habe, und suchte deshalb nach zwei Handschriften, deren
eine in Bezug auf die Anordnung der Werke des Synesius zum Teil
mit der ersten Hälfte jenes Meermannianus, deren andere zum Teil
mit der zweiten Hälfte des genannten Codex übereinstimmen würde.
Und es fanden sich wirklich zwei solche Handschriften: Par. 1038
und Monacensis 476. Gewifs hat der Meermannianus, der nach Krabingers
Angabe (praef. p. XVII) von verschiedenen Händen geschrieben ist, den
ersten Teil von den Werken des Synesius (De regno, Calvitii encomium,
Dio, Aegyptii, Ad Paeonium, De insomniis) vom Paris. 1038 oder
einem Apographon desselben und seinen zweiten Teil (De regno ite-
rum, I. und II. Homilie, In laudem Anysii [denn dieses folgt bei
Krabinger im kritischen Apparat zu p. 376 im Meerm. auf beide
Homilien gegen Krabingers Angabe in der praef. p. XVII], VIII Hymnen

[2 fehlen hier und im Mon. 476] und Briefe, in die hier und dort
die zweite Katastasis eingereiht ist) vom Mon. 476 oder einem Nach-
kommen desselben genommen. Die Hand, die, nachdem Par. 1038
oder seine Abschrift aus irgendwelchem Grunde entfernt war, nach
der Abhandlung über die Träume im Schreiben fortfuhr, begann in
der neuen Vorlage da, wo die andere Hand zu schreiben aufgehört
hatte, von neuem mit ihrer Arbeit, ohne zu beachten, dafs in dieser
neuen Vorlage eine ganz andere Ordnung in den Werken des Syn.
beobachtet sei. So kam es, dafs De regno zweimal geschrieben wurde.
Dieser meiner Vermutung widersprechen die Bemerkungen keineswegs,
die Krabinger über die Lesarten beider Handschriften im kritischen
Apparat seiner Ausgaben giebt; auch Flach sagt in seiner Ausgabe
der Hymnen (Tübingen 1875) praef. p. VIII: „ex Monacensi A (476)
derivatus et compositus est codex Meermannianus."

Da Hercher eine solche Beschreibung der Handschriften unterlassen hat, läfst sich aus dem kritischen Apparat nicht einmal ersehen,
ob ein Codex alle oder mehrere Briefe enthalte. Auch eine Befragung
der Kataloge hat mich nicht zum Ziel geführt; ich habe aus denselben mehr Mifstrauen als Vertrauen geschöpft. In dem alten Kataloge
der Handschriften der Bibliothèque Royale (Paris 1740) z. B. konnte
ich über die Briefe keine anderen Angaben finden als die Bemerkung,
dafs in diesem oder jenem Codex mehrere Briefe, achtzig Briefe,
Briefe an Verschiedene, einige Briefe, 86 Briefe enthalten seien, und
selbst Omonts Inventaire sommaire des Mss. Grecs de la bibliothèque
nationale vermochte mir keine zweckdienlichere Auskunft zu geben.
Bandini (Catalogus codd. mss. bibliothecae Mediceae Laurentianae,
Florent. 1764—1778) war ein besserer Gewährsmann, aber Zanettis Catalogus de Graecis divi Marci bibliothecae codicibus (Venet. 1740—1741)
hat mein Vertrauen vollends zerstört. Denn an vier Stellen seines
Apparats zitiert H. Lesarten eines Marcianus H für Briefe, deren
Existenz in diesem Codex Zanetti leugnet; es sind die Bemerkungen
zu p. 640. 39 u. 53 und zu p. 697. 14 u. 41. Offenbar dürfen wir nun
nicht ohne weiteres diese Diskrepanz der Unachtsamkeit Zanettis zur
Last legen; denn dafs H. bei Fertigung seines Apparats nicht genau
verfuhr, werden wir noch unten sehen. Aber der Umstand, dafs an
einer Stelle zweimal in einem Briefe gegen Zanetti vom Herausgeber
Stellen aus dem Marcianus zitiert werden, legt doch die Wahrscheinlichkeit nahe, dafs hier nicht H. der schuldige Teil sei. Auch Hardts
Katalog der griechischen Handschriften der K. bayr. Bibliothek in
München (1806—1812) hat die Probe nicht bestanden. Auf einem
so schwachen Grunde kann unmöglich weitergebaut werden. Unter
diesen Umständen sah ich von Tag zu Tag mehr ein, dafs mein Lieb-
lingswunsch, für die Synesius-Handschriften auf Grund der bereits
unternommenen Vorarbeiten ein Stemma zu entwerfen und die einzelnen

Codices zu ordnen und zu sichten, unausführbar sei, um so mehr, als
auch das Wenige, was H. in seinem Apparat bietet, sich nicht als
zuverlässig erwies. Ich habe mir 27 mal den Fall notiert, daſs die
von anderen Handschriften abweichenden Lesarten des Mon. 490 von
H. entweder gar nicht oder doch falsch notiert waren. Auch sonst
hat H. noch oft die Lesarten anderer Handschriften unter den Tisch
fallen lassen; mannigfach sind die Fälle, in denen er auch an den
wenigen mit Varianten ausgestatteten Stellen nicht alle Varianten
zitiert und recht beachtenswerte Lesarten mit Stillschweigen übergeht.
Dies bezeugten mir die von mir eingesehenen Handschriften und die
Observationes Criticae in Synesii Cyrenaici Epistulas (Solisbaci 1863)
von Franz Xaver Kraus. Die von Kraus für seine Arbeit einst gefertigten Kollationen von einer Berliner und 22 Pariser Handschriften
wagte ich von demselben mir zu erbitten, erhielt aber eine abschlägige
Antwort, da diese Notizen nicht mehr in seinem Besitze waren. Ebenso
vergeblich waren meine Bemühungen, aus dem Nachlaſs Krabingers
die Kollationen zu den Briefen aufzutreiben, die Krabinger sicher seiner
Zeit behufs späterer Herausgabe der Briefe angefertigt hatte. So
änderte ich meinen Plan und hielt es für das Alleinrichtige, von neuem
mit der Aufführung einer festen handschriftlichen Grundlage zu beginnen. Von den Pariser Handschriften, deren Kenntnis durch Boisso-
nades Notizen nur verdunkelt und entstellt zu uns gelangt war, wählte
ich mir zur Einsichtnahme die Nummer 1039, weil sie allein von
besagten vier Handschriften alle Briefe enthält. Aus der Zahl der
Münchner Handschriften, die ich, durch meine Berufsarbeiten an die
Stelle gefesselt, am ersten hoffen konnte übersandt zu bekommen,
entschied ich mich für den ebenfalls von H. nach seiner Angabe bereits verwendeten Monacensis 490. Zu diesem kollationierte ich noch
den alle Briefe bietenden Monacensis 481. Der besonderen Liberalität
der Münchner Bibliothek verdanke ich die Möglichkeit, ohne Störung
meines Berufes die beiden Münchner Handschriften haben einsehen
zu können; die übrigen Handschriften, an erster Stelle die Münchner,
sollen diesen folgen. Es ist nunmehr meine Aufgabe, eine Beschreibung
dieser drei Handschriften zu geben.

Der Parisinus 1039 der Bibliothèque nationale trägt seine
Nummer auf dem Rücken des Einbandes und auf einem Blatt Papier,
das vor dem Synesius-Text eingeheftet ist. Auf dem rechten oberen
Rande des ersten Pergamentblattes stehen zwei schwarze in alten
Typen geschriebene Zahlen **2262** und darunter **2914**, die wohl von
einem früheren Besitzer herrühren. Ganz oben auf derselben Seite
sind oberhalb eines mit roter Farbe gefertigten Linearornaments mit
schwarzer Tinte die Worte geschrieben: epistulae Synesii, ἐπιστολαὶ
ϭυνεϭίου CIϽ↻IϽXLV (die Korrektur ist auch im Codex vorgenommen).
Gebunden ist die Handschrift in einen ledernen Einband, auf dessen

Rücken goldene Verzierungen angebracht sind. In den fünf durch
diese Ornamente gebildeten rechteckigen Feldern findet sich, wie schon
gesagt, die Nummer 1039, die Bourbonischen Lilien, das Wort Synesius
und zweimal ein Zeichen, das allem Anschein nach zwei mit einer
Krone bedeckte C vorstellt. Bevor die Handschrift durch diesen
Einband vor Beschädigung geschützt wurde, hatte sie stark zu leiden.
Der Codex ist eine Pergamenthandschrift, seine Blätter sind zu Quaternionen geordnet. Geschrieben ist er mit schwarzer, bald dunkler,
bald etwas blasserer Tinte, doch durchaus von einer Hand; mit roter
Tinte sind stets geschrieben die Überschriften und die am Rande verzeichneten griechischen Nummern der Briefe, ferner die Adressen und
schliefslich die Anfangsbuchstaben eines jeden einzelnen Stückes; diese
Initialen sind, wo sie eine neue Zeile beginnen, gröfser und mitunter
phantastisch verziert. Deutlich sichtbar sind noch die Linien, die an
beiden Seiten des Textes von oben nach unten laufen; wagrechte
Linien habe ich nicht gefunden. Die Zahl der Zeilen auf einer Seite
schwankt zwischen 24 und 27, mit Ausnahme des letzten (zehnten)
Quaternios der Briefe, in dem die Zeilenzahl sich bis zu 19 verringert.
Auf drei Seiten der Blätter ist ein breiter unbeschriebener Rand.
Die Handschrift mifst $22 \times 15$ cm und enthält thatsächlich im ganzen
184 beschriebene Blätter. Ein Späterer hat deren nur 181 gezählt;
er brachte Blatt 73, Blatt 79 und Blatt 91 zweimal in Rechnung.
Die ganze Handschrift besteht also aus 23 Quaternionen. Am Ende
des Codex sind zwei jüngere Blätter angeheftet. Was die Vollständigkeit anlangt, so sind sämtliche Blätter erhalten geblieben, nur ist
vom 15. Blatt r. der rechte oder v. der linke Rand abgeschnitten,
ohne einen Verlust von Textesworten, ebenso ist vom 26. Blatt der
untere und vom 30. und 34. Blatt je der rechte (oder bei umgewendetem
Blatt der linke) Rand verloren gegangen. Auf dem 56. Blatt r. ist
aus dem rechten Rand ein Dreieck herausgeschnitten, das 73. Blatt
ist seines unteren Randes, die Blätter 79 und 79[bis] sind jenes seiner
unteren, dieses seiner oberen Hälfte beraubt, ohne Schaden für den
Text der Briefe, da auf diesen Blättern des Synesius catastasis in
laudem Anysii geschrieben steht. Auf dem dem Codex vorgehefteten
alten Blatt Papier steht f. r. in fuseliger, verschnörkelter Schrift
Συνεσίου κυρηναίου φιλοσόφου καὶ ἐπισκόπου πτολεμαίδος ἐπιστολαὶ
διάφοροι καὶ λόγοι; eine eigentliche Subscriptio habe ich nicht finden
können. Doch stehen fol. 79 v. am Ende der Briefe die Zeichen: ψϛω.
Am nächsten liegt wohl die Vermutung, dafs in diesen Buchstaben
eine Datierung stecke. Die drei Zahlen zusammen können keine Jahres-
zahl bedeuten, wohl aber die beiden letzten: ϛω (die Akzente fehlen)
bezeichnen sonst das Jahr 1291/2, gerechnet vom Beginn der kon-
stantinopolitanischen Weltära (5509) an, je nachdem die Datierung nach
dem 1. September oder vor dem 1. September gemacht ist. Nun bleibt

noch das Zeichen $\psi$, bei dem man an die Bezeichnung der Indiktion oder des Sonnen- oder des Mondzyklus wird zu denken haben. Der Indiktionenzyklus umfaſste 15, der Sonnenzyklus 28, der Mondzyklus 19 Jahre. Ins Jahr 1291 fällt nun Ind. 4, $\odot$ 23 und 16, ins Jahr 1292 Ind. 5, $\odot$ 24 und $\mathbb{C}$ 17. Fragen wir nun, ob $\psi$ eine von diesen Zahlen bedeuten könne, so ist zu antworten, daſs $\psi$ in dem Zahlensystem ohne Episema (Gardthausen p. 264), das allerdings jünger und weniger verbreitet war als die Zahlen mit Episema, als Bezeichnung für 23 galt. Es ist dies diejenige Zählung, die noch heute seit alexandrinischer Zeit bei Numerierung der homerischen Gesänge in Brauch ist. Es bedeutet also $\psi = \odot$ 23 und $\varsigma\omega$ das Jahr 1291. Die chronologische Notiz ist geschrieben im Jahr 1291 und zwar nach dem 31. August. Daſs die Unterschrift nicht die sonst übliche Bezeichnung κν. ἡλίου beifügt, allenfalls auch den Mondzyklus und die Indiktionenzahl, erklärt sich ohne Zwang aus der ganzen Stellung der kurzen Subskription, die ja nicht am Ende der ganzen Abschrift, sondern nur am Schluſs des ersten Teiles derselben ihren Platz hat. Die Briefe sind im Jahre 1291 geschrieben und die Handschrift stammt in diesem Teile wenigstens aus dem Orient. Der Inhalt ist folgender: fol. 1 — 79 v.: 159 Briefe, nicht, wie Krabinger dem Catalogus codd. mss. bibliothecae regiae folgend behauptet, nur 80; fol. 79 r.$^{\text{bis}}$ — fol. 91 v.$^{\text{bis}}$: λόγος κατὰ κόμης καὶ περὶ φαλάκρας, am Rande λόγος α'; fol. 91 v.$^{\text{bis}}$ — 107 v.: εἰς τὸν αὐτοκράτορα περὶ βασιλείας, am Rande λόγος β'; fol. 107 v. — 124 r.: Δίων ἢ περὶ τῆς κατ' αὐτὸν διαγωγῆς, am Rande λόγος γ' (diese Rede hat der genannte Katalog und mit ihm Krabinger nicht erwähnt), fol. 124 r. — 125 r.: τοῦ αὐτοῦ κατάστασις, am Rande λόγος δ'; ibidem προεγράφη εἰς τὰς ἐπιστολάς (Brief 159), fol. 125 v. — 126 r.: τοῦ αὐτοῦ ὁμιλία α', am Rande λόγος ε'; fol. 126 r. — 126 v.: ἑτέρα ὁμιλία, am Rande λόγος ς'; fol. 126 v. — 127 r.: αἰγύπτιοι ἢ περὶ προνοίας προθεωρία; fol. 127 r. — 142 v.: αἰγύπτιοι ἢ περὶ προνοίας. λόγος πρῶτος, am Rande λόγος ζ'; fol. 142 v. — 150 r.: αἰγύπτιοι ἢ περὶ προνοίας. λόγος δεύτερος, am Rande λόγος η'; fol. 150 r. — 153 v.: πρὸς παιόνιον περὶ τοῦ δώρου, am Rande λόγος ϑ'; fol. 153 v.: περὶ ἐνυπνίων. προθεωρία; fol. 153 v. — 176 r.: περὶ ἐνυπνίων, am Rande λόγος ι'. Hier will ich nicht unterlassen zu bemerken, daſs die Nummern am Rande von λόγος γ' — λόγος ι' korrigiert sind; doch ist die Quaternionenordnung durchaus nicht gestört; das wäre bei dem Übergreifen der einzelnen Stücke von einem in den anderen Abschnitt nicht möglich gewesen. Es folgen dann fol. 167 r. — 175 v.: ὕμνοι ἔμμετροι ohne Nummer; fol. 176 r. — 181 v.: ἔστι καὶ εἰδώλων μερὶς εἰς τόπον ἀμφιφάοντα, was ein Kommentar zu chaldäischen Orakeln sein soll. Die Reihen der Quaternionen in den Briefen sind ebenfalls intakt; das geht aus den Custoden deutlich hervor, wenn sie auch durch die Unachtsamkeit des Binders zum Teil beschädigt sind.

Die Briefe sind in folgender Ordnung geschrieben (die erste Zahl giebt die Nummer des Par. 1039, die zweite die in der Hercherschen Ausgabe an).

| | | | | |
|---|---|---|---|---|
| 1 = 1 | 34 = 36 | 66 = 65 | 97 = 96 | 129 = 129 |
| 2 = 2 | 35 = 37 | 67 = 67 | 98 = 97 | 130 = 130 |
| 3 = 3 | 36 = 38 | 68 = 66 | 99 = 98 | 131 = 131 |
| 4 = 5 | 37 = 39 | 69 = 68 | 100 = 99 | 132 = 132 |
| 5 = 4 | 38 = 40 | 70 = 69 | 101 = 100 | 133 = 133 |
| 6 = 111 | 39 = 41 | 71 = 70 | 102 = 101 | 134 = 134 |
| 7 = 6 | 40 = 42 | 72 = 71 | 103 = 102 | 135 = 135 |
| 8 = 7 | 41 = 43 | 73 = 72 | 104 = 103 | 136 = 136 |
| 9 = 8 | 42 = 57 | 74 = 73 | 105 = 104 | 137 = 137 |
| 10 = 9 | 43 = 58 | 75 = 74 | 106 = 105 | 138 = 138 |
| 11 = 10 | 44 = 44 | 76 = 75 | 107 = 106 | 139 = 139 |
| 12 = 11 | 45 = 45 | 77 = 76 | 108 = 107 | 140 = 140 |
| 13 = 12 | 46 = 32 | 78 = 77 | 109 = 108 | 141 = 141 |
| 14 = 13 | 47 = 33 | 79 = 78 | 110 = 109 | 142 = 142 |
| 15 = 14 | 48 = 34 | 80 = 79 | 111 = 110 | 143 = 143 |
| 16 = 15 | 49 = 46 | 81 = 80 | 112 = 112 | 144 = 144 |
| 17 = 16 | 50 = 47 | 82 = 81 | 113 = 113 | 145 = 145 |
| 18 = 17 | 51 = 48 | 83 = 82 | 114 = 114 | 146 = 146 |
| 19 = 18 | 52 = 49 | 84 = 83 | 115 = 115 | 147 = 147 |
| 20 = 19 | 53 = 50 | 85 = 84 | 116 = 117 | 148 = 148 |
| 21 = 20 | 54 = 51 | 86 = 85 | 117 = 116 | 149 = 149 |
| 22 = 21 | 55 = 52 | 87 = 86/87 | 118 = 118 | 150 = 0¹) |
| 23 = 22 | 56 = 53 | 88 = 87 | 119 = 119 | 151 = 150 |
| 24 = 23 | 57 = 54 | von erster Hand? | 120 = 120 | 152 = 151 |
| 25 = 24 | 58 = 55 | 89 = 88 | 121 = 121 | 153 = 152 |
| 26 = 25 | 59 = 56 | 90 = 89 | 122 = 122 | 154 = 153 |
| 27 = 26 | 60 = 59 | 91 = 90 | 123 = 123 | 155 = 154 |
| 28 = 27 | 61 = 60 | 92 = 91 | 124 = 124 | 156 = 155 |
| 29 = 28 | 62 = 61 | 93 = 92 | 125 = 125 | 157 = 156 |
| 30 = 29 | 63 = 62 | 94 = 93 | 126 = 126 | 158 = 152 |
| 31 = 30 | 64 = 63 | 95 = 94 | 127 = 127 | iterum |
| 32 = 31 | 65 = 64 | 96 = 95 | 128 = 128 | 159 = 0²) |
| 33 = 35 | | | | |

Die Form der Buchstaben ist die der Minuskel, die Züge sind fast ohne Ausnahme schön und leicht zu lesen. Worttrennung ist durchgeführt, Abbreviaturen sind nicht eben häufig. Ohne Zweifel hat eine Hand die ganze Handschrift geschrieben, die Korrekturen

---

1) Nummer 150 im cod. Par. ist bei Hercher kein Brief; es ist die κατάστασις ῥηθεῖσα ἐπὶ τῇ μεγίστῃ βαρβάρων ἐφόδῳ ἡγεμονεύοντος γενναδίου καὶ δουκὸς ὄντος Ἰννοκεντίου.

2) Auch Nummer 159 entspricht keinem Briefe in H.s Sammlung; es ist τοῦ αὐτοῦ συνεσίου κατάστασις (auch in laudem Anysii genannt), aber es fehlen die Worte: γενοίμην λαφύρων bis ἐγγυήσασθαι, die ausgeschnitten sind.

stammen teils von der Hand des Schreibers, teils von einer weit
jüngeren Hand; am Rande stehen Glossen, die von einem noch jüngeren
Schreiber herrühren. Die Mehrzahl der Urteile ging bis jetzt dahin,
dafs die Handschrift nach ihrem paläographischen Charakter dem
XII. oder XIII. Jahrh. angehöre; erst Omont rückt sie bis ins XIV.
oder gar XV. Jahrh. herab. Die Möglichkeit, dafs die oben behandelte Zeitangabe mit aus einer älteren Handschrift abgeschrieben
sei, halte ich für ausgeschlossen. In der allgemeinen Wertschätzung
des Par. 1039 stimme ich — mit den nötigen Reserven — dem Urteil
von Kraus bei, der sogar (l. l. p. 9) kein Bedenken trug, denselben
„in constituendo textu fundamenti loco ponere".

Der Monacensis 490 trägt seine Zahl auf der inneren Seite
des Einbandes; dort steht sie auf einem dem Deckel eingeklebten
und mit noch anderen für mich unleserlichen Schriftzeichen be-
schriebenen Pergamentblatte. Eben da fand ich auch noch eine alte
Ziffer *n 12*, die vielleicht einen Vermerk über die Stellung enthält
die unser Codex in der Augsburger Bibliothek inne hatte, der er
nach Krabinger (praef. p. XII) einst angehörte. Sonstige Anzeichen
für einen früheren Besitzer ist mir nicht gelungen zu finden. Der
Einband besteht aus zwei hölzernen, mit Leder überzogenen Deckeln,
auf dem Greifen und Doppeladler, die ersteren in runden, die letzteren
in eckigen Schildern stehend, eingeprefst sind. Die Handschrift ist
ein papierner Miszellan-Codex. Ich will zunächst von dem die Briefe
des Synesius enthaltenden Teile reden. Die Initialen dieser Briefe
ebenso wie auch die Adressen und Nummern sind mit roter Farbe
geschrieben. Häufig sind die Initialen am Rande mit schwarzer Tinte
in kleinen Typen angemerkt, wohl damit sie später vom Schreiber
mit roter Farbe am Anfang der Briefe nachgetragen werden sollten;
zuweilen sind diese Randbuchstaben auch in Rot notiert. Die Initialen sind ein wenig gröfser als die übrigen Buchstaben des Textes,
die des ersten Briefes ist reich verziert. Von links nach rechts gezogene Linien finden sich nur ganz selten, dagegen sind auf den
beiden Rändern jeder Seite je zwei senkrechte Linien gezogen; diese
Linien trennen auf jeder Seite fol. r. rechts und fol. v. links einen
breiten Rand gegen den Text ab. Nach Gardthausen p. 67 Anm. 1
wären die am äufseren Rande stehenden Doppellinien eine Eigentümlichkeit byzantinischer Handschriften. Auf dem breiten äufseren Rande
stehen dann meistens die Briefnummern. Ihren Anfang nehmen die
im Mon. 490 geschriebenen 85 Briefe des Synesius auf fol. 65 r. und
endigen auf fol. 106 r. Dieselben füllen, da derjenige, der die Blätter
mit Bleistift paginierte, von 101 aus Versehen gleich auf 103 über-
sprang, $40\frac{1}{2}$ Blätter. Diese Blätter sind in folgender Weise mit
einander vereinigt: fol. 65—74 ein Quinio, fol. 75—84 ein Quinio,
fol. 85—94 ein Quinio und fol. 95—107 ein Senio. Innerhalb dieses

Senios beginnen auf fol. 106 v. *θεοφυλάκτου ἐπιστολαὶ ἠθικαὶ ἀγροικικαὶ ἑταιρικαὶ.* Auf den zuletzt genannten Senio folgt ein Quinio mit fol. 108—117, auf ihn ein Quinio mit fol. 118—127. Die Briefe des Theophylaktus endigen auf fol. 110 r. unten; ihnen folgen *ἀττικοῦ πλατωνικοῦ πρὸς ἀριστοτέλην διενεχθέντα μωσεῖ καὶ πλάτωνι* fol. 110 v. bis 114 v., *ἐκ τῶν τοῦ πλήθωνος πλουτάρχου συγγραμμάτων παρασημειώσεις* fol. 115 r. oben bis ebenda unten, dann von demselben Attikus Platonikus andere Schriften gegen Plato, die ich nicht einzeln aufzuzählen brauche, fol. 115 r. unten bis fol. 118 r. in der Mitte, *πλωτίνου ἐκ τοῦ περὶ ἀθανασίας ψυχῆς πρὸς τὸν φήσαντα ἐντελέχειαν τὴν ψυχὴν εἶναι* fol. 118 r. med. bis ebenda inf.; fol. 118 v. ist leer. Diese Seite trägt 25 horizontale Linien. Es kommen alsdann *εἰς λιθίασιν τοῦ πλήθωνος* auf den ersten acht Zeilen von fol. 119 r., dann *ἔτι ἀττικοῦ διαπαίξαντα καὶ τὰς παρὰ πλάτωνι ἰδέας* fol. 119 r. med. bis fol. 120 r., 11 Briefe Julians fol. 120 v.— 124 r. inf.; 19 Briefe des Isidoros von Pelusium fol. 126 r. infra bis fol. 125 v., *τοῦ γαζῆ θεοδώρου τεμάχια* fol. 126 r.—126 v. inf., *γεωργίου τοῦ σχολαρίου τεμάχια* fol. 126 v. inf. bis fol. 127 v. Der ganze Inhalt dieser Blätter 65—127 (es sind fünf Quinionen und ein Senio) hat augenscheinlich, schon bevor dieselben dem Mon. 490 einverleibt wurden, ein Ganzes ausgemacht. Denn der Text geht ohne Lücke von einem Blätterkomplex in den andern über und die Zusammengehörigkeit der sechs Verbände wird auch noch durch diesem Teil übliche Kustoden bezeugt. Denn die ersten und die letzten Seiten eines jeden Quinio oder Senio sind mit ebensovielen roten (oder schwarzen) Punkten bezeichnet als die Zahl beträgt, die diese Verbände in der Reihe der sechs Volumina einnehmen. Eine konsequent durchgeführte Folge solcher Zeichen findet sich in den übrigen Teilen der Handschrift nicht. Dazu kommt, daſs diese Blätter auch alle von einer Hand geschrieben sind, und dabei ist die Ähnlichkeit der Schriftzüge so groſs, daſs auch überall die nicht mit Worten vollbeschriebenen Zeilen durch das gleiche Zeichen (ein rotes oder schwarzes ϛϛϛϛ) ausgefüllt werden. Übrigens ist der Teil, der die Synesius-Briefe enthält, weitaus am sorgfältigsten geschrieben.

Die gleiche Hand hat aber auch noch andere Teile unserer Handschrift geschrieben, nämlich den ganzen Quinio, in dem die Blätter 148—157 stehen, dann die drei darauf folgenden Quinionen mit fol. 193—224 (mit Ausnahme von fol. 193 r.) und von dem anschlieſsenden Quinio die ersten sieben Blätter (bis fol. 231); auſserdem zeigen von dem Quinio, der die Blätter 138—147 in sich hält, fol. 145 v.—147 v. die Schriftzüge unserer Hand. Daneben findet sich auch noch das oben genannte, unserer Hand eigene Zeichen ϛ, das in anderen Teilen, die eine andere Handschrift erkennen lassen, nicht zu finden ist. Obwohl dieses Zeichen, wie ich weiſs, auch andere

Schreiber in Gebrauch gehabt haben, kann doch der Umstand als
Zeugnis für den gleichen Ursprung dieser Teile dienen, dafs jenes
Zeichen in den in Rede stehenden Partieen unverkennbar von einer
Hand herrührt. Wie es einmal auf den Rand von fol. 128 r., das
den von der einen Hand geschriebenen Teilen benachbart ist, gekommen sein mag, weifs ich nicht. Dafs von den beiden Quinionen,
die die Blätter 138—147 und 128—137 enthalten, auch der Text von
fol. 139—145 r. und fol. 132 r. — 136 r. von besagter Hand stamme,
wage ich nicht zu behaupten.

Was nun die Überlieferung der Briefe selbst anlangt, so sind
dieselben im Mon. 490 nicht in einer fortlaufenden Reihe geschrieben,
sondern zerfallen in zwei Teile. Der erste Teil hat auf fol. 65 r. die
Inskription: ἐπιστολαὶ Συνεσίου κυρηναίου ἐπισκόπου φιλοσόφου καὶ
ῥήτορος, über dem zweiten Teil, der direkt auf den ersten Teil folgt,
stehen auf fol. 91 r. med. die Worte: αἱπιστολαὶ (sic!) συνεσίου φιλοσόφου καὶ ῥήτορος. Aus der Verschiedenheit dieser beiden Auf-
schriften glaubte ich früher schliefsen zu dürfen, dafs sich in derselben noch die Spuren von einer ehemaligen Unterscheidung zwischen
den Briefen des Bischofs und denen des Rhetors und Philosophen
Synesius erkennen lasse, und hoffte, daraus ein wertvolles Hilfsmittel
für die Datierung der Briefe und damit für die Biographie unseres
Autors gewonnen zu haben. Bleibt diese Scheidung auch immerhin
auffallend, so glaube ich von übereilten Schlufsfolgerungen abstehen
zu sollen und warten zu müssen, wie sich allenfalls bei einem Ver-
suche über die Chronologie der Briefe meine Mutmafsung zu den sich
bei dieser Arbeit ergebenden Resultaten verhalten wird. Die nicht
unbedeutende Übereinstimmung zwischen dem Mon. 490 und der von
Clausen gefertigten Zeittabelle ist nicht beweisend genug, da eben
diese Tabelle einer gründlichen Revision bedarf. Die sonst naheliegende Vermutung, die im Mon. 490 bestehenden beiden Teile der
Briefe möchten aus zwei verschiedenen Handschriften herstammen,
wird dadurch nicht bestärkt, dafs die Münchner Handschrift im ersten
Teile der Briefe das gleiche Verhältnis zum Par. 1039 zeigt wie im
zweiten Teile. Auch wäre es ein eigentümlicher Zufall, wenn die
aus verschiedenen Handschriften stammenden Briefsammlungen sich
bis auf einen Brief (24 bei Hercher) ausschliefsen würden. Jener
eine Brief mochte vielmehr deswegen in beiden Sammlungen eingesetzt werden, weil man sich über seine Zugehörigkeit zu einer der
beiden Briefkategorien nicht entscheiden konnte. Die Reihenfolge der
im Mon. 490 geschriebenen Briefe ist nun folgende:

I. Ἐπιστολαὶ Συνεσίου ἐπισκόπου φιλοσόφου καὶ ῥήτορος.

| | | | | |
|---|---|---|---|---|
| 1 = 57 | 13 = 62 | 24 = 49 | 35 = 7 | 46 = 25 |
| 2 = 58 | 14 = 89 | 25 = 64 | 36 = 12 | 47 = 26 |
| 3 = 72 | 15 = 101 | 26 = 33 | 37⟵ = 13 | 48 = 28 |
| 4 = 79 | 16 = 115 | 27 = 45 | 38 = 17 | 49 = 29 |
| 5 = 90 | 17 = 114 | 28 = 63 u.65 | 39 = 18 | 50 = 30 |
| 6 = 93 | 18 = 112 | 29 = 11 | 40 = 19 | 51 = 35 |
| 7 = 96 | 19 = 103 | 30 = 113 | 41 = 20 | 52 = 39 |
| 8 = 97 | 20 = 105 | 31 = 3 | 42 = 21 | 53 = 37 |
| 9 = 98 | 21 = 16 | 32 = 31 | 43 = 22 | 54 = 36 |
| 10 = 99 | 22 = 132 | 33 = 8 | 44 = 23 | 55 = 40 |
| 11 = 102 | 23 = 47 | 34 = 9 | 45 = 24 | 56 = 38 |
| 12 = 136 | | | | |

II. Ἐπιστολαὶ Συνεσίου φιλοσόφου καὶ ῥήτορος.

| | | | |
|---|---|---|---|
| I = 1 | VII = 123 ἀρά σέ | X = 124 | XVIII = 140 |
| II = 2 | ποτε ὄψομαι | XI = 125 | XIX = 141 |
| III = 10 | ad finem | XII = 126 | XX = 142 |
| IV = 4 | VIII = 121 | XIII = 128 | XXI = 151 |
| V = 24 iterum | IX = 123 partim: | XIV = 129 | XXII = 152 |
| sine numero | ab initio — | XV = 137 | XXIII = 153 |
| = 46 | πρόφασις | XVI = 138 | XXIV = 155 |
| VI = 156 | ἀποδημίας | XVII = 139 | XXV = 120 |

Die ganze Handschrift hat 509 Blätter, von denen die 9 letzten unbeschrieben sind. Auf dem ersten dieser leeren Blätter stehen umgekehrte arabische Buchstaben, von denen eine Bleistiftnotiz sagt, es seien fromme Worte, die mit dem Codex nichts zu thun haben. Der Codex ist, wie oben gesagt, eine Miszellanhandschrift und von verschiedenen Händen geschrieben; in ihm sind mehrere selbständige Bestandteile vereinigt. Aufser der Hand, von der die Briefe des Synesius und die oben aufgeführten Partieen stammen, haben noch ungefähr drei Schreiber an der Handschrift geschrieben. Sie mifst 22 × 15 cm, die Zeilanzahl beläuft sich in den von der bekannten Hand geschriebenen Teilen auf ungefähr 27, von Blatt 215—231 v. sind die Buchstaben so klein, dafs auf einer Seite 29 Zeilen stehen. Der erste Quinio ist seines ersten Blattes beraubt, ebenso auch der zweite Blätterkomplex, ein Quaternio, seines letzten Blattes, in beiden Fällen ohne Verlust von Textworten. Auf dem ersten Blatte der Handschrift sind von unbekannter Hand verschiedene Bemerkungen geschrieben: 2 Erzählungen aus dem Leben des Demonax, aus Lucians vita Demonactis genommen, dann περσῶν βασιλεῖς, βασιλεῖς μακεδῶνων (sic!) und einige τῶν περσῶν, dann ῥωμαίων βασιλεῖς. Diese beginnen mit Caesar, lassen viele bedeutende Namen vermissen, die angeführten werden falsch geschrieben oder aus der chronologischen Reihe gebracht und endigen mit ἀνδρόνικος ἔγκονος (sic!) ἀλεξίου τοῦ πρὸ τοῦ. Gemeint ist Andronikos Komnenos (1183—1185), der letzte aus dem Hause der Komnenen. Auf der zweiten Seite stehen alsdann Bemerkungen über στόλοι ἑλλήνων εἰς ἰταλίαν, nach diesen auf einer neuen Zeile eine Anekdote über Philipp von Makedonien, wie er den Athenern zum Besitze des Demosthenes gratulierte, auf einer neuen Zeile ἀράβων βασιλεῖς, ebenfalls auf neuer Zeile βαβυλωνίων (sc. βασιλεῖς), schließlich stehen, wiederum mit neuer Zeile beginnend, die Worte: παρέπετε δὲ τῷ διηγήματι ἕξ: τὸ πρᾶξαν (sic!) πρόσωπον. τὸ πραχθὲν πραγμα. χρόνος καθὸν. τρόπος ὅπως. τόπος ἐνῷ. ἐτίαν διὴν. ἀρεταὶ δὲ διηγήματος τέσσαροις. σαφίνια. συντομία. πιθανότης. καὶ ὁ τῶν ὀνομάτων ἑλληνισμὸς. Die Buchstaben gehören in dem von mir durchgenommenen Teile der Handschrift der Minuskel an und sind sehr sorgfältig geschrieben; die Wörter sind getrennt, von Abbreviaturen sind nur die seit alter Zeit gebräuchlichen verwendet. Häufig sind in den Text rot geschriebene Scholien eingestreut; sie stammen von dem Schreiber der Briefe und werden meistens mit ἤτοι eingeleitet. Häufig ist die durch den Itazismus veranlafste Vertauschung der Vokale, ι wird nie untergeschrieben, ι und υ sind meistens mit zwei Punkten versehen, Akzente und Spiritus fehlen mitunter, die Präpositionen sind meistenteils vom folgenden Worte getrennt, nicht selten steht ein Gravis statt eines Akuts. Nur an wenigen Stellen ist mit einem Querstrich abgeteilt.

Krabinger (praef. p. XII) sagt, der Mon. 490 sei im 15. Jahrh. geschrieben. Dazu ist mit Bezug auf den Teil, von dem wir gesagt haben, dafs er mit den Briefen des Synesius von einer Hand geschrieben sei, noch folgendes hinzuzufügen. In genanntem Teil der Handschrift steht nämlich unter anderem auf fol. 148 r. ein Brief des Nicolaus Secundinus an Andronicus Callistus und auf fol. 150 v. ein solcher von dem Kardinal Bessarion an Michael Apostolius, beide geschrieben mit Bezug auf das Pamphlet, das Michael Apostolius im Jahre 1462 gegen Theodoros von Gaza für Plato und Pletho verfafst hatte. Auch von dem Theodoros von Gaza selbst stehen, wie oben (p. 14) gesagt, τεμάχια auf fol. 126 r., ebenso auch Worte von Pletho († 1450) auf fol. 115 r. und 119 r. (cf. p. 14). Die letztgenannten fünf Blätter gehören zu den sechs Volumina, die von Anfang an (cf. oben p. 31) mit den Briefen ein Ganzes gebildet haben. Wir dürfen also wohl die Datierung Krabingers noch etwas präzisieren und sagen, der Teil unseres Codex, der die Briefe enthält, ist nicht früher als in der zweiten Hälfte des 15. Jahrh. geschrieben. Dazu stimmt auch der terminus post quem, den uns die Briefe des Nicolaus Secundinus und des Bessarion an die Hand geben. Aufserdem weist noch die oben besprochene auf der ersten Seite der Handschrift stehende Aufzählung der römischen und byzantinischen Kaiser darauf hin, dafs unser Codex von einer im 12. Jahrh. geschriebenen byzantinischen Handschrift stammt; ob von ihr selbst oder von einer Abschrift derselben, bleibt dabei unentschieden.

Die dritte von mir kollationierte Handschrift ist der Monacensis 481. Diese Nummer steht bei demselben sowohl auf der inneren Seite des vorderen Deckels auf Holz geschrieben als auch im oberen linken Winkel der ersten Seite. Auf ebendieser Seite steht auch ein mit Bleistift geschriebenes 60, aufserdem auf der inneren Seite des vorderen Einbanddeckels die Nummer 3 und auf einem auf den Buchrücken geklebten Pergamentblättchen die Ziffer 59. Auf der inneren Seite des vorderen Deckels habe ich auch noch das Zeichen „ᘒ ϛ" gelesen. Der Einband besteht aus zwei Holzplatten. Dieselben sind mit rotem Leder bezogen und mit geprefsten Verzierungen geschmückt; der aus dem gleichen Leder bestehende Rücken ist ohne Schmuck geblieben. Der Mon. 481 ist eine auf Bombyzinpapier geschriebene Sammelhandschrift. Er hat im ganzen 228 Blätter, von einem Neueren sind deren aber nur 220 gezählt, da 8 leere Blätter bei der Numerierung nicht berücksichtigt sind. Die Blätter 1—181 (die folgenden beiden unbeschriebenen Blätter sind nicht mitnumeriert) teilen sich in Quaternionen. Der erste Quaternio enthält nur fol. 1—5; denn drei Blätter sind ausgeschnitten; fol. 6—79 bilden zusammen mit den 6 folgenden unbeschriebenen und deswegen ebenfalls nicht gezählten Blättern zehn Quaternionen, die Blätter 80—181 sind zusammen mit den zwei folgenden schon oben erwähnten Blättern ebenfalls in Quaternionen und zwar 13 zu zerlegen. Ihnen folgt alsdann ein Ternio mit fol. 182—187, ein Komplex von 9 Blättern (188—196) und schliefslich noch drei Quaternionen mit fol. 197—220. Der Inhalt der Handschrift ist folgender: fol. 11.: Pythagorae carminis aurei Vers 29—171 (der Anfang ist verloren gegangen); fol. 2 r.—5 v.: φωκυλίδου ποίησις ὠφέλιμος. ἀργυρᾶ ἔπη. fol. 6 r. — 9 v.: συνεσίου κυρηναίου ἐπισκόπου πτολεμαίδος ἐπιστολαὶ καὶ λόγοι διάφοροι; fol. 80 r. — 99 v.: συνεσίου κυρηναίου εἰς τὸν αὐτοκράτορα ἢ περὶ βασιλείας; fol. 99 v. — 117 r.: δίων ἢ περὶ τῆς κατ' αὐτὸν διαγωγῆς; fol. 117 v.: — 118 v. τοῦ αὐτοῦ κατάστασις; fol. 118 v. — 119 r.: τοῦ αὐτοῦ ὁμιλία. πρώτη; fol. 119 r. — 119 v.: ὁμιλία ἑτέρα. δευτέρα; fol. 119 v. — 135 v.: τοῦ αὐτοῦ φαλάκρας ἐγκώμιον. λόγος τρίτος (sic!); fol. 135 v.: αἰγύπτιοι ἢ περὶ προνοίας. προθεωρία; fol. 135 v. — 153 v.: αἰγύπτιοι ἢ περὶ προνοίας; fol. 153 v. — 162 r.: αἰγύπτιοι. ἢ περὶ προνοίας. λόγος δεύτερος; fol. 162 r. — 165 v.: πρὸς παιόνιον. περὶ τοῦ δώρου; fol. 165 v. — 166 r.: περὶ ἐνυπνίων προθεωρία; fol. 166 r. bis 181 v.: περὶ ἐνυπνίων; fol. 181 vv. de animalium vocibus von anderer jüngerer Hand; fol. 182 r.: ein Teil eines Briefes des Paetus an Artaxerxes (so sagt eine lateinische Beischrift mit schwarzer Tinte; denn der Anfang ist verloren); dann βασιλεὺς βασιλέων μέγας

*Ἀρταξέρξης ὑστάνη ἑλλησπόντου ὑπάρχω χαίρειν*; fol. 182 r. — v.: *ὑστάνης ἱπποκράτει ἰητρῷ ἀπὸ ἀσκληπιοῦ γεγονότι χαίρειν*; fol. 182 v.: *ἱπποκράτης ἰητρὸς ὑστάνη ἑλλησπόντου ὑπάρχω χαίρειν*; darauf *ἱπποκράτης δημητρίω βασιλεῖ ὑγιαίνειν*; dann *βασιλεῖ βασιλέων τῷ ἐμῷ μεγάλω δεσπότη ἀρταξέρξη ὑστάνης ἑλλησπόντου ὕπαρχος, χαίρειν*; endlich *βασιλεὺς βασιλέων μέγας ἀρταξέρξης κώοις τάδε λέγει*; fol. 183 r.: *ἀπόκρισις κώων*; fol. 183 r. — v.: *δόγμα ἀθηναίων*; fol. 183 v. — 184 v.: *ἱπποκράτης κρατεύα χαίρειν*; fol. 184 v. — 191 r.: *ἱπποκράτης δαμαγήτω χαίρειν. ἔστι δὲ αὕτη μετὰ τὴν ἐπάνοδον*; fol. 191 r. — v.: *δημόκριτος ἱπποκράτει εὖ πράττειν*; fol. 191 v. — 192 r.: *δημόκριτος ἱπποκράτει περὶ φύσεως ἀνθρώπων*; fol. 192 v. — 193 r.: *ἱπποκράτους περὶ τὸν υἱέα θεσσαλόν*; fol. 193 r. — 202 r.: *λουκιανοῦ πρὸς νιγρίνον ἐπιστολή*; fol. 202 r. — 204 v.: *τοῦ αὐτοῦ. μυίας ἐγκώμιον*; fol. 204 v. bis 206 v.: *τοῦ αὐτοῦ προλαλιὰ ἢ ἡρακλῆς*; fol. 206 v. — 209 r.: *προλαλιὰ ἢ διόννσος*; fol. 209 r. — 216 r.: *περὶ τοῦ μὴ ῥαδίως πιστεύειν διαβολῇ*; fol. 216 v. — 220 r.: *περὶ τοῦ ἐνυπνίου ἤτοι βίος λουκιανοῦ*; fol. 220 r.: *ἐπίγραμμα ὃ ἐπέγραψε λουκιανὸς ἐν στήλη βηρύλλου λίθου πρὸς τῷ λιμένι τῆς τῶν μακάρων νήσω, ποιηθὲν αὐτῷ παρ' ὁμήρου: λουκιανὸς τὰ δὲ πάντα φίλοις μακάρεσσι θεοῖσιν, ‖ εἰδέ τε καὶ πάλιν ἦλθεν ἑὴν ἐς πατρίδα γαῖαν*. Ich habe dieses Epigramm ausgeschrieben, weil es in der Ausgabe von Jakobitz nicht enthalten ist.

Dies der Inhalt der ganzen Handschrift. Sie selbst (die, wie schon gesagt, ein Miszellancodex ist), besteht aus drei Teilen, die sich leicht und deutlich trennen lassen. Den ersten Teil bildet jener verstümmelte Quaternio, der jetzt noch die Blätter 1—5 enthält; den zweiten Teil unserer Handschrift stellen die folgenden dreizehn Quaternionen mit Blatt 6—181 dar; auf ihnen sind alle in dieser Handschrift überlieferten Werke des Synesius zu lesen. Als dritter Bestandteil folgen die Blätter 182—220. Daſs Teil II oder die Werke des Synesius von Anfang als ein Ganzes gedacht waren, geht daraus hervor, daſs die dieselben bietenden 23 Quaternionen durch eine ununterbrochene Reihe von am unteren Rande angebrachten Kustoden an einander gereiht sind, die beiden anderen Teile, der erste sowohl als auch der dritte, haben keine solchen Indizien. Wichtiger ist, daſs die Hand in der ersten und dritten Partie eine andere ist als im zweiten Teil. Von diesem zweiten Teil bieten nun fol. 6—79 die Briefe des Synesius, im ganzen 157. Von ihnen soll im folgenden allein noch die Rede sein. Im Anfang der Briefe steht über einem roten Linearornamente in roten Buchstaben der jambische Trimeter *βίβλος καλῶν ἔντοσθεν ὄλβον εἰσφέρει*, unterhalb besagten Ornamentes mit roter Tinte die Aufschrift: *Συνεσίου κυρηναίου ἐπισκόπου πτολεμαίδος ἐπιστολαὶ καὶ λόγοι διάφοροι*. Ebenfalls rot geschrieben sind allenthalben die in griechischen Buchstaben ausgedrückten Briefnummern, am Rande stehend, die Adressen und die

Initialen, die die Buchstaben des Textes an Gröfse etwas überragen und nur selten verziert sind. Eine Subscriptio steht unter den Briefen nicht, dagegen finden sich am Schlusse unseres ganzen Blättercomplexes (fol. 181 am Ende der Schrift de insomniis) in roten Lettern zwei Trimeter: τὴν εὐχάριστον σοι φέρω φωνὴν λόγε, ἰδὼν ποθεινῶς (ohne Akzent) τέρμα τῶν ἐνηργμένων. Die Linien, deren 29 auf jeder Seite gezählt werden, sind mit dem Griffel gezogen und berühren die Spitzen der Buchstaben; auch hier, wie im Mon. 490, ist die Grenze zwischen dem Text und dem äufseren Seitenrand durch zwei parallele Höhenlinien markiert, am Rande sind noch die Spuren des Punktoriums zu sehen. Die Blätter messen $23^{3}/_{4} \times 15^{1}/_{2}$ cm. Der Text der Briefe ist unverletzt überliefert.

Die Schriftart in den Briefen ist, wie im ganzen Mon. 481, die der jüngeren Minuskel. Buchstabenform und Schriftzüge sind schön und überall gleichmäfsig. Abkürzungen sind nicht eben häufig, ι und υ werden stets mit zwei Punkten versehen, wenn sie nicht am Anfang eines Wortes oder in einem Diphthong stehen; ι wird nirgends adskribiert, manchmal subskribiert; Schlufssigma begegnet öfters. Auf Grund eingehender Buchstaben- und Ligaturenvergleichungen, die ich mit Hilfe von Gardthausen und Wattenbach-Velsen angestellt habe, bin ich zu dem Ergebnis gelangt, dafs die Briefe wie alle Werke des Synesius im 15. Jahrh. geschrieben sind. Dem Schreiber müssen mehrere Handschriften der Briefe zu Gebote gestanden haben; denn derselbe hat seine frühere Schreibung korrigiert und zwar in der Weise, dafs er seine frühere Lesart, nachdem sie ausradiert, mit ⨍ über die neue setzte. So stehen an vielen Stellen zwei, ja drei verschiedene Arten der Überlieferung; nicht selten ist eine derselben mit Rot geschrieben. Die gleiche Hand hat auch den Text zwischen den Zeilen und am Rande mit rot und mit schwarz geschriebenen Scholien illustriert. Nur verschwindend wenige Stellen sind es, an denen ein jüngerer Schreiber noch Scholien und Varianten mit schwarzer Tinte beigefügt hat. Sicher sind die roten Scholien nicht vom Schreiber selbst verfafst, sondern stammen aus einer anderen Handschrift; auch dafür habe ich sichere Anzeichen gefunden, dafs die radierende und die mit roter Tinte überschreibende Hand eine ist. Itazismusfehler sind mir so gut wie keine begegnet.

Die Reihenfolge der Briefe im Mon. 481 ist folgende. Der Kürze halber will ich gleich neben die Reihenfolge im Mon. 481 die im Par. 1039 und die im Mon. 490 stellen. Die erste Stelle bedeutet die Herchersche, die zweite die im Par. 1039, die dritte die im Mon. 490 (die arabischen Zahlen beziehen sich an dieser Stelle auf die erste, die römischen auf die zweite Abteilung der Briefe im Mon. 490), die vierte endlich giebt die fortlaufende Nummer im Mon. 481.

1 = 1, I, 1
2 = 2, II, 2
3 = 3, 31, 3
4 = 5, IV, 5
5 = 4, —, 4
6 = 7, —, 6
7 = 8, 35, 7
8 = 9, 33, 8
9 = 10, 34, 9
10 = 11, III, 10
11 = 12, 29, 11
12 = 13, 36, 12
13 = 14, 37, 13
14 = 15, —, 14
15 = 16, —, 15
16 = 17, 21, 16
17 = 18, 38, 17
18 = 19, 39, 18
19 = 20, 40, 19
20 = 21, 41, 20
21 = 22, 42, 21
22 = 23, 43, 22
23 = 24, 44, 23
24 = 25, 45 u. V, 24
25 = 26, 46, 25
26 = 27, 47, 26
27 = 28, —, 27
28 = 29, 48, 28
29 = 30, 49, 29
30 = 31, 50, 30
31 = 32, 32, 31
32 = 46, —, 45
33 = 47, 26, 46
34 = 48, —, 47
35 = 33, 51, 32
36 = 34, 54, 33
37 = 35, 53, 34
38 = 36, 56, 35
39 = 37, 52, 36
40 = 38, 55, 37
41 = 39, —, 38
42 = 40, —, 39
43 = 41, —, 40
44 = 44, —, 43
45 = 45, 27, 44
46 = 49, sine num., 48
47 = 50, 23, 49
48 = 51, —, 50

49 = 52, 24, 51
50 = 53, —, 52
51 = 54, —, 53
52 = 55, —, 54
53 = 56, —, 55
54 = 57, —, 56
55 = 58, —, 57
56 = 59, —, 58
57 = 42, 1, 41
58 = 43, 2, 42
59 = 60, —, 59
60 = 61, —, 60
61 = 62, —, 61
62 = 63, 13, 62
63 = 64, 28, 63
64 = 65, 25, 64
65 = 66, 28, 65
66 = 68, —, 67
67 = 67, —, 66
68 = 69, —, 68
69 = 70, —, 69
70 = 71, —, 70
71 = 72, —, 71
72 = 73, 3, 72
73 = 74, —, 73
74 = 75, —, 74
75 = 76, —, 75
76 = 77, —, 76
77 = 78, —, 77
78 = 79, —, 78
79 = 80, 4, 79
80 = 81, —, 80
81 = 82, —, 81
82 = 83, —, 82
83 = 84, —, 83
84 = 85, —, 84
85 = 86, —, 85
86 = 87, —, 86
87 = 87, —, 87
88 = 89, —, 88
89 = 90, 14, 89
90 = 91, 5, 90
91 = 92, —, 91
92 = 93, —, 92
93 = 94, 6, 93
94 = 95, —, 94
95 = 96, —, 95
96 = 97, 7, 96

97 = 98, 8, 97
98 = 99, 9, 98
99 = 100, 10, 99
100 = 101, —, 100
101 = 102, 15, 101
102 = 103, 11, 102
103 = 104, 19, 103
104 = 105, —, 104
105 = 106, 20, 105
106 = 107, —, 106
107 = 108, —, 107
108 = 109, —, 108
109 = 110, —, 109
110 = 111, —, 110
111 = 6, —, 111
112 = 112, 18, 112
113 = 113, 30, 113
114 = 114, 17, 114
115 = 115, 16, 115
116 = 117, —, 117
117 = 116, —, 117
118 = 118, —, 118
119 = 119, —, 119
120 = 120, XXV, 120
121 = 121, VIII, 121
122 = 122, —, 122
123 = 123, IX u. VII, 123
124 = 124, X, 124
125 = 125, XI, 125
126 = 126, XII, 126
127 = 127, —, 127
128 = 128, XIII, 128
129 = 129, XIV, 129
130 = 130, —, 130
131 = 131, —, 131
132 = 132, 22, 132
133 = 133, —, 133
134 = 134, —, 134
135 = 135, —, 135
136 = 136, 12, 136
137 = 137, XV, 137
138 = 138, XVI, 138
139 = 139, XVII, 139
140 = 140, XVIII, 140
141 = 141, XIX, 141
142 = 142, XX, 142
143 = 143, —, 143
144 = 144, —, 144

| | | | | | | | | |
|---|---|---|---|---|---|---|---|---|
| 145 = 145, | —, | 145 | 149 = 149, | —, | 149 | 153 = 154, | XXIII, | 154 |
| 146 = 146, | —, | 146 | 150 = 151, | —, | 151[1]) | 154 = 155, | —, | 155 |
| 147 = 147, | —, | 147 | 151 = 152, | XXI, | 152 | 155 = 156, | XXIV, | 156 |
| 148 = 148, | —, | 148 | 152 = 153, | XXII, | 153 | 156 = 157, | VI, | 157 |

Was nun das Verhältnis dieser drei Handschriften zu einander anlangt, so gehen Par. 1039 und Mon. 481 nicht nur hinsichtlich ihres Inhaltes (sie bieten beide dieselben 157 Briefe) zusammen, sondern sie stehen sich auch in ihren Lesarten ziemlich nahe. Öfters sind aufserdem im Par. 1039 Korrekturen von späterer Hand vorgenommen, die sich an die Überlieferung des Mon. 481 oder eines diesem verwandten Codex anschliefsen. Mon. 490 dagegen bietet oft eine selbständige Textesgestalt. Wie aber im Mon. 481 und im Par. 1039 die Reihenfolge der Briefe nicht durchaus dieselbe ist, so darf auf eine besonders nahe Verwandtschaft dieser Handschriften wohl auch deswegen nicht geschlossen werden, weil der Mon. 481 manche Eigentümlichkeiten des Par. 1039 (Auslassungen, Doppelschreibungen) mit diesem nicht teilt. Der Versuch einer genauen Festsetzung der handschriftlichen Verhältnisse ist bis zur Kenntnisnahme von noch mehr Handschriften zu versparen.

## Zweites Kapitel.

### Die Sprache des Synesius.

Den Schriften des Synesius war in den folgenden Jahrhunderten ein langedauerndes und ehrenvolles Nachleben beschieden. Ein Zeichen für das Interesse, das man z. B. noch im XIII. Jahrh. in Byzanz unserm Autor entgegenbrachte, ist es, dafs der Polyhistor Nikephoros Gregoras in einem stattlichen Kommentare der Schrift des Synesius „über die Träume" sein reiches Wissen zu gute kommen liefs. In besonderem Mafse aber waren es stets die Briefe, zu denen Gemüt und Verstand die Gelehrten des byzantinischen Mittelalters zurückgreifen hiefsen. Teils entnahmen jene Männer diesen Stücken die Vorbilder für die auch von ihnen gerne gepflegte Briefstellerei, wie im XIV. Jahrh. Michael Psellos in seinen Briefen dem Stil des Synesius nacheiferte, freilich ohne denselben auch vollständig an Schönheit und Reinheit zu erreichen (Krumbacher, Geschichte der byzantinischen Litteratur, 2. Aufl. p. 438); andernteils schätzte und benützte man auch des Synesius Briefe als eine ergiebige Fundgrube attischen Stils. Ein Blick in den von Ritschl seiner Ausgabe des Thomas Magister angefügten Index scriptorum zeigt deutlich, wie Synesius besonders in seiner Eigenschaft als Briefschreiber neben den sonst gefeierten

---

1) 150 im Mon. 481 und im Par. 1039 = I. κατάστασις.

Gröfsen des Attizismus als letzter und spätester Autor in der Geschichte des Attizismus eine wichtige, fast bevorzugte Stellung einnimmt. Diesem Verhältnis bei Thomas Magister entsprechen denn auch die ästhetischen Urteile, die da und dort von byzantinischen Autoren über des Synesius ·Werke und im besonderen über dessen Briefe gefällt werden. Der Kirchenhistoriker Euagrius sagt I 15: οἷος καὶ ὅσος γέγονε (Συνέσιος), τεκμηριοῦσι μὲν αἱ κομψῶς αὐτῷ καὶ λογίως πεποιημέναι ἐπιστολαί, Photius thut in seiner Bibliotheca unseres Epistolographen rühmende Erwähnung mit den Worten: ἀνεγνώσθησαν δὲ αὐτοῦ καὶ ἐπιστολαὶ διάφοροι, χάριτος καὶ ἡδονῆς ἀποστάζουσαι μετὰ τῆς ἐν τοῖς νοήμασιν ἰσχύος καὶ πυκνότητος und Suidas s. v. Synesius gedenkt der Briefe mit den kurzen, aber wirksamen Worten: ἔγραψε καὶ τὰς θαυμαζομένας ἐπιστολάς. Im allgemeinen rühmt Theodoros Metochites den Stil des Synesius in seinen ὑπομνηματισμοὶ καὶ σημειώσεις γνωμικαί cap. 17 p. 126 (ed. Müller-Kiefsling): Συνέσιος καὶ νοῦν τε καὶ γλῶτταν εὔστροφος καὶ ταχύς, εἰ δή τις καὶ ἄλλος, καὶ ῥέων ἐν τῷ λέγειν ἀμογητί.

An allen Stellen ist nur von der rhetorischen Seite im Stile des Synesius die Rede, das ausschlaggebende Moment für seine Wertschätzung lag also diesen Autoren auf dem Gebiete der Rhetorik. Von diesem Gesichtspunkte aus hat neuerdings Norden (Antike Kunstprosa I p. 405) unserem Autor innerhalb der zweiten Sophistik seine Stelle auf der Seite der Archaisten oder Attizisten angewiesen. Wenn aber Norden (I p. 349) mit Nachdruck vor dem Irrtum warnt, als ob rhetorischer und grammatischer Attizismus notwendig hätten Hand in Hand gehen müssen, so dürfen wir uns durch die angeführten Stimmen durchaus noch nicht dazu verleiten lassen, den Synesius auch für einen Attizisten auf dem Gebiete der Grammatik auszugeben. Zu einer solchen Annahme berechtigt uns vielmehr erst die Bedeutung, die Thomas Magister den Werken, speziell den Briefen des Synesius beimifst, wenn er dieselben als wichtige τόποι für seine Auswahl attischer Worte verwendet. In wie weit nun Thomas Magister mit seiner Berufung auf Synesius Recht gehabt hat oder in welchem Mafse es unserm Autor noch gelungen ist, seinen Stil nach den zeitlich immerhin schon weit entfernten mustergiltigen Attikern zu gestalten, soll im folgenden dargestellt werden. Dafs dabei die Untersuchungen sich auf die Briefe beschränken, hat seinen Grund und seine Berechtigung in der allerdings auffallenden stilistischen Verschiedenheit, die zwischen den Briefen des Synesius und seinen sonstigen litterarischen Produktionen besteht, eine Verschiedenheit, die auch von Tycho Mommsen in seinem Werke über die griechischen Präpositionen (p. 415 Anm. 96) beobachtet worden ist. Die in der byzantinischen Litteratur vorhandenen und von Krumbacher a. a. O. in seinem Index s. v. Synesius aufgeführten Testimonien sind mit

Ausnahme der bei Thomas Magister, der von Ritschl in mustergiltiger
Weise herausgegeben ist, befindlichen, von mir noch nicht in den
Kreis der Betrachtung gezogen worden. Ich verhehle mir übrigens
nicht, daſs es auf den ersten Blick gewagt erscheinen mag, nach
einer so wenig umfassenden Handschrifteneinsicht bereits an sprachliche Beobachtungen heranzutreten; wenn ich dies trotzdem thue, so
geschieht dies in der Überzeugung, daſs in den meisten Fragen neue
Kollationen keine grundstürzenden Resultate mehr zu Tage fördern
werden, und andernteils in der Anschauung, daſs nur Gleichzeitigkeit
sprachlicher Untersuchungen und handschriftlicher Forschungen zu
einem wirklich allseitig befriedigenden Ergebnis führen kann; eines
ohne das andere ist blind und taub. So sicher die Kollationen
meiner drei Handschriften erst einen bescheidenen Anfang bilden,
ebensowenig sollen meine sprachlichen Beobachtungen im einzelnen
eine abschlieſsende Bedeutung für sich in Anspruch nehmen.

## I. Formenlehre.

### Nichtattische Formen.

Den Anfang in der Darstellung der synesianischen Formenlehre
soll eine Zusammenstellung der nichtattischen Formen bilden, und es
werden hierbei unter diesem Namen nicht sowohl dem attischen
Sprachgesetze widersprechende Flexionsformen, als vielmehr solche
Wörter und Wortbildungen verstanden, die seit alter Zeit aus einem
nichtattischen Dialekte in die Atthis herübergenommen, in derselben
eine Art Bürgerrecht genossen. — So findet sich statt des attischen
ἐάν die jonische Form ἤν häufig in Athen in der jonisierenden
litterarischen Prosa (den attischen Inschriften ist sie fremd) des
V. scl., besonders bei Thukydides, Antiphon und den Tragikern; auch
Aristophanes hat sich derselben bedient. Im IV. scl. gebraucht diese
Form noch Isocrates, angeblich aus Hiatusrücksichten. Bei Synesius
findet sich ἤν fünfmal in drei Briefen: 4. 640. 9 und 46; 104. 702. 42
und 703. 34; 148. 733. 3. — Die Kontraktion von ἐάν zu ἄν, die
den jüngeren Attikern eigen ist und von den attischen Inschriften in
drei Jahrhunderten nur sechsmal, allerdings einmal schon fürs V. scl.
bezeugt wird, steht bei Synesius sehr oft (ungefähr 25 mal) im Gebrauche.
Eine Entscheidung über den Gebrauch von εἰς und ἐς in den
einzelnen Dialekten ist für die Zeit, in der eine graphische Differen-
zierung zwischen beiden Formen noch nicht eingetreten war, unmöglich, mögen auch einige wenige Inschriften die Existenz der Form
εἰς für diese oder jene Zeit und Örtlichkeit beweisen. Auch nach
dem Eintritt dieser Scheidung kann, so scheint es, εἰς und ἐς nicht
bestimmt einem besonderen Dialekt zugewiesen werden; nur die Koine
ist in dem Gebrauch des alleinigen εἰς konstant. Unbestritten existiert

die Form ἐς bei Syn. 4. 644. 1 ἐς δὲ τὴν ὑστεραίαν und wohl auch
101. 699. 4, wo meine drei Handschriften übereinstimmend ἐς ἀνθρώπους lesen, H. seine Lesart εἰς nur durch die Aldina zu stützen vermag. 57. 670. 14 bieten meine drei Handschriften statt ἐσαῦθις:
εἰσαῦθις. Auch Thukydides, dem sonst nur ἐς zuerkannt wird, schreibt
εἰσαῦθις (Poppo ad Thuc. T. I p. 212 und 407—414). — Attisches
μικρός und jonisches σμικρός gehen oft bei den älteren Attikern
nebeneinander her (Kühner-Bl. I. 1. p. 76); Homer (P 757) scheint die
sigmatische Form nur aus metrischem Bedürfnis angewendet zu haben;
σμικρός, das Meisterhans (p. 68. 12) aus den attischen Inschriften nur
einmal nachzuweisen vermocht hat, findet sich bei Synesius sicher
6. 646. 40 κομιδῇ σμικρὸν ἀργυρίδιον und 67. 678. 39 καθιεροῖ σμικρὸν οἰκίσκον; μικροπρεπής dagegen steht ebenso einstimmig 132.
719. 12 ὄνομα μικροπρεπέστατον und 4. 641. 33 μεγάλα κακὰ μικρο-
πρεπέστερον (H. schreibt σμικρ.); 138. 724. 21 hat die von H. rezi-
pierte Lesart τὸ σμικροπρεπεύεσθαι nur Mon. 490, Par. 1039, Mon. 481
dagegen τὸ μικροπρεπεύεσθαι, 143. 728. 8 bieten ebenfalls Par. 1039.
Mon. 481 (490 —) τούτων μικροπρεπεύεσθαι an Stelle des Hercherschen
σμικροπρεπεύεσθαι. Der Umstand, dafs nur in den beiden Fällen, in
denen dem fraglichen Worte ein langer Vokal vorangeht, die Form mit
σμ einstimmig überliefert ist, in den übrigen Fällen dagegen die handschriftlichen Zeugnisse entschieden der Form ohne σ zuneigen, legt
den Gedanken nahe, es möchte bei Synesius das von Elmsley zu
Eurip. Med. 361 statuierte Gesetz, nach dem die Tragiker nach kurzem
Vokal μικρός, nach langem Vokal, nach einem Diphthong und nach
einem Konsonanten σμικρός in Anwendung gebracht hätten, in der
Weise gehandhabt sein, dafs die sigmatischen Formen nur nach vorausgehendem langen Vokal geduldet wären. Mit Sicherheit läfst sich die
Beobachtung eines solchen Gesetzes durch Synesius wohl erst dann
behaupten, wenn dessen Fortleben und Ausdehnung auch auf die
Prosa bei Autoren vor Synesius nachgewiesen ist; Aelian und Philostratus haben sich allen Anzeichen nach an ein derartiges Gesetz
nicht gebunden gefühlt. — Die 3. Pers. Plur. des Perfekts und
Plusquamperfekts von konsonantischen Stämmen -αται und
-ατο, ebenfalls eine ursprünglich jonische, auch lesbische Bildung,
ist auch in der älteren attischen Litteratur anzutreffen; Thukydides
liebt besonders die entsprechenden Formen von τάσσω, auch Xenophon und Plato bedienen sich dieser Endungen. In den attischen
Inschriften hat Meisterhans (p. 131. 4) die Formen ἀναγεγράφαται,
γεγράφαται und ἐτετάχατο aus der zweiten Hälfte des V. scl. vorge-
funden, seit 410 dagegen wird nur noch umschrieben. Nach Möris
(p. 196, 29 ed. Imm. Bekker): ἐτετάχατο Ἀττικοί, τεταγμένοι ἦσαν
Ἕλληνες wäre in den Formen auf -αται und -ατο ein Attizismus
zu erblicken. Aus Josephus führt W. Schmidt (De Flavii Iosephi

elocutione, Jahrb. f. klass. Philol. XX. Supplbd. 1894) p. 443 als sicher
die Form ἐπετετάχατο an, auch Arrian (Böhner, de Arriani dicendi
genere Erlgn. 1885 p. 18) hat 12 ἐτετάχατο. Synesius gebraucht nur
von dem hier offenbar besonders beliebten Verbum τάσσω zweimal
die Form τετάχαται 57. 668. 33 und 121. 712. 14 (im Enc. calv. steht
auch 4. 66 D τετρίφαται). Galen hat sich ebenfalls solche Formen
von τάσσω gestattet, cf. Iw. Müller praef. Gal. Script. min. II p. 19. —
Statt der echt attischen Form γίγνομαι verwendete man in der
Koine allgemein die dem äolischen, dorischen und neujoni-
schen Dialekt eigene Form γίνομαι. Meisterhans (p. 141. 20)
lehrt uns, dafs auf Inschriften Athen γίγνομαι noch bis 292 a. C.
geschrieben hat; von da an verdrängt die Form ohne γ die mit γ,
sodafs sich in den Jahren 290—30 nur γίνομαι, in der Kaiserzeit
aber beide Formen finden lassen. Unter den Attizisten hat Aristides
(Schmid, Attizismus II p. 29) nur γίγνομαι, Aelian (Schm. III p. 18)
dagegen durchgehend γίνομαι und Philostratus (Schm. IV p. 13) nur
einmal γίνομαι, sonst γίγνομαι. Von den übrigen Schriftstellern der
Kaiserzeit schreibt Polyaenus γίνομαι und γίγνομαι, bei Arrian findet
sich häufig γίνομαι, ebenso bei Dionysius Hal., freilich schwanken
die Handschriften vielfach. Synesius hat sich ohne Zweifel zur Regel
die Anwendung der Form γίνομαι gemacht; die wenigen Ausnahmen
davon sind folgende: 57. 664. 32 οὐαὶ δὲ δι' οὗ γέγονε, Par. 1039,
Mon. 481 γίγνεται, Mon. 490 γίνεται (Zitat aus einem Evangelium);
57. 669. 28 διαγίνεσθαι, Mon. 490 διαγίγνεσθαι; 148. 732. 37 γίγνεσθαι;
151. 734. 39 ἐγίγνετο, Par. 1039, Mon. 481, 490 ἐγένετο; 155. 737. 50
γινομένων, Par. 1039, Mon. 490, 481 γιγνομένων; 156. 738. 1 γίγνοιντ'
ἄν im Einklang mit meinen Codices. Wahrscheinlich hat Synesius
selbst im Gebrauche der beiden Formen hier und da geschwankt;
eine Entscheidung der einzelnen Fälle ist noch nicht möglich. — Was
von γίνομαι, gilt auch für die Herkunft und den sonstigen Gebrauch
von γινώσκω; bei Synesius ist diese Form die alleinherrschende.
— Ursprünglich attisches ξύν beginnt bereits gegen Ende des
V. scl. in Athen auf den Inschriften zu verschwinden (Msths. p. 181. 47);
Herwerdens Behauptung (lapidum de dialecto Attica testimonia. Traiecti
1880 p. 59): „ξύν pro σύν constanter usurpatur usque ad Ol. 92. 3"
ist unrichtig, da sich auch in dieser Zeit schon σύν findet. Von den
Attizisten haben sich Dio Chrysostomus und Aristides der Form ξύν
ganz, Lucian fast ganz enthalten (Schm. III p. 16). Polyaenus (Malina
p. 8) schreibt ξύν nur in dem Compositum ξυγκείμενον, ähnlich wie
auch auf den attischen Inschriften nach 403 sich die Form ξύν nur
noch in bestimmten Ausdrücken (ξυνάρχοντες, ξυμβάλλεσθαι, dies
führt auch Schmid III p. 16 als einziges Beispiel aus dem ersten Band
der pergamenischen Inschriften an, ξύμβολον, ξυμβολή, ξύμμαχος)
erhalten hat. Diesen Thatsachen gegenüber ist es nicht angezeigt,

das bei Syn. 4. 643. 36 in den Text aufgenommene und bis jetzt allerdings nur erst vom Mon. 481 gebotene ξύμφωνος zu ändern. — Als attisch galt die Konsonantenverbindung ττ statt des bei den meisten Doriern, den Lesbiern, Äoliern und dem gröfstsn Teil der Jonier gebräuchlichen σσ; und in der That bieten die attischen Inschriften für prosaische Texte nur die Formen mit ττ, in der Poesie findet sich σσ schon ums Jahr 350 a. C. Aber die Verbindung ττ statt σσ ist nicht ausschliefslich attisch, sondern auch böotisches und euböisches Eigentum. Die ältere litterarische Prosa Athens trägt auch hier, wie sonst, noch die Spuren jonischen Einflusses und schreibt noch bei Gorgias, Antiphon und Thukydides σσ; erst die spätere Zeit folgt streng dem attischen Gebrauche. Die Koine schrieb fast durchweg (Schm. III p. 18 Anm. 22) die Formen mit σσ. Unter den Attizisten ist mir nur Aelians und Philostratus' Gebrauch bekannt, von denen jener nach Schm. III p. 18 fast nirgends σσ hat, aufser in ursprünglich jonischen Formen, während dieser (Schm. IV p. 14) sich eine stattliche Anzahl von Beispielen mit σσ gestattet. Bei Polyaenus (Mal. p. 8) werden die Formen mit ττ und die mit σσ gegenseitig vertauscht. In den Briefen des Synesius findet sich ausschliefslich die Form ἀράσσω (nie ἀράττω): 4. 641. 1; 57. 668. 15 und 79. 687. 34; statt der Vulgata γλῶττα findet sich γλῶσσα bei Syn. 58. 671. 4 im Mon. 481 und 490; 129. 716. 28 schreibt statt des von H. rezipierten θάλατταν Par. 1039 Mon. 481. 490 einstimmig θάλασσαν, umgekehrt an Stelle des Hercherschen Textes θαλάσσῃ 4. 643. 8 Mon. 490 θαλάττῃ, Mon. 481 mit übergeschriebenem σσ; solches θάλασσα findet sich auch einmal aus dem Jahre 336 a. C. in einer athenischen Inschrift (C. I. A. II 160. 6), sonst steht auch noch im III. scl. θάλαττα. 79. 689. 51 wird ohne Schwanken λυσσῶντος überliefert, 58. 671. 19 steht dagegen λυττᾷ. In der offenbar sprichwörtlichen Redensart πάτταλοι παττάλοις ἐκκρούονται (45. 659. 34) liest Mon. 490 πάσσαλοι — πασσάλοις. 104. 702. 52 und 143. 728. 20 hat H. in seinen Text τέτταρες aufgenommen; an erster Stelle stimmen meine Handschriften zu, nach seinem Apparat fand H. diese Lesart nur im Laurentianus, an der zweiten Stelle bietet Mon. 481 die Form τέσσαρες. Die Frage ist noch nicht spruchreif. Zu beachten bleibt jedoch, dafs Meisterhans in alter Zeit unter lauter ττ-Formen nur ein einziges σσ im Zahlwort τέσσαρα auf einer attischen Vase (VII.—VI. scl. a. C.) gelesen hat, und dafs ferner auch in der Πολιτεία Ἀθηναίων des Aristoteles ebenfalls τέσσαρες die einzige sigmatische Form unter lauter sonstigen Bildungen mit ττ ist. — Die Verbindung ρσ ist vom attischen Ohr in der klassischen Zeit als unschön empfunden worden, so beginnt θαρρεῖν statt θαρσεῖν seit den Zeiten des Plato in der attischen Prosa sich einzubürgern. Xenophon gebraucht noch beide Formen neben einander. Meisterhans (p. 76. 6) will wegen der

Namenform Θαρρίας selbst dem Altattischen θαρρεῖν als alleingiltig zuerkennen. Die Grammatiker postulieren θαρρῶ als die attische Form: Moeris p. 199. 8 θάρρος Ἀττικοί, θάρσος Ἕλληνες, Thom. Mag. 175, 10 f. θαρρῶ Ἀττικοί, οὐ θαρσῶ καὶ θάρρος οὐ θάρσος, καὶ θαρρύνω οὐ θαρσύνω. Die Form mit ρσ hat H. nur einmal in seinem Texte: 4. 643. 16 ἐθάρσησε und hier stimmen meine drei Handschriften bei; Par. 1039, Mon. 481 (490 —) fordern dieses θαρσῶ noch 67. 676. 54 θαρσῆσαι und 94. 694. 4 ἐθάρσησε. An sechs Stellen (97. 696. 36; 104. 702. 33; 132. 719. 38 und 41; 143. 728. 35; 145. 729. 31.) wird die von H. gewählte Lesart mit ρρ auch von meinen Handschriften gebilligt; es bleiben nur noch zwei Stellen übrig, an deren einer (4. 643. 43) Mon. 490 θαρσῆσαι und an deren anderer (122. 712. 34) Par. 1039 und Mon. 481 (490 —) ρσ verlangen, Mon. 481 hat ein ρ über dem σ übergeschrieben. Die vorwiegende Zahl der Formen ist also auch bei Synesius die mit ρρ.

Unkontrahierte Formen galten im allgemeinen für Jonismen; auch die Koine hat sie. Für Synesius kommt hier nur ὀστοῦν in Frage. Kühner-Bl. (I. 1. 402) führt offene Formen aus Sophocles, Euripides, Menander und Plato an; immer scheint bei den Attikern ὀστᾶ zu kontrahieren. Moeris p. 205. 10 und Thom. Mag. 257. 12 sprechen den Attikern die offene Form ab. Trotzdem findet sich bei Aelian N. A. 94. 28 einmal die Form ὀστέου (neben ὀστοῦ 183. 21), sonst ὀστᾶ ὀστοῦν und ὀστῶν; Philostratus (Schm. IV 14) schreibt ὀστέα und ὀστέων. Im N. T. liest man die Formen ὀστοῦν, ὀστοῦ, aber ὀστέα, ὀστέων. Dionysius Hal. schreibt XIII. 4 ὀστέων, Josephus (W. Schmidt p. 490 ff.) wechselt, Polyaenus hat die kontrahierten Formen ὀστοῦν und ὀστῷ. H. schreibt bei Syn. 40. 655. 26 und 28 ὀστᾶ und ὀστοῖς, wie er selbst sagt, gegen seine Handschriften; auch Par. 1039, Mon. 481. 490 lesen ὀστέα und ὀστέοις, was gewiß zu halten ist. — Absichtlich hätte wohl Synesius einen Jonismus eingesetzt, wenn er 4. 640. 25 Πρίηπος geschrieben hätte, wie Par. 1039 und Mon. 490 statt Πρίαπος haben. Die Adresse des 115. Briefes lautet im Par. 1039 Θεοδώρῳ ἰητρῷ. — Οἷ = αὐτῷ steht nirgends, nur an einer Stelle 154. 736. 13 findet sich σφίσιν = αὐτοῖς. — Statt der attischen Form ἠών ist die jonische Form ἠιών herzustellen 4. 643. 49, wo Par. 1039, Mon. 481. 490, und 55. 662. 43, wo Par. 1039, Mon. 481 (490—) letztere Form bieten; zu 4. 643. 49 schweigt Hs. Apparat, zu 55. 662. 43 findet sich die Bemerkung, daß ἠών gegen die Handschriften geschrieben wurde.

## A. Das Nomen.

### a) Das Substantivum.

In Sachen der Kontraktion ist folgendes zu bemerken. — Die ευ-Stämme bilden bei Synesius den Akk. Plur. regelmäfsig auf έας ohne Kontraktion, wie auch Thom. Mag. p. 115. 2 nur diese Form als die echt attische gelten läfst. Meisterhans p. 110 weist auf den Inschriften das Eindringen des Akk. auf -εῖς im makedonischen Zeitalter nach. Es findet sich bei Synesius 'Αλεξανδρέας 18. 650. 23; ἀριστέας 78. 687. 1; γονέας 20. 651. 3; Δωριέας 57. 667. 51; κωπέας 132. 719. 37 und ἱερέας 57. 668. 27 und 67. 681. 4. Dieser Regelmäfsigkeit der Formen auf -έας steht nur die Form τοὺς ἱερεῖς 99. 697. 36 gegenüber; doch ist zu beachten, dafs Mon. 490 τοὺς ἱερούς, Mon. 481 τοὺς ἱερεῖς auf radierter Stelle und nur Par. 1039 τοὺς ἱερεῖς von erster Hand bietet. Zweifel an der Authentizität der Form τοὺς ἱερεῖς werden nicht von der Hand zu weisen sein. Synesius hat wie Philostratus (Schm. IV p. 19) die streng attische Form angewendet und ist darin so genau wie Aelian; denn die bei Schm. III p. 22 angeführten kontrahierten Akk. stammen alle aus der V. H., die für den Sprachgebrauch des Aelian nicht mafsgebend ist. — Den Akk. Plur. von ἥρως bildet Syn. 142. 726. 40 ἥρωας (Philostratus bei Schm. IV p. 21 ἥρωας und ἥρως), während Phrynichus Ruth. p. 248 τοὺς ἥρως verlangt, eine Regel, der unsere Überlieferung auch sonst nicht entspricht (Kühner-Bl. I 1. 456 Anm. 5). Die attischen Inschriften lassen uns in dieser Frage im Stich. — Von den υ-Stämmen findet sich im Nom. Plur. 108. 707. 18 die regelmäfsige Form πελέκεις, den Akk. Plur. von βοῦς läfst Syn. 148. 732. 33 βοῦς lauten (wie auch Aelian N. A.), ebenfalls im Einklang mit dem attischen Kanon, den Msths. auch noch in den Jahren 334/26 a. C. in einer Inschrift eingehalten gefunden hat. Polyaenus (Mal. p. 12) schreibt βόας, ebenso auch Lucian im Somn. cap. 2. 4. — Hier sei noch der Gen. Sing. von ἄστυ angefügt, der 61. 672. 38 und 105. 704. 50 ἄστεος lautet, während sich auf den attischen Inschriften nur die Form ἄστεως nachweisen läfst; übrigens schreibt auch Philostr. (Schm. IV p. 20) nur unattisch ἄστεος. — Die σ-Stämme auf -ος, Gen. ε-ος haben die Kontraktion im Gen. Plur. — nur von diesem kann hier die Rede sein — konstant vorgenommen: ἐθνῶν (34. 654. 27 und 59. 672. 8); ἐπῶν (4. 642. 3); ἠθῶν (139. 724. 26 und 149. 734. 5); κερδῶν (62. 673. 36 und 95. 695. 49); ὀρῶν (122. 712. 27); τειχῶν (130. 717. 34); τελῶν (113. 709. 22). Diesen echtattischen (cf. Msths. p. 103 §. 51. 4) Formen steht unkontrahiert nur ἀνθέων (114. 709. 38) gegenüber, ein deutlicher Beweis, wie sich Synesius durch die Vorschriften der Grammatiker gebunden fühlte,

die eben allein bei ἄνθος eine Kontraktion unterlassen wissen wollten
cf. Thom. Mag. p. 1. 9, Lex. Seguer. p. 404. 28, Suidas s. v. ἀνθέων
und als indirekten Beweis Antiatticista p. 83. 12. Bei Philostratus
lesen wir so ἀνθέων und daneben noch χειλέων (Schm. IV p. 17). —
Von σ-Stämmen auf -ας, Gen. α-ος, begegnen bei Synesius die
Formen γήρᾳ (110. 708. 14), γερῶν 78. 687. 14), κρεῶν (148. 733. 26)
und κρέα (4. 644. 24 und 148. 731. 22 und 148. 732. 42), sämtlich
kontrahiert. — Der sog. attischen 2. Dekl. folgen bei Synesius die
Substantive λεώς und νεώς; 122. 712. 29 lesen wir τὸν ἀγροῖκον λεών,
4. 640. 28 und 151. 734. 36 τὸν νεών. λεώς findet sich auf den attischen Inschriften nur als Name eines Stammheroen (Msths. p. 100. 16),
auch im attischen Litteraturgriechisch ist die Form nicht so häufig,
wie man vermuten sollte. Xenophon hat sie z. B. gar nicht, die
Koine hat nur die Form λαός. Für Josephus zweifelt Schmidt p. 494
an der Existenzberechtigung der wenigen im Text sich findenden
„attischen" Formen, im Dionysius Hal. gehen λαός und λεώς neben
einander her (cf. Jacoby: Die Sprache des Dionysius v. H. Aarau 874
p. 36). Anders stellt sich das Zeugnis der attischen Inschriften
für das Wort νεώς. Dies ist dort die bis 250 in Prosa allein domi-
nierende Form; erst von 250 an bricht schnell ναός ein (Msths.
p. 99. 13), in der Kaiserzeit finden sich beide Formen neben einander, wie es in der Litteratur auch bei Lucian (Schm. I p. 226),
Dionys. Hal. (Jacoby p. 36), Josephus (Schmidt p. 493) und Plutarch
(Bernardakis p. LXXIII) konstatiert ist. Aelian hat nach Schm. III
p. 25 nur die Formen von νεώς angewendet. — Wir gehen nunmehr
zu den Anomala über: κλείς bildet nach Vorschrift der Grammatiker (Thom. Mag. p. 197. 1) entgegen dem sonstigen Gebrauch der
Späteren, auch des Philostr. bei Schm. IV p. 21 den Akk. Plur. bei
Syn. (67. 678. 38) auf -εῖς, also τὰς κλεῖς. Polyaenus (Mal. p. 12)
bildet κλεῖς und κλεῖδας. Die Deklination von ναῦς gestaltet sich
in den vorkommenden Kasus folgendermafsen: Gen. Sing. νεώς (4.
639. 38); Akk. Sing. τὴν ναῦν (4. 640. 35; 4. 641. 38; 4. 643. 24 und
47; 32. 654. 6; 41. 655. 29); Gen. Plur. νεῶν (148. 731. 39 und 50).
Es sind dies die attischen Formen. — In der Reihe der Abundantia
ist zuerst ἅλως zu nennen. Dies Wort wurde gewöhnlich nach der
attischen zweiten Deklination gebeugt, so bei Xenophon Oec. 18. 6.
7. 8, die Koine, in der die 2. attische Deklination verschwunden war,
hat sämtliche Formen von einem neuen Stamm ἁλων- gebildet. (Wilke-
Grimm, Clavis s. v. ἅλων und Blass, Gramm. des ntstl. Griechisch
p. 29 §. 9). Dorisch ist die Deklination ἅλως, Gen. ἅλως, daraus
neuattisch Nom. Plur. ἅλως (statt ἅλωες) bei Demosthenes 42. 6. Der
bei Syn. (125. 713. 43) sich findende Akk. Plur. ἅλως wird als zur
2. attischen Deklination gehörig zu betrachten sein, nachdem wir
oben (p. 29) gesehen haben, dafs ἥρως den gleichen Kasus auf ἥρωας

bildet. Zwischen τὸ δίψος und ἡ δίψα schwanken meine Handschriften 133. 720. 28, indem Par. 1039 und Mon. 481 δίψῃ mit übergeschriebenem δίψει bieten. Beide Formen sind gleich gut attisch; δίψος ist der späteren Sprache abhanden gekommen. δάκρυον, die gewöhnliche Form in Prosa und Poesie, steht 67. 680. 34; der Akk. Plur. von ὁ ὄνειρος lautet 54. 662. 27 ὀνείρους. στάδιον bildet seinen Plur. bei Synesius mit männlichem Geschlecht so, wie auch Thukydides bis auf eine Stelle (VII. 78. 3) zu schreiben sich gewöhnt hat. Msths. (p. 113. 12) hat den maskulinischen Plur. nur auf einer metrischen Inschrift des IV. Jahrh. a. C. zu finden vermocht. Die Stellen sind 4. 642. 49 σταδίους ἑκατόν und 4. 643. 46 σταδίους οὐ πλεῖν, stets vor einem folgenden Vokal. Das Subst. υἱός wird nach dem Zeugnis der attischen Inschriften (Msths. p. 113. 14) bis zur Mitte des IV. scl. a. C. (ausgenommen den Akk. Sing.) nach der 3. Deklination gebeugt; als Akk. Plur. findet sich in besagter Zeit nur υἱεῖς (403 und 369 a. C.); υἱέας kommt Il. II 693 u. a., Hesiod frg. 32 und 130 (K.) vor neben υἱεῖς in Il. V 464 (wo Nauck ὑῖες schreibt). Einstimmig verpönen auch die Grammatiker Phrynichus (Lob. p. 69 und Ruth. p. 141 ff.) und Thom. Mag. p. 367. 5 den Akk. υἱέα; für den Plur. belegt Msths. a. a. O. nur noch den Nom. mit υἱεῖς (409 a. C.) nach der 3. Deklination. Die anderen Kasus scheinen zu fehlen. Der 3. Deklination gibt Thom. Mag. im Plur. auch für die übrigen Kasus den Vorzug, wenn er (367. 10) schreibt: καὶ υἱεῖς, υἱέων, υἱέας καὶ υἱεῖς (sc. λέγε), κρείττω γὰρ ταῦτα τοῦ υἱοὶ καὶ υἱῶν καὶ υἱοῖς καὶ υἱούς, wo die Zulassung der Formen υἱεῖς und υἱέας auffallend ist. Synesius dekliniert folgendermafsen: Sing. τοῦ υἱοῦ (53. 662. 19) und τὸν υἱόν (4. 645. 19; 57. 669. 9; 67. 676. 21 und 119. 711. 11); Plur. υἱέων (16. 650. 5 und 126. 714. 24) und υἱέας (87. 691. 34). Die Form υἱέας mag durch falsche Analogiebildung nach dem Muster der von den Attizisten im Gegensatz zur Koine verlangten Formen auf -έας von den εν-Stämmen entstanden sein. Dio Chrysostomus (Schm. I p. 86) bildet den fehlerhaften Akk. Sing. υἱέα; aus dem Gebrauch des Josephus hebe ich hervor, dafs bei diesem Schriftsteller υἱέα und υἱέας nicht vorkommen, statt letzterer Form hat er υἱούς (Schmidt p. 501). Aelian (Schm. III p. 27 f.) hat υἱοῦ, υἱεῖ, υἱόν; υἱεῖς, υἱέων und υἱῶν, υἱέσι und υἱοῖς, dann υἱεῖς und υἱούς. Philostratus schreibt (Schm. IV p. 23) υἱέος neben υἱοῦ, υἱῷ, υἱόν und υἱέων. — Von den Heteroklita ist zuvörderst ὄρνις zu besprechen. Als Akk. Plur. braucht Syn. 132. 718. 50 die Form ὄρνις; so schreiben übereinstimmend mit Blass' Forderung (I 1. p. 510) Par. 1039, Mon. 481. 490, während H. ὄρνεις liest. Der Gen. Plur. lautet dreimal (4. 643. 32; 4. 644. 22 und 114. 709. 38) ὀρνίθων; der Gen. Plur. ὀρνέων (124. 713. 36) mit dieser von Kühner-Bl. I 1. 510 geforderten und durch meine drei Handschriften über-

lieferten Akzentuierung ist von τὸ ὄρνεον abzuleiten. Das Subst.
χρώς die Haut bildet seine Kasus auf doppelte Weise: entweder vom
Stamm χρωτ, also χρωτός, χρωτί etc. oder vom Stamme χρο, also
χροός, χροΐ, χρόα. Erstere Form erklärt Kühner-Bl. (I 1. 511) für
die der attischen Prosa eigentümliche, die zweite Abwandlung ist die
bei den Dichtern übliche. Daneben besteht noch als dritte Form,
aber nur für den Dat. Sing. in der Verbindung mit ἐν, die Bildung
χρῷ in Redensarten wie ἐν χρῷ κεκαρμένος (Xenophon), ἐν χρῷ
παραπλέοντες (Thucyd.), ἐν χρῷ τῆς γῆς (Lucian Hermod. V), κέκαρτο
ἐν χρῷ τὴν κεφαλήν (Ael. V. H. 116. 8) u. s. w. In dieser letzten
Verbindung findet sich χρῷ auch bei Syn. 4. 640. 32 ἐν χρῷ γενέσθαι τοῦ κινδύνου. 117. 710. 14 haben meine zwei Handschriften
(Mon. 490 fehlt): ἐγὼ δὲ ὡς οὐ σοῦ πρεσβύτερος μόνον, ἀλλὰ καὶ ἤδη
πρεσβύτης, χρῷ δῆλον, ὡς Φερεκύδης φησίν. Auch H. hat so in
seinen Handschriften gefunden, schreibt aber, einem Codex des
Laertius und des Suidas folgend, χροΐ und zwar wohl mit Recht.
Hieran schließen sich die Eigennamen auf -κράτης, auf -γένης
und -μένης. Was zunächst die nomina prop. auf -κράτης anlangt, so ist die ältere Gen.-Bildung bei denselben, wie überhaupt bei
den Eigennamen auf -ης allen, die nach der 3. Deklination. Msths.
(p. 105 f.) führt Fußnote 982 Ἀριστοκράτους vom Jahre 399, Ἀστυ-
κράτους aus dem Jahre 363 a. C. u. s. w. an; die frühesten Beispiele
von -κράτου sind (ebenda Note 983) Ἀριστοκράτου ungefähr vom
Jahre 350, Τιμοκράτου 341, Δημοκράτου 340/322 u. s. w. Der Gen.
auf -ους hält sich noch bis c. 300; dann gewinnen die Formen auf
-κράτου die Herrschaft; erst die Restauration der Kaiserzeit hilft den
alten Endungen wieder zu ihrem Rechte. Im Dat. findet sich -ει neben
nur einmaligem -η, das Msths. für einen Schreibfehler zu halten geneigt ist. Viel schneller scheint sich der Übergang von der 3. in
die 1. Deklination im Akk. vollzogen zu haben; denn die ursprüngliche Endung hat sich nur noch in einer kurz nach 403 geschriebenen
Inschrift bewahrt; auch diese Endung wird aber durch die reak-
tionären Bestrebungen der Kaiserzeit in etwas wieder verdrängt. Bei
Synesius finden sich Eigennamen auf -κράτης nur selten; es begegnet
46. 659. 36 der Gen. Πολυκράτους und 115. 709. 44 der Akk. Ἱππο-
κράτην. Für den Gen. der Eigennamen auf γένης gilt das oben
über den gleichen Kasus derer auf -κράτης Angeführte; als frühestes
Beispiel auf -ου bietet Msths. in Note 983 Ἐρξιγένου c. 322, Ἀντι-
γένου c. 300 u. s. w., für den Dat. ist dem Obigen nichts beizufügen,
ebenso für den Akk. In den Briefen des Synesius stellt sich die
Deklination der Eigennamen auf -γένης so, daß ein Gen. nicht vorkommt, der Dat. folgt stets der 3. Dekl. 99. 697. 25; 134. 721. 22
Διογένει und ebenso in der Adresse des 20. und 23. Briefes. Im
Akk. lesen wir 119. 710. 43 εἰς Διογένην mit folgendem ὅτι, 131.

718. 4 hat H. die Lesart *Διογένη καὶ ἡ φύσις*, Par. 1039, Mon. 481 (490—) aber schreiben *Διογένην*. H.s Apparat schweigt. — Schliefslich die Eigennamen auf -*μένης* anlangend, habe ich bei Msths. am angegebenen Orte den Gen. auf -*μένους* gebildet gefunden in den Jahren 433—417, Formen auf *μένου* nur einmal vom Jahre 350 a. C. (*Χαιριμένου*); die Gen.-Bildungen nach der 1. Deklination sind offenbar seltener. Im Dat. scheint auch hier nur -*ει* die gebrauchte Form zu sein, für den Akk. eines Eigennamens auf -*μένης* hat Msths. kein Beispiel. Auch aus Kühner-Bl. I 1. 512 ist nichts Genaueres zu entnehmen, ebensowenig aus Wecklein Cur. epigr. p. 22 ff. Synesius bildet 88. 692. 2 *Πυλαιμένους*; der Dat. lautet *Πυλαιμένει* in der Adresse des 48., 71., 74., 88., 100., 129. und 150. Briefes, hier überall ohne Variante. Mit Variante von *Πυλαιμένη* in der Adresse des 61. Briefes *Πυλαιμένει*, so Par. 1039, aber zum Teil radiert, und Mon. 481 (490 —); statt der von H. rezipierten Überschrift des 101. Briefes *τῷ αὐτῷ* steht im Mon. 490 *Πυλαιμένῃ*, ebenso über dem 103. Briefe statt *τῷ αὐτῷ* in Par. 1039 *Πυλαιμένει*, im Mon. 481 *Συνέσιος Πυλαιμένει*, Mon. 490 hat *Πυλαιμένῃ*; die Adresse des 131. Briefes lautet bei H. *Πυλαιμένει*, im Par. 103ὖ *Πυλαιμένῃ*, Mon. 481 *Πυλαιμένει*, 490 fehlt; Ep. 134 hat Par. 1039 *Πυλαιμένῃ* (-*ει*). Dies sind alles Adressen. Im Texte liest H. 134. 721. 11 wie sonst überall *Πυλαιμένει* und Mon. 481 stimmt ihm bei, Par. 1039 aber hat *Πυλαιμένη*. Der Widerstreit der Handschriften ist noch nicht zu lösen. Die Möglichkeit einer von Synesius beabsichtigten Doppelbildung ist allerdings auch nicht ausgeschlossen. Der Akk. lautet *Πυλαιμένη* 71. 683. 4 und 129. 716. 9, stets mit folgendem Konsonanten, 152. 735. 1 bieten meine drei Handschriften dagegen den Akk. *Πυλαιμένην, αὐτὴν τὴν ψυχήν* und 131. 718. 9 am Schlusse des Satzes stimmt Par. 1039 mit H.s Lesung *Πυλαιμένη* überein, Mon. 481 hat *Πυλαιμένην* mit auf radierter Stelle geschriebenem *ν*. Thatsächlich gewinnt es den Anschein, als habe Synesius beim Eigennamen *Πυλαιμένης* (dies ist der einzige mit -*μένης* zusammengesetzte) eine doppelte Abwandlung beabsichtigt, wohl nicht ohne Rücksicht auf den Hiatus.

## b) Das Adjektivum.

Um auch hier mit der Kontraktion den Anfang zu machen, soll zunächst mit Bezug auf die einen Stoff oder eine Farbe bezeichnenden Adjektiva auf -*εος* gesagt werden, dafs hier keinerlei Abweichungen von der attischen Norm sich finden: 17. 650. 17 *τῇ χρυσῇ σου ψυχῇ*; 22. 651. 21 *τὰ χρυσᾶ παιδία*, ebenso 23. 651. 31. — Die Adjektiva auf -*πλοος* kontrahieren, wo sie vorkommen: 56. 663. 11 *ἁπλῆν* und 14 *διπλῆν*. — Das Wort *ἀθρόος, ἀθρόα, ἀθρόον* wird nach Kühner-Bl. I. 1. 402 Anm. 3 bei den Attikern nur selten kontrahiert; dazu stimmt auch Thom. Mag. p. 9. 8, wenn er sagt: ἀθρόος Ἀττικοί, οὐκ ἄθρους, ἄθρους δὲ ὁ μὴ θόρυβον ποιῶν, δόκιμον. Bei Moeris dagegen findet sich p. 188. 8 die Notiz: ἄθρους Ἀττικοί, ἀθρόους Ἕλληνες. Bei Synesius finden sich folgende unkontrahierte Formen: ἀθρόοι 21. 651. 15 ἀθρόοι γενόμενοι und 69. 682. 26 ἐκχυθέντες ἀθρόοι (Par. 1039, Mon. 481 ἀθρόον Mon. 490—) κατὰ τῆς χώρας; ἀθρόων: 44. 656. 42 μετὰ ἀθρόων τῶν λοχιτῶν; ἀθρόους: 107. 707. 1 δήμους ἀθρόους und 119. 711. 2 οὐ μόνον ἀθρόους, ἀλλὰ καὶ καθ᾽ ἕνα. Nur 16. 650. 3 schreibt H.: ὥσπερ ῥεῦμα ἐπισχεθὲν ἄθρουν ἐρρύη. Diese Lesart ἄθρουν erklärt er in seinem Apparat nur im Par. 1301 gefunden zu haben. Von meinen Handschriften hat Par. 1039 ebenfalls ἄθρουν, aber darüber ἄθροον (sic!), Mon. 481 bietet ἄθρουν, Mon. 490 hat ἀθρόον. An die Form ἄθρους wird nicht zu glauben sein; denn ἄθρους, ἄθρουν hiefs: geräuschlos. Auf alle Fälle hat sich Synesius im allgemeinen der attischen Gewohnheit, nicht zu kontrahieren, im Gegensatz zur Übung der Späteren angeschlossen; eine Entscheidung in dem einzelnen strittigen Fall wird erst ein umfassenderes Zeugenverhör bringen können. — Von den Adjekt. auf -όεις und -ήεις, die in nachklassischer Zeit verschwinden (Mullach, Gramm. der griech. Vulgärsprache p. 175 f.) und durch neue, dem lebendigen Sprachgebrauch geläufigere Bildungen ersetzt werden, habe ich bei Synesius keine Spur mehr gefunden. Dieselben haben überhaupt nie in der attischen Diktion feste Wurzeln geschlagen. — Für Adjektivbildungen auf -ώδης, die nach Lob. ad Phrynichum p. 228 in der sinkenden Gräzität stark überhand genommen hätten, ebenfalls an Stelle von anderen älteren Formationen, habe ich bei Synesius als Beispiele ὀχθώδης (40. 655. 21) anstatt des älteren ὀχθηρός, αὐχμώδης (114. 709. 24) für das allerdings nur homerische αὐχμήεις oder für αὐχμηρός, und ἑλώδης (114. 709. 29) als Nachfolger des alten ἕλειος gelesen; αὐχμώδης hat vereinzelt auch schon Herod. und Eur., ebenso παιδαριώδης (140. 725. 28) als Stellvertreter von παιδικός schon Plato einmal (Phil. 14 D), aber Plato hat eben öfters vulgäre Ausdrücke in seine Schriftsprache eingestreut. — Nach der attischen 2. Dekl. gehend finden sich bei Synesius die Adj. κατάχρεως 4. 640. 5; ἵλεων (sc. τὸν βίον) 57. 665. 20 und von ἀνάπλεως die Formen ἀνάπλεων (sc. ἦθος) 101. 698. 29 und ἀνάπλεῳ (Nom. Plur. gen. masc.) 154. 736. 18. — In der Frage der Kontraktion kommen bei Synesius von adj. Sigmastämmen nur die Wörter ὑγιής und ἡμιδεής in Betracht. Nach Msths. p. 118. 11 ist allein bei ὑγιής, während sonst auf den attischen Inschriften die Regel von der Kontraktion eines auf einen Vokal folgenden -εα in ᾱ gewahrt bleibt, seit 350 a. C. die Beobachtung zu machen, daſs hier im Neutr. Plur. und im Akk. Sing. εα in η zusammengezogen wird. Eine nur wenige Jahre vor obiges Datum fallende Inschrift hat im

Neutr. Plur. beide Formen ὑγιᾶ und ὑγιῆ. Auch in unseren attischen Autoren finden sich Zeugnisse für diese Sonderstellung des Adjekt. ὑγιής (Kühner-Bl. I 1. p. 433). Die antiken Grammatiker freilich, soweit sie uns erhalten sind, sträuben sich gegen dieses einem einzelnen Wort verliehene Privilegium mit allem Nachdruck (Moeris p. 211. 9 und Thom. Mag. p. 365. 6). Unter den oben dargelegten Umständen ist (die von den meisten Handschriften H.s und) meinen drei Codices 105. 705. 1 gebotene Lesart ὑγιῆ (Neutr. Plur.) gewifs nicht in ὑγιᾶ zu ändern gewesen. Das Neutr. Plur. von ἡμιδεής lautet 32. 654. 7 auffallenderweise ἡμιδεῆ, allem Anschein nach gegen alles attische Herkommen; die Handschriften sind über diese Bildung indes einig. Auf dem Gebiet anderer späterer Autoren will Schmidt p. 504 bei Josephus gegen Naber ὑγιῆ beibehalten wissen. Aelian (Schm. III 21) und Philostratus (Schm. IV 16) hat ὑγιᾶ. Im N. T. findet sich viermal die Form ὑγιῆ als Akk. Sing. Die Kontraktion der Komposita mit -δεής geschieht bei Plutarch überwiegend zu -ᾶ, bei Diodor hat Dindorf I 45. 2 und XVII 91. 5 ἐνδεῆ und καταδεῆ korrigiert (Vogel praef. p. XXXIV); Aelian schreibt N. A. 272. 11 ἀδεᾶ (Schm. III 21), Philostratus (Schm. IV 16) περιδεᾶ und ψοφοδεᾶ. ἡμιδεῆ bei Synesius steht also selbst dem nicht attizisierenden Plut. gegenüber vereinzelt da. — Die Komparativformen auf -ων bleiben bei Synesius im Gen. Sing. stets unkontrahiert, wie dies auch bei Aelian (Schm. III 23) und Philostr. (IV 17) durchgehend der Brauch ist. Im Akk. Sing. masc. und fem. wird hingegen ohne Ausnahme kontrahiert (z. B. κρείττω 10. 648. 7; πλείω 44. 657. 7; καλλίω 103. 700. 50; χείρω 145. 729. 24; ἡδίω 154. 735. 29). Aelian (Schm. III 23) hat nur einmal (in der nichtmafsgebenden V. H.) kontrahiert; bei Aristides und Philostr. (Schm. IV 17) sind diese kontrahierten Formen die, wenn auch nicht ausnahmslos, giltige Regel. Im Nom. Plur. gen. masc. und fem. wird bei Aelian und Philostratus (Schm. III 23. IV 17), und ebenso auch bei Synesius durchweg kontrahiert z. B. πλείους 4. 640. 21; ἡδίους 55. 663. 8; ἐλάττους 125. 714. 1; βελτίους 139. 724. 44. Im Akk. Plur. gen. masc. und fem. wechselt Aelian, doch so, dafs die offenen Formen überwiegen, Aristides befolgt die entgegengesetzte Übung. Synesius hat, hier mit Philostratus (Schm. IV 18) übereinstimmend, stets die kontrahierten Akk. πλείους 4. 643. 46, so Par. 1039, Mon. 481. 490 statt πλείν, und 125. 714. 20; μείζους 47. 660. 12; ἐλάττους 90. 692. 27; κρείττους 108. 707. 24. Eine Ausnahme macht nur 145. 729. 25 der Akk. βελτίονας, der durchaus nicht für unattisch gelten darf (Mon. 481 hat βελτίους, aber ους auf Rasur, darüber ονας); Aristides hat im Neutr. Plur. neben lauter kontrahierten Formen unkontrahiert auch nur βελτίονα (Schm. III 24). 120. 711. 17 steht die Form πολλαπλασίους. H. scheint diese Form von πολλαπλασίων abzuleiten; denn

er hat an anderen Stellen Kasus von πολλαπλασίων an Stelle der in
den Handschriften überlieferten Formen von πολλαπλάσιος eingesetzt. So liest H. 78. 686. 38 ἐκεῖνοι μὲν γὰρ οὐδεπώποτε πολλαπλασίους ἐλάττοσι τοῖς πολεμίοις — συνηνέχθησαν, seine sämtlichen
Handschriften aber und auch Par. 1039, Mon. 481 (490—) bieten
πολλαπλάσιοι. H. hat „propter hiatum" geändert. Zu einer solchen
Änderung ist aber, auch trotzdem dafs Synesius einen Hiatus bei einem
mit -οι schliefsenden Worte gemieden hat (cf. unten!), durchaus kein
Grund vorhanden, da nach πολλαπλάσιοι Pause anzunehmen ist, die
bei Synesius einen solchen Zusammenstofs vollauf legitimiert (cf. unten
beim Hiatus!). 98. 697. 3 bietet dann H.s Text εἰς πολλαπλασίονα
διάθεσιν, meine drei Handschriften (und auch die H.s mit Ausnahme
des einzigen L.) lesen πολλαπλασίαν, woran nichts zu ändern. Es
ist demnach auch obiges πολλαπλασίους als Akk. Plur. gen. masc.
von πολλαπλάσιος anzusehen. Diese Form ist, — im Gegensatz zu
πολλαπλασίων, das die Späteren gebrauchen — die alte attische
cf. Phryn. Lob. p. 411 Anm. Im Neutr. Plur. wird zum Teil kontrahiert (ἐλάττω 40. 655. 25; πλείω mit v. l. πλέω 2. 638. 27; 49.
660. 36; 69. 682. 22; 73. 684. 23; 80. 690. 25; 105. 704. 18; 105. 705.
26; 108. 707. 13; 129. 716. 18; 134. 721. 13; 148. 733. 27; μεῖζω 69.
682. 22; ἀμείνω 103. 701. 1 und 11; βελτίω 103. 701. 32), zum Teil
unterbleibt die Kontraktion (καλλίονα 7. 647. 8; πλείονα mit v. l.
πλέονα 53. 662. 15; 73. 685. 27; 84. 691. 18; 133. 720. 2; 124. 726. 47;
λῴονα 97. 696. 37). Synesius schliefst sich hierin dem Aelian an
(Schm. III 24), während Philostratus (Schm. III 18) stets Kontraktion eintreten läfst. — Statt der 57. 665. 49 und 61. 672. 40 gebrauchten
Form πρηνής wird, wie auch bei anderen Autoren, 105. 703. 19 in
dem Ausdruck κατὰ πρανῶν die Form mit α angewendet (cf. über die
häufige Vertauschung beider Formen Phryn. Lob. p. 431). — Von den
beiden Formen τέλεος und τέλειος ist, nach den bei Msths. p. 34
Anm. 242 angegebenen Beispielen zu schliefsen, τέλειος die jüngere;
sie ist auch die allein im N. T. gangbare. Thom. Mag. p. 358. 3. 4
schreibt vor: τέλεος καὶ τελέως — δοκιμώτερα ἢ μετὰ τοῦ ι. Nach
Schm. I 136 schwankt Dio im Gebrauch, Lukian (ebenda I 293) sagt
adverbialisch τελέως und τέλεον, aber adjektivisch τέλειος, nur einmal hat er τελείως, Aristides (II 156) schliefst sich dem wechselnden
Gebrauche an. Synesius hat beide Formen: 139. 724. 39 ἐκ τελέων
τέλεον und 154 737. 31 τέλειος. — ἐπιτήδειος wird bei Synesius
bald drei-, bald zweiendig gebraucht: 103. 700. 42 δεῖ γὰρ ὕλης
ἐπιτηδείας, aber 57. 664. 8 πρὸς τοῦτο γεγόνασιν ἐπιτήδειοι (αἱ
φύσεις) und direkt vorher 57. 664. 6 ταῖς ἐπιτηδείοις (bei H.) εἰς τὸ
ποιῆσαι δημόσια κακὰ φύσεσι; so haben auch Mon. 481 und 490,
aber Par. 1039 liest ἐπιτηδείαις mit von zweiter Hand übergeschriebenem -οις. Die Nähe des Zeile 8 stehenden unbestritten

ἐπιτήδειοι legt auch für Zeile 6 die Annahme von ἐπιτηδείοις nahe,
solange kein Grund für einen so auffallenden Wechsel gefunden ist.
Zum Kapitel der Komparation ist folgendes Wenige zu bemerken. — Als Komparativ zu παλαιός steht 67. 677. 1 παλαίτερος;
67. 678. 20 und 72. 683. 26 aber schwankt die Überlieferung; an erster
Stelle lesen Par. 1039, Mon. 481 (490—) entgegen dem von H. angenommenen Texte παλαιότερον, 72. 683. 26 stimmen dagegen Par. 1039,
Mon. 490 mit Herchers Lesart παλαιτέροις, während Mon. 481 auch hier
παλαιοτέροις geschrieben wissen will. — Ebenfalls unsicher ist der
Komparativ von σχολαῖος 141. 726. 31, wo H. σχολαίτερον liest, aber
Mon. 481 σχολαιότερον, allerdings -ότερ- auf radierter Stelle und darüber
ϝ σχολαίτερον hat. — Der Komparativ von ταχύς lautet bei Synesius
im Einklang mit dem attischen Gebrauche und den Vorschriften des
Moeris (p. 210. 17) 51. 661. 46; 104. 703. 37 und 121. 711. 27 θᾶττον.
Nach Mullach p. 178. 3 ist vom Stamm κακ der Komparativ
κακίων bald ausgestorben, bei Synesius ist derselbe als nicht mehr
vorhanden zu konstatieren; es findet sich nur noch χείρων (57. 666. 3;
57. 669. 10; 103. 700. 51; 141. 726. 25; 145. 729. 24 u. 25; 148. 732. 53),
der sich im vulgären χειρότερος bis heute erhalten hat. — Beispiele für
Komparativbildungen von o-Stämmen auf -έστερος, die sogar
Attizismen gewesen sein sollen (Schm. I 195), bietet Synesius nirgends;
cf. übrigens Mullach p. 178. Dagegen findet sich bei Syn. 143. 728. 27
die barbarische Superlativform ἀγαθώτατος. Kühn.-Bl. I 1. 565
führt als Autorität für dieses Monstrum Diodor 16. 85 an, Schmidt
hat dieselbe auch im Josephus B. II 142 gefunden. Es giebt für die
Erklärung dieser Form bei unserm Autor nur die eine Möglichkeit
anzunehmen, dafs Synesius in den Schlufspartien der Briefe, in denen
mehr geschäftliche Angelegenheiten abgemacht wurden, vor allem
Aufträge von Grüfsen, sich nicht mehr an die sonst eingehaltene
Strenge des Stils gebunden fühlte und sich deshalb hier wohl mehr
im Scherze die Begrüfsung seines „gutesten" Freundes glaubte ohne
Anstofs erlauben zu können. Für die geringe Feilung genannter Brief-
teile wird auch noch die weiter unten zu besprechende Thatsache
Zeugnis ablegen, dafs sich hier auch auf dem Gebiete der Hiatusvermeidung eine ungleiche Behandlung dem grofsen Ganzen der Briefe
gegenüber beobachten läfst (cf. unten!). — Die Formen πλείων—
πλέων u. s. w. werden bei Thukydides noch promiscue gebraucht;
bei den attischen Rednern (Benseler zu Isocr. Areopag. p. 238 ff. und
Bremi I Exc. zu Isocr. p. 198) macht sich zuerst in Prosa eine Unterscheidung bemerkbar in der Art, dafs dort die längeren Formen weitaus
in der Mehrzahl sind, besonders bei Kontraktion; das Neutr. Sing.
aber lautet vorwiegend πλέον, nicht πλεῖον. Aus den attischen Inschriften leitet Msths. p. 120 die Regel ab, dafs vor langen Vokalen
durchweg ει, vor kurzen Vokalen ε und ει und im Neutr. Sing. nur ε

steht; πλεῖον hat er im I. und II. scl. a. C. gelesen. Diese Form führt
Herwerden p. 62 vom J. 127 an. Aelian und Aristides haben nach
Schm. III 24 das Gesetz in der Weise beachtet, dafs bei beiden (mit
Ausnahme einer nach seiner Meinung zu korrigierenden Stelle) in der
ersten Silbe nur ει gesetzt ist, aufser im Neutrum, welches bei Aelian
durchgängig, bei Aristides meistens πλέον lautet; Philostratus (Schm.
IV 18) schliefst sich ihrem Gebrauch an. Bei Synesius steht die
Sache folgendermafsen. Der erste Teil der aus den Inschriften ab-
strahierten Regel (nur ει vor einem langen Vokal) ist eingehalten:
πλείω (61. 673. 7; 69. 682. 22; 73. 684. 23; 80. 690. 25; 108. 707. 13;
129. 716. 18; 134. 721. 13; 148. 733. 27); πλείων (142. 726. 47); πλείους
(125. 714. 20). — Die einzige Stelle 49. 660. 36, in der Par. 1039 und
Mon. 481 πλέω lesen, ist mit H. und mit Mon. 490 in πλείω zu korrigieren. Um gleich den dritten Teil obigen Gesetzes (nur πλέον, nicht
πλεῖον) zu behandeln, so ist Synesius auch hier den attischen Vorschriften
gefolgt: es findet sich nur πλέον (3. 639. 17; 50. 661. 15; 75. 686. 5;
92. 693. 7; 120. 711. 18; 148. 733. 8; 149. 734. 11; 151. 734. 33; 155.
737. 40). Was die Vokalisation vor kurzem Vokale (zweiter Teil des
Gesetzes) anlangt, so hat hier Synesius dem langen ει entschieden
den Vorzug vor dem kurzen ε gegeben; es findet sich πλείονα 53.
662. 15; 73. 685. 27; 84. 691. 18 und 133. 720. 2; πλείοσιν steht 130.
717. 12; πλέονα habe ich nur 142. 726. 47 angetroffen; an eine Änderung ist nicht zu denken, da erstens kein zwingender Grund dafür
vorliegt und zweitens sich die Form πλέονα durch die allenfalls beabsichtigte Abwechselung mit dem vorausgehenden πλείων entstanden
denken läfst. πλεῖν, dessen Entstehung Kühn.-Bl. I 1. 216 Anm. 11
von πλεῖον, nicht von πλέον ableitet, ist mit nachfolgendem ἤ besser
attisch als πλείων ἤ; so behaupten Moeris 206. 7: πλεῖν ἢ μύριοι
Ἀττικοί, πλέονες ἢ μύριοι Ἕλληνες und Thom. Mag. pag. 272. 11:
πλεῖν ἢ μύριοι Ἀττικώτερον ἢ πλείους ἢ μύριοι, cf. auch Greg.
Corinth. ed. Schäfer p. 140; Msths. bietet nichts. Nach Schm. III 25
brauchen πλεῖν fast nur die Komiker; Schol. zu Arist. 480. 3. Dindorf
nennt diese Form sogar aristophanisch. Synesius schreibt 4. 640. 20
πλεῖν ἢ πεντήκοντα; 57. 669. 7 πλεῖν ἢ τριάκοντα, wo Mon. 481 und
490 πλέον überschreiben, und 136. 722. 12 πλεῖν ἢ παλαιστῇ καὶ
δακτύλῳ. 4. 643. 46 liest H. ebenfalls ἀναλύσας δὲ σταδίους οὐ πλεῖν
ἢ πεντήκοντα, aber meine drei Handschriften haben πλείους überliefert, auch H. hat, nach seiner Angabe wenigstens, in keiner Handschrift πλεῖν angetroffen. Die Änderung scheint mir bei den mancherlei
Absonderlichkeiten, die eben in diesem 4. Briefe zu Tage treten, nicht
ohne weiteres Beifall zu verdienen.

## c) Das Pronomen.

Statt des personalen und reflexiven Pronomens der III. Pers. οὗ, οἷ u. s. w. verwendeten die attischen Prosaisten lieber αὐτοῦ, αὐτῷ u. s. w. Nur im Plur. erhielten sich die Formen σφῶν, σφίσιν, σφᾶς in der attischen Prosa und zwar hier in indirekt reflexiver Bedeutung. Auch die Inschriften (Msths. p. 120 f.) stimmen mit diesen der Litteratur entnommenen Beobachtungen über die Häufigkeit besagter Formen überein, indem sich hier die Singularformen noch nicht haben finden lassen, σφῶν, σφῶν αὐτῶν und σφίσιν αὐτοῖς aber in denselben noch bis 395 vorkommen; doch werden eben auch hier jene Pluralformen (zum Teil in Zusammensetzung mit αὐτός) nur als Reflexiva gebraucht. Unter solchen Umständen ist auf die Notiz des Moeris p. 209. 1—3: σφεῖς Ἀττικοί, αὐτοὶ Ἕλληνες; σφῶν Ἀττικοί, αὐτῶν Ἕλληνες, σφᾶς Ἀττικοί, αὐτοὺς Ἕλληνες nicht viel zu geben. Der Plur. σφῶν u. s. w. bleibt für das Att. der (indirekt) reflexiven Bedeutung vorbehalten; seine Verwendung als einfaches Personalpronomen ist jonische Eigenart. Aber auffallend ist an dem genannten Lehrsatze des Moeris, dafs in der Reihe der Kasus allein der Dat. Plur. ausgelassen ist. Es ist dies wohl nur dadurch zu erklären, dafs in diesem einen Kasus sich die, sei es direkt, sei es indirekt reflexive Bedeutung des Pronomens noch besonders lebendig erhalten hatte. Dies trifft auf Synesius zu. Während er den Gen. und Akk. Plur. des Refl.-Pron. durch σφῶν αὐτῶν oder ἑαυτῶν, beziehungsweise ἑαυτούς bildet, hat er allein im Dat. Plur. dieses Pronomens zweimal die Form σφίσιν (ohne Zusammensetzung mit αὐτοῖς) in Anwendung gebracht. Über den Wechsel der Formen ἑαυτῶν und σφῶν αὐτῶν soll weiter unten (p. 40) noch eingehender gesprochen werden. Die Stellen, an denen Synesius σφίσιν in indirekt reflexiver Bedeutung gebraucht hat, sind 101. 698. 29 οὐ γὰρ ἠξίουν τῶν παρὰ σφίσι τὸν φαυλότατον εἰπεῖν ἐξενέγκαι τι und 154. 736. 13 νομοθετεῖν ἀξιοῦσιν ἄττα σφίσι λυσιτελέστατα. Der Dat. Sing. οἷ ist wie auch οὗ und ἕ bei Synesius nicht zu finden, wiederum ein Anzeichen für die Sorgfalt, mit der dieser Autor sich den Gewohnheiten des attischen Sprachgebrauches anzupassen sich bemühte. — In der Vermeidung von οὗ, οἷ und ἕ und im reflexiven Gebrauch von σφίσι nähert sich Synesius am meisten dem Aristides (Schm. II 20). Lukian (ebenda I 228) verwendet οἷ als indirektes Refl., zweimal auch im Sinne von αὐτῷ, ebenso σφίσιν in der Regel als direktes oder indirektes Refl., einmal gleich αὐτοῖς, σφᾶς ist bei ihm nur Refl.-Pron. Aelian (a. a. O. III 20) läfst οἷ häufig die Funktion des einfachen αὐτῷ übernehmen, die Pluralformen werden nur refl. oder rezipr. gebraucht. Aus dem Gebrauch Arrians führt Böhner p. 31 „σφῶν, σφίσιν, σφᾶς pro formis ἑαυτῶν, ἑαυτοῖς, ἑαυτούς sescenties" gebraucht an, weniger häufig

ist bei ihm οὖ und οἷ = ἑαυτοῦ und ἑαυτῷ, für οἷ = αὐτῷ führt
Böhner aus Arrian drei Fälle (an. 1. 11. 5; 3. 30. 4; 4. 29. 1) an. Bei
Polybius fehlt οὗ, οἷ und ἕ ganz (Kälker p. 277). Auch bei Philostr.
muss man aus dem Schweigen Schmids den gleichen Schlufs ziehen.
Im Plur. des Refl.-Pron. der III. Pers. wird von Synesius
zwischen den älteren getrennten Formen und den später
seit 395 auf Inschriften allein zur Herrschaft gelangenden,
zusammengesetzten Formen abgewechselt. Im Gen. finden sich
σφῶν αὐτῶν zweimal (144. 728. 49 und 154. 736. 15), ἑαυτῶν dagegen
viermal (52. 662. 8; 57. 664. 9; 133. 720. 43; 143. 728. 5); die zwei
Fälle, in denen σφίσιν reflexiv steht, sind schon oben (p. 39) angeführt worden, ἑαυτοῖς steht viermal (78. 687. 8; 143. 727. 32; 143.
728. 4 und 154. 735. 46); 142. 727. 3 steht ἑαυτοῖς = ἡμῖν αὐτοῖς.
Im Akk. ist nur die Form ἑαυτούς zugelassen (57. 667. 14; 57. 669.
52; 79. 689. 28). — Von den beiden zulässigen Formen ἑαυτοῦ etc.
und αὐτοῦ etc. sind bei Synesius die dreisilbigen Formen weitaus
die üblicheren. An einigen Stellen hat indessen der Herchersche Text
Formen von αὐτοῦ eingeführt, und die Berechtigung derselben ist noch
zu prüfen. Was zunächst den Gen. Sing. anlangt, so hat H. 1. 638. 6
die Lesart ἀπὸ τῆς ὑποσχέσεως αὐτοῦ κατερεῖ, meine drei Handschriften
(Herchers Apparat schweigt) dagegen αὑτοῦ; von dieser Stelle soll
unten im III. Kapitel noch einmal die Rede sein. 44. 659. 4 lesen wir
κατήγορον αὐτοῦ τε κἀμοῦ (Par. 1039, Mon. 481: αὑτοῦ, Mon. 490—);
79. 688. 25: ἀξίως αὐτοῦ (Par. 1039, Mon. 481. 490 αὑτοῦ) — ἐρεῖ τὰ
περὶ αὐτοῦ (Par. 1039, Mon. 481. 490 αὑτοῦ). Im Dat. findet sich
nirgends weder im Texte noch in meinen Handschriften αὑτῷ. Im
Akk. Sing. schreibt H. 3. 639. 5 zwar ἑαυτήν, aber Mon. 490 αὑτήν,
Par. 1039, Mon. 481 αὑτήν; 57. 667. 24 τὰ καθ᾽ αὑτόν, Par. 1039,
Mon. 481. 490 κάτ᾽ αὐτόν; im Par. 1039 übergeschrieben ϝ καθ᾽ ἑαυτόν; 79. 688. 32 αὑτόν, Par. 1039, Mon. 481. 490 αὐτόν; 103. 700. 49
αὐτό — καθ᾽ αὑτό, so auch Mon. 490 und 481; Par. 1039 καθ᾽ ἑαυτό.
Im Plur. steht der Gen. 148. 732. 46 πατρίδας αὐτῶν ὑμνοῦσι, Par. 1039.
Mon. 481 haben αὑτῶν und 44. 658. 43 αὑτῶν, aber Par. 1039 αὐτῶν,
Mon. 481 ist korrigiert in αὑτῶν, Mon. 490 fehlt. Als Dat. hat H.
57. 666. 30 τὴν παρ᾽ αὐτοῖς Ἄρτεμιν drucken lassen, Par. 1039, Mon.
481. 490 wollen παρ᾽ αὑτοῖς; der Akk. lautet stets ἑαυτούς u. s. w. An
eine Entscheidung ist selbstverständlich noch nicht zu denken; es mag
genügen, einstweilen die bis jetzt feststehenden Varianten angeführt
zu haben. — Die Auflösung von οὐδείς in οὐδέ + εἷς, die sich auf
den attischen Inschriften des V. und IV. scl. häufig findet (Msths.
p. 80 f.) und von Greg. Corinth. p. 55 Sch. (καὶ τὸ διαιρεῖν τὸ οὐδὲν
ἀττικόν ἐστιν; andere Stellen siehe bei Schm. I 130) für einen Attizismus
ausgegeben wird, habe ich bei Synesius nur einmal 4. 641. 17 finden
können, wo Par. 1039 schreibt καθ᾽ ἣν οὐδ᾽ ἑνὶ θέμις ἐστίν. Bei

den Späteren wurde diese Trennung als Kunstmittel angewendet, bei Aelian mit besonderer Maßlosigkeit und Aufdringlichkeit (Schm. I 130). Von der Schreibung οὐθείς und μηθείς ist bei Synesius nirgends eine Spur zu entdecken. Eine ähnliche Trennung, wie die von οὐδέ + εἴς, wird in den Briefen des Synesius, allerdings — bis jetzt wenigstens — vorwiegend vom Mon. 481 bei μηδέ = μὴ δέ in der Bedeutung: „und nicht, auch nicht" vorgenommen. Die scriptura continua, die wir doch für Synesius voraussetzen dürfen, ließ eine Unterscheidung zwischen μὴ δέ und μηδέ allerdings kaum erkennen, außer durch die Akzentuation. Genannte Handschrift schreibt μὴ δέ 4. 640. 2 und 3 (an beiden Stellen so auch Par. 1039 und Mon. 490), 7. 647. 9 (μὴ δ᾽ ὅτι, Par. 1039, Mon. 490 μὴ δέ), 44. 658. 37 und 51; 50. 661. 30; 99. 697. 30 (hier auch Mon. 490); 103. 701. 35 (Par. 1039 ebenso, Mon. 481 μὴ δ᾽); 104. 702. 14; 122. 712. 46; 126. 714. 31 (hier auch Par. 1039, Mon. 490); 130. 717. 35; 132. 718. 49; 133. 720. 4, 6 und 14; 143. 727. 37; 154. 736. 11. Das 148. 731. 21 im Mon. 481 überlieferte μὴ δὲ μὴν ἄναλα διὰ τοῦτο κατεσθίειν ἡγοῦ heißt mit vorausgehendem Punkte adversativ: „glaube aber nicht" und in diesem Fall hat das μὴ δέ durchaus nichts Besonderes an sich. — Von dem Pron. ὅστις bildet Synesius in den Briefen folgende kürzeren Formen: ὅτου 47. 660. 5; 101. 698. 47; 148. 732. 43 (ὁτουοῦν); ὅτῳ 57. 665. 29; 104. 703. 31; 133. 720. 20; ἅττα 44. 659. 18; 61. 673. 22; 103. 700. 11; 108. 707. 25; 113. 709. 6; 154. 736. 13. Die im Att. nur selten gebrauchten Formen ὅτων und ὅτοις bleiben von Synesius gemieden. — ἅττα an Stelle von τινά steht bei Synesius an zwei Stellen: 79. 687. 37: ξένα ἅττα κολαστήρια; 154. 737. 18: ἕτερ᾽ ἅττα προκεχείριστο; wie man sieht, folgt dem Wort nach, zu dem es gehört (Thom. Mag. p. 19. 14 ff.).

### d) Das Numerale.

Δύο wird von Synesius deklinabel und indeklinabel gebraucht. Der Gen. lautet im ersteren Falle δυοῖν 64. 674. 3 und 72. 683. 51; 141. 726. 15; mit der Variante δυεῖν 76. 686. 18 (Par. 1039 δυεῖν Mon. 481 δυοῖν auf radierter Stelle) und 123. 713. 13 (Mon. 481 δυεῖν, darüber -οῖν). Eine entscheidende Wahl zwischen δυεῖν und δυοῖν soll unten im syntaktischen Teile versucht werden. δυσί, von Phryn. Ruth. p. 289 verboten, bildet Syn. nie selbst; 57. 669. 1: ἐμοὶ δύναμις οὐκ ἔστι δυσὶ κυρίοις δουλεύειν haben wir ein Zitat aus Evg. Matth. 6. 24. Indeklinabel steht δύο 105. 704. 26 δύο τούτοις ἑκάστοτε μερίζω τὸν χρόνον und 140. 725. 38 διὰ δύο (Gen.) τῶν πρώτων ἐπιστολῶν; so indekl. für Dat. und Akk. steht δύο auch bei Aelian (Schm. III 28) je einmal, Philostratus (IV 23) hat es nur einmal für den Gen., während es Aristides (II 17) nur als Dat. anwendet. Sonstige Abweichungen von der Atthis auf dem Gebiete der Kardinalia be-

gegnen nur noch 4. 640. 6 in der Form *δνοκαίδεκα*, die Kühner-Bl.
(I 1. 628) dem Homer und anderen Dichtern zuspricht, und 143. 728. 16
in *δώδεκα*, an dessen Stelle aber Par. 1039, Mon. 481 *δνώδεκα* bieten,
(Mon. 490—). *δνώδεκα* wäre die dorische Form. Unter den Ordinalia
sind zu erwähnen *τρισκαιδέκατος* (4. 640. 6 und 4. 643. 12) und
*ἐννεακαιδέκατος* 13. 649. 2. Die in beiden Fällen befolgte Bildung
wird von Kühn.-Bl. (I 1. 626 Anm. 3) teils den Neujoniern, teils den
Späteren zugewiesen. Die guten Attiker sagen dafür *τρίτος καὶ δέκατος*
und *ἔνατος καὶ δέκατος*.

## B. Das Verbum.

### a) Die Verba im allgemeinen.

Statt des syllabischen Augments *ε* nehmen die Verba *βούλομαι, δύναμαι* und *μέλλω* auch *η* an. Die Meinungen der alten
Grammatiker sind in diesem Punkte auffallend geteilt und wider-
spruchsvoll. Moeris z. B. p. 198. 1 sagt: *ἤμελλον, ἠβουλόμην, ἠδυνάμην* — *διὰ τοῦ ῆ*. *διὰ δὲ τοῦ ε̄ Ἕλληνες*, der Auctor de barbarismo
bei Ammonius ed. Valck. p. 195 und Herodian (Boisson. anecd. III 258)
dagegen erklären solche Bildungen geradezu für barbarisch. Greg. Corinth. und Thom. Mag. nehmen eine objektivere Stellung ein; sie begnügen sich mit der Konstatierung der Thatsache, dafs beide Augmente
üblich sind. Jener sagt p. 109 f.: *εἰώθασιν ἐν ταῖς αὐξήσεσι καὶ ἑτέρας αὐξήσεις ἐπάγειν. οἷον ἐβουλόμην ἠβουλόμην, ἐδυνάμην ἠδυνάμην, παρῴνηκα πεπαρῴνηκα*; bei Thom. Mag. p. 130. 11 heifst es:
*ἐβουλόμην καὶ ἐβουλήθην πλειστάκις οἱ δοκιμώτατοι λέγουσιν, ἠβου-
λήθην δὲ καὶ ἠβουλόμην ἅπαξ. τοῦτο δὲ καὶ ἐπὶ τοῦ ἐδυνάμην καὶ
ἐδυνήθην νόει.* Daran, dafs das Augment mit *η* bei den in Frage
stehenden Verben wirklich als barbarisch gebrandmarkt werden dürfte,
ist natürlich im Ernste nicht zu denken, wenn auch die Inschriften
thatsächlich diesem Augment erst seit 300 a. C. ein sicheres Zeugnis
ausstellen, während vor dieser Zeit konstant nur die Formen mit *ε*:
*ἔμελλον, ἐδύναντο* vorkommen (Msths. p. 134); nach Lautensach (Verbalflexion der att. Inschr. Progr. Gotha 87. p. 4) wird dann im III.,
II. und I. scl. a. C. das Augment mit *η* ebenso das alleinherrschende, wie
es früher das mit *ε* gewesen war. Bei den attischen Szenikern kommt
*ἠδυνήθην* nur einmal (Aesch. Prom. 206) und *ἤμελλον* nur zweimal
(Aristoph. Ran. 1038; Eccl. 597) vor. Riemann, Qua rei critic. tract.
ratione Hell. Xenoph. textus constituendus sit p. 87 sagt: „poetae
scenici formas per *η* nisi metri causa usurpasse non videntur." Bei
Demosthenes gestatten die Handschriften *ἐβουλόμην, ἔμελλον* und
*ἠδυνάμην, ἠδυνήθην*. Aus dem Gebrauch des N. T. (Blass, Gramm.
des ntstl. Griech. p. 37. 3) hat *βούλομαι* nur *ε*, *δύναμαι* und *μέλλω*
schwanken zwischen *η* und *ε*. Bei den Attizisten stellt sich der
Sprachgebrauch nach Schmid folgendermafsen. Lukian hat *η* hier

und da bei δύναμαι, nicht aber bei βούλομαι und μέλλω. Dio Chrys.
hat nur ε, Aristid. läfst η regelmäfsig nur im Impf. von δύναμαι zu,
μέλλω hat immer, βούλομαι gewöhnlich ε. Aus Aelian ergibt sich die
Beobachtung, dafs nur einmal ἤμελλον, sonst stets ἔμελλον und
ἐμέλλησα, viermal ἠδυνάμην und sechsmal ἐδυνάμην, je einmal ἐδυνήθην und ἠδυνήθην, zweimal ἠβούλετο gegen 15 ἐβουλόμην und
einmal ἠβουλήθην gegen sechs ἐβουλήθην stehen. Philostratus (Schm.
IV 28) hat η bei δύναμαι nur dreimal, βούλομαι und μέλλω werden
nur mit ε augmentiert. Unverkennbar ergibt sich aus diesen Zusammenstellungen für die Attizisten im allgemeinen das Resultat,
dafs das Augment mit η weit seltener vorkommt als das mit ε. Unter
den drei fraglichen Verben wieder hat μέλλω am seltensten η als
Augment erhalten; die Neigung, das Augment mit η zu bilden, ist
bei δύναμαι gröfser als bei βούλομαι. Von μέλλω scheinen also
Thom. Mag. und Greg. Corinth. absichtlich und mit gutem Grund
gar nicht gesprochen zu haben. Auch bei Synesius finden sich von
μέλλω, um mit diesem am einfachsten liegenden Falle zu beginnen, nur Augmentformen mit ε: ἔμελλον 4. 643. 11; 93. 693. 7;
121. 711. 47 und 122. 712. 34. Von βούλομαι lautet das Impf. einstimmig ἐβουλόμην an vier Stellen 57. 666. 44; 62. 673. 43; 73. 685.
21 und 109. 707. 38. An einer Stelle (11. 648. 16) verlangen meine
drei Handschriften ἠβούλετο; 96. 696. 14, wo obige Stelle wörtlich
wiederholt ist, will dagegen Par. 1039 ἐβούλετο schreiben; ἠβούλετο
haben nur Mon. 481. 490. Die einzige vorkommende Aoristform lautet
130. 717. 40 ἐβουλήθη. Für das Impf. von δύναμαι (der Aorist findet
sich nicht) habe ich nur eine Stelle aufzuweisen, an der meine Handschriften einmütig die Augmentation mit ε fordern: 109. 707. 39;
ebenso ist es aber auch umgekehrt nur eine Stelle (60. 672. 18), an
der nach dem einhelligen Zeugnis meiner Handschriften ἠδύνω statt
des Hercherschen ἐδύνω zu schreiben ist. 4. 640. 36 hat Mon. 490
ebenso, wie H. schreibt, ἐδύνατο, Par. 1039 aber ἠδύνατο, Mon. 481
ἐδύνατο mit übergeschriebenem η; 121. 711. 39 lesen Par. 1039, Mon. 481
ἠδύνατο, Mon. 490 hat ἐδύνατο. Synesius hat sich in der Augmentation von μέλλω und βούλομαι die attizistische Tradition zur Regel
gemacht, aber die oben aus den übrigen Attizisten abstrahierte
Vorliebe derselben für das Augment mit η bei δύναμαι dem βούλομαι gegenüber war für Synesius nicht mehr giltig. Auffallend ist
noch das Ergebnis der Untersuchungen von Mann (Über d. Sprchgebr.
des Xenophon Ephes. Progr. Kaiserslautern 1896), der p. 6 η bei
βούλομαι nie, bei δύναμαι im Aorist stets, im Impf. selten, und bei
μέλλω stets gefunden hat. Aus Callinicus[1]) V. Hypatii ergibt sich:

---

1) Sämtliche im folgenden angeführten sprachlichen Beobachtungen aus
Callinicus entnehme ich dem der neuen Bonner Ausgabe angefügten Indiculus
observationis grammaticae.

ἠβουλήθη 125. 20 und 76. 17, ἐβούλετο 60. 5 und 65. 25 u. s. w.;
ἠδύνατο 98. 28; 115. 29 u. s. w. und ἠδυνήθησαν 67. 13 u. s. w. nach
der neuen Bonner Ausgabe. Von θέλω kommt weder ἤθελον noch
ἔθελον bei Synesius vor. — Das temporale Augment der mit ευ
beginnenden Verba durch Verlängerung von ευ zu ην zu bilden,
ist nach dem Zeugnis der Grammatiker (z. B. Moeris p. 198. 1) und
nach dem Ausweis der attischen Inschr. (Lautensach p. 5 und Msths.
p. 136) echt attischer Brauch; Wecklein Cur. epigr. p. 33 sagt: „nulla
potest esse dubitatio, quin veteres Attici in εὑρίσκω et similibus
verbis auctam formam certe usque ad Ol. 106 (356) fere adhibuerint."
Diesem Vorgange folgt Synesius durchweg beim Verbum εὔχομαι im
Impf.: ηὐχόμην (57. 666. 54) und im Aor. ηὐξάμην (69. 682. 31; 142.
726. 41), ηὔξατο (95. 694. 38; 93. 693. 6 ἀπηύξατο) und 140. 726. 8
κατηυξάμεθα. Andere Präterita von εὔχομαι finden sich nicht. εὑρίσκω
dagegen behält seine unaugmentierte Anlautsilbe im Aor. Akt. u. Med.:
67. 680. 1 προσεξεῦρεν; 133. 720. 52 εὗρον; 62. 673. 41 εὕρετο (mit
v. l. εὕρατο bis); im Perf. Akt. steht ebenso 73. 684. 29 προσεξευρή-
καμεν, im Perf. Med. dagegen 44. 659. 13 ἐξηυρημένοι. Mon. 481 hat
aber ἐξευρημένοι mit übergeschriebenem ην, eine Variante, die jedenfalls Beachtung verdient. Kühn.-Bl. I 2. 432 führt für das Perf· Pass.
nur die unaugmentierte Form an. Die unaugmentierten Formen sind
Eigentum der Koine und des Jonischen. Die bei Synesius beobachtete
Verschiedenheit in der Behandlung des Augments bei εὑρίσκω und
den übrigen mit ευ anlautenden Verben hat Schm. III 34 auch bei
Ael. und Arist. gefunden; dort ist aber εὑρίσκω in allen Fällen unaugmentiert. Bei Philostr. (Schm. IV 29) erstreckt sich die Augmentlosigkeit auch auf andere mit ευ anlautende Verba; dazu stimmen
die Angaben von Jacoby über Dion. Hal., wenn er p. 31 notiert,
neben εὔξατο, εὐχόμην und εὔξαντο auch ηὔξατο, ηὐχόμην und ηὔξαντο
angetroffen, von dem häufig vorkommenden εὑρίσκω aber sich nur
erinnert, die Formen ohne Augment gelesen zu haben. Im Neuen
Test. überwiegt allgemein ευ über das allerdings auch nicht seltene
ην (Blass p. 38. 4). — Das temporale Augment kam nicht zum äufserlich sichtbaren Ausdrucke u. a. bei den Verben ὠθέω und ὠνέομαι; dieselben nahmen deshalb, ὠθέω auch wegen des ursprünglichen ϝ, gerne syllabisches Augment zu Hilfe. Für ὠθέω gebietet
Thom. Mag. p. 115. 12 sogar ausdrücklich ἐωσάμην καὶ ἀπεωσάμην
καὶ διεωσάμην. τὸ δὲ χωρὶς τοῦ ε λέγειν ταῦτα ἀναττικόν. Kühn.-
Bl. I 2. 576 vindiziert ebenfalls dem Att. nur die Formen ἐώθουν,
ἔωσα, ἐωσάμην, ἔωσμαι und ἐώσθην. Aus dem Gebrauch der Attiz.
ist mir nur der des Aelian und Philostratus bekannt. Aelian schreibt
nach Schm. III 45 zwar ὦσε, aber ἐξέωσε; Philostratus (Schm. IV 29)
augmentiert durchgehends. Die gleiche Gewohnheit, wie sie Aelian
befolgt, statuiert Böhner (p. 18) auch für Arrian: „ὦθουν, ἐξῶθει,

ἐξώθουν, ἀπώσαντο, ἐξώσθην, sed aoristo act. compositi ἐξωθέω semper addidit augmentum"; auch Polyaen (Mal. p. 16) scheint diese Gepflogenheit zu haben. Für Polyb. hat Büttner-Wobst (Fleckeisen, Jahrbch. p. 119. 1884) die Regel aufgestellt, dafs ὠθεῖν im Aor. Augment annehme, im Impf. dagegen nicht. Bei Dion. Hal. (Jac. p. 31) scheint sich aus dem Schwanken der Handschriften eine Regel nicht konstruieren zu lassen. Bei Synesius lauten die einzig vorkommenden Aoristformen im Einklang mit Aelian u. s. w. 4. 641. 2. ὤθησε und 57. 664. 44 ὦσεν. Die att. Norm für die Bildung der Präterita von ὠνέομαι scheint sich so zu gestalten, dafs für das Impf. ἐωνούμην, für das Perf. ἐώνημαι und für den Aor. Pass. ἐωνήθην die att. giltigen Formen sind (Phryn. Lob. p. 212 f· und Veitch p. 615). Die allein att. Aoristform ist ἐπριάμην; man kann also — streng genommen — weder ὠνησάμην noch ἐωνησάμην att. neunen (Msths. p. 145). Eine Entscheidung zwischen beiden Formen ist nur auf dem Boden der nachklassischen attizistischen Gräzität zu suchen. Und da finden wir, dafs Lucian (Schm. I 233) nur die Form ὠνησάμην gebraucht hat, Philostratus (Schm. IV 29) augmentiert; auch Plut. sagt Moral. 176 und Cic. 3 ἐωνησάμην, dagegen Ant. 10. 6 ὠνήσατο (Weissenberger, Die Sprache des Plut. I Straubing Progr. 95). Das Perf. lautet bei Synesius dem oben Gesagten entsprechend ἐώνημαι 32. 653. 30, ἐωνημένον (Mon. 490 ἐωνημένον) 3. 639. 22 und ἐωνῆσθαι 52. 662. 2. Statt des in seinen sämtlichen Codices stehenden Aor. ἐξωνήσατο hat H. 44. 657. 50 ἐξεωνήσατο korrigiert ohne allen triftigen Grund; auch meine Handschriften Par. 1039, Mon. 481. 490 bieten die Form ohne ε. — Von den Verben mit doppeltem Augment kommen für Synesius nur ἁλίσκομαι, οἴγνυμι und ὁράω in Betracht. Was zunächst ἁλίσκομαι anlangt, so wäre nach den att. Inschriften (Msths. p. 135. 5 und Lautens. p. 4) für den Aor. nur die Form ἑάλων zuzulassen; das Perf. kommt auf den att. Inschriften nicht vor. Für dieses und für den Aor. redet Thom. Mag. p. 146. 3 nur der unkontrahierten Form das Wort: ἑάλωκεν Ἀττικοί, οὐχ ἥλωκε. καὶ ἑάλω, οὐχ ἥλω. Gewifs ist diese Form auch die ältere und ursprünglichere, ἥλων und ἥλωκα bilden eine singuläre Erscheinung in der griechischen Augmentation. Doch entspricht dem Gebrauch der Inschriften und der genannten grammatischen Determination die Übung der griechischen Litteratursprache nicht durchaus. Xenophon wechselt mit Vorliebe zwischen den beiden Formen ἑάλων und ἥλων; ἑάλων findet sich bei ihm Cyr. 3. 1. 4, 2. 15; Hell. 1. 1. 23; 4. 5. 19; 6. 2. 35; ἥλων Anab. 4.·5. 24; Cyr. 4. 5. 7 (im Guelf. Par. AB), Anab. 4. 4. 21 wird abgewechselt ἵπποι ἥλωσαν — καὶ ἡ σκηνὴ ἡ Τιριβάζου ἑάλω. Ebenso gebraucht Xenophon ἑάλωκα (Cyr. 2. 2. 22; 7. 5. 33; Hell. 5. 1. 22; Anab. 7. 1. 19) und ἥλωκα (Anab. 4. 2. 13 und Cyr. 5. 5. 23). Moeris p. 198. 11 erlaubt ebenfalls beide Formen: ἥλω καὶ ἑάλω Ἀττικοί, ἐλήφθη Ἕλληνες.

Philostratus (Schm. IV 28) schreibt ἑαλωκώς und ἑαλώκειν, aber ἥλω und ἥλωσαν. Sonst steht mir aus den Attiz. kein Material zur Verfügung. Dion. Hal. (Jac. p. 31) hat zweimal ἥλω und sonst ἑάλω und ἑάλωκα. Polyaen (Mal. p. 16) hat nur die unkontrahierten Formen im Aor. und im Perf. Synesius braucht nur einmal ἥλω (67. 680. 13); seine Perfektformen lauten dagegen ἑάλωκεν 73. 685. 15 und ἑαλώκειν 57. 667. 6; ἑαλωκότων 73. 685. 16; ἑαλωκυίας 57. 666. 22: er schliefst sich also augenscheinlich dem Gebrauch des Philostratus an. Die Augmentation von ἀνοίγνυμι lautet im Aor. Akt. 29. 652. 29 ἀνέῳξας; über eine andere Augmentation cf. unten p. 48. Bei dem Verbum ὁράω kann eine Unsicherheit nur in Bezug auf das Perf. zu entscheiden sein; das Impf. lautet im Att. stets und überall ἑώρων, so auch bei Synesius ἑώρων (95. 695. 29) und ἑώρα (44. 659. 21). H. hat an zwei Stellen (8. 647. 15; 10. 647. 43) παρεοράκατε und παρεοραμένος gegen seine sämtlichen Handschriften drucken lassen. An beiden Stellen lesen auch meine drei Codices παρεωράκατε und παρεωραμένος, letztere Form des Hercherschen Textes ist übrigens im Apparat als „operarum vitium" bezeichnet; doch dürfte sich auch für die Änderung des παρεωράκατε kaum ein stichhaltiger Grund ins Feld führen lassen. ἑόρακα ist den attischen Dichtern, besonders den Komikern eigen; im N. T. (Blass Gramm. p. 38. 6) ist ἑώρακα die verbreitetere Form der Augmentation. — Die Weglassung des syllab. Augments in der Bildung des Plqpfkt. ist bei den nachklassischen Autoren, Attizisten und Vulgärschriftstellern, allgemein bekannt und angewendet gewesen, wie sie auch im klassischen Griechisch nicht durchaus gemieden worden ist. Für Thukydides cf. Stahl Quaest. gramm. p. 59²; im Plato hat Schanz die augmentlosen Formen korrigiert (praef. vol. XII p. XIII). Es ist nicht statthaft, der attischen Prosa diese Erscheinung ganz abzusprechen deswegen, weil sie in den Inschriften nicht beobachtet wird; eine solche Konsequenz kann nur gezogen werden unter völliger Verkennung des eben unter allen Umständen ruhigeren und lapidareren Stiles der Inschriften im Gegensatz zu der sich freier ergehenden und stärker bewegten Sprache des litterarischen Lebens. Bei Dio Chrys. sind solche Formen der kritischen Sonde des Dindorf (cf. praefat. VIII Anm. 8) samt und sonders zum Opfer gefallen; Arnim hat den augmentlosen Plqupfktn. wieder zu ihrem Recht verholfen. Bei Lukian (Schm. I 228) steht das Augment in der Mehrzahl der Fälle; unaugmentiert begegnen bei ihm folgende Formen: im Akt. von einfachen Verben βεβρώκεις und πεπώκει; von Kompositen ἀποβεβήκει, ἀποκεκάρκει, ἀναβεβήκειμεν, καταλελοίπει, παραδεδώκει. Im Pass. finden sich unaugmentiert die einfachen Verben κέκρυπτο und πεποίητο; von Kompositen ἀπολέλειψο, ἀπονενέκρωτο und ἐπιλελήσμην. Auch Aristides (Schm. II 21) augmentiert in der Regel. Das Verhältnis nicht augmentierter Plqpfte. ist bei ihm folgendes. Im Aktiv fehlen die einfachen Verba ganz. Von Kompositen sind zu lesen ἀναπεπαύκεσαν, καταδεδραμήκεσαν und μεταβεβλήκει. Auch im Pass. werden die einfachen Verba stets augmentiert; die unaugmentierten passiven Composita sind ἐπιτετέλεστο, καταλελείμμεθα und συγκεχώρητο. Bei Aelian finden sich nicht augmentierte Plqpfkt.-Formen nur in der nicht mafsgebenden V. H. (Schm. III 34). Bei Philostratus (Schm. IV 28) bleibt ohne Augment im Aktiv von einfachen Verben nur γεγόνει, von Kompositen παραδεδώκει, διεστήκεσαν, προσκεκρούκει, καταβεβήκει, προβεβήκει, im Pass. πεποίκιλτο, πεπόριστο, κεκόσμητο, δεδάνειστο. Composita hat hier Schmid keine angeführt. Aufserhalb des Attizismus führen im N. T. Winer-Schmiedel (p. 99. 4) und Blass (p. 37. 1) als die wenigen sicher augmentierten Formen drei passive und eine, aber unsichere aktivische Plqpfkt.-Form an. Im Josephus hat Naber an allen Stellen, wo die Handschriften nicht zusammenstimmen, das ihm durchweg nötig scheinende Augment angefügt; für Arrian hat Böhner p. 19 f. die Beobachtung gemacht, dafs dieser Autor das Plqpfkt. einfacher Verba bald mit, bald ohne Augment hat, auch die Plqpfkta. zusammengesetzter Verba werden im Akt. so schwankend behandelt, während die gleichen Verba im Pass. stets ihr Augment erhalten. Zu Polyb. cf. Eberhard observ. Polyb. Diss. Berl. p. 29, zu Diodor praef. vol. I p. XIII = Vogel I p. XXXVI, zu Plut. Bernardakis ed. Moral. praef. vol. I p. LXIII. Appian stellt (Zerdik p. 64) die Augmentation des Plqpfkt. in den Dienst der Hiatusvermeidung. Bei den älteren Attizisten Luc. und Arist. macht sich die Erscheinung bemerkbar, dafs die Composita in beiden Genera Verbi augmentlosen Plqpfktn. mehr zuneigen als die einfachen Verba; Aelian hat stets Augment und Philostratus hat unaugmentierte Formen am meisten in aktiven Kompositen und passiven Simplicia, das Plqpfkt. ist nur einmal bei einem aktiven Simplex, bei einem passiven Kompositum nie unaugmentiert. Die Übung des nicht attizistisch geschulten Arrian entspricht dem Gebrauch keines Attizisten. Um aus den Briefen des Synesius die Klassen von Fällen im voraus auszuwählen, in denen völlige Übereinstimmung meiner Handschriften — auf diese mufs doch in allen Fällen znnächst das Hauptgewicht gelegt werden — uns einen verhältnismäfsig sichern Boden unter die Füfse gibt, so ist zunächst vom aktiven und vom passiven Plqpfkt. der Komposita zu reden. Vom aktiven Plqpfkt. besagter Verba finden sich nur augmentierte Formen 96. 696. 18 συνεπεπτώκει und 104. 703. 41 ἐνεδεδύκει; vom passiven Plqpfkt. der Komposita lesen wir die augmentierten Formen ἐνεκεχείρητο (72. 683. 40) und συνετέθραπτο (76. 686. 19); augmentlos haben 76. 686. 20 ἀποδέδειχτο Par. 1039 und Mon. 481 (490 —) und 134. 721. 25 ἐπιγέγραπτο Par. 1039 und Mon. 481 (490 —), ersterer mit von später Hand korrigiertem ἐπεγέγραπτο. Es erübrigt noch die Betrachtung der einfachen Verba. Im Akt. besteht einmal als sicher ein Plqpfkt. ohne Augment 95. 694. 25 εὖ πεποιήκειν (so auch H.) und zweimal ein solches mit Augment 135. 722. 4 τόποις ἐγεγόνει und 144. 728. 38 κόμητος ἐγεγράφεις. An zwei Stellen schwanken meine Handschriften: 8. 647. 22 lesen Par. 1039 und Mon. 481 μὴ γεγόνειμεν, Mon. 490 dagegen bietet die von H. aufgenommene Lesart μὴ γεγόναμεν; 129. 716. 20 lesen Par. 1039 und Mon. 481 γεγραφήκει, Mon. 490 γεγράφηκα; H. schreibt ἐγεγραφήκει. An beiden Stellen scheint mir das Perf. vorzuziehen zu sein. Im passiven Plqpfkt. der nicht zusammengesetzten Verba sind an zwei Stellen als feststehend zwei augmentierte Formen überliefert 67. 679. 32 παῦλος ἐπεποίητο und 129. 716. 23 ὑμᾶς ἐκεκόμιστο; ebenso sicher unaugmentiert 55. 663. 3 φορτίον πεπίστευτο, wo H. ἐπεπίστευτο schreibt. Schwankend ist die Form 72. 683. 39: Par. 1039 δήμευσις τετόλμητο, Mon. 481. 490 (und H.) δήμευσις ἐτετόλμητο. Ein offenkundiger Anschluß an die attizistische Tradition läßt sich daraus nur insofern erkennen, als Synesius Augmentlosigkeit bei aktiven einfachen Verben fast durchaus gemieden hat; wenn er aber die aktiven Composita nur augmentiert gebraucht, so steht er mit dieser Übung allein. Um die gewonnenen Resultate nochmals zusammenzufassen, so besteht Vor-, fast Alleinherrschaft augmentierter Formen nur beim akt. Plqpfkt. zusammengesetzter Verba, in allen übrigen Fällen ein sich ziemlich die Wage haltendes Hinüber und Herüber zwischen augmentierten und augmentlosen Formen. H. ist auf die augmentierten Formen erpicht, ganz ohne Grund; ein Plqpfkt. ohne Augment hat er nur 95. 694. 25 zugelassen, wo ihm dasselbe durch die Hiatusvermeidung geboten schien; daß dieser Gesichtspunkt nicht richtig ist, beweist 55. 663. 3. — Die Augmentation der scheinbar mit δυς und ευ zusammengesetzten Composita geschieht bei Synesius in der Weise, daß δυστυχέω 3. 639. 3 nach den attischen Vorschriften ἐδυστυχοῦμεν bildet; ebenso im Einklang mit den Forderungen der Grammatiker (Bekker, anecd. 1285) nimmt 97. 696. 36 εὐαγγελίζομαι sein Augment in der Mitte an. Wenn der Stamm des ideellen einfachen Verbums mit einem Konsonanten beginnt, so kommt die Augmentation nicht zum Ausdruck: εὐδοκίμει (104. 703. 44); εὐλόγησε (5. 645. 51) und εὐτύχησαν (143. 727. 35). — Das Kompositum ἀνοίγνυμι bildet neben dem schon oben (p. 46) angeführten Aor. ἀνέῳξας auch die Form ἤνοιξα (57. 669. 32); diese bei Xen. Hell. I 5. 13 stehende Form hält Kühner-Bl. (I 2. 496) für verderbt aus ἤνυσα, Hoffmann (Zeitschr. f. d. Gymn.-Wes. IX p. 626) vermutet ὡς ἤνυτον. Bei Synesius ist an keines von beiden zu denken. Veitsch s. v. führt die Form noch aus Apollodor 2. 5. 4, Chariton 1. 10. 3. 4; Orac. Sibyll. 3. 500 und aus Polyaen 3. 9. 45 an. — Doppeltes Augment hat ἀνέχομαι in den Formen ἠνεσχόμην (67. 678. 1), ἠνέσχετο (67. 679. 53) und ἠνέσχοντο (66. 674. 42); ebenso ἐνοχλέω in ἠνώχλησα (88. 691. 37). — Von ἀμφισβητέω lautet der Aor. ἠμφισβήτησαν (57. 666. 7). Die attischen Inschriften C. I. A. II 3. 1649 bezeugen nach Kühner-Bl. I 2. 367 nur die Formen ἠμφεσβήτουν und ἠμφεσβήτησα. Was die Impf.-Bildung von χρή anlangt, so sind dem Thom. Mag. (p. 69. 6 und 394. 12) die Formen χρῆν und ἐχρῆν bekannt; eine Vorschrift gibt er ebenso wenig wie Moer. und Phryn., die attischen Inschriften schweigen in diesem Fall. Pindar braucht beide Formen, die attischen Dichter haben nur χρῆν mit Ausnahme von Sophokles Frg. 94 D, wo einmal ἐχρῆν steht. Unter den attischen Prosaikern gebraucht Isokrates vorwiegend ἐχρῆν, aufser nach Vokalen, Thukyd. χρῆν, aufser 6. 57. 1 ἐχρῆν, bei Plato begegnen beide Formen. Synesius braucht viermal die Form χρῆν (4. 647. 8; 8. 647. 22; 24. 651. 37 und 73. 684. 49), jedesmal am Anfang des Satzes mit folgendem δέ. Nur 3. 639. 2 steht πρότερον ἐχρῆν — ἀποθανεῖν und 114. 709. 25 τοὐναντίον μέντοι θαυμάζειν ἐχρῆν. — Die II. Pers. Sing. Präs. und Fut. geht im Med. und Pass. bei Synesius durch die Bank auf η aus; die Präs.-Formen sind αἴρῃ 103. 700. 48, διανοῇ 134. 721. 19, ἐργάζῃ 103. 700. 36, ἡγῇ 95. 694. 8, κήδῃ 27. 652. 22 und 44. 656. 43, πυνθάνῃ 111. 708. 40; mediale Futura: αἰσθήσῃ 156. 738. 5, ἀκκιῇ 121. 711. 30, ἀκούσῃ 67. 682. 23, ἀναγνώσῃ 61. 673. 23, ἀνέξῃ 67. 681. 27, ἐκκείσῃ 44. 658. 3, ἐκστήσῃ 101. 699. 19, ἐναπομόρξῃ 44. 659. 30, ἐντεύξῃ 69. 682. 21; 97. 696. 46 und 101. 698. 40, ἔσῃ 21. 651. 13; 61. 672. 37; 67. 681. 13; 101. 699. 19; 119. 710. 44, εὔξῃ 67. 682. 8, θήσῃ 154. 737. 13, μέμψῃ 109. 708. 7 und 156. 738. 6, παρέσῃ 134. 721. 12, λογιῇ 4. 644. 38, κατειρωνεύσῃ 121. 711. 30, πειράσῃ 73. 684. 12, συνίσῃ 150. 734. 28, χαριῇ 61. 681. 11, χρήσῃ 40. 655. 15 und 16. Die fraglichen Formen vom passiven Futur habe ich nicht gefunden, 44. 658. 3 steht ἕλξῃ in diesem Sinne. Neben diesen durchweg auf η ausgehenden Endungen findet sich ει nur in βούλει (61. 673. 23; 103. 700. 25; 116. 710. 17; 125. 714. 11 und 136. 722. 11) und in οἴει (22. 651. 20; 44. 657. 18; 60. 672. 27; 103. 700. 19 und 44 und 154. 736. 25). — Dafs die III. Pers. Plur. vom akt. Plqpfkt. auf -εσαν und nicht auf -εισαν endigt, ist nicht zweifelhaft (Msths. p. 131. 1 und Phryn. Ruth. 237 f.). Auch bei Synesius wird 127. 715. 23 ohne handschriftliche Diskrepanz ὡμολογήκεσαν gelesen; 113. 709. 19, wo H. ἀπεγνώκεσαν bietet, hat Par. 1039 ἀπεγνώκεσαν mit späterer Korrektur aus offenbar früherem ἀπεγνώκεισαν, Mon. 490 überliefert ἀπεγνώκεσαν, Mon. 481 -κεισαν. 125. 713. 45 lesen auch Par. 1039 und Mon. 490 εἰώθεσαν mit H., Mon. 481 hat auch hier εἰώθεισαν. Auch bei Synesius scheint die Form mit -εσαν die besser überlieferte zu sein. Sonst hat das Plqpft. stets den Diphthong ει. — Die III. Pers. Plur. des Imperativs wird

att. im Akt. auf -ντων, im Pass. und Med. auf -σθων gebildet. Das lehren neben den Klassikertexten, in denen nur selten
die Formen auf -ωσαν überliefert sind, auch die Inschriften (Msths.
132. 9, Lautens. p. 2 f., Herwerden p. 54 f.), in denen bis 300 a. C. ausschliefslich die kurzen Imperativformen zu finden sind. Sehr interessant ist als Zeugin für das allmähliche Eindringen der längeren
Formen die Inschrift C. I. A. II 1 No. 600. 52 aus dem J. 299, wo
μισθωσάντωσαν geschrieben ist. Auch die Grammatiker (Moer. p. 188.
2 und Greg. Corinth. p. 174 Sch.) stimmen in der Forderung der
alleinigen Zulassung der Formen auf -ων überein. Die Bildungen
mit -ωσαν sind erst später, aber dann allgemein verbreitet cf. Polyb.
(Eberhard p. 28), Dion. Hal. (Jac. p. 33), Dio Cassius (Dindorf praef.),
Philo (Cohn praef. p. L). Selbst Attizisten haben sich von denselben nicht freigehalten: Lukian (Schm. I 229) hat beide Formen,
doch überwiegen die längeren, Ael. (III 32) schreibt nach Art der
Koine stets -τωσαν und -σθωσαν, Aristides und mit ihm Philostratus (Schm. IV 27) hat mit attizistischem Purismus diese Formen
vollständig verpönt. In den Briefen des Synesius steht für das Akt.
die Form μενόντων 78. 687. 14; fürs Pass. und Med. lesen wir 79.
690. 8 die Formen ἐξῃρήσθων (Mon. 481 ἐξῃρήσθω) und 113. 709. 22
μαχέσθων (wohl Citat), 5. 646. 25 dagegen ἀπελnλάσθωσαν. Ich wage
es nicht, ohne weiteres dem Synesius die Form ἀπελnλάσθων auf-
zudrängen, da die beiden anderen Formen auf -σθων durchaus noch
nicht als synesianisches Eigentum konstatiert scheinen: 79. 690. 8 ist
die Variante ἐξῃρήσθω nicht zu übersehen und 113. 709. 22 scheint
Citat. Überdies ist ja die Form auf -σθων nicht durch einheitliche
attizistische Tradition gefordert. — Über die äolischen Optativformen -ειας, -ειε, -ειαν des I. Aor. im Akt. bietet Msths. nichts;
Lautens. p. 24 teilt mit, dafs die prosaischen Inschriften der guten
Zeit nur diese äolischen Formen bieten, selbst bis ins II. scl. p. C.
lassen sich dieselben noch verfolgen; auch im N. T. kommen diese
Optativbildungen in der III. Pers. Plur. noch vor (Winer-Schmiedel
p. 114. 19 und Blass p. 46. 5). Die äolischen Formen sind die allein-
herrschenden bei den Rednern Andokides, Antiphon, Lykurg und
Dinarch; Isokrates dagegen, Plato und Xenoph. lassen beide Formen
zu, doch hat Plato die III. Pers. Sing. auf -αι gemieden (cf. Röder
Über den Gebrauch der nichtäolischen Optativformen in Ztschr. für
d. Gymn. 1882 XXXVI p. 624), bei Demosth. und Xen. geben die Handschriften häufig den nichtäolischen Formen den Vorzug (La Roche
Gramm. Untersuchungen in Ztschr. f. d. österr. Gymn. XXV (1874)
p. 419). Aus Thukyd. hat Stahl diese Formen entfernt. Die Übung
der Attizisten ist folgende. Bei Lukian wiegen die äolischen Formen
entschieden vor, Arist. hat in der II. Pers. Sing. ein -ειας gegen 16 -αις,
in der III. Pers. Sing. dagegen 73 -ειε gegen 15 -αι, in der gleichen

Pers. des Plur. ein -ειαν gegen 10 -αιεν. Aelian bildet stets -ειας und -ειεν, nur die III. Pers. Plur. hat einmal -αιεν. Philostratus (Schm. IV 26) hat ein -ειας gegen drei -αις, gewöhnlich -ειεν neben einem -αι, im gleichen Verhältnis -ειαν und -αιεν. Auch bei Synesius sind die äolischen Formen die gewöhnlichen; es finden sich so in der II. Pers. Sing. ἐκχορήσειας und ἐνθυμιάσειας (121. 711. 34); καταγελάσειας 121. 712. 1; πλεύσειας 4. 645. 32; πράξειας 44. 658. 24; in der III. Pers. Sing. ἀναπείσειε 32. 654. 9; δόξειεν 132. 718. 48; ἐγκρίνειεν 105. 706. 27; κατισχύσειε 81. 690. 31; κρατήσειεν 58. 671. 27; φθάσειεν 154. 736. 8. Für die III. Pers. Plur. gebraucht Synesius die Form ἀπαγορεύσειαν 106. 706. 45. Neben diesen äolischen Formen steht als alleinige nichtäolische Form ποιήσαις 143. 728. 3. Dafs diese Form nichts Anstöfsiges an sich haben darf, beweist der oben angeführte Gebrauch des Arist. und Philostratus in der gleichen Pers.; wichtig ist auch, dafs der Antiattizist p. 90. 22 die II. Pers. Sing. δόξαις verteidigt. Auch Rutherford kommt nach einer langen Untersuchung über die äolischen Optativformen, speziell über die II. Pers. Sing. zu folgendem Resultat: „If the testimony thus presented by verse is candidly accepted, it will be seen that although the ending -αις was not so carefully avoided as that of the third person -αι." — Das Verbaladjektiv von ἰέναι hat H. gegen die Handschriften an zwei Stellen auf -ιτός gebildet; nur 104. 703. 50 hat er das rein adjektivisch gebrauchte δυσδιεξίτητος, der handschriftlichen Überlieferung sich beugend, stehen lassen. Liefs H. hier die allerdings spätere von ἰτάω abgeleitete Form der sonst üblichen Bildungen ἐξιτός (Hes. Theog. 732), προσιτός, δυσπρόσιτος (Eur. Iph. Aul. 345) gelten, und dies war nur zu billigen, so mufste er auch an den übrigen Stellen vor einer Änderung zurückschrecken, sobald die Handschriften in unanfechtbarer Weise die Formen auf -ιτητέος boten. Das ist aber 67. 678. 40 bei παριτητέον und 113. 709. 12 bei ἰτητέον der Fall. Einstimmig steht nur 35. 654. 29 ἰτέον und 67. 677. 45 ἐπανιτέον. Es ist nicht angängig, bei Synesius um jeden Preis eine Uniformierung im Verbaladjektiv von ἰέναι durchführen zu wollen. Lukian schreibt (Schm. I 261) εἰσιτητέον und παριτητέον, bei Agathias (Reffel Über den Sprachgebrauch des A. Progr. Kempten 1894 p. 21) finden sich stets die Formen von ἰτάω. — Das att. Fut. von den mehrsilbigen Verben auf -ίζω hat sich noch lange in der nachklassischen Gräzität, auch in der Vulgärsprache gehalten. Lautensach p. 17 hat solche Futura auf -ιῶ und -ιοῦμαι noch bis ins II. scl. a. C. hinein verfolgt, selbst im N. T. sind solche Formen noch Regel in der III. Pers. Plur. (Winer-Schm. p. 106), Dion. Hal. hat ebenfalls stets diese Futurbildung angewendet (Jac. p. 33). Unter den Attizisten hat nach Schmidt (Josephus p. 447) Lukian ebenfalls nur attische Futura von den in Rede stehenden Stämmen gebildet, bei Arist.

(Schm. II 30) macht allein das Verbum ἐλπίζω eine Ausnahme, indem es ἐλπίσω formiert; dafür ist nach Schm. a. a. O. Galen, für ἐλπιῶ LXX die erste Autorität. ἐλπιῶ ist auch im N. T. die einzig gebräuchliche Futurform (cf. Wilke-Grimm s. v.). Die exzeptionelle Rolle von ἐλπίζω spielt bei Synesius ἀποσκυβαλίζω (58. 671. 45); sonst lesen wir ἀκκῇ 121. 711. 30, διακομιεῖν 127. 715. 24 und 133. 720. 18; λογιῇ 4. 644. 38; ὀνειδιοῦντας 58. 670. 40; ποριεῖται 150. 734. 25; προσορμιεῖν 129. 716. 26 und χαριῇ 67. 681. 11. Für die Unterlassung der attischen Formation bei ἀποσκυβαλίζω mag der Grund darin liegen, daſs ἀποσκυβαλίζω, wie auch sein Simplex, nicht von den Attikern gebrauchte Verba sind. — Im akt. Aor. von φέρω geht auf den attischen Inschriften im Ind. schon seit ungefähr 350 a. C. die ältere Form ἤνεγκον (ἀπήνεγκον) und die jüngere ἤνεγκα (εἰσήνειγκαν, ἀπήνενκαν (zweimal), ἀπήνεγκαν, ἀνή[νε]γκαν) neben einander her (Msths. 146 f.). Dazu stimmen die Worte des Greg. Corinth. p. 149: τὸ ἤνεγκα διχῶς λέγουσι καὶ ἤνεγκον καὶ ἤνεγκα; Eustathius zu Hom. Od. B p. 1435. 63 hält ἤνεγκον für die bessere Form; der Imperativ (ἐξενεγκέτω und ἐξενενκέτω) wird aus den Inschriften nur in der älteren, das Partiz. (εἰσενέγκαντι, ἐνεγκασῶν) nur in der jüngeren und der Infin. (ἐξενεγκεῖν viermal, μετενεγκεῖν, εἰσενεγκεῖν zweimal) wieder nur in der älteren Weise formiert. In der klassischen Litteratur ist vom Ind. des Aor. II ἤνεγκον nur die erste Pers. Sing. aus Soph., Aristoph. und einmal aus Isokr. sicher belegt; die übrigen Formen des II. Aor. kommen nach Kühn.-Bl. I 2. 560 entweder gar nicht vor oder sie entbehren der genügenden handschriftlichen Stütze. Der episch-jonische Aor. ἤνεικον soll hier nicht berücksichtigt werden. Im Med., das die att. Inschriften für dieses Tempus überhaupt nicht belegen, ist der II. Aor. in der klassischen Litteratur nur sehr selten, ἠνεγκάμην dagegen findet sich durch alle Modi. Unter den Attiz. hat Lukian (Schm. I 232 f.) 11 mal ἤνεγκα und einmal den dazugehörigen Imperativ ἔνεγκον; häufiger ist bei ihm im Aktiv der II. Aor.; im Med. herrscht dagegen nur der Aor. ἠνεγκάμην; Arist. (a. a. O. II p. 33) nimmt den Ind. des Akt. nur aus dem I. Aor., den Imperativ bildet er zweimal ἀνενέγκατε, einmal ἀνένεγκε, der Infin. wird einmal nach dem I. und einmal nach dem II. Aor. formiert, das Part. gehört zweimal dem II. Aor. an. Im Med. liefert nur der I. Aor. die nötigen Formen im Ind. und im Part.; der Konj. εἰσενέγκωνται wird wohl auch diesem Aor. angehören. Aelian (Schm. III 44) hat nur die Formen ἤνεγκαν (in V. H.), ἠνέγκατο und ἐνέγκασθαι; der zweite Aor. ist also bei ihm verschwunden. Bei Philostratus (Schm. IV 40) herrscht ebenfalls der I. Aor. mit Ausnahme des Part. Bei Synesius ist fürs Akt. im Ind. nur der I. Aor. zugelassen: ἤνεγκα 129. 716. 13; εἰσήνεγκα 1. 638. 13; ἐξήνεγκα 154. 735. 19; ἀντεισηνέγκαμεν 62. 673. 44; zu diesem Aor.

gehört wohl auch ἤνεγκε 145. 729. 17 und 154. 737. 22, sowie ἐξήνεγκε
154. 736. 40; der Imperat. lautet einmal περιενέγκατε 5. 646. 23; der
Infin. lautet gewöhnlich ἐνέγκαι 4. 643. 27 und 105. 704. 42; ebenso
ἀνενέγκαι 67. 677. 27; ἐξενέγκαι 101. 698. 30; συνδιενέγκαι 58. 671.
19 und συνεισενέγκαι 44. 656. 18; zweimal steht aber auch der Inf.
des II. Aor. ἐνεγκεῖν 105. 704. 19 und συνεισενεγκεῖν (Mon. 481
προσ —) 129. 716. 3. Das Part. lautet παρενεγκών 104. 703. 13, sowie ἐπενεγκόντος 11. 648. 15 und 96. 696. 13. Die einzige begegnende
Medialform ist ἀπηνέγκατο 44. 658. 53. Der Sprachgebrauch des
Synesius stimmt auffallend mit dem des Arist. überein, die Übereinstimmung mit dem Brauch der attischen Autoren ist dagegen nur
eine teilweise. — Vom Stamm ΕΠ findet sich bei Synesius nur
der mediale II. Aor. und zwar in den Formen ἀπείπατο (46. 659. 38)
und ἀπείπαντο — ἀπείπασθαι (67. 681. 35). Für diesen Aor. sind im
Att. keine Präzedenzien zu finden; doch ist er bei den Späteren und
unter ihnen auch bei den Attizisten gerne im Gebrauch gewesen
(Ael. nur in V. H. 37. 15 ἀπείπατο; Luk. Dial. mort. 29. 449 und
Arist. 33. 415 ἀπείπασθε); daher wohl auch die Meinung des Thom.
Mag. p. 12. 6 καὶ ἀπειπάμην καὶ ἀπεῖπον; so Ritschl, während man
früher las ἀπειπάμην κάλλιον ἢ ἀπεῖπον. — Übrigens hat sich bei den
Attizisten wenigstens der Gebrauch des medial. Aor. allem Anschein
nach nur auf das Compositum ἀπείπασθαι beschränkt. — In diese Umgebung wird gewöhnlich auch der Aor. εὐράμην gestellt. Auch
er soll seine Entstehung der im III. und II. scl. a. C. aufgekommenen
Gewohnheit zu danken haben, nach der man, vor allem in der alexandrinischen Mundart, die Endungen des I. und II. Aor. mit einander
konfundierte. Zu welchen Mifsbildungen, mag auch die Sprache dadurch an Deutlichkeit gewonnen haben, diese Verwirrung des Sprach-
gefühls thatsächlich führte, zeigt Hatzidakis p. 185; die Folgen derselben liegen noch heutzutage im Neugriechischen deutlich zu Tage
(Mullach p. 226). Selbst in die attischen Inschriften hat sich jene
Konfusion, wenn auch erst bedeutend später, Eingang erzwungen;
denn dort findet sich in der Poesie der Kaiserzeit ἤφερα, ἔσχα und
ἤλπιζα (letzteres statt ἤλπιζον) und eben auch unser εὐράμην. Vom
Stand der Wortbildung aus aber ist gegen εὐράμην kein Bedenken
zu erheben, wenn man nur diesen Aor. als nach Art der Verba
liquida gebildet betrachtet. Der Anstofs liegt vielmehr darin, dafs
die ganze Gräzität in der guten Zeit diesen Aor. nicht gebildet haben
soll; wenigstens hat man denselben in den meisten Fällen (Pindar,
Andokides, Demosth.) eliminiert. Was die Attizisten betrifft, so hat
ihn bei Luk. Jacobitz de astrol. 27. 371 geduldet. Bei Philostratus
dagegen V. Soph. I 25. 533 hat ihn Kayser ebenfalls entfernt. Auch
im Arist. schreibt Dindorf VI 67. 70; XXXIII 620. 98; XXXXI 764.
293; XXXXII 784. 321 εὔροντο und εὐρόμενος. Bei Aelian wird εὔραντο

nur in der unechten V. H. 46. 21 gelesen. Phryn. verbietet diese
Form ausdrücklich mit den Worten (Ruth. p. 215): *εὑρᾶσθαι οὐκ
ἐρεῖς προπαροξυτόνως διὰ τοῦ ᾱ, ἀλλὰ παροξυτόνως διὰ τοῦ ε̄, εὑρέσθαι.* Gewifs bleibt *εὑράμην* für die ältere Gräzität eine seltene
Form, aber dadurch allein ist noch kein Grund gegeben, diesen Aor.
ganz aus dem Weg zu schaffen. Für Synesius dürfte dies auf alle
Fälle seine Schwierigkeiten haben, wenn auch H. in seinem Text
überall die Formen mit ᾱ unterdrückt hat. Vom Ind. findet sich
62. 673. 41 einstimmig in meinen drei Handschriften die Form *εὕρατο*,
Mon. 481 hat ein ε̄ übergeschrieben; 67. 677. 48 hat nur Par. 1039 *εὕρατο*,
Mon. 481 *εὕρετο*; der nur einmal (94. 693. 32) vorkommende Optativ
lautet in meinen Handschriften übereinstimmend *εὕραιο*, nicht *εὕροιο*,
wie H. schreibt. Von dem siebenmal vorkommenden Part. bieten
meine Codices einstimmig an sechs Stellen (57. 666. 52; 67. 675. 42;
110. 708. 15; 137. 723. 43; 145. 729. 18; 148. 732. 51) die Form mit
ᾱ, einmal (58. 671. 7) liest Par. 1039 *εὑρόμενος* mit übergeschriebenem
ᾱ, Mon. 490 *εὑράμενος*; Mon. 481 *εὑρόμενος*, aber korrigiert aus *-άμενος*.
Für den Inf. ist 147. 731. 3 einstimmig die Form *εὕρασθαι* überliefert, 44. 657. 43 aber liest so nur Par. 1039, Mon. 481 hat *εὕρεσθαι*.
Der Imperat. in der III. Pers. Sing. wird vom Akt. genommen und
heifst *ἐξευρέτω* (43. 656. 9). — **Die II. Aoriste des Pass.** galten
für eine attizistische Feinheit: Moer. p. 200. 15 *καταλεγεὶς Ἀττικοί, καταλεχθεὶς Ἕλληνες. ἀπηγγέλην,* das Jacoby p. 35 aus Dion.
Hal. anführt, hat Synesius nicht; er schreibt *προαγγελθέντων* 132. 718.
47. Aufgefallen ist mir nur *διορυγήσεται* 44. 659. 11 und ein allerdings bis jetzt nur mangelhaft überlieferter II. Aor. Pass. von *πέμπω*:
*ἐπέμφην.* 9. 647. 37 *καταπεμφθείς* (Par. 1039 *καταπεμφείς*); 97. 696. 37
*πεμφθῆναι* (Par. 1039 *πεμφῆναι*) und 38 *πεμφθήσεται* (Mon. 490 *πεμφή-
σεται*); 129. 716. 8 *πεμφθέντων* (Mon. 490 *πεμφέντων*). Cf. auch unten
p. 69 f. s. v. *φαίνω* und *φύω*. — **III. Futura** habe ich aufser
*πεπαύσομαι* und dem noch zu erwähnenden *τεθνήξομαι* keine gefunden;
sie werden umschrieben: *πεποιηκὼς ἔσῃ* 21. 651. 13; 67. 681. 13 und
119. 710. 44; *κεχαρισμένος ἔσῃ* 21. 651. 14.

## b) Die Verba auf -ω.

Statt der Form *ἀνύτω*, die als die eigentlich attische gilt,
findet sich bei Synesius von dem in den Inschriften nur einmal
durch eine poetische Inschrift des IV. scl. a. C. bezeugten Stamm *ἀνυ-*
51. 661. 44 die Form *ἀνύειν*; von den Attizisten gebrauchen diese
Form auch Dio Chrys. und Luk. (Schm. II 79), Arist. und Ael. dagegen haben *ἀνύτω*. Nach Veitch s. v. scheint *ἀνύω* die mehr
poetische Form gewesen zu sein, doch begegnet dieselbe auch bei
Demosth. Plato und Xen. Mit grofser Einstimmigkeit verlangen die

Grammatiker (Moer. p. 202. 23; Phryn. Lob. p. 188; Ruth. p. 247 ff.;
Thom. Mag. p. 220. 13; Eustath. Od. 1650. 28) an Stelle der Formen
λούεται, ἐλονόμεϑα, λούεσϑαι, λονόμενος u. s. w. die kontrahierten Bildungen λοῦται, ἐλούμεϑα, λοῦσϑαι, λούμενος
u. s. w. So hat denn auch H. 121. 711. 32 die von seinen sämtlichen Handschriften und auch vom Par. 1039 Mon. 481. 490 gebotene Form λουομένῃ in λουμένῃ geändert. Es ist nun einerseits
nicht thunlich auf Kosten der Handschriften in dieser Weise unseren
Autor zu korrigieren, andrerseits wäre es auch völlig verfehlt, um
unseres Autors willen in die selten einstimmige Autorität der Grammatiker einen Zweifel setzen zu wollen. Es ist nach dem Zeugnisse
der von Rutherford angeführten und in dieser Frage gewifs kompe-
tenten Dichter an der Richtigkeit der von den Grammatikern auf-
gestellten Regel nicht zu zweifeln. Man mufs sich mit der Konstatierung der Thatsache begnügen, dafs sich Synesius eben in diesem
Falle den grammatikalischen Vorschriften nicht fügen mochte. Übrigens
hat Luk. ebenfalls nur offene Formen, Aelian (Schm. III 42) wechselt,
indem seine Schriften bald λουόμενος, λούεσϑαι, bald λοῦται, λούμενος
aufweisen, die gleiche Abwechslung, die auch Philostratus (Schm. IV 38)
aufweist. — Statt οἴομαι schreibt Synesius stets οἶμαι an
13 Stellen, ebenso stets ᾤμην 57. 665. 52; 129. 716. 26 u. 141. 726.
21; die III. Pers. Sing. im Impf. dagegen lautet ᾤετο (130. 717. 1)
nach dem attischen Kanon. — Die Kontraktion der Verba kon-
trakta wird regelmäfsig durchgeführt. Nur an einer Stelle 119.
711. 3 bieten meine Handschriften statt der von H. aufgenommenen
Lesart δεῖται die Form δέεται, die H. im Apparat nicht anführt.
Dafs die attische Regel δεῖται verlangt, ist selbstverständlich. Kühn.-
Bl. I 2. 138 Anm. 1 will deswegen die in den Attikern vorkommenden
offenen Formen sämtlich korrigieren. Lob. führt zu Phryn. p. 220
mehrere Stellen aus nachklassischen Autoren, auch eine aus dem
Attiz. Philostr. an, in denen die Kontraktion ebenfalls unterblieben
ist. Aus Callinicus V. Hyp. sind als offene Formen δέεσϑαι und
ἐδέετο, aus Marcus Diaconus[1]) V. Porphyrii δέεσϑαι und ἐδέετο,
dazu noch πλέετε zu entnehmen. Offenbar war geringere Strenge in
der Kontraktion der Verba auf -έω in der Koine gebräuchlich. Über
Arrian cf. Böhner p. 18; Dion. v. Hal., der sonst kontrahiert, hat die
Unterlassung der Kontraktion zu einem Mittel der Hiatusvermeidung
gemacht III 6 διέχεεν αὐτῶν τὰ βουλεύματα, und Jacobi p. 34 ist
darnach zu korrigieren. Über die Vulgärsprache cf. Mullach p. 257. 7.
Auffallend ist, dafs selbst der Antiattizist p. 94 ἐδέετο ἀντὶ τοῦ
ἐδεῖτο zu verteidigen unternehmen konnte. Auf jeden Fall verdient

---

1) Die Quelle meiner sprachlichen Beobachtungen aus Marcus Diaconus ist
der Indiculus grammaticus der Bonner Ausgabe.

die Variante bei unserm Autor aufmerksame Beachtung. — Die Optativformen der gleichen Verba werden im Akt. stets auf -οίην gebildet; so lesen wir ἀδικοίης 30. 653. 6; δοκοίη 144. 728. 50; εὐδαιμονοίης 26. 652. 13; μισοίης 146. 730. 25; ποιοίης 153. 735. 15; προχωροίη 67. 675. 37; auch die III. Pers. Plur. lautet übereinstimmend mit dem attischen Brauche ἐπιδημοῖεν 129. 716. 37 und μαρτυροῖεν 50. 661. 15. So hat gewifs H. recht gethan, wenn er 61. 673. 9 die, wie er sagt, in seinen sämtlichen Handschriften stehende Form συγκυροῖ mit der ed. princ. in συγκυρεῖ geändert hat; übrigens haben meine Handschriften das richtige συγκυρεῖ. — Eine merkwürdig widerspruchsvolle Erscheinung zeigt sich bei den Verben auf -όω, indem dieselben nach Blass (Gramm. p. 61. 1) im N. T. eine Anzahl von Neubildungen an Stelle älterer Verba aufweisen, während nach Mullach p. 250 u. Anm. und Hatzidakis p. 408 dieselben Verba im Griechischen früh auszusterben anfingen und in Verba auf -όνω übergingen, in welcher Gestalt sie heute noch im Neugriechischen ihr Dasein führen. Obwohl dieser Prozefs nach dem bei Hatzidakis angeführten Zeugnis aus Papyr. Graeci Leemann II 15 schon im III. oder IV. scl. begonnen haben mufs, darf man selbstverständlich bei Synesius das Vorkommen einer solchen Form auf -όνω noch nicht erwarten; aber der Einflufs der schon erstarkten Bewegung zeigt sich darin, dafs die Zahl der Verba auf -όω im Präsens und Impf. auf eine kleine Zahl zusammengeschrumpft ist: es findet sich nämlich neben dem allein öfter vorkommenden ἀξιόω nur noch dreimal καρπούμαι (11. 648. 23; 79. 689. 45 und 105. 704. 4), je einmal ἀλλοτριούμεθα 112. 709. 2, ἀροῦν 148. 731. 28, δικαιοῖ 142. 727. 5, ἐμπεδοῖς 143. 727. 15, οἰκειούμεθα 112. 709. 2 und ῥιγοῖς 114. 709. 25. — Von dem attisch richtig gebildeten Aor. ἐβίων lautet der Optativ bei Synesius 50. 661. 24 βιῴην; Kühn.-Bl. I 2. 192 Anm. 2 hält diese Optativbildung für unrichtig und verlangt fürs Attische βιοίην. — Weder ἐπιμέλομαι noch ἐπιμελέομαι habe ich bei Synesius im Präsensstamm angetroffen. — Nach den Vorschriften der Grammatiker (Moer. p. 195. 20; Thom. Mag. p. 121. 13) und nach Ausweis der attischen Inschriften (Msths. p. 145. 6 und Lautens. p. 5) bilden die Verba liqu. in der guten Zeit ihren I. Aor. nur dann mit ᾱ, wenn diesem ᾱ ein ι oder ῥ vorausgeht, sonst mit η; einige Verba haben sich daneben auch ohne diese Vorbedingung das Recht eines Aor. mit ᾱ gewonnen. Luk. läfst öfter ᾱ zu (Schm. I 229 κοιλάναντες, ἐκκαθᾶραι, ἐπεσήμανε), Arist. a. a. O. II 24 folgt dem attischen Gebrauch aufser in σημαίνω, das neben σημῆναι auch einmal σημᾶναι bildet. Bei den Vulgärschriftstellern schwankt der Gebrauch, indem z. B. Dion. Hal. (Jac. p. 34) ᾱ und η zuläfst, Josephus (Schmidt p. 459 f.) im Ind. η, im Inf. und Part. aber ᾱ schreibt. Arrian hat (Böhn. p. 29) mit Ausnahme einer unsicheren Stelle nur η, Polyaen (Mal. p. 17) bietet

zwar ὑποσημήνῃ, σημῆναι, aber ἐσήμανα. Im Xenoph. Eph. hat H.
(Mann p. 7) mit Unrecht ἐκκαθῆραι (383. 31 in den Erotici script.
Bd. I) in ἐκκαθᾶραι geändert. Synesius schliefst sich dem Vorbild
der Attiker an in καθήρασθαι (57. 664. 21 und 154. 735. 28), προκα-
θηράμενον (44. 656. 47) und in εὐφρᾶναι (110. 708. 24); 61. 672. 44
aber bietet Mon. 481 statt der Vulgata σημήνας die Form σημάνας
nit übergeschriebenem η̄. In den Inschriften ist der Aorist von σημαίνω nicht überliefert. Umgekehrt läfst Synesius 148. 733. 13 den
Aor. von λιπαίνω: λιπῆναι lauten. — Den Schlufs des Abschnittes über die
Verba auf -ω sollen die durch -σκω, -άνω, -ισκάνω erweiterten
Verba bilden. Was zunächst διδράσκω anlangt, so bildet Synesius vom
II. Aor. ohne handschriftliche Variante 57. 664. 29 den Inf. διαδρᾶναι und
79. 688. 54 das Part. διαδράς. 4. 642. 33 aber schwanken die Hand-
schriften: Par. 1039 will ἀποδράσαι, Mon. 481 ἀποδράναι, Mon. 490 ἀπο-
δρᾶναι geschrieben haben. Ähnlicher Wechsel besteht auch bei Callin.
V. Hyp. ἀποδράσαντος, aber ἀπέδρα und διαδράς. H. behauptet in seinem
Apparat, nur die Form ἀποδράσαι gelesen zu haben, schreibt aber ἀπο-
δρᾶναι. — Von ὀλισθάνω lautet der II. Aor. 57. 666. 17 ὤλισθον, 104.
703.22 bieten meine beiden Handschriften Par. 1039, Mon. 481 (490—)den
I. Aor. ὤλισθησε. H. sagt, dafs er den II. Aor. ὤλισθε gegen alle seine
Handschriften hergestellt habe. Wenn auch unattisch, wird diese Bildung
unserm Autor nicht abzusprechen sein. — Statt des erweiterten Präsens-
stammes θιγγάνω ist mit meinen drei Handschriften dem Synesius
das Part. Präs. θίγων 58. 671. 33 zu erhalten; H. schreibt θιγών.
Thom. Mag. p. 271. 8 stützt diese Lesart durch das Citat: Συνέσιος
ἐν ἐπιστολῇ. ὁ θίγων ἐναγοῦς ἀπολαύει τῆς προστροπῆς. Veitch
führt θίγω, θίγει erst aus Christus patiens 1109 an, θίγοισα bei
Pind. P. 8. 24 akzentuiert Bergk θιγοῖσα. — Ebenso lesen Mon. 490
und 481 an der Stelle 57. 666. 15 statt ὀφλόντα: ὄφλοντα; ὄφλω
ist aus den Attikern überall entfernt; bei Dio Chrys. I 39. 22 und
395. 31 D ist es aber unanfechtbar.

## c) Verba auf -μι.

Von den Verben δίδωμι, ἵημι, ἵστημι und τίθημι habe ich folgende Formen aus dem Präs., Impf. und Aor. gefunden. Δίδωμι:
Akt. Präs. Ind.: ἀντιδίδωμι 32. 654. 20; ἀποδίδωμι 71. 673. 4; ἐνδίδωμι 133. 720. 34; δίδως 67. 677. 28; ἀποδίδως 137. 723. 4; δί-
δωσιν 40. 655. 23; 61. 673. 24; 116. 710. 3; 147. 730. 49; ἀποδίδωσιν
104. 701. 49; 110. 708. 41; διδόασιν 120. 711. 14; ἀποδιδόασιν 133.
720. 11; ἐκδιδόασιν 51. 661. 40. Imperat.: δίδου 134. 721. 27;
156. 738. 5. Part.: διδούς 44. 657. 31; 57. 667. 28; 72. 683. 46 (bis);
105. 705. 13; 135. 722. 1; διδόντα 83. 691. 13; ἀποδιδούς 129. 716. 3;
ἀποδιδοῦσιν 133. 720. 12; ἐπιδιδούς 144. 728. 29; ἐπιδιδόντα 19. 650.

58        Zweites Kapitel: Die Sprache des Synesius.

38.  Infin.: διδόναι 67. 680. 15.  Impf.: ἐδίδου 4. 644. 18; 57. 665.
23; 67. 678. 37; ἐπεδίδοσαν 88. 692. 6.  Aor.: Ind.: ἔδωκα 18. 650.
33; 105. 706. 31; ἔδωκεν 4. 644. 25; 49. 661. 3; ἀντέδωκεν 130. 716.
51; ἀπέδωκεν 47. 660, 9; ἐπέδωκεν 13. 649. 9; 101. 698. 18; προὔδωκεν 95. 696. 9.  Konj.: ἀποδῷς 120. 711. 17; δῷς 141. 726. 33;
148. 731. 36; δῷ (sic!) 14. 649. 27; δῶμεν 57. 670. 8.  Opt.: ἐπι-
δοίης 44. 658. 41; δοίη 137. 723. 23; 149. 734. 8; δοίημεν 139. 724.
48; 148. 732. 53.  Imperat.: δός 94. 693. 44; 94. 694. 5; ἀπόδος 93.
693. 23; ἐπίδος 44. 656. 42.  Part.: δούς 134. 721. 22; ἀποδούς 67.
675. 34; ἐπιδούς 11. 648. 22; 134. 721. 30 und 39; παραδούς 32.
654. 2; 67. 675. 45; ἐνδόντος 67. 679. 51; ἐπιδούσης 110. 708. 26;
δόντι 137. 723. 15.  Infin.: δοῦναι 21. 651. 17; 28. 652. 24; 44. 657.
5 und 10; 67. 679. 54; 67. 682. 4; ἐνδοῦναι 116. 710. 17; 131. 718.
39; μεταδοῦναι 67. 680. 40; παραδοῦναι 44. 658. 46; 67. 679. 50.
Verbaladj.: δοτέον 44. 657. 34.  Medium: Aor. Ind.: ἀπέδοτο 3.
639. 18; 72. 683. 48.  Part.: ἀποδομένοις 6. 646. 41; ἀποδομένους
52. 662. 6; 69. 672. 5.  Inf.: ἀποδόσθαι 67. 679. 53 (V. l. ἀποδίδο-
σθαι).  Ἵημι: Akt. Präs. Ind.: ἀφίημι 148. 731. 10; ἐπαφίησι 4.
640. 35; ἐφίησιν 4. 641. 47; παρίησιν 57. 667. 43; ἑνιᾶσι 129. 724. 27.
Part.: ἀφιείς 104. 703. 15; ἀφιέντος 101. 698. 47.  Infin.: ἀφιέναι
28. 652. 23.  Aor. Ind.: ἐφῆκα 67. 680. 39; ἀφῆκεν 14. 649. 26; 57.
668. 11; 67. 680. 34; μεθῆκεν 4. 641. 19.  Konj.: ἀνῇς 44. 656. 44;
καθῇς 15. 649. 39.  Imperat.: ἄνες 93. 693. 22.  Part.: ἀφείς 61.
672. 46; 146. 730. 3; 147. 730. 32; καθείς 44. 656. 26.  Infin.:
ἀνεῖναι 4. 644. 48; διαφεῖναι 121. 711. 19.  Über die Aoristformen mit ᾱ siehe unten!  Med. Ind. Präs.: ἵεμαι 98. 697. 20;
προσίεται 105. 706. 32.  Part.: προσιεμένου 95. 694. 31; 140. 725. 22;
ἐφιέμενον 138. 724. 3; ἐφιεμέναις 140. 725. 17.  Aor.: Konj.: πρόσ-
ωνται 148. 731. 49 (v. l. προσίωνται (sic!)).  Imperat.: σύνεσο 31.
653. 23.  Part.: προσέμενος 105. 704. 24.  Infin.: καταπροέσθαι 4.
641. 25; προέσθαι 113. 709. 7; 131. 718. 39.  Verbaladj.: κάθετος
44. 658. 49. — Ἵστημι: Akt. Präs. Ind.: συνίστημι 38. 655. 6; 83.
691. 8; 102. 699. 46; ἀνίστης 57. 663. 36; ἀνίστησι 148. 733. 11;
ἀφίστησι 57. 667. 38; καθίστησι 44. 657. 52.  Part.: ἱστάς 144. 728.
45; καθιστάς 105. 705. 49; μεθιστάς 130. 717. 4; συνιστάς 55. 663. 2;
συνεστᾶσι 38. 655. 3.  Inf.: ἀνιστάναι 134. 721. 19; ἐφιστάναι 5. 645.
39; καθιστάναι 130. 717. 37; συνιστάναι 50. 661. 30; 102. 700. 4.
— Über die nach Art der Verba auf -άω gebildeten Formen
wird unten gehandelt.  Impf.: ἀνίστασαν 67. 677. 24.  Aor.
I. Ind.: ἔστησα 55. 662. 42; συνδιέστησας 138. 724. 11; κατέστησεν
130. 717. 31; συνέστησε 49. 660. 46 und 74. 685. 42; κατεστήσαμεν
4. 641. 4.  Opt.: παραστήσαιμι 67. 681. 29.  Imperat.: στήσατε 73.
685. 6.  Part.: συστήσαντος 146. 730. 13.  Infin.: συστῆσαι 20. 651. 8.
Aor. II. Ind.: ἀπέστη 4. 640. 33; ἐξέστη 4. 643. 45; κατέστη 67. 676.

52; παρέστη 57. 665. 11; 104. 703. 33; περιέστη 95. 694. 36; προύστη
3. 639. 27; συνέστη 19. 650. 41; ὑπέστη 145. 729. 29; περιέστημεν
14. 649. 28. Imp.: ὑπόστηθι 121. 711. 24. Part.: καταστάς 44. 657.
48; συστάς 66. 674. 14 und 16; ὑποστάς 13. 649. 9; 67. 679. 39; 122.
712. 36; συστᾶσα 125. 714. 19; καταστάντος 132. 719. 21; περιστάντων 4. 643. 40. Inf.: ἀντικαταστῆναι 67. 680. 4; προστῆναι 57. 669.
46; 67. 678. 17; συστῆναι 11. 650. 32; 44. 656. 45. Med. und Pass.:
Präs. Ind.: ἵσταται 130. 717. 43; περιίσταται 77. 686. 30; 116. 710.
15; ἐξιστάμεθα 66. 675. 3; ἵστανται 140. 726. 6; ὑφίστανται 132. 719.
14. Part.: ἐξισταμένη 4. 642. 42; ἐφιστάμενος 111. 708. 42; παριστά-
μενος 67. 680. 27. Infin.: ἀνθίστασθαι 132. 718. 51; ἀφίστασθαι
143. 727. 50; διανίστασθαι 132. 719. 4. Aor. I. Konj.: καταστήσωνται 67.
681. 36 (v. l. καταστήσονται); παραστήσηται 133. 720. 28. (v. l. παραστήσεται). Part.: προστησάμενος 5. 646. 10; προστησαμένους 5. 645.
38. — Τίθημι: Akt. Präs. Ind.: ἀνατίθημι 137. 723. 9; μετατίθη-
σιν 67. 677. 34. Part.: τιθείς 105. 705. 12; μετατιθέντος 103. 701.
17. Infin.: προστιθέναι 4. 641. 9 (v. l. προστιθέντα). Impf.: ἀνετίθην 57. 665. 38. Aor. Ind.: ἐπέθηκα 86. 691. 27; 98. 697. 14;
προσέθηκα 154. 737. 32; ἐνέθηκεν 127. 715. 18; ἐπέθηκε 58. 671. 24;
μετέθηκεν 43. 656. 11; παρέθηκεν 57. 666. 27; προσέθηκεν 57. 666. 6.
Über die Formen mit ᾱ siehe unten! Part.: ἀντιθείς 127. 715.
22; ἐνθείς 130. 717. 32; προσθείς 57. 665. 7; 76. 686. 23; 120. 711. 18;
προσθέντες 53. 662. 22; συνθείς 44. 656. 25; συνθέντες 44. 658. 29.
Inf.: ἐνθεῖναι 134. 721. 36; ἐπιθεῖναι 8. 647. 17; 101. 699. 35; μετα-
θεῖναι 103. 101. 23; 140. 725. 44; προθεῖναι 67. 677. 26; προσθεῖναι
61. 673. 7. Med. und Pass.: Präs. Ind.: τίθεμαι 105. 705. 41; 154.
730. 22; συντίθεμαι 143. 728. 25; ἀνατίθεται 113. 709. 16; συναπο-
τίθεται 66. 674. 16; κατατιθέμεθα 62. 673. 48; ἐπιτίθενται 148. 733.
20. Konj.: τιθῆται 94. 693. 43. Part.: τιθέμενος 95. 696. 6; ἀνατιθεμένου 67. 679. 19; συνδιατιθεμένους 67. 679. 45. Impf.: ἐτίθετο
126. 714. 35; ἐνετιθέμεθα 4. 644. 6. Aor. Ind.: ἐθέμην 4. 642. 18;
ἐπεθέμην 57. 669. 32; ἔθου 72. 683. 32; 106. 706. 39; ἐγκατέθετο
136. 722. 25. Konj.: κατάθῃ 52. 662. 11; ἀναθώμεθα 57. 670. 14.
Opt.: θεῖτο 105. 705. 27. Imperat.: μετάθου 153. 735. 16. Part.:
προθεμένης 137. 723. 19; ἐπιθεμένῳ 14. 649. 17; ἐπιθέμενον 57. 666. 2;
συνθέμενοι 104. 702. 8. Inf.: προθέσθαι 67. 675. 37.
   Von der bereits a. C. eingetretenen Konfusion von Formen
auf -σαι, -σο und auf -ῃ, -ου (Hatzid. p. 188. Mull. p. 261), die
schon bei Polyb. zum Gebrauch von δύνῃ statt δύνασαι geführt hat,
findet sich bei Synesius das gleiche Beispiel an zwei benachbarten
Stellen im 80. Briefe 690. 40 und 41 in den Worten: νυνὶ δὲ ἁπάντων ἔρημος ὑπολείπομαι, πλὴν εἴ τι σὺ δύνῃ — σὺ μὲν οὖν ἀεὶ καὶ
δύνῃ καὶ δύναιο. Das von Schm. aus Ael. angeführte Beispiel stammt
aus der V. H. 154. 29. Der Antiattizist p. 93. 8; 100. 32 verteidigt

solche Formen. Alle etwaigen Verbesserungsgelüste sind für Synesius abgewehrt durch die Worte des Thom. Mag. 84. 10: δύναμαι,
δύνασαι, δύνῃ δὲ οὐδεὶς τῶν δοκίμων εἶπεν, εἰ καὶ Συνέσιος ἐν
ἐπιστολῇ. σὺ μὲν οὖν καὶ δύνῃ καὶ δύναιο. — Nur in der Litteratur,
nicht aber auf den attischen Inschriften findet sich zuweilen die Erscheinung, dafs der Opt. Med. von τίθημι (und ἵημι) nach Art
der Konjugation auf -έω im Att. gebildet wird; doch ist dies nie
in der I. und II. Pers. Sing. der Fall. So stehen bei Xenoph. Anab.
I 9. 7 συνθοῖτο, III 4. 1 und IV 2. 13 und 26 ἐπιθοῖντο; Comm. III
8. 10 τιθοῖτο; auch meine Handschriften bieten 67. 680. 54 an Stelle
des von H. gelesenen Opt. καταθεῖτο die Form κατάθοιτο, wir schreiben
der von Kühner ad Xen. An. I 9. 7 verlangten Akzentuierung folgend
καταθοῖτο. Die reguläre Form θεῖτο steht 105. 705. 27. — Der
II. Aor. Akt. von ἵημι und τίθημι wird von Synesius in der
I. Pers. Plur. zweimal mit ϰ gebildet 4. 641. 37 und 643. 3
συνήκαμεν und προσεθήκαμεν. Solche Bildungen sind im Attischen
für die III. Pers. Plur. häufiger überliefert als für die II. und die uns
hier beschäftigende I. Pers. Beispiele für ἥκαμεν bringt Kühn.-Bl.
I 2 p. 196 nur bei aus Isaeus 5. 1 ἀφήκαμεν, für ἐθήκαμεν aus Xen.
Comm. IV 2. 15, Anab. III 2. 5 und aus Demosth. 34. 28. Auf den
attischen Inschriften (Msths. p. 151) sind bis zum Jahre 385 a. C.
nur Formen ohne ϰ überliefert, mit Ausnahme einer alten Weihinschrift des VI. scl.: ἀνέθηκαν. Erst seit diesem Jahr kommen einzelne Formen mit ϰ in der I. und III. Pers. Plur. des akt. Aor. vor,
doch bleibt noch bis 300 die klassische Bildungsart die herrschende.
In der Periode 300—30 haben die Formen mit ϰ die Alleinherrschaft
inne, doch führt Lautens. nur Beispiele für die III. Pers. Plur. Akt.
an. Die Attizisten scheinen hier kein besonders ängstliches Gewissen
gehabt zu haben; denn Arist. gebraucht (Schm. III 38) je einmal
ἐδώκαμεν, ἐθήκαμεν, ἐδώκατε, ἐθήκατε und fünfmal ἔθηκαν, dreimal
ἔδωκαν; Ael. hat ϰ nur in der III. Pers. Plur. ἔδωκαν und περιέ
θηκαν. Im medialen Aor. sind die Formen ἐθηκάμην etc. und ἐδω
κάμην etc. nur den jonischen und dorischen Schriftstellern zuzuerkennen: Homer, Hesiod, Pindar, Theognis, Herodot und Theokrit
gebrauchen diese Bildungen zuweilen. Die Attiker sagen nur ἐθέμην
und ἐδόμην, neben εἵμην jedoch, obschon nur selten, auch ἡκάμην,
wie Eur. El. 622 προσηκάμην, Demosth. 19. 78 und 84 προὐήκασθε etc.
Die attischen Inschriften bieten für den medialen Aor. mit ϰ bei
keinem der genannten Verba eine Gewähr. Unter den Attizisten hat,
so scheint es, nur Arist. sich einen solchen Aor. in der Form προή
ϰαντο L 550. 694 gestattet; ihm folgend schreibt Synesius 90. 692.
21 προήκατο. — Von den beiden Perfektstämmen ἑστηκ- und
ἑστα- hat ersterer schon im IV. scl. a. C. alleinige Geltung auf den
attischen Inschriften gewonnen (Msths. p. 152. 8). Bei den Autoren

laufen vielfach die langen und die kurzen Formen in buntem Wechsel
durch einander (Kühn.-Bl. I 2. 237, Anm. 5); Xen. hat z. B. εἱστή-
κεσαν Cyr. VIII 3. 9 und ἕστασαν, ἀφεστῶτας Hell. II 1. 13 und ἀφε-
στηκότος 4. 28, προεστηκόσιν Hell. III 5. 1 sowie προεστηκότων VI
4. 7 und προεστῶτες ib. 5. 3 und VI 4. 6 neben einander. Herwerden
in seinen Studia Thucydidea p. 113 f. weist nach, dafs die Tragiker
und Aristoph. sich beinahe nur der kurzen Formen bedienen, Thukydides nur im Fem. des Part. die längeren Formen zur Anwendung
bringt. Der Infin. lautet im Attischen, bei Dichtern und Prosaikern,
meistenteils ἑστάναι, die Form, die übrigens auch im N. T. die allein
gebräuchliche ist (Wilke-Grimm p. 214 s. v. ἵστημι). Vom Part. ist
nach Kühner-Bl. I 2. 187 unten die kürzere Form ἑστώς häufiger als
die längere ἑστηκώς; im N. T. existieren hier beide Formen. Mit dem
über den Gebrauch des Part. und des Inf. bei den Attikern Gesagten
stimmt Synesius überein, wenn wir ἑστάναι 4. 639. 45; 31. 653. 15 und
132. 719. 5 und ἑστώς 4. 640. 43, ἐφεστώς 140. 725. 14, ἑστῶτος 114. 709.
30, διεστῶτα 138. 724. 17 und ἐπὶ συνεστώτων καὶ περιεστώτων ἀνθρώπων 57. 668. 11 lesen. — Die I. Pers. Sing. von εἰμί lautet im
Impf. ἦν 57. 669. 33 und 72. 683. 23; παρῆν 57. 666. 17; die von den
Grammatikern Phryn. p. 240 Ruth., Moer. 197. 32 und Thom. Mag.
verbotene Form ἤμην ist gemieden. Im Attischen steht sie bei Eur.
Suppl. 200, wo übrigens der Vers metrischen Anstofs gibt, und Hel. 931;[1])
bei den Komikern frg. anon. 4. 654; Xen. Cyr. VI. 1. 9 (Hug ἦν)
und Lysias 7. 34 (wo man jetzt εἰμί oder εἴην liest). ἤμην ist im
N. T. neben ἦν gebräuchlich (Matth. 25. 35; Gal. 1. 10 u.s.w.); auch
Luk. hat diese Form viermal. Die II. Pers. kommt bei Synesius
nicht vor. — Der Opt. von εἰμί bildet bei Synesius die I. Pers.
Plur. εἴημεν 132. 719. 29; Kühn.-Bl. bevorzugt εἶμεν (I 2. 220 f.),
εἴημεν ist die ausschliefslich prosaische Form. Die III. Pers. Plur.
lautet 57. 669. 38 und 75. 686. 6 εἶεν, was Kühn.-Bl. a. a. O. p. 221
für die weitaus häufigere Form hält. εἶμι hat im Impf. 4. 641. 24
προσῄειμεν. — Vom Verbum φημί findet sich der Aorist ἔφησα nur in
den Formen ἔφησεν 137. 722. 34, φήσαιμ' ἄν 131. 718. 11 und
φῆσαι 44. 657. 49. Von ἔφην begegnen folgende Bildungen: ἔφην
4. 640. 47 und 49; 72. 683. 31; 101. 699. 33; ἔφη 4. 639. 21;
4. 640. 44; 4. 641. 6; 4. 644. 9; 57. 665. 13; 67. 676. 21; 67.
680. 30 und 53; 104. 702. 36 und 41; 104. 703. 11; 148. 732. 36;
ἔφαμεν 143. 727. 21; ἔφασαν 67. 677. 24; 108. 707. 27; 109. 707. 39;
148. 732. 5; 154. 735. 21. Die Formen der beiden Tempora ergänzen
sich also gegenseitig; nur ἔφησεν macht darin eine Ausnahme (darüber
cf. unten beim Hiatus!). Das Part., nur einmal benützt, heifst 104.
702. 14 φάμενοι statt des im Attischen ungebräuchlichen φάς; φά-

---

1) An beiden Stellen liest Kirchhoff ἦμεν und οὐκ ἄρ' ἦν φίλων.

μενος hat im Attischen Aeschylus Choeph. 316 in einer Chorpartie,
Xen. Hell. I 6. 3, auch Luk. Demon. 66. — Wenn wir von dem
Übergang der Verba auf -ημι in Verba contracta reden, so
kommen dabei für Synesius die Verba ἵστημι und πίμπλημι in Betracht. Von συνίστημι nämlich lautet 57. 665. 14 der Inf. Präs.
συνιστᾶν τῷ θεῷ, gebildet von dem seltnen Verb. ἱστάω. An eine
Verwendung der Form ἱστᾶν statt ἱστάναι, um einen Hiatus zu vermeiden, ist augenscheinlich bei Synesius nicht zu denken. Die attischen Inschriften scheinen, da Msths. nichts bietet, solche Formen
nicht zu haben, auch aus der attischen Litteratur ist es mir nicht
gelungen derartiges nachzuweisen. Im N. T. ist von ἱστάω nur noch
συνιστᾶν II. Cor. 3. 1 von Lachmann und Tregelles beibehalten
(Winer-Schm. p. 122. 14). Im Dion. Hal. ist einmaliges συνίστα 8. 18
unsicher überliefert; cod. B hat dafür συνίσταται. Moer. p. 201
wendet sich mit den Worten ἱστάναι Ἀττικοί, ἱστάνειν Ἕλληνες nur
gegen die Form ἱστάνειν, wie Polyb. (Kälker p. 237) im Wechsel
mit ἱστάναι zur Hiatusvermeidung gesagt. ἱστᾶν fällt nicht von
selbst unter sein verdammendes Urteil. Auf jeden Fall haben sich
die Attizisten nicht durchaus vor den Formen des Verbums ἱστάω
gescheut, wie neben Luk. (Schm. I 229) Arist. (a. a. O. II p. 25) zeigt,
der von ἵστημι das Part. καθιστῶν einmal und den Inf. παριστᾶν einmal gebraucht. Ael. (Schm. III 37) hat keine Abweichungen vom
streng attischen Gebrauch, aus Philostr. weist Schm. IV 31 nur die
eine Form ἱστάς nach. Synesius steht also mit seinem Inf. ἱστᾶν
wieder in der Gefolgschaft des Aristides. Ein zweiter Inf. συνιστᾶν ist
bei Synesius 102. 700. 4 nur im Mon. 490 überliefert, Par. 1039, Mon. 481
haben συνιστάναι. Von πίμπλημι ist ohne Unsicherheit der Handschriften das Part. Präs. Pass. ἐμπιπλάμενον 105. 704. 51 und ebenso,
wenigstens was die Bildung anlangt, auch einmal 105. 706. 11 das
Part. Präs. Akt. ἐκπιμπλάς (Par. 1039 ἐμπιπλάς, Mon. 490 ἐκπιπλάς)
und der Ind. ἐμπίπλησι 104. 702. 34 und 44 überliefert. Schwierigkeiten macht nur die Stelle 138. 724. 3, wo H. ἐκπιμπλᾶσαν liest,
von meinen Handschriften Par. 1039 ἐμπιπλᾶσαν, Mon. 481 ἐκπιμπλᾶσαν
und Mon. 490 mit thematischer Bildung ἐμπιπλῶσαν lesen. Luk. schreibt
Calumn. 129. 130 ἐνεπίμπλα; nach Kühn.-Bl. I 2. 518 finden sich bei
Hippokr. vom Stamm πιμπλάω nur die Formen πιμπλῶσαι, πιμπλῶν-
ται und πιμπλῶντα, letzteres mit v. l. πιμπλάντα. Bei Synesius neigt
sich die Wahrscheinlichkeit mehr den attisch gebildeten Formen zu.
— Ungleich breiteren Boden als bei den Verben auf -ημι hat der Übergang in die thematische Konjug. bei den Verben auf -ννμι, im
Akt. wenigstens, gewonnen. Denn um dies gleich voraus zu nehmen, das
Med. hat sich nach dem Ausweis der attischen Inschriften (Msths.
p. 153 f. und Lautens. p. 8) und bei den Attikern, in denen beiden
sich von -νύω abgeleitete Akt.-Formen recht wohl finden, von jener

Neubildung rein gehalten. Es handelt sich also nur um die akt. Formen. Der Keim zu besagter Neuerung lag im Konj. Präs. Akt. Von hier aus griff der Prozeſs in den Inschriften zunächst auf das Impf. (ὄμνυον C. J. A. II 160. 13, zweite Hälfte des IV. scl., Msths. 336 a. C.) und von da auf den Inf. στρωννύειν (200—150 a. C.) und ὀμνύειν (48 a. bis 117 p. C.) über. Die übrigen Modi und Formen folgen streng der Flexion des Verba auf -μι: ἀμφεννύοσιν (Msths. nach 420 a. C., Wecklein: „sub Euripidis aetatem") ist gewiſs gegen Wecklein (Cur. epigr. p. 32) als Konj. zu lesen, der Imperat. lautet 420/13 und „nach 420 v. Chr." (Msths.) ὀμνυόντων und ὀμνύτω, das Part. hat in einer poet. Inschrift (Kaibel Epigrammata Graeca 84) im IV. scl. noch die Form δεικνῦσα. Wenn Schm. III 25 als Resultat der Beobachtungen von Riemann (Hellen. Xen. p. 88 f.) anführt, daſs die attischen Szeniker kein Beispiel der Flexion auf -νύω hätten, so ist diese Behauptung auf die Tragiker zu beschränken; denn die alten Komiker weisen, wenn auch selten, solche Formen auf (cf. Kühn.-Bl. I 2. 195 Anm. 6). Bei den jüngeren Komikern treten Analogiebildungen nach den Verben auf -ω nur dann ein, wenn auf ῡ eine lange Silbe folgt; ausgenommen den Sing. des Impf. und den Imperat. sind auch in der attischen Prosa überhaupt nur solche Formen belegt. In der attischen Litteratur ist im Gegensatz zu den Inschriften der Flexion auf -ω ein ziemlich weiter Spielraum gelassen. Die Grammatiker suchen das Gebiet der erlaubten thematischen Bildung einzuschränken (Moer. p. 194. 29 δεικνῦσι περισπωμένως Ἀττικοί, δεικνύουσιν Ἕλληνες, δεικνύασι δὲ οἱ δεύτεροι Ἀττικοί; cf. auch Phryn. in Bekker anecd. p. 8. 12; Thom. Mag. p. 89. 11 und 168. 16). Aus Dio Chrys. notiert Schm. I 83 nur allgemein das Nebeneinander der Formen auf -νύω und -νυμι, Luk. (Schm. II 229) gebraucht den Übergang der Verba auf -νυμι in solche auf -νύω häufig, Arist. (Schm. II 25) wechselt zwischen beiden Formen mit Rücksicht auf Rhythmus und Hiatusvermeidung (so δεικνύναι und δεικνύειν); sonst findet sich im Ind. Präs. δείκνυς, ἀποκτίννυσι, δείκνυσιν, zweimal δείκνυμεν, μίγνυμεν neben ἀποδεικνύεις, ἀποκτιννύει zweimal, δεικνύει, δεικνύουσιν, im Part. nur δεικνύντος und ἀποκτιννύντας, im Imperat. nur δεικνύτω und im Impf. ἐδείκνυ neben ἐδείκνυεν αὐτούς und ἐδείκνυον. Bei Ael. (Schm. III 37) wird das Präs. Ind. einerseits mit ἀποσβέννυσι, ἀποκτίννυσι und παραδεικνύασι und andrerseits mit ἐκδεικνύει, ἐπιδεικνύουσι, δεικνύουσι und καταρρηγνύουσι, das Part. nur mit ἀποδεικνύς, δεικνύς und ἐπιδεικνύντες, der Inf. mit δεικνύναι (trotz folgendem ὅτι) und mit ἀπολλύειν gebildet. Die III. Pers. Sing. vom Impf. kommt nur thematisch flektiert vor; Philostr. (Schm. IV 31) läſst den Übergang eintreten in der II. und III. Pers. Sing. Präs. Ind. von δείκνυμι, in der II. Pers. Sing. Imper. von προαπόλλυμι, im Inf. von παραδείκνυμι, im Part. Präs. von ξυγκεράννυμι, in der III.

Pers. Sing. von ἀπόλλυμι, δείκνυμι, ἐπιρρώννυμι, ὄμνυμι und ῥώννυμι; sonst kommen nur Formen nach der Flexion auf -μι vor. Dem gegenüber schreibt Synesius in der III. Pers. Sing. Präs. nur δείκνυσι 4. 643. 42, ἀποδείκνυσι 23. 651. 27, ἀνοίγνυσι 67. 678. 38 und ὄμνυσι 79. 688. 52, in der gleichen Pers. des Plur. dagegen stets ἀπολλύουσι 73. 684. 28 und 146. 730. 2; im Imperat. steht ὑποδείκνυε 140. 726. 10 einem ἀποκτιννύτω 57. 668. 16 gegenüber; im Part. lesen wir καταρρηγνύς 121. 712. 3; μιγνύντα 101. 699. 22 und παραδεικνύντα 154. 735. 34; der Inf. folgt stets den Verben auf -μι: ἀποκτιννύναι 121. 712. 16, διαρρηγνύναι 73. 684. 47 und ἐπιδεικνύναι 67. 677. 23; das Impf. lautet an der einzig vorkommenden Stelle 146. 729. 45 ἀπώλλυον (III. Pers. Plur.). Die Medial- und Passivformen gehen auch bei Synesius durchweg unthematisch: Präs. ἀναδείκνυται 67. 676. 23; ἐνδείκνυνται 4. 644. 39; ῥωννύμεθα 4. 644. 15; συναπόλλυνται 95. 696. 5; Impf. διεδείκνυντο 67. 679. 25; Imperat. ἀνοιγνύσθω 58. 671. 38; Part. ἀναχωννύμενον 148. 731. 29: ἀπολλυμένῳ 95. 696. 5; καταχωννύμενος 57. 669. 42; σβεννύμενα 148. 733. 35; Inf. ἀπορρήγνυσθαι 79. 688. 28; ἐξόμνυσθαι 4. 644. 35. Im Med. und Pass. ist Synesius der alten attischen Überlieferung gefolgt, im Akt. macht sich bei ihm mehr Konsequenz bemerkbar als bei seinen attizistischen Vorläufern.

### d) einzelne Verba.

Meine sonstigen Beobachtungen über die Verbalflexion sollen der Reihe nach unter der Rubrik der einzelnen Verba aufgeführt werden. Das Perf. Akt. von ἄγω heifst in der guten Zeit ἦχα, doch mufs sich nach Phryn. Ruth. p. 202 schon bei Lysias ein ἀγήοχα eingeschlichen gehabt haben. Rutherford sucht diese und andere nichtattische Wendungen bei Lysias mit dessen längerem Aufenthalt in Grofsgriechenland zu erklären. Dafs auch Moer. p. 196. 10 (εἰσῆχεν Ἀττικοί, εἰσαγήοχεν Ἕλληνες) sich gegen diese Form wendet, ist ein Beweis dafür, dafs dieselbe stark um sich gegriffen hatte. Thatsächlich ist ἀγήοχα nicht nur von Polyb., Philo, Plutarch und Dion. Hal. (Jac. p. 35 vereinzelt neben ἦχα), sondern auch einige Male von Dio Chrys. (Schm. I 84) und einmal (Reth. p. 525. 22 Sp.) auch von Aristides angewendet worden; so hat auch bei Synesius das Perf. προσαγηόχασιν 21. 651. 15 Platz gegriffen. Der allerdings unzuverlässige Philemon p. 229 Osann führt ἀγήοχα, ἠγοήχειν als Beispiel attischer Augmentation im Plqpfkt. an. — Von αἱρέω lautete bei Späteren (z. B. Dion. Hal. 11. 18 ἀνελοῦμεν, 9. 26 καθελοῦντες), auch bei Dio Chrys. (Schm. I 84) das Fut. ἑλῶ und ἑλοῦμαι; im Gegensatz hierzu braucht Synesius ebenso wie Arist. (Schm. II 28) nur die klassische Form αἱρήσειν 79. 688. 12. — ἀνέῳγα: Aus

Phryn. (Lob. p. 157 und Ruth. p. 246) wird gewöhnlich ein Verbot des intransitiven ἀνέῳγα herausgelesen, wenn dieser Grammatiker schreibt: ἀνέῳγεν ἡ θύρα σολοικισμός. χρὴ γὰρ λέγειν ἀνέῳκται. Ebenso interpretiert man gemeiniglich eine Stelle Lukians, der Soloec. c. 8. 575 ebendasselbe ἀνέῳγεν verurteilt, und man macht es ihm zum Vorwurf, dafs er doch selbst in seinen Schriften an fünf Stellen (Dial. Mort. 4. 342; Gall. 6. 712 und 30. 749; Anach. 29. 911; Navig. 4. 251) dieses intransitive Perf. gebraucht habe. Im direkten Gegensatz zu diesen beiden Autoren, Luk. und Phryn., scheint Thom. Mag. zu stehen, der p. 30. 11 schreibt: ἐπὶ δὲ μέσου παρακειμένου τὸ ἀνέῳγεν ἀντὶ τοῦ ἀνεῴχθη. Es widerspricht also Thom. Mag. dem Luk. und Phryn., und Luk. selbst steht mit seinen eigenen Worten in Konflikt. Der Widerspruch dünkt mich lösbar. Oft hat die Nichtbeachtung der Thatsache, dafs ἀνέῳγεν auch die III. Pers. Sing. Impf., nicht nur die vom Perf. sein könne, in die grammatischen Untersuchungen mancherlei Verwirrung und Mifsverständnisse gebracht. Auch hier, glaube ich, steht die Sache nicht anders. Phryn. und mit ihm übereinstimmend Luk. verbieten im intransitiven Sinne nicht ἀνέῳγα, sie verbieten nur die Form ἀνέῳγεν und dies doch wohl, wenn wir uns des in die III. Pers. Sing. fallenden Gleichlautes zweier ihrer Bedeutung nach grundverschiedener Tempora erinnern, nur deswegen, weil eine solche Unklarheit des Ausdruckes jedenfalls zu vermeiden war. Wenn wir recht zusehen, haben wir also in diesem Artikel des Phryn. und auch bei Luk. nicht eigentlich eine Abweisung einer unattischen Bildungsweise (es ist bei Phryn. nicht Ἀττικοί — Ἕλληνες der Gegensatz), sondern es ist nur die Einschärfung einer im Interesse der Deutlichkeit getroffenen Festsetzung anzuerkennen. Damit fällt dann erstens der Vorwurf gegen Lukian: an den oben genannten fünf Stellen gebraucht Luk. eben kein ἀνέῳγεν, sondern fünfmal das Part. ἀνεῳγώς im intransitiven Sinn (z. B. ἀνεῳγότες ὀφθαλμοί). Dafs er daneben zweimal (Adv. indoct. 2. 100 und Calumn. 30. 160) auch ἀνεῳγμένοις ὀφθαλμοῖς und ὦτα ἀνεῳγμένα setzte, ist sein ihm nicht zu verkümmerndes Recht; die Wahl dieses Part. konnte sich für ihn aus subjektiven Gründen ergeben. So verstanden steht zweitens auch Phryn. nicht mehr in dem sonst angenommenen scharfen Gegensatz zu Thom. Mag. Dieser (p. 30. 5 ff.) wendet sich zuerst gegen das vulgäre Impf. ἤνοιγεν mit den Worten ἀνέῳγεν ἐπὶ μὲν τοῦ παρατατικοῦ ἀντὶ τοῦ ἤνοιγεν und bringt für das von ihm postulierte attische Impf. eine Beweisstelle aus Aristides XIII 200. 213 und aus Demosth. adv. Zenoth. XXXII 889 bei. Dann fährt unser Grammatiker p. 30. 11 f. fort: ἐπὶ δὲ μέσου παρακειμένου τὸ ἀνέῳγεν ἀντὶ τοῦ ἀνεῴχθη. ἀνοίγω γὰρ ἀνοίξω, ἀνέῳχα (Perf. Akt. cf. [Demosth.] 42. 30), ἀνέῳγα, ἀνέῳγας, ἀνέῳγε mit einem Beispiel aus Synesius (s. unten!) und aus Luk. Gall. (s. oben!).

Die Verschiedenheit zwischen Phryn. und Thom. besteht nunmehr nur noch darin, dafs letzterer Grammatiker von dem Verbot der zweideutigen III. Pers. Sing. nichts mehr weifs oder nichts wissen will. Das Perf. *ἀνέῳγα* aber ist bei keinem mehr vom intransitiven Gebrauch ausgeschlossen. Nach den genannten Citaten wendet sich dann aber Thom. Mag. p. 31. 3 noch polemisch gegen Phryn.: *ἁμαρτάνει Φρύνιχος διισχυριζόμενος εἶναι τὸ ἀνέῳγε καὶ (?) ἀντὶ τοῦ ἤνοιξεν, ὅπερ ἀδύνατον*. Was Thom. Mag. an Phryn. bekämpft, sagt dieser eigentlich nicht. An den Worten des Thom. ist *καί* nicht ganz verständlich; übrigens scheint eben auch er von dem verbotenen *ἀνέῳγε* einen Fehlschlufs auf die Absicht einer Verpönung des ganzen intransitiven Perf. *ἀνέῳγα* gezogen zu haben, wenn ihm nicht, was auch möglich, überhaupt eine andere Stelle aus Phryn. vorgelegen hat. Aus klassischer Zeit wird als Beispiel eines intransitiven *ἀνέῳγα* nur Hippokr. 7. 558 angeführt; im übrigen sind die klassischen Autoren weder auf *ἀνέῳγα* noch auf *ἀνέῳχα* noch auf *ἀνέῳγμαι* genügend untersucht; sonst müfsten mehr Stellen zum Beweis für dieses oder jenes zur Verfügung stehen; vergl. zu der Frage noch Bamberg Zeitschr. f. Gymnwes. 874. 18. Was aber den Gebrauch der Attizisten anlangt, so ist von Luk. schon die Rede gewesen; für Arist. schreibt Schm. II 28: „*ἀνέῳγε* ist nach attischem Gebrauch transitiv XIII 200. 213 und das Part. Perf. Pass. folgerichtig gesetzt XXVII 535. 619“, aber Schm. irrt bei dieser Angabe; die von ihm für ein transitives Perf. gehaltene Form ist bei Thom. Mag. in der schon oben angegebenen Stelle als transitives Impf. aufgefafst, und wir werden dieser Auffassung beipflichten müssen, wenn wir lesen: *ἱερά τε γὰρ πάντα ἀνέῳγε καὶ τὰ τῶν ἱερέων γένη συνῆγε καὶ διεπρεσβεύετο πρὸς τοὺς θεοὺς τὸν ἀρχαῖον τρόπον*. Bei Ael. (Schm. III 42) hat neben viermaligem *ἀνεῳγμένος* einmal *ἀνεῳγότες ὀφθαλμοί* statt. Philostr. scheint keine einschlägigen Stellen zu bieten. Synesius schreibt 5. 645. 49 *ἴστε τίνες οἰκίαι τοῖς λῃσταῖς ἀνεῴγασιν*. — Von *ἀπαγορεύω* lautet das Fut. *ἀπαγορεύσεις* 29. 653. 2; das Plqpfkt. heifst *ἀπηγορεύκειμιν* 4. 642. 36. — Von *ἀποκτείνω* lautet das Perf. richtig (Moer. 189. 3) *ἀπέκτονε* 50. 661. 5. — *αὔξω* ist (Lautens. p. 9) die auf den attischen Inschriften zu lesende Form, *αὐξάνω* findet sich nicht. Dieses *αὔξω* braucht Synesius 49. 661. 1 transitiv: *ἀλλὰ τὰ μὲν Ῥωμαίων ἐκεῖνος αὔξοι* (cf. Thom. Mag. p. 43. 10 ff.). — *γράφω* bildet bei Synesius sein Perf. stets thematisch: 129. 716. 20 *ἐγεγραφήκει* (Par. 1039 *γεγραφήκει*, Mon. 490 *γεγράφηκα*), 134. 721. 42 *γεγράφηκα*; nach Lob. ad. Phryn. p. 764 hat so auch Arist. or. Plat. I 68 geschrieben. — *δέδια* ist nach Kühn.-Bl. I 2. p. 401 f. in attischer Prosa seltner gebräuchlich als *δέδοικα*. Synesius bildet davon nach attischem Muster die Formen *δέδιμεν* 133. 720. 27 und *δεδίασιν* 145. 729. 13; der vor allem dem Aristoph. und den späteren Prosaikern

eigene Imperat. δέδιϑι steht 2. 638. 25. Das bei Aristides begegnende
Fut. δείσω hat Synesius nicht. — διέφϑορα hat bei den attischen
Szenikern transitive Bedeutung (Kühn.-Bl. I 2. 562); bei Homer Il.
O 128 und Hippokr. 8. 246 Littré (hier an zweifelhafter Stelle) steht
es intransitiv, die attischen Prosaiker Plato Apol. 33C, Legg. 636B,
Lysias 93. 15, Aeschines 22. 38, Demosthenes 1109. 21 haben sich in
transitiver Bedeutung nur der Form διέφϑαρκα bedient. Phryn.
p. 246 Ruth. nennt die Ärzte, die διφϑορὸς αἷμα sagten, ἀμαϑεῖς;
doch war dieser Gebrauch bei den Attizisten offenbar nicht so streng
verpönt; denn Luk. gebraucht διεφϑορώς so Nigr. 15. 55, und Philostr.
hat im intransitiven Sinn viele solche Perfektformen, z. B. διέφϑορα
V. Ap. 110. 16, V. Soph. 101. 25; διεφϑορώς V. Ap. 8. 24; 10. 19;
27. 11; 208. 15 u. s. w. (cf. Schm. IV 40), daneben aber auch transitiv διεφϑορώς V. Soph. 19. 2 und 34. 9. Intransitiv gebraucht Synesius
διεφϑορώς 114. 709. 28 ἀέρος διεφϑορότος, 124. 713. 32 dagegen sagt
er ἀέρα διεφϑαρμένον; οἱ διεφϑορότες τὴν δίαιταν (148. 733. 3)
scheint im akt. Sinn gebraucht: „sie, welche die Entscheidung ver-
dorben haben“. Doch bin ich von der absoluten Richtigkeit dieser
Auffassung nicht überzeugt. — ἐλεύσομαι war im Attischen nicht
geläufig; nur Lys. hat dieses Fut. 22. 11; Phryn. Lob. p. 37 f. und
Ruth. p. 103 ff., Moer. 188. 4 und Pollux V 155: ἐλεύσομαι Ὅμηρος
μὲν εἶπεν, οὐδεὶς δὲ τῶν καταλογάδην δοκίμων warnen deswegen
vor demselben. Auch hier hat sich bei den Attizisten die Praxis
milder gezeigt als die Theorie; denn Dio Chrys., Luk. (Schm. I 84
und 231) und Philostr. (Schm. IV 35) V. Ap. 127. 5 und 198. 3
haben sich dieses Fut. bedient. Ihnen folgt Synesius mit ἐπανελεύσεται 72. 683. 20; μετελεύσεται 95. 695. 24; ἐπεξελεύσεσϑαι 57. 663. 26
und περιελεύσεσϑαι 3. 639. 10. Den Grund dafür hat man darin zu
suchen, dafs eben εἶμι seine Futurbedeutung damals eingebüfst hatte.
— πίμπλημι wirft bei vorangehendem μ̄ sein zweites μ̄ aus: ἐμπιπλάμενον 105. 704. 51 und 706. 11 ἐμπιπλὰς nach Par. 1039 (H. ἐκπιμπλάς). — Von ἐσϑίω lautet das Plqpfkt. Pass. 4. 644. 4 κατεδήδοτο;
bei Dion. Hal. schwankt Jac. p. 34 zwischen den Formen κατεδήδεσται
und κατεδήδοται; Veitch s. v. führt ἐδήδομαι nur aus Hom. Od. 22. 56
an. — ἔχω bildet sein Fut.: ἕξω 109. 708. 6; μεϑέξω 156. 737. 49; ἕξεις
118. 710. 38; προσέξεις 73. 684. 17; ἕξει 132. 718. 12 und 42; ἕξομεν
108. 707. 17; περιεξόμεϑα 113. 709. 10; ἕξουσιν 78. 687. 10; παρέξουσαν
86. 691. 29; μεϑέξων 101. 699. 29; ἕξειν 18. 650. 31 und 93. 693. 7.
Diese Bildungen sind die allein auf Inschriften begegnenden (Lautens.
p. 16), σχήσω fehlt daselbst. — ἵζω bildet seinen Aor. 44. 657. 32
προσιξῆσαν und 55. 671. 18 παρακαϑιξῆσαι. — Das Fut. von μάχομαι lautet im Attischen μαχοῦμαι; μαχήσομαι erklärt Kühn.-Bl. I
2. 481 für episch und spätprosaisch, μαχέσομαι führt er nur als Variante an. Auch bei Josephus (Schmidt p. 450 f.) ist diese Form nie

einstimmig überliefert. Einstimmig lesen dort die Handschriften nur μαχήσομαι, das Fut., das sich auch bei Dion. Hal. (Jac. p. 33) häufiger als μαχοῦμαι findet; Plutarch umgekehrt schreibt häufiger μαχοῦμαι als μαχήσομαι. Wie die Attizisten sich in diesem Punkt verhalten haben, ist mir nicht zugänglich geworden. Bei Synesius lesen wir 94. 694. 6 ohne Variante μαχοῦνται. So schreibt H. auch 113. 709. 19; von meinen Handschriften hat μαχοῦμαι Par. 1039, aber das ου steht auf radierter Stelle, Mon. 490 hat μαχέσομαι, 481 μαχήσομαι. In seinem Apparat gibt H. an, μαχοῦμαι nur im P gefunden zu haben, seine übrigen Handschriften böten μαχέσομαι. — ἤδω steht 9. 647. 37 in der Form ἧσε, wie auch Ael. H. A. 10. 48 p. 266. 16 H. schreibt. — Von οἶδα wurden im Spätgriechischen mit grofser Vorliebe die Formen οἶδας, οἴδαμεν u. s. w. gebildet; selbst in die attizistische Litteratur (Dio Schm. I 85; Luk. Schm. I 232; Philostr. ebenda IV 38) haben sich solche Formen einen Weg gebahnt. Herodian II 559. 13 erklärt sogar οἶσθα und οἶδας für attisch; Moer. p. 502. 6 und Thom. Mag. p. 257. 11 treten für οἶσθα ein, letzterer allerdings nur mit der Bemerkung, dafs οἶσθα κάλλιον sei. Moer. a. a. O. οἶσθα χωρὶς τοῦ σ Ἀττικοί, οἶδας Ἕλληνες wendet sich zur gleichen Zeit wohl gegen die bei den Komikern übliche und auch bei Herodot II 55 (σὺ δ' οὐκ οἶσθας) stehende Form οἶσθας. Synesius hat nur die Form οἶσθα an 13 Stellen, sonst noch einmal 57. 665. 7 ἴστε. Die übrigen Formen aufser οἶδα fehlen. Nach Mullach p. 261 Anm. ist οἶδα in der Volkssprache untergegangen und wird durch ἠξεύρω ersetzt. Meine Nachforschungen über die Frequenz haben nun zu dem Resultat gefülirt, dafs bei Synesius der Formenbestand von οἶδα noch intakt ist mit Ausnahme des Impf. und des Part. im Fem. Statt des fehlenden Impf. tritt 44. 658. 22 ἠπίστασο, 66. 675. 20 und 76. 686. 23 ἠπιστάμην, 84. 691. 18 ἠπίστατο vertretend ein. Besonders auffallend ist aber 132. 719. 17 ἐπισταμέναις statt εἰδυίαις; während nämlich die von εἰδώς abgeleiteten Formen häufig zu finden sind, ist mir keine einzige fem. Form begegnet. ἐπίστανται 148. 733. 38 statt eines zu erwartenden und sonst (29. 652. 33; 125. 714. 1; 144. 728. 48) auch stehenden ἴσασιν wird nicht den obigen Formen von ἐπίσταμαι gleichgestellt werden dürfen. — Im Attischen, wenigstens in der Prosa, war die geläufige Form für den II. Aor. von ὀνίναμαι die auf -ήμην, also ὠνήμην. Nur Eur. Herc. fur. 1368, Med. 1025, Hippol. 517. 718 und einmal auch Plato in Pol. 7. 528 A haben die Form auf -άμην neben ὠνήμεθα in Alc. 335 und neben ὤνητο im Menex. 84 C. Auch die alten Grammatiker stimmen dem bei: Phryn. Lob. p. 12, ebenso Herodian p. 451, Thom. Mag. 406. 3. In der späteren Grüzität nehmen die Formen auf -άμην aufserordentlich überhand, es ist nicht nur Dion. Hal. (Jac. p. 34 ὤναντο), bei dem sich diese Formation findet, sondern auch die aus-

gesprochenen Attizisten haben diesen Forderungen zum Trotz sich
den Aor. ὠνάμην zu eigen gemacht. Dio schreibt so noch schüchtern
nur einmal 2. 228. 9 ἀπώναντο, Luk. hat schon zweimal (Amor. 52.
454 und de salt. 8. 272) ἀπωνάμην und ὤνατο, bei Arist. (Schm. II
29) steigt die Zahl auf sieben, Ael. (Schm. III 42) zeigt eine Reaktion,
indem dieser Autor nur die echt attisch gebildeten Formen ὤνητο
und ὤνηντο zuläfst, Philostr. a. a. O. IV 38 hat ebenfalls nur ὤνησαι
V. Ap. 290. 8 und ὤνητο V. Soph. 9. 32; Gymn. 283. 24 und Imag.
386. 14. Synesius hat sich den älteren Attizisten angeschlossen und
schrieb ὤνατο 72. 685. 24 und 154. 737. 35; ὀνάσθω 75. 686. 7 und
ὄνασθαι 103. 700. 51. Der öfter vorkommende Optat. ὀναίμην wie
auch ὄνασθαι kann zu ὠνήμην gehören. — Statt des jüngeren Aor.
ἑωράθην (seit Aristot.) bildet Synesius 104. 703. 7 ὤφθησαν, das
pass. Perf. dagegen lautet 10. 647. 43 παρεοραμένος (oder παρεωραμένος cf. oben p. 46). Luk. (Schm. I 232) hat ὁραθῆναι und ἑωρα-
μένα, Arist. (II 31) παρῶπται. Für Synesius mag bei der Wahl des
pass. Perf. der Umstand mafsgebend gewesen sein, dafs ἑώραμαι schon
Isokr. 15. 110 und Demosth. 54. 16 und 45. 66 anwendeten, sodann der
Umstand, dafs von ὦμμαι — allem Anschein nach — das Part. nicht
im Gebrauch war. — Das in der attischen Prosa nur selten vorkommende aktivische ὀρέγω treffen wir bei Synesius 121. 712. 16
und 155. 737. 38 ὀρέγειν. — πέτομαι bildet 4. 640. 44 das Fut. πτη-
σόμεθα; der interessantere Aor. ist nicht vorhanden. — Das Fut. von
τελέω hat 129. 716. 37 die Form συντελέσειν, nicht die gewöhnliche
attische Form τελῶ, die auch auf den Inschriften (Msths. p. 143) bis
ins III. scl. a. C. die übliche ist. Die unkontrahierten Formen finden
sich im Attischen allerdings auch bei Xen. Cyr. VIII 6. 3, wo Hug
jetzt τελοῦσιν liest, Plato Pol. 4. 425 E, Demosth. 21. 66. — Von
τέθνηκα lautet bei Synesius die III. Pers. Plur. Ind. τεθνήκασιν 79.
688. 39, der Inf. hat die Form τεθνάναι 79. 688. 35 und 54. τεθνῦσι
ist nach Kühn.-Bl. I 2. 443 in Prosa selten, τεθνάναι ist in Prosa die
geläufige Infinitivform. — Nach den attischen Inschriften (Msths. p. 144,
Lautens. p. 14, Herwerden p. 66) ist der Aor. Akt. und auch das
Fut. Akt., sowie der Aor. Pass. von τίω mit diphthongischem Ausgang des Stammes zu schreiben: ἔτεισα, τείσω, ἐτείσθην. In einer
Inschrift aus Delphi (Msths. p. 147) in Dittenbergers Sylloge p. 313. 6
ist auch τέτεικα mit ει vokalisiert. Meine Handschriften und wohl
auch die H.s haben die Formen mit ι: ἀποτίσουσι 26. 652. 10; ἀπέ-
τισα 20. 651. 7; ἐξέτισε 67. 680. 48; ἐκτῖσαι 57. 663. 39. — φαίνω
bildet im Pass. nur den II. Aor. 1. 638. 24 φανῆναι und 139. 724. 40
ἐκφανῇ. — Dem attischen Muster entsprechend lautet 58. 670. 19 der
intransitive II. Aor. Akt. von φύω: ἔφυν; dort steht das Part.
φύντα; 152. 735. 11 dagegen lesen wir in einem allerdings freien
Zitate aus Plato Symp. 192 E die Worte συντακῆναί τε καὶ συμφῦναι

(bei Plato steht das Akt. ἐθέλω ὑμᾶς συντῆξαι καὶ συμφῦσαι). An
einer dritten Stelle 67. 677. 53 schreibt H. φυεῖσα ohne Note in
seinem Apparat; von meinen Handschriften wollen Par. 1039 und
Mon. 481 (490—) φῦσα geschrieben haben. Wenn das richtig ist,
hat sich Synesius 152. 735. 11 zum Aor. συμφυῆναι durch das Streben
nach dem Gleichklang συντακῆναι — συμφυῆναι bestimmen lassen.
— Von ὠθέω lautet der Aor. 4. 641. 2 ὤθησε, so wie ihn auch Ael.
II. A. 13. 17 bildet, 57. 664. 44 dagegen steht ὦσεν.

## II. Syntax.

### A. Das Nomen.

#### 1. Genus.

An Stelle eines Substantivs scheint in der att. Prosa zuerst Thukydides das substantivierte Neutr. eines Adjektivs (oder eines
Part. cf. p. 109) gebraucht zu haben; auch dort ist der Gebrauch auf
die Abstrakta ausgedehnt. Eine weitgreifende Bedeutung fand diese
Gewohnheit wohl dadurch, daſs sich die philosophische Kunstsprache
mit Vorliebe dieses Ausdrucks bediente; auch Thukydides, meint
Nietzki (De Thucydideae elocutionis propr. Königsberg 87), habe
diese Verwendung des Neutr. eines Adj. und Part. seinen Vorbildern
(Antiphon und Gorgias) entnommen. Ob aus Luk. Nigr. 38, wo in
einem Citat von Thuk. 2. 40. 3 statt λογισμός das Neutr. τὸ λελογισ-
μένον gesetzt wird, mit Schm. I 232 geschlossen werden darf, daſs
Luk. mit dieser Wendung des Ausdruckes bewuſsterweise etwas
speciell Thukydideisches bringen wollte, mag dahin gestellt bleiben.
Auf jeden Fall hat diese Redeweise über den Kreis der Attizisten hin-
aus weiten Einfluſs auch in die Vulgärsprache, auſser Plutarch Polyb.
(Kälk. p. 282), N. T., Josephus (Schmidt p. 362), Polyaen (Mal. p. 34)
gefunden. Auch aus den Inschriften führt Kälk. p. 302 ein Beispiel
an, CJG 2059. 1317, aus den att. Inschriften hat Msths. keinen Fall
aufgezeichnet. Die Attizisten haben sich dieses Kunstmittels sämtlich bedient, in besonders ausgiebigem Maſse Ael. (Schm. III 43) und
Philostr. (ebd. IV 41), wohl am spärlichsten Arist. (ebd. II 34).
Synesius sagt in dieser Weise 60. 672. 21 τὸ φιλότιμον; 66. 675. 18
τὸ φιλάνθρωπον; 73. 684. 11 τὸ τῆς σαυτοῦ φύσεως ἥμερον; 78. 687.
22 τὸ πρᾷον τῆς γνώμης; 103. 700. 18 τὸ τῆς γνώμης φιλόπατρι; 112.
709. 2 τῷ παθητικῷ; 146. 729. 36 τῷ σφοδρῷ τῆς ἐνστάσεως; 140.
726. 7 τὸ εὐταπείνωτον; 146. 730. 1 τῷ προσηνεῖ; 146. 730. 3 τὸ ἐμ-
βριθές; 143. 728. 1 τὸ ὑπέρσεμνον; 148. 733. 19 τῷ ἁπλῷ τῶν χορδῶν;
67. 679. 37 τὸ ἀναμάρτητον und 67. 681. 22 μετὰ τοῦ πᾶσιν ἀλύπου.
Am kühnsten ist wohl das komparativische εἰς τὸ ἀρρενωπότερον
ἀναχθήσομαι 56. 663. 18, zu dem ich aus den Attizisten ein Gegen-

stück nur aus Arist. XIII 187. 201 μεθ' ὅσου τοῦ κρείττονος und
XLVI. 180. 222 μετὰ παντὸς τοῦ βελτίστου und aus Ael. 229. 2 und
241. 9 ἔζη τῇ γαστρὶ καὶ τοῖς ἐξ ἐκείνης ἀκρατεστέροις habe finden
können. Mit einem adjektivischen Attribut hat Synesius einen solchen
Ausdruck nie ausgestattet. Über das substantivierte Neutr. des
Part. s. unten p. 109!

## 2. Numerus.

Hier soll zuvörderst vom Dual gehandelt werden. Dieser
Numerus war zur Zeit des Attizismus in der lebendigen Sprache des
Volkes fast völlig verschwunden, aber die Attizisten hatten die
Wiederbelebung desselben ausdrücklich als eine der ihnen gestellten
Aufgaben mit in ihr Progamm aufgenommen, wie denn auch that-
sächlich sämtliche Anhänger dieser Richtung von Dio Chrys. bis auf
Philostratus an der Wiederbelebung jener erstorbenen Flexionsformen
mitgearbeitet haben. Aus den Zusammenstellungen, die Hermann
Schmid in seiner Abhandlung De duali Graecorum et emoriente et
reviviscente (Breslauer philol. Abhandl. VI. Bd. 4. Heft 1893) über die
Geschichte des Duals von Aristot. bis auf Dio Chrys. gefertigt hat,
ist recht deutlich ersichtlich, wie eben mit dem Eintritt des Attizismus in die griechische Litteratur auch auf dem Gebiete des Duals
eine neue Epoche beginnt. Während z. B. nach Theophrast im
Griechischen der Dual eines Pronomens bei Polyb., Dion. Hal., Joseph.
und Plut. nicht mehr zu finden gewesen ist, macht Dio den Anfang
der neuen Richtung damit, dafs er von besagter Wortart den Dual
mindestens viermal in Anwendung bringt (a. a. O. p. 44—45), und
während sich seit Theophrast die Dualbildung auf den engen Kreis
von sechs, neun oder auch gar nur einem Wort beschränkt hat, tritt
bei Dio schon die stattliche Anzahl von 25 Wörtern im Gewand des
Duals auf. Ähnlich instruktiv gestaltet sich auch das Resultat bei
der Untersuchung über die Häufigkeit der einzelnen Dualendungen; die
feminine Endung -α und die neutrale -η kommt von Aristoteles bis
auf Dio einschliefslich überhaupt nicht vor, und die Endung auf -ω
wird nur spärlich verwendet, bis Dio Chrys. dieselbe in 14 Fällen
gebraucht (a. a. O. p. 45). Umgekehrt hinwiederum wird von Dio
Chrys. die bei Aristot., Theophr., Polyb., Philo, Joseph. und Plut.
zum Teil nicht selten, zum Teil sogar am meisten zugelassene Endung
auf -οιν in der III. Dekl. auffallend zurückgesetzt, die gleiche Endung
der II. Dekl. dagegen begünstigt. Einen Rückhalt gegenüber den
auf eine völlige Vernichtung desselben gerichteten Tendenzen mufste
der Dual an der Verbindung mit dem Numerale δύο und ἄμφω
finden; in ihrer Umgebung mufsten sich die alten Dualformen am
längsten zu halten im stande sein. Dieser Annahme entspricht es
auch thatsächlich, wenn bei Aristot. von 90 Dualformen nur 11, bei

Theophr. von 15 nur 2 und bei Polyb. von 29 nur 3 nicht mit einem ἄμφω oder δύο zusammengefügt sind. Hier hat schon Dion. Hal. einen gewaltigen Umschwung zu Wege gebracht, und zwar so, dafs unter den 13 bei ihm vorkommenden Dualformen nur eine mit einem dualischen Numerale verbunden ist, während die übrigen 12 sozusagen aus eigner Kraft gebildet sind. Bei Dio Chrys. tritt ein Rückgang ein: hier finden sich neben 36 nicht verbundenen Dualformen nicht weniger als 11 verbundene (a. a. O. p. 46). Diese wenigen Zahlen beweisen schlagend, mit welchem Hochdruck der Attizismus an der Wiedereinführung einer vom Volke nicht mehr gebrauchten Flexionsform gearbeitet hat.

Indem ich nun zu Synesius übergehe, will ich zuerst die ohne ein dualisches Numerale vorkommenden nominalen Dualformen anführen, die mit δύο und ἄμφω verbundenen sollen diesen folgen. Die Anzahl der substantivischen Duale erster Art ist aufserordentlich gering: es findet sich nur τὼ χεῖρε 4. 643. 37; 104. 702. 19 und 121. 711. 40, τοῖν βασιλέοιν 61. 673. 14, d. h. des Arcadius und Honorius, und 44. 659. 11 ein nicht sicher überliefertes τὼ πλευρώ; denn Par. 1039 hat τὰ πλευρά, und im Mon. 481 ist τὰ πλευρά mit roter Farbe in τὼ πλευρώ korrigiert; es sind dies lauter sogenannte natürliche Duale. Adjektiv. Duale sind überhaupt nicht zu finden, ebenso ist auch das Pronomen ohne δύο oder ἄμφω nie im Dual gesetzt worden. Wie wenig Synesius zum Gebrauch der künstlich aufgefrischten Dualformen Lust gespürt haben mufs, wird erst dann recht deutlich, wenn wir sehen, in wie zahlreichen Fällen er die zum Gebrauch des Duals sich bietende Gelegenheit ungenützt vorübergehen liefs. So steht auf dem Gebiet des Subst. mit dualischem Sinn pluralische Form: Nom. ἔφεδροι 79. 687. 51; νεανίαι καὶ συγγενεῖς 81. 690. 43; τὰ ὦτα 110. 708. 29; αὐτόπται 137. 722. 40. Gen. τῶν γονέων 3. 639. 33; τῶν χειρῶν 4. 641. 19; 58. 671. 26; 66. 674. 17; 104. 702. 17; τῶν βιβλίων 65. 674. 5; τῶν καιρῶν 66. 675. 16; τῶν ἐπισκόπων 67. 678. 36; τῶν νεανίσκων 96. 693. 46; τῶν ἀδελφῶν 94. 694. 5; τῶν βαλαντίων 127. 715. 16; τῶν ὑπάτων 133. 719. 48; τῶν σοφιστῶν 136. 722. 30; ἡρώων 142. 726. 43. Dat. ταῖς ὄψεσι 7. 647. 2; τοῖς ὀφθαλμοῖς 6. 646. 37; 55. 662. 45; τοῖς ἀδελφοῖς 67. 678. 10; τοῖς ἐπισκόποις ebd.; ὡσὶ καὶ ὀφθαλμοῖς 132. 719. 9; ταῖς ἀκοαῖς 137. 723. 2; τοῖς ἐπιτηδεύμασι 142. 727. 9. Akk. τοὺς βίους 57. 668. 31; τοὺς ὀφθαλμούς 66. 675. 12; τοὺς ὤμους 67. 681. 8; τὰς ὄψεις 73. 684. 16; τὰς χεῖρας 129. 716. 1; τὰ βιβλία 129. 716. 33. — τῶν στέρνων 4. 644. 44; τῶν ὤμων 4. 644. 45 und τὰς χεῖρας 5. 646. 2 beziehen sich auf mehrere Personen. Nicht in den Dual gesetzte Adjektive sind μόνοι 79. 688. 9 und μόνοι ἀμείλικτοι 79. 690. 9 und αὐτήκοοι 137. 722. 40. Sehr zahlreich sind so auch die Pronomina: ἡμεῖς 116. 710. 4, Gen. αὐτῶν 8. 647. 23; 57. 668. 6;

123. 713. 5; ἡμῶν 118. 710. 36; 137. 723. 8; 140. 725. 26; 144.
728. 34; 146. 729. 37; ἀλλήλων 97. 696. 43; 132. 718. 5; 137. 722.
45; 137. 723. 23; 139. 724. 41; ὧν 4. 640. 1; 129. 716. 14; 140.
725. 39; τούτων 57. 665. 25. Dat. οἷς 6. 646. 43; ἀλλήλοις 8. 647.
25; 24. 651. 38; 93. 693. 11; 95. 695. 27; 97. 696. 44; 132. 718. 7;
139. 724. 38; οἷστισιν 6. 646. 37; αὐτοῖς 58. 671. 7; ἡμῖν 137. 722.
39. Akk. ἐκείνους 3. 639. 25; ἡμᾶς 8. 647. 25; 24. 651. 38; 93. 693.
12; 95. 695. 32; 133. 720. 23; 137. 722. 44; ὑμᾶς 132. 718. 5 u. 7;
ἅς 4. 645. 20; ἄλληλα 77. 686. 29; 105. 705. 50; ἀλλήλους 94. 693.
47; 100. 698. 4; 125. 713. 41; 133. 720. 24; 144. 728. 33; οὕς 79.
690. 7; αὐτούς 94. 694. 7; αὐτάς 103. 701. 8; τούτους 105. 704. 26. —
Unter den Zusammensetzungen mit den beiden Numeralia
bespreche ich zunächst die mit ἄμφω. Mit einem Subst. lesen
wir ἄμφω 154. 736. 18 ἄμφω — τούτω τὼ γένη; 65. 674. 5 steht dagegen ἄμφω τοὺς Διονυσίους, mit einem Eigennamen im Plur. Die
Verbindung mit einem Adjektiv fehlt. Die Zusammenstellung mit
einem Pron. ergibt einmal die eben genannte Bildung ἄμφω —
τούτω τὼ γένη, ein andermal 112. 709. 1, wo bei dem Pron. kein
Subst. steht, heißt es ἐπ' ἄμφω τέτακται ταῦτα. Im Gen. schreibt
Synesius bei Verbindung von ἀμφοῖν mit einem Adj. 62. 673. 35
ἀπ' ἀμφοῖν τῶν δεινῶν, das Pron. lautet in dieser Verbindung 79.
689. 49 δέομαι ἀμφοῖν μὲν ὑμῶν; dativisch steht 139. 725. 3 θεὸς
οὖν ἀμφοῖν ἀπούσί τε καὶ συνοῦσι παρείη. δύο hat im Nom. stets
den Plur. bei sich 103. 701. 39 δύο γὰρ αὗται μερίδες, 103. 701. 40
δύο δυνάμεις und 119. 711. 11 ἀδελφοὶ δύο, ebenso im Akk. δύο
βιβλία 154. 735. 19. Im Gen. δυοῖν mit der Variante δυεῖν finden
sich die Verbindungen 72. 683. 51 δυοῖν ἀρρένων, 76. 686. 18 δυοῖν
(Par. 1039 δυεῖν, Mon. 481 δυοῖν radiert, 490 —) εὐλαβεστάτων
ἐπισκόπων, 123. 713. 13 δυοῖν (Mon. 481 δυειν, darüber -οῖν, Par. 1039,
Mon. 490 δυοῖν) ἐνιαυτῶν und 141. 726. 15 δυοῖν ἐπιστολῶν (Mon. 490
ἐπιστολαῖν). Dativisches δυοῖν wird mit dem Dual verbunden 4.
642. 8 ἐν δυοῖν νεκύαιν. Aus den angeführten Stellen ist ersichtlich, daß Synesius δύο im Nom. und Akk. nur mit dem Plur. zu
verbinden pflegte; im Dat. δυοῖν wird in dem einzigen überlieferten
Falle ohne handschriftliches Schwanken der Dual gebraucht. Im Gen.
schwankt der Gebrauch, und ich glaube nicht, daß man die Formen
δυεῖν und δυοῖν mit den pluralischen oder mit den dualischen Nominalformen wird in Entsprechung bringen dürfen. Das zeigt die einstimmige Überlieferung von δυοῖν ἀρρένων: Synesius hat eben, wie
Ähnliches schon bei Dio Chrys. oben (p. 71) beobachtet wurde,
die Dualendung -οιν in der III. Dekl. wahrscheinlich nicht geliebt;
ob mit dem 141. 726. 15 ebenfalls einstimmig überlieferten δυοῖν
der Dual ἐπιστολαῖν oder der Plur. ἐπιστολῶν zu verbinden ist, kann
bei dem heutigen Stand unserer Handschriftenkunde unmöglich ent-

schieden werden; nach meinem subjektiven Ermessen ist ἐπιστολαῖν das Zutreffendere deswegen, weil die im Zusammenhang gegebene scharfe Betonung des Dualbegriffes auch eine äufserliche Repräsentation im Dual ἐπιστολαῖν zu fordern scheint. Was die an den beiden übrigen Stellen 76. 686. 18 und 123. 713. 13 bestehende Differenz zwischen δυεῖν und δυοῖν anlangt, so ist einmal darauf hinzuweisen, dafs selbst nach den Aussagen des Phryn. (Lob. p. 210; Ruth. p. 289) die Form δυεῖν im Gen. (nicht im Dat.) δόκιμον sei; andrerseits freilich hat die attizistische Praxis sich dieser Form, mit Ausnahme einer Stelle bei Lukian, nicht bedient. Der an diesen beiden Stellen überlieferte Plur. würde allerdings zu einem δυεῖν besser als zu einem δυοῖν passend erscheinen und eben der Umstand, dafs im Dat., in dem notorisch ein δυεῖν nicht zulässig ist, in den Handschriften auch wirklich nur δυοῖν steht, ist geeignet, unser Vertrauen in die Überlieferung zu stärken, sodafs wir nicht den Mut fassen können, δυεῖν von vornherein abzuweisen. — Indeklinables δύο hat 105. 704. 26 einen pronominalen Plur. bei sich: δύο τούτοις ἑκάστοτε μερίζω τὸν βίον. Zieht man den Eifer in Betracht, mit dem die Attizisten für den Dual ins Zeug zu gehen pflegten, so ist die ablehnende Haltung, die anscheinend Synesius den Gelüsten auf Restituierung des freilich nicht einmal allgemein griech. Numerus gegenüber eingenommen hat, in hohem Grade auffallend. Und wenn sich auch bei Philostratus (Schm. IV 46) wie bei Aelian eine gewisse Einschränkung im Dualgebrauch konstatieren läfst, so ist es doch nicht erlaubt, bei Synesius von dem stetigen Fortschreiten einer dort begonnenen Entwicklung zu reden; denn Agathias hat wieder eine Menge von Dualen und wendet dieselben an, wo nur immer eine Gelegenheit zu ihrem Gebrauche sich bieten mochte (Reffel p. 11). — Die Gewohnheit, dafs der Redende von sich im Plur. spricht, auch ohne seine Genossen, Freunde, Schüler u. s. w. mit einzuschliefsen, ist in den neutestamentlichen Briefen sehr häufig (doch vergl. dazu jetzt Blass p. 162. 4), also nicht attizist. Eigenart. Diese Ausdrucksweise ist bei den älteren Attizisten, Luk., Arist. und Ael. nicht einmal besonders oft anzutreffen. Die Häufigkeit dieser Redeweise bei Synesius ist wohl mit der von uns behandelten Litteraturgattung in Verbindung zu bringen. Vorherrschend ist der Plur. dieser Art im 5., 57., 58., 66., 67., 78., 95., 140., 143., 149. Briefe. Von diesen sind die fünf ersten in amtlicher Eigenschaft von dem Bischof Synesius geschrieben. — Abstrakte im Plur. habe ich bei Synesius nicht häufig gefunden; die wenigen von mir aufgezeichneten Beispiele (1. 638. 20; 3. 639. 2; 4. 639. 45; 31. 653. 27 und 98. 697. 16) haben zum Teil nichts Auffälliges an sich, auf eine Verwendung zum Zweck der Hiatusvermeidung kann aus den wenigen einschlägigen Fällen (4. 639. 45 und 98. 697. 16) kein Schlufs gezogen werden. — Die

Konstruktion nach dem Sinn, in der Art, dafs auf ein singularisches Nomen ein pluralisches Verbum zu beziehen ist, wird von Synesius in aufserordentlich spärlicher Weise und nur in ganz ungezwungenen Fällen in Anwendung gebracht. Wir lesen 4. 640. 8 Ἰουδαῖοι, γένος — εὐσεβεῖν ἀναπεπεισμένον, ἦν — αἴτιοι γένωνται und etwas anders 69. 682. 24 τὰ δὲ τῶν πολεμίων οὐδὲ τὴν ἔξοδον αὐτοῦ περιέμεινεν, ἀλλ᾽ ἔφθασαν. Nach Moer. p. 187. 3 ἀνέστησαν πᾶς ὁ δῆμος Ἀττικοί, ἀνέστη πᾶς ὁ δῆμος Ἕλληνες und Greg. Cor. p. 52 ist in dieser Konstruktion ein Attizismus zu erkennen. Dafs derselbe sich trotzdem nicht besonders eingebürgert hat, erklärt Schm. II 65 damit, dafs diese Konstruktion auch im vulgären Griechisch zu finden war (Winer p. 128).

### 3. Kasus.

### a) Akkusativ.

Die Fälle, in denen Synesius den Akk. eines neutralen Adj. zur Bezeichnung der Art und Weise benützt, sind nicht häufig. 69. 682. 26 liest H. ἔφθασαν ἐκχυθέντες ἀθρόοι κατὰ τῆς χώρας, meine Handschriften bieten dafür ἀθρόον. Mit dem Artikel verwendet Synesius in besagtem Sinn das Neutr. Sing. in dem Ausdruck ἡ τὸ κάλλιστον γυναικῶν ἐν τοῖς καθ᾽ ἡμᾶς χρόνοις ἀνθήσασα (110. 708. 11), ähnlich einer Stelle in Lukians Amor. 3. 399 μετὰ παίδων τὸ καλὸν ἀνθούντων. Ebenso gebraucht τὸ καλόν auch Theokr. 3. 3: τὸ καλὸν πεφιλαμένε; Fritzsche führt daselbst noch mehr Beispiele für diesen Gebrauch an. Von Pronomina hat so Synesius τοιοῦτον an Stelle eines οὕτως 69. 682. 33 τοιοῦτόν εἰσιν αἱ ἁμαρτίαι· βαρεῖαί τε καὶ πολλαί. Der Gebrauch des neutr. Plur. beschränkt sich auf die Form ἴσα = ἴσως; dieses ἴσα findet sich in der älteren Prosa nur bei Thukyd. 3. 14. 1 sowie 7. 71. 3 und wird dort an der ersten Stelle mit καί, an der zweiten mit dem Dat. verbunden. Grundmann (Quid in eloc. Arriani Herodoto debeatur p. 86) hält die erstere Stelle für das Vorbild der späteren Konstruktionen. Aristides (Schm. II 118) hat ἴσα viermal mit καί, einmal mit dem Dat. zusammengestellt; Philostr. (Schm. IV 48) dagegen bevorzugt ἴσα mit dem Dat. Synesius hat die bei Arrian (cf. Grundm. a. a. O.) und Arist. häufige Konstruktion von ἴσα καὶ an zwei Stellen: πάντας δ᾽ ἐγὼ τοὺς Δαλμάτας ἴσα καὶ τοὺς υἱέας φιλῶ (87. 691. 33) und ὅν γε πρὸς μὲν παιδιὰν ἅπασαν ἴσα καὶ θεὸν ἀμείλικτον εἶναι χρή (105. 704. 32). An einer dritten Stelle (66. 674. 45) lesen wir οἴκοι δὲ (αὐτὸν) ἴσα καὶ τοῖς ἀναιτίοις ἐτίμησα; wenn die Lesart richtig ist, liegt hier eine Vermischung der beiden üblichen Konstruktionen vor. — Der Akk. des Weges ist in seiner ursprünglichen Bedeutung bei Synesius zu finden 47. 660. 23 τὴν διὰ τῶν νόμων ἐπὶ τοὺς νόμους ἐλθεῖν, 66.

674. 30 οὐκ ἐβάδισε τὴν εὐθὺ Βιθυνίας, 96. 696. 29; 104. 703. 35
τὴν ἐπὶ τὰ λαιὰ φέρουσαν — τὴν ἐπὶ θάτερα ἐτραπόμεθα; 122. 712.
29 τὴν εὐθὺ τῶν πολεμίων ἡγήσαντο. Dazu kommt dann noch
μακράν in μακρὰν ὁ θεός 57. 666. 42 und iu μακρὰν ἀποδημῶ τῶν
ἀνθρώπων 96. 696. 24. Im übertragenen Sinne gebraucht Synesius den
Akk. des Weges 147. 731. 4 τὴν ἄλλως und 102. 699. 47 τὴν διὰ
λόγων τραφέντι καὶ αὐξηθέντι. — Ein absoluter Akk. scheint vorzuliegen in dem Satze 109. 707. 49 πυνθάνομαι τίνα τὰ ἀπὸ Πτολεμαίδος ἀγώγιμα (λόγους καινούς, οὓς εἰκὸς σὲ κομίζειν ἀπὸ τοῦ στρατηγίου). Doch ist diese Konstruktion am einfachsten aus einer Breviloquenz zu erklären, indem Synesius das epexegetische Verbum λέγω
ausgelassen hat. Freilich ist es mir nicht gelungen, für diese Ellipse
irgend ein ähnliches Beispiel aus meinem Autor beizubringen. Mit
den in den Grammatiken behandelten Fällen, in denen ein absoluter
Akk. dem lateinischen quod attinet ad entspricht, läfst sich unsere
Stelle nicht wohl vergleichen. — Akk. bei Verben: ἐξαρτᾶσθαι in
dem Sinne „an sich hängen" ist mit dem Akk. konstruiert 3. 638. 34
χρυσία καὶ λίθους ἐξήρτητό τε καὶ περιέκειτο und 4. 642. 19 κηρύττει
τις ἐξαρτᾶσθαι χρυσίον οἷς ἐστι. Die Fortsetzung des Satzes wird
dann lauten müssen: καὶ οἷς ἦν ἐξήρτηντο καὶ χρυσίον καὶ ὅ, τι ἄξιον
χρυσίου. — δυσχεραίνω verbindet Synesius mit dem Akk. 124. 713.
30 δυσχεραίνων (τὴν πατρίδα) αὐτήν, ἐφ᾽ οἷς ὁρῶ καθ᾽ ἡμέραν ὅπλα
πολέμια; Dio Chrys. (Schm. I 116) hat den Dat., Arist. den Akk.
(a. a. O. II 97).

b) Genetiv.

Ein adjektivisches Attributivverhältnis in eine Partitivkonstruktion umzubeugen war attizistische Spielerei, die
ihren Ursprung schon auf den Redekünstler Isokr. zurückzuleiten vermochte. Unter den Grammatikern hat diese Künstelei noch Philem.
p. 53 f. empfohlen: ἀντὶ τοῦ εἰπεῖν Δημοσθένης ῥήτωρ ἦν λέγομεν·
Δημοσθένης τῶν ῥητόρων ἦν etc. Hier ist allerdings nur von partitiver Gestaltung des Prädikats die Rede. Synesius sagt 96. 696. 17
εἴ τί μοι τῶν ἡδέων συνεπεπτώκει; 99. 697. 30 τὰ γὰρ μεγάλα τῶν
ἔργων; 103. 700. 30 τὰ καλὰ τῶν ἐπιτηδευμάτων und mit einem
Pronomen 4. 643. 7 μηδενὸς ἀνθρώπων ὁρωμένου, 70. 682. 37 κατ᾽
ἐκεῖνο καιροῦ und 130. 717. 30 ἐν ᾧ κινδύνου κατέστησεν (τὴν χώραν).
Die Enthaltsamkeit des Synesius in der Verwendung dieser Konstruktion läfst sich nur mit dem spärlichen Vorkommen derselben
bei Arist. (Schm. II 38) vergleichen; die übrigen Attizisten huldigen
dem Brauche in ausgedehntem Mafse. Dafs auch bei Synesius, wie
dies Schm. II 39 für Isokr. behauptet, die Absicht, den Hiatus oder
einen lästigen Gleichklang zu vermeiden, von ausschlaggebender Bedeutung gewesen wäre, glaube ich nicht. Keinesfalls ist daran an

den Stellen zu denken, in denen ein neutr. Schlufs-α mit folgendem
Vokal zusammenstofsen würde (cf. u. beim Hiatus!); wegen der zwei
Stellen 4. 643. 7 u. 96. 696. 17, die bei attributiver Wendung einen Zusammenstofs von οι und ου mit Vokal veranlafst hätten (cf. die betr.
Stellen beim Hiatus!), wird man sich nicht entschliefsen können, an
eine allgemeine Verwendung der Partitivkonstruktion zur Vermeidung
des Hiatus zu denken. Eine dieser ähnliche ebenfalls auf-
fällige Verwendung fand der part. Gen. in Sätzen wie Ἀράβιοι
συχνοὶ τῶν ἀπὸ τοῦ τάγματος τῶν ἱππέων 4. 641. 41; ferner 4.
644. 2 ἔνιοι τῶν προλαβόντων ἡμᾶς ἦσαν ἀπὸ Ἀλεξανδρείας ἡμέραν;
4. 645. 4 ἡμῖν δὲ ἦν τι καὶ τῶν ἐκ τοῦ Πόντου θεραπαινίδιον; 70.
682. 43; 101. 698. 29; 104. 702. 20; 126. 714. 25 δόγμα τὸ περὶ τοῦ
μηδὲν εἶναι τῶν οὐκ ἐφ᾽ ἡμῖν ἀγαθόν; 138. 723. 48; 143. 727. 17;
148. 732. 4 ἔδειξα τῶν ἀπ᾽ Αἰγύπτου ταρίχη συχνά. 110. 708. 20 liest
statt οἶσθα τὸν ἐκ γειτόνων ἰατρόν mein Par. 1039 τῶν ἐκ γειτόνων
τὸν ἰατρόν. Was wir als störenden Ballast der Sprache zu em-
pfinden geneigt sind, galt dem damaligen Geschmack als erstrebens-
werter Schmuck der Rede; Arist. Rhet. p. 547. 15 Sp. sagt, solche
Ausdrucksweise verleihe der Diktion Rundung, περιβολή. — Falsch
ist der partit. Gen. gestellt nur 138. 723. 48 τοῦ τῶν δεινῶν λέγειν
ἀνδρός. — Der part. Gen. nach einem trans. Verbum galt ebenfalls
für einen Attizismus; das bezeugt ausdrücklich Moer. p. 197. 15 und 16
ἔπιον οἴνου, οὐχὶ οἶνον, Ἀττικοί; ἔφαγον κρέως, οὐ κρέας, Ἀττικοί.
Übrigens war auch im Att. dieser part. Gen. nicht nur bei Verben des
Essens, Teilnehmens, Geniefsens, Fassens u. s. w. in Gebrauch, wie
Kühner II p. 293 ff. angibt; im Aristoph. Wolken 59 steht auch τῶν
παχειῶν ἐνετίθεις θρυαλλίδων. Bei Xen. Anab. 3. 5. 16 findet sich
dieser Gen. sogar an Stelle eines Subjekts; im N. T. cf. Acta 21. 16.
Im besonderen war dies medizinische Sprechweise in Rezepten; so
schreibt auch Synesius 120. 711. 13 (οἱ Ἀσκληπιάδαι) ὕδατος χλιαροῦ
διδόασιν ἀπορροφεῖν (cf. Luk. Hist. 34 φαρμάκου πιεῖν), eine zweite
Stelle bei ihm lautet 140. 725. 22 τί οὖν ποτνιᾷ καὶ ταῖς ἐπιστολαῖς
τῶν δακρύων ἐγχεῖς (cf. Philostr. V. Ap. 47. 25 ἐγχέας τοῦ παρὰ τῶν
Ἰνδῶν οἴνου). — Den Gen. der Beziehung, abhängig von einem
Artikel oder Pron., den Reffel a. a. O. p. 13 bei Agathias „fast auf
jeder Seite" gefunden hat (τὰ τῆς ἀπιστίας, εἰς τότε κακοῦ ἐτελεύτα u. a.),
hat Schm. bei den Attizisten nicht beobachtet. Synesius gebraucht
denselben ziemlich häufig 4. 640. 4 τὰ τοῦ πληρώματος, 4. 640. 51
οἷα δὴ τὰ τῆς θαλάττης (Par. 1039 οἷα δὴ θαλάττης, Mon. 490. 481
οἷα δὴ τὰ θαλάττης); 16. 649. 45 τὰ τῆς σωματικῆς ἀσθενείας; 54.
662. 35 εἰς σύνεσίν γε τῶν Ἀριστοτέλους καὶ Πλάτωνος; 67. 676. 46
τὰ τῶν αἱρέσεων; 67. 679. 22 τὰ τῆς ὑποθέσεως, 69. 682. 24 τὰ τῶν
πολεμίων; 72. 683. 34 τὰ τῆς ὁμολογίας; 95. 694. 16 τὰ τῆς φιλίας
ἡμῶν; 137. 722. 45 τἀλλήλων τιμᾶν. Ähnlich ist auch 66. 674. 23

τὰ περὶ τὰς γενομένας διαλλαγάς. — Der Gen. bei Komparativen
statt der Konstruktion mit ἤ ist in den Briefen des Synesius
nur selten, im ganzen fünfmal (101. 698. 38; 103. 700. 23; 109. 707.
42; 148. 732. 6; 149. 734. 6) anzutreffen; die Anwendung ist jedesmal
grammatisch erlaubt. — Der Gen. der Zeit bezeichnet im Att.
(Kühner II 1. 324 b) den Zeitraum, innerhalb dessen etwas geschieht. Dieses Zeitverhältnis drückt der Deutsche bei der Vergangenheit mit „seit“, bei der Gegenwart und Zukunft mit „binnen“,
„innerhalb“ aus. Unter den Attizisten hat sich Dio Chrys. noch an
die attische Regel gehalten, Luk. schwankt bereits und Arist., ebenso
Ael. kennen den attischen Gebrauch nicht mehr. Aristoteles schreibt
in der Polit. Ath. 11. 1 noch richtig εἰπὼν ὡς οὐχ ἥξει δέκα ἐτῶν.
Synesius gebraucht diesen Gen. zweimal, 24. 651. 36 ἡμῶν ἐπιλήσμων
ἐγένου χρόνου συχνοῦ und 73. 684. 41 μὴ, δέομαι, μὴ γένοιτο τῶν
Ἀνθεμίου τοῦ μεγάλου καιρῶν. An beiden Stellen ist keine unattische
Verwendung des temporalen Gen. zu konstatieren. — Auf die Frage:
wie lange? steht richtig der Akk. 57. 668. 28 χρόνον συχνὸν
ὑπὸ τῶν βασιλέων ἐβασιλεύθησαν, ebenso 121. 712. 12. — Den Gene-
tivus causae habe ich gelesen bei ἄγαμαι 1. 638. 17 ἀγαμένας τοῦ κάλ-
λους und 67. 680. 22 (τὸν ἄνδρα) τῆς εἰς τὸν θρόνον ἐκεῖνον αἰδοῦς
ὑπεράγαμαι, und bei μακαρίζω und ἐπαινέω 67. 677. 38 κἀγὼ τὸν
νεανίσκον οὐκ οἶδα πότερον ἐπαινέσαιμ᾽ ἂν τῆς παρὰ πάντων εὐνοίας
ἢ μακαρίσαιμι. — Einen blofsen Gen. beim Pass. mit ausgelassenem
ὑπὸ (Phryn. in Bekk. Anecd. p. 25. 27), wie ihn Luk. (Schm. I 235) in
Gebrauch hat, verwendet Synesius nie. Auch die Stellung des
Gen. zwischen Präpos. und dem von dieser Präp. abhängigen
Nomen hat Synesius nicht. Bei Arrian (Böhner p. 24) ist dieser Gebrauch sehr häufig. — Gen. bei Verben: ἄγαμαι wird mit dem Gen.
der Sache (s. oben!) und mit dem Gen. der Person verbunden. ἄγαμαι
τῶν δυναμένων ἑκάτερα 57. 668. 53 und Συνέσιος ἀγασθεὶς αὐτοῦ
πάντα 99. 697. 39; ἀμφισβητέω konstruiert Synesius zweimal mit
dem Gen. des umstrittenen Gegenstandes οἷς ἅπασιν ἐγὼ τῶν πρωτείων
ἀμφισβητῶ 17. 650. 20 und ἠμφισβήτησαν ἡμῶν πρὸς θεὸν δαίμονες
57. 666. 7, einmal (3. 639. 15) steht auch ὑπέρ: ὑπὲρ εὐγενείας ἀμφισβητῶν τῷ Κέκρωπι διετέλεσε; ἀνέχομαι regiert bei Synesius in der
Regel den Gen.: 32. 654. 3 ἐκείνη γὰρ ἂν αὐτοῦ καὶ ἀνάσχοιτο δικαι-
ότερον; 57. 669. 18 οὖ (δεινοῦ) μήτε θεοῦ φύσις ἀνέχεται, ebenso 66.
674. 41; 105. 706. 9; mit einem Part. 67. 681. 27 ἀνέξῃ γάρ μου
μικρὸν ὑποβαρβαρίσαντος; ebenso 79. 688. 45 und 689. 47; 103. 701.
17 und 148. 731. 34. ἀνέχομαι mit dem Akk. erklärt Pseudo-Phile-
mon p. 255 (ἀνέχομαι δὲ παθητικῶς τρία σημαίνει. τὸ ὑπομένω, καὶ
συντάσσεται κοινῶς μὲν γενικῇ. Ἀττικῶς δὲ αἰτιατικῇ) für attisch in
der Bedeutung „ertragen“. So steht es bei Synesius 67. 679. 51
πολλαῖς ἐνδόντος αἱρέσεσιν, ὧν οὐδεμιᾶς ἂν ἀκοὴν ἠνέσχετο; ἀπο-

δέχομαι „beistimmen", oft bei Plato, steht mit dem Gen. 4. 641.
12 καὶ ἡμεῖς ἀπεδεχόμεθα λέγοντος. ἀπολαύω hat den Gen. des
Genossenen bei sich 58. 671. 33 ἀπολαύει τῆς προστροπῆς, 67. 681.
41 ἧς ἀξιοῦσιν ἀπολαύειν und so auch 79. 689. 34; 83. 691. 13; 95.
694. 40; 97. 696. 43; 105. 705. 39; 138. 724. 6 und 10. Tritt dagegen
zu ἀπολλύω die Bezeichnung der Person und des Gegenstandes, von
dem man etwas geniefst, so heifst es ἀπολαύω τί τινος: 49. 660. 36
πλείω καλὰ τῆς Σιμωνίδου συνουσίας Ἱέρων ἀπέλαυσεν und 57. 669. 8
μηδὲν ἀπολαῦσαι τῆς ὕλης κακόν. Bei Callinic. V. Hyp. kommt
ἀπολαύω nur mit dem Gen. vor 56. 14; 84. 15; 96. 1; 124. 7; ἀφαι-
ρεῖσθαι wird sowohl mit dem Akk. der Pers. und dem Gen. der
Sache als auch mit dem Akk. der Pers. und dem Akk. der Sache
verbunden; 8. 647. 21 ὑμεῖς δὲ καὶ ταύτης με τῆς παραμυθίας ἀφῂ-
ρησθε; 53. 663. 13 (nach Kühner II 281 Anm. 10 d heifst dieses ἀφαι-
ρεῖσθαι „abhalten") und 57. 669. 14 τό γε κρίνειν καιροὺς ἐμαυτὸν
ἀφαιρήσομαι; 81. 690. 26 εἰ καὶ μὴ πάντα ὁ δαίμων ἀφελέσθαι με
δύναται. Mit dem blofsen Akk. der Sache setzt Synesius ἀφαιρεῖ-
σθαι 81. 690. 29 τό γε προαιρεῖσθαι τὰ βέλτιστα καὶ τίθεσθαι τοῖς
ἀδικουμένοις οὐκ ἀφαιρήσεται. Ebenso steht im Pass. einerseits
ἀφῃρέθη τὸν ἄνθρωπον (14. 649. 26), andrerseits aber τῶν βασιλικῶν
δωρεῶν ἀφῃρημένοι (78. 687. 9), ebenso 79. 689. 37 und 57. 667. 17.
Die passive Konstruktion mit dem Gen. der Sache notiert Malina p. 30
auch aus Polyaen. ἀποστερέω: 153. 735. 16 τῆς ἐπὶ τούτοις ἡμᾶς εὐ-
φροσύνης ἀποστερῶν, im Pass. 128. 715. 37 τῶν τῆς εὐσεβείας ἀπε-
στέρηται θρόνων und ebenso 10. 648. 4. στέρομαι wird stets mit
dem Gen. der Sache verbunden 4. 642. 30; 50. 661. 21 und 32; 123.
713. 18; 149. 734. 12. στερίσκομαι 139. 724. 37 οἴων — στερίσκεται.
παραχωρῶ τινί τινος steht 116. 710. 11 und 148. 732. 18. ὑπεροράω konstruiert Dio Chrys. mit dem Akk. (Schm. I 318), Arist.
(Schm. II 161) mit dem Gen., ebenso Aelian (a. a. O. III 158) und
Philostr. (a. a. O. IV 236). Synesius hat ebenfalls nur den Gen. 28
652. 25 ὁ τοῦ λαβεῖν οὖν δίκην ὑπεριδὼν ὑπήκουσε τοῦ θεοῦ; 124.
713. 38 διὰ σέ μοι δοκῶ μόνην ὑπερόψεσθαι τῆς πατρίδος. Hieher
setze ich noch ἄπαγε τοῦ νόμου (3. 639. 31), eine Konstruktion,
die Passow nur aus Philo V. Mos. c. 3 belegt.

## c) Dativ.

Den Dat. beim Pass. (statt ὑπὸ m. Gen.) habe ich bei Synesius nur dreimal angetroffen. Diesen Gebrauch hat Schm. für Arist.
und Ael. (III 57) und für Philostr. (IV 59) unter den Attizisten
als einen sehr häufigen nachgewiesen. Die Stellen bei Synesius sind
116. 710. 10 τοιοῦτο γάρ τι νοεῖται τῷ Ποσειδῶνι; 123. 713. 5 Ὁμήρῳ
μὲν ἐποιήθησαν οἱ στίχοι und 123. 713. 6 οὐκ οἶδα, εἰ Ἀχιλλεῖ περὶ

*Πατρόκλου μᾶλλον ἄξιος εἰρῆσθαι ἢ ἐμοὶ περὶ σοῦ.* — Der Gebrauch
des bei Aristides einmal, bei Aelian zweimal und sicher nur einmal
bei Philóstratus sich findenden absoluten Dat. (Schm. II 42; III 55
und IV 58) fehlt bei Synesius gänzlich. — Den nachklassischen Autoren,
Vulgärschriftstellern und Attizisten, gemeinsam ist der unattische
Gebrauch des tempor. Dat. zur Bezeichnung der Zeitdauer.
So sagt Luk. Dial. mort. 8. 300 *εἴκοσιν ὅλοις ἔτεσιν ἑταιρήσασα*,
Arist. XXXVI 686. 186 *πολλοῖς ἔτεσι μείναντας*, Ael. V. H. 133. 32
*ἑπτὰ ἔτεσι διαζωγραφεῖν ἐξετέλεσε* und Philostratus mit Beschränkung
auf *χρόνῳ*, wie es scheint, V. Ap. 241. 26 *χρόνῳ ἤδη ὑβρίζοντι.* Als
Beispiel aus dem Vulgärgriechischen mögen dienen N. T. Ev. Joh.
14. 9 *τοσούτῳ χρόνῳ μεθ᾽ ὑμῶν εἰμι*, Polyaen (Mal. p. 32) I 20. 1
*χρόνῳ μακρῷ*, IV 7. 3 *κἀκεῖ διέτριβεν ἡμέραις πλείοσι*, Agath. (Reffel
p. 13) 261. 15 *τοσούτοις ἔτεσι κρατήσας ὁπόσοις καὶ διεβίω.* Polyb.
hat diesen Gebrauch selten. Vollständig verschmäht hat ihn nach
meinen Beobachtungen Synesius. — Die Anwendung des kom-
plexiven Dat. beschränkt sich bei den Attikern und bei den Attizisten (Schm. III 58; IV 60) auf die Verbindung eines Nomens mit
*αὐτός.* Bei Synesius habe ich diesen Dat. so nicht, aber in weiterer
Ausdehnung auch mit anderen Wörtern angetroffen 3. 639. 7 *ἅπασι
τοῖς παρασήμοις ἐπόμπευσεν*; 57. 663. 25 *αὐτοῖς ἐκίνοις, οἷς* (= *σὺν
οἷς*) *ἐπιστρατεύει, φησὶν ἐπεξελεύσεσθαι* und 60. 672. 16 *ἐπολιτεύετο
κατὰ Σαββατίου τῷ* (= *σὺν τῷ*?) *μακαρίτῃ Φωτίῳ*; letztere Stelle wird
sich allerdings durch einen dat. comm. erklären lassen. — Dat. bei
Verben: *ἐγκρίνω* hat den Dat. der Klasse, in die etwas aufgenommen wird, 1. 638. 9 *ἤδιστ᾽ ἂν τοῖς γνησίοις ἐγκρίναιμι* und 105.
706. 26 *εἰ δὲ ἐγκρίνειεν ἡμᾶς ἱερεῦσιν*; aus Schm. II 98 habe ich ersehen, dafs Arist. statt eines solchen Dat. *μετά* c. gen. in Anwendung
bringt; die Konstruktion mit dem Dat. ist mir nur aus N. T. II.
Cor. 10. 12 bekannt, wo freilich der Dat. auch durch *συγκρῖναι* veranlafst sein kann. — Ich lasse gleich hier noch eine Zusammenstellung derjenigen Verba mit verschiedener Konstruktion
folgen, bei denen Synesius ebenfalls sich mehrerer Strukturen bedient hat oder wo wenigstens die von ihm gewählte Konstruktion
nicht sicher feststeht. Was hier zunächst *ἀρέσκω* anlangt, so steht
bei Synesius 57. 669. 26 *τούτοις ὑμᾶς οὐκ ἀρέσκομεν*, und von meinen
drei Handschriften hat Par. 1039 über *ὑμᾶς* von anderer Hand die
Lesart *-ῖν* übergeschrieben; 105. 706. 13 ferner heifst es *οὕτω φρονῶν,
οὕτω λέγων ἀρέσκειν οἶμαι θεῷ*, hier hat aber Par. 1039 *ἀρέσκειν*
auf radierter Stelle, Mon. 481 liest dafür *ἀρκεῖν.* *ἀρέσκειν τινί* kann
heifsen: „einem gefallen“ und „mit einem zufrieden sein“; *ἀρέσκειν
τινά* heifst: „einen zufriedenstellen“. Von den zwei Bedeutungen der
Struktur mit dem Dat. wäre an beiden Stellen nur „gefallen“ zu-
lüssig. An der ersten Stelle des Synesius gibt aber auch die einzig

mögliche Bedeutung der Akkusativkonstruktion „zufriedenstellen" einen
vollständig entsprechenden Sinn. Moer. p. 198. 3 ἤρεσέ με 'Αττικοί,
ἤρεσέ μοι κοινόν trägt zur Entscheidung unserer Frage wegen der in
dieser Allgemeinheit offenbar unrichtigen Fassung seiner Regel nichts
bei; der Annahme, dafs die Attizisten bei der Wahl zwischen den
Ausdrücken „er hat mich zufrieden gestellt" und „er hat mir gefallen"
die erstere Wendung bevorzugt hätten, stehen die Beobachtungen
Schmids aus Dio Chrys. (I 108), Luk. (I 256) und Ael. (III 103) entgegen,
nur Arist. (Schm. II 82) hat sich des Akk. lieber als des Dat. bedient.
Andererseits scheint allerdings für Moer. der Umstand zu sprechen,
dafs im N. T. thatsächlich nur ἀρέσκω τινί zu finden ist; Greg. Cor.
p. 65 ff. ist vorsichtiger. 105. 706. 13 habe ich nicht den Mut', das
vielleicht besser überlieferte ἀρκεῖν an Stelle der Vulgata ἀρέσκειν zu
setzen, und 57. 669. 26 wird ebenfalls ὑμεῖς noch stehen bleiben
müssen, bis eine genauere Einsicht in die Handschriften diese oder
jene Lesart stützen wird. So bleibt also für Synesius vorerst die
Konstruktion von ἀρέσκω mit Dat. und mit Akk. entsprechend dem
Gebrauch anderer Attizisten bestehen. εὐτυχέω „glücklich erreichen" im Akt. mit einem Akk. oder Gen. verbunden, ist erst der
späteren Gräzität eigen. So steht εὐτυχέω m. Akk. 4. 644. 13 τὰ δὲ
μειράκια κωβιοὺς εὐτυχεῖ καὶ ἰούλους; 139. 724. 42 εὐτυχούσης ἐνθάδε
πολυανδρίαν παιδείας; 143. 727. 35 (δόγματα) ὧν οὐκ εὐτύχησαν
μάθησιν; 149. 734. 13 εὐτυχήσαιμι τοῦτο παρὰ θεοῦ, ähnlich δυστυχέω
155. 737. 44 γυνὴ δυστυχήσασα χηρείαν. Mit dem Gen. verbindet
Synesius εὐτυχέω nur einmal 57. 669. 39 ἀγωγῆς εὐτυχήσαντες. Hier
ist der Gen. durch das unmittelbar vorangehende φύσεως λαχόντες veranlafst, und es ist nicht nötig, mit Schm. I 394 für εὐτυχεῖν mit Gen. die
Bedeutung = εὐπορεῖν zu statuieren. Die pass. Wendung τὸ γὰρ
εὐτυχηθῆναι τὴν πεῖραν 118. 710. 40 hat bereits in dem thukydidei-
schen ἱκανὰ τοῖς πολεμίοις εὐτύχηται (VII 77. 3) ein Vorbild. Mehr
Beispiele für den Gebrauch von εὐτυχέω mit Gen. und Akk. bei den
Späteren bringt Krabinger, Synesii Calv. encom. p. 114. θαρρεῖν
wird auch im Att. mit dem Dat. und mit dem Akk. konstruiert. Thom.
Mag. 175. 11 setzt die Bedeutung jeder der beiden Konstruktionen
folgendermafsen fest: θαρρῶ, εἰ μὲν ἀντὶ τοῦ ἐλπίζω ἐστί, δοτικῇ
συντάσσεται, εἰ δὲ ἀντὶ τοῦ τολμῶ, αἰτιατικῇ. Wir sagen θαρρεῖν
mit Dat. = „vertrauen", θαρρεῖν mit Akk. = ' „an etwas sich hin-
wagen", „einem trauen", „es nicht fürchten". Dem entsprechend steht
θαρρέω mit Akk. 4. 643. 15 τῶν πολυθρυλήτων τυχαίων, ἃ μηδείς
ποτέ φασι πλέων ἐθάρρησε; 67. 676. 54 μόνον τὸν μακάριον Φίλωνα
θαρρῆσαι τὴν τοῦ συνιερέως ἀνάρρησιν; 94. 694. 4 ἐθάρρησε τὴν
ὁδόν; 104. 702. 32 ὡς οὐκ ἂν τὸ βάθος τῆς χώρας θαρρήσαντας;
122. 712. 34 τὰς δυσχωρίας ἐθάρρησαν; 132. 719. 37 τοὺς γὰρ κωπέας
— οὐδ' ἐγὼ θαρρῶ συμμάχους. Mit dem Dat. findet sich θαρρῶ

in folgender Verbindung: 145. 729. 30 *θεῷ τε ἡγεμόνι θαρρῶν.* An
einer Stelle 4. 643. 42 schwankt die Lesart; die Vulgata lautet *δείκνυσι τῇ χειρὶ τόπους ὑπόπτους καὶ ἑτέρους, οὓς ἔδει θαρρῆσαι,* aber
Par. 1039 und Mon. 481 haben *οἷς,* letzterer am Rande ᵮ *οὓς* von
andrer Hand, so wie auch Mon. 490 im Text hat. Gestützt wird *οὓς*
durch Thom. Mag., der nach den oben angeführten Worten p. 175.
13 fortfährt: *Συνέσιος ἐν ἐπιστολῇ καὶ οὓς ἔδει θαρρῆσαι.* Es ist
kein Zweifel, dafs *οὓς* die richtige Lesart ist: „er zeigt verdächtige
Punkte und andere, denen man trauen durfte". *κρατέω* in der Bedeutung: „sich bemächtigen," „stärker sein" hat regelmäfsig den Gen.
11. 648. 10; 57. 665. 53 und 667. 9 und 10; 80. 690. 25. Den Akk.
hat das gleiche Verb. bei sich seit Polyb. in der Bedeutung: „an-
fassen", „erfassen". So auch Synesius 58. 671. 27 *οὐδ᾽ ἄν εἴ τις
τὸν πόδα κρατήσειεν αὐτοῦ τοῦ Χριστοῦ* (cf. Matth. 28. 9). *κρύπτω
ἀπό τινος,* wie Synesius 57. 666. 34 *ἀσθένειαν, ἣν μέχρι νῦν
ἔκρυψεν ἀπὸ τῶν ἀνθρώπων θεός* statt des att. *κρύπτω τινά τι*
schreibt, habe ich nur noch im Neuen Test. Apok. 6. 16 und Ev.
Matth. 11. 25 und Joh. 12. 36 gefunden. *ὑπακούω* wird mti dem Dat.
und mit dem Gen. verbunden; Kühner II 1. 308. 5 erklärt die Verbindung mit dem Dat. für die im Att. häufigere; im N. T. kommt
*ὑπακούω* nur mit dem Dat, nie mit dem Gen. vor. Synesius schreibt
28. 652. 25 *ὑπήκουσε τοῦ θεοῦ,* im Par. 1039 steht darüber von jüngerer
Hand *τῷ θεῷ.* Sonst ist die Überlieferung meiner drei Handschriften
in *τοῦ θεοῦ* einstimmig, und die ist auch zu halten. Auf jeden Fall
entspricht der Gen. dem Begriffe des *ἀκούειν* besser als der Dat. —
In dem Kapitel von der Syntax der Kasus hat auch die Zusammenstellung der bei Synesius sich findenden Anomalien der Ortsbezeichnung ihre Stelle. Auf diesem Gebiete, auf dem schon frühe
Schwankungen eingetreten waren, hat die Verderbnis der nachklassischen Zeit eine weite Ausdehnung gewonnen (cf. Mullach p. 380
Anm. und Hatzid. p. 210 f.). Aus den Worten des Moer. p. 207.
18 *ποῖ ᾿Αττικοί, ποῦ κοινόν* wird mit Recht geschlossen, dafs *ποῖ* in
der Vulgärsprache damals ausgegangen war; im N. T. ist dieses
Wort wirklich nicht mehr vorhanden, an seiner Stelle ist neunmal
(z. B. Ev. Joh. 13. 36 *κύριε, ποῦ ὑπάγεις*) das Adverb. *ποῦ* gesetzt
worden. Die Verwirrung in der Bezeichnung der Lokomotion hat
jedenfalls — wir brauchen nur an unsere Sprache und deren Verun-
staltungen zu denken — damit begonnen, dafs man statt der *κίνησις*
die *στάσις* in Anwendung brachte. Dagegen glaubten die Attizisten
mit Recht Front machen zu müssen. Aber es lag die Gefahr nahe,
in der einmal eingeschlagenen Richtung einem toten Schematismus
folgend sich zu weit forttreiben zu lassen und nunmehr in den entgegen-
gesetzten Fehler zu verfallen, dafs man statt der *στάσις* die *κίνησις*
anwandte, auch in Fällen, in denen an ihre Rechtfertigung durch

keine noch so feine Gedankeninterpretation zu denken war. Diesen
Thatbestand zeigt der Sprachgebrauch bei den Attizisten von Dio
Chrys. an bis auf Philostratus: Dio Chrys. braucht nur das einzige
ὅπου statt ὅποι, hat dagegen ὅποι statt ὅπου, ἀλλαχόσε statt ἀλλαχοῦ
und sogar schon das später so abgedroschene εἰς statt ἐν. Bei Luk.
und Arist. bleibt die Entwicklung stehen; ihr Gebrauch entspricht
noch ziemlich genau den Gewohnheiten des Dio Chrys., wobei allerdings nicht zu übersehen ist, dafs Arist. dem attizistischen Brauche,
die κίνησις statt der στάσις anzuwenden, einen im ganzen Attizismus
einzig dastehenden Widerstand entgegensetzt. Nachdem die Unter-
werfung unter die substituierende Tendenz der Volkssprache bei
Aelian ihren Höhepunkt erreicht hat, geht dieselbe bei Philostratus
nicht mehr zurück, aber die Hauptschuld an der Verwirrung der
Ortsbezeichnungen liegt in seinen Schriften geradezu nicht mehr auf
seiten der durch die Vulgärsprache angestellten Konfusion, sondern auf
seiten der ungebändigten und schrankenlosen Treibereien der Attizisten (Schm. IV 60). Der terminus ex quo bleibt im ganzen Attizismus in seinen Rechten unangetastet, ebenso wie auch die Vulgärsprache an seinem Besitzstande nicht gerüttelt hat; πόθεν z. B. ist
eine im N. T. ziemlich häufige Partikel. (Doch s.p.84!) Wenn wir nun zu
Synesius übergehen, so bieten sich uns hier folgende Beobachtungen dar.
στάσις statt κίνησις wird gesetzt 67. 677. 14 ἐκεῖ διαβῆναι; 67. 679.
12 πῶς ἐκεῖ τὸ πνεῦμα τὸ ἅγιον παραγίνεται; 679. 21 αὐτόθι
παρεγενόμην; 680. 26 πανταχοῦ γινόμενος. Die drei letzten Fälle
haben auch im Att. ihre Vorbilder. An den genannten vier Stellen
allein hat H. die Anomalie in der Ortsbezeichnung bestehen lassen.
Es ist aber noch eine ganze Reihe von Stellen anzuführen, in denen
meine Handschriften den gleichen Gebrauch einhellig verlangen 67.
678. 25 ἐκεῖσε συμφυγόντας (Par. 1039, Mon. 481 ἐκεῖ. Mon. 490 —);
79. 688. 49 εἰσκληθέντος οἴκαδε Θόαντος (Par. 1039, Mon. 481. 490
οἴκοι); 104. 702. 7 ἀπεχωροῦμεν ἕκαστος οἴκαδε (Par. 1039, Mon. 481
οἴκοι, Mon. 490 —); 104. 702. 37 ἐκεῖσε γάρ — παρακεκλῆσθαι (Par.
1039, Mon. 481 ἐκεῖ, Mon. 490 —); 114. 709. 33 ποῖ — τραπήσεσθε
(Par. 1039, Mon. 481. 490 ποῦ). An diesen Stellen allen, mit Ausnahme von 104. 702. 7, wo sich kein Vermerk im Apparat findet,
gesteht H., dafs er sich mit seiner Lesart auf eine einzige Handschrift stützen kann; ich glaube nicht zu optimistisch zu sein, wenn
ich sicher erwarte, dafs auch eine umfassendere Durchmusterung
unserer Handschriften hier meine bisherigen Resultate bestätigen werde.
Eine Mischung in der Ortsbezeichnung zeigt 136. 722. 15 Σφηττοῖ
γέγονα καὶ Θριῶξε (Mon. 490 Θρίαξε) καὶ Κηφισιάσι (490 — ᾶσι,
Mon. 481 ᾶσι darüber) καὶ Φαληροῖ. Die κίνησις statt der στάσις,
wie die Attizisten sie zu verwenden beliebten, ist im Synesius nicht
gut bezeugt, überhaupt kommen nur wenige Fälle in Frage. 67. 681.

6*

41 *ἀπανταχοῦ μᾶλλον ἢ οὐ προσήκει* (Par. 1039, Mon. 481 οἱ 490 —);
67. 681. 42 *δέξαιντο γὰρ ἂν ἐκεῖ μᾶλλον ἢ μηδαμοῦ* (Par. 1039 *μη-
δαμοῖ*); 104. 703. 39 *ἐπυνθανόμεθα ποῖ γῆς Ἰωάννης* (Par. 1049 *πῇ*,
was auch *κίνησις* ist); 130. 717. 4 *ἄγων καὶ μεθιστάς, οὐχ ᾗ λυσι-
τελέστερον ἦν, ἀλλ' ᾗ κερδαλεώτερον* (Par. 1039 zweimal οἱ; Mon. 481 οἱ,
darüber ᾗ und dann οὐ; Mon. 490 —). Es überwiegt also bei Synesius die der Vulgärsprache entsprechende Verwendung der *στάσις*
statt der *κίνησις* über die umgekehrte Übung, und darin scheint
Synesius dem Beispiel des Arist. zu folgen. Bei Callinic. V. Hyp.
ist in Bezug auf *ἐκεῖ* der entgegengesetzte Gebrauch zu beobachten;
bei Marcus Diaconus tritt nur *ἐκεῖσε* für *ἐκεῖ* ein 4. 21; 9. 19; 28.
26; 40. 2; 54. 5; 58. 7. — Eine besondere Besprechung verlangt
*δεῦρο*; diese l'artikel wird dem att. Brauch entsprechend von der
Bewegung nach einem Orte gebraucht 101. 698. 40; 121. 711. 29;
136. 722. 16. Daneben steht es zur Bezeichnung der Ruhe 148. 731.
21 und 39; 732. 53 und 733. 36. — 140. 725. 33 ist *τὰ δεῦρο* philo-
sophischer Terminus. Auffallend ist die Thatsache, dafs *δεῦρο* in
nichtattischer Verwendung auf den 148. Brief beschränkt ist. — Ein
Novum bildet meines Wissens 138. 723. 50 *ἐχορηγεῖτο δὲ αὐτῆς τὸ
ἐγκώμιον πολλαχῇ μὲν καὶ ἄλλῃ, μάλιστα δὲ ἀπὸ τοῦ δύνασθαι* u. s. w.
durch die Verwendung des terminus in quo statt des terminus ex quo. 50.
661. 29 *γράφειν μοι περὶ τῶν ἐκεῖθεν πραγμάτων* ist durch eine auch
sonst übliche Gedankenattraktion zu erklären. — Die Attraktion
beim Inf. wird bei Synesius mit dem Dat. fünfmal (6. 646. 43; 18.
650. 25; 44. 657. 25; 114. 709. 27; 143. 727. 32) vollzogen. Zweifelhaft ist 79. 687. 46 *οὐδὲ γὰρ ἔξεστιν οὐδὲ τοῖς ἔχουσι καὶ πλουτοῦσιν
ἀμαστιγώτοις ἀναχωρῆσαι*; Par. 1039 und Mon. 481 lesen hier *ἀμα-
στιγώτους*, Mon. 490 *ἀμαστιγώτοις*. Eine akkusativische Attraktion
zeigt 67. 676. 37 *αἰτίαν ἔχοντα πρᾳότατον εἶναι*. — Die Attraktion
oder Assimilation des Relativs gebraucht Synesius häufig; sie
findet sich 26. 652. 10 *ἀποτίσουσι σοὶ χάριν ἀξίαν ἀνθ' ὧν ὁ θαυ-
μάσιος Ἀναστάσιος αὐταῖς γράφει*; 31. 653. 20 *συνάπτει πρὸς ὃ μι-
μεῖται τὸ μιμούμενον*; 53. 662. 15; 57. 663. 40; 664. 13 u. 40; 665. 7;
84. 691. 17; 97. 696. 37; 102. 700. 3; 105. 706. 27; 117. 710. 23 u. 43;
143. 721. 20; 148. 732. 24 und 149. 734. 10. Diese Stellen stimmen
sämtlich mit den Vorschriften des att. Dialekts überein, indem überall das Relativpronomen bei ausgebauter Konstruktion im Akk. stehen
würde; 34. 654. 25 ist dann *δύναμις ἀρκεῖ πρὸς ὅ τι τυγχάνει δεό-
μενος* nicht mit „ad id satis est, quo ille opus habet", sondern mit
quod petit zu übersetzen. Das Subst. des übergeordneten Satzes wird
bei der Attraktion in den Relativsatz versetzt 5. 645. 45 *μὴ λάθωσιν
ὑμᾶς ἐμπηδήσαντες ᾧ ποιμαίνετε ποιμνίῳ* und 38. 655. 11; 76. 686.
23; 79. 688. 28; 144. 729. 6. — Die von Kühner II p. 915 f. umständ-
lich besprochene Attraktion mit *ὅσος* etc. hat Synesius 17. 650. 18

ἀντευφημεῖται γὰρ ὑπὸ μυρίων ὅσων τῶν σῶν ἐραστῶν. Eine besondere Art der Attraktion zeigen die Worte (44. 657. 31) ἀλλ᾽ ἐν ᾧ γάρ τις ἥμαρτε βίῳ δίκας διδοὺς οὔπω πάνυ προστετηκὸς ἔχει τὸ πάθος, entstanden aus ἀλλ᾽ ἐν τῷ βίῳ ἐν ᾧ τις ἅμαρτε, δίκας διδούς etc. Die umgekehrte Assimilation, die wohl auch im klassischen Griechisch einigemal sich findet, aber doch recht eigentlich zum Sprachcharakter der nachklassischen Gräzität (Schmidt p. 370 f.) gehört, ist von Synesius gemieden worden.

## 4. Komparation.

Die Verstärkung des Komparativs durch μᾶλλον hat im Attizismus keinen breiten Raum gewonnen. In der klassischen Litteratur manchmal verwendet, ist diese Redeweise im N. T. (Winer p. 214 f. Blass p. 140. 5) ziemlich häufig gewählt worden. Thom. Mag. p. 237 f. weist diesen Gebrauch in Übereinstimmung mit andern Grammatikern von der guten Gräzität zurück und läfst denselben nur bei den Dichtern gelten. Die Fälle bei Synesius sind 67. 677. 3 εἰς τὸ ἄρχειν καὶ ἄρχεσθαι θαρραλεώτερος μᾶλλον ἢ νομιμώτερος; 72. 683. 20 ὅν γε εἰκὸς ἀτολμότερον ἔσεσθαι προσκεκυφότα ταῖς ἐκκλησίαις πολὺ μᾶλλον ἢ εἴ; 79. 689. 52 ὑπὲρ Συνεσίου γὰρ μᾶλλον ἢ ὑπὲρ Ἀνδρονίκου δικαιότερος ἂν εἴης αὐτῇ χρώμενος; 103. 700. 15 δίκας ἀγορεύων — μᾶλλον ἢ φιλοσοφῶν ὠφελιμώτερος — τῇ πατρίδι. Iu den beiden ersten Beispielen dient μᾶλλον zur Fixierung des vorangegangenen Kompar., in den beiden letztern bereitet es auf denselben vor; stets sind es vollständig ausgebaute Komparationen mit zwei Gliedern. — Die Steigerung des Komp. durch οἷον ist dem Synesius nicht geläufig. — Ersetzt wird der Komp. durch den Positiv mit μᾶλλον 83. 691. 11 παντὸς μέντοι μᾶλλόν ἐστιν ἀληθὲς εἰπεῖν und 123. 713. 6 εἰ Ἀχιλλεῖ περὶ Πατρόκλου μᾶλλον ἄξιος εἰρῆσθαι. Kühner II p. 23 Anm. 3 führt für diesen Gebrauch Belege aus den Klassikern an und erklärt die Gründe für solche Wendungen im Ausdruck. — Einen Komp. mit dem Gen. eines Reflexivpron. habe ich nicht gefunden. — In der Vulgärsprache hatte man sich, eine im klassischen Griechisch bereits vorhandene Übung ausbildend (Mullach p. 178), gewöhnt, statt des Positivs den Komparativ zu gebrauchen, so z. B. ἀγαθόν = ἄμεινον Plut. Lykurg c. 16. 25; c. 21. 14; Tib. Gracch. 2. 13 (Weissenberger p. 8); auch Mor. (ed. Wyttenbach) 28 E; 68 E; 544 F; 780 E. Die Attizisten hatten sich diesen Gebrauch in dem schon bei Plato Phäd. 105 A sich findenden Ausdruck οὐ χεῖρόν ἐστιν zu eigen gemacht. Ähnlich scheint mir bei Synesius 4. 642. 37 ὑφώρμει δέος οὐκ ἔλαττον zu beurteilen. — Dafs dagegen Synesius auch darin den Gewohnheiten der Volkssprache (Mullach p. 178 f. und 334 f.) sich angepafst hätte, dafs er den Komp. statt des Superlat. in Anwendung brachte, kann ich

mich nicht entschliefsen zu glauben; denn die Stellen, an denen der
erste Augenschein auf eine derartige Interpretation führen mag (57.
665. 45; 66. 674. 39; 67. 681. 33; 67. 686. 16 und 113. 709. 9), lassen
sich ungezwungen auch ohne diese Annahme recht wohl verstehen.
— Eine comparatio compendiaria ist zu konstatieren in den
Worten (4. 643. 51) πέντε γεγόναμεν ὑπὸ τοῦ θεσπεσίου πρεσβύτου
περισωθεῖσαι φορτίδες πρᾶγμα ἐναντιώτατον τῷ Ναυπλίῳ ποιοῦντος. — Der Superlativ findet sich ersetzt durch den Posit.
mit μάλα an zwei Stellen des 148. Briefes 733. 40 ὅστις δὲ οὗτός
ἐστιν, οὐ μάλα ἔτι τοῦτο σαφές (sc. ἐπίστανται) und 42 Ἀτρείδην,
τὸν ἐπὶ Τροίαν, τὸν μάλα καλόν τε κἀγαθόν. — Unter den Mitteln,
den Superl. zu verstärken, hat Synesius ὅσον, ὅπως und
ὅστις. So steht ὅσον (δύναμαι) 121. 711. 38 πρὸς οὖν ταῦτα ὁ Πο-
λύφημος ἐξεκάγχασε — ὅσον ἐδύνατο μέγιστον; ὅπως mit Superl., von
Kühner II p. 26e für mehr poetisch erklärt, lesen wir 141. 726. 28
ὅπως τάχιστά τε καὶ ἀσφαλῶς. Doch s. unten bei Behandlung der
Stelle im III. Kapitel! ὅστις mit Superl. steht 79. 690. 7 οὓς —
ἂν καὶ ὅστις ὠμότατος ὢν δαιμόνων ἠλέησεν und 95. 694. 40 τῆς δὲ
ἐμῆς φύσεώς τε καὶ προαιρέσεως προαπολαυέτω καὶ ὅστις ἔχθιστος.
μάλιστα zur Verstärkung des dritten Grades ist nicht gebraucht.
— Einen Superl als Regens eines Gen. vom gleichen Stamm
trifft man 137. 723. 12 φιλοσοφίαν δ' ἐν ἀρρήτων ἀρρητάτοις ἔχων.
— Einen Positiv vertritt der Superl. bei Synesius nie, wie dies
für Ael. Schm. III 60 mit wenigen Beispielen und für Agath. Reffel
15 f. mit einer grofsen Anzahl von Belegen nachweist; besonders
interessant sind dort Zusammenstellungen wie χρήσιμος καὶ βιωφελέ-
στατος, ἀγεννὴς καὶ αἴσχιστος. — Wenn Mon. 490 richtig liest, so ist
40. 655. 26 πρός γέ τοι τοὺς πόνους ὀστᾶ σαρκῶν οἶδα διαρκέστερα
(Mon. 490 διαρκέστατα) die Verwendung des Superl. an Stelle
des Komp. zu konstatieren.

## 5. Artikel und Pronomen.

Der Artikel wird von Synesius mit grofser Vorliebe bei
attributiven Bestimmungen wiederholt; so z. B. 3. 639. 5
τὸ δεῖπνον τὸ ἐπιτάφιον; 4. 644. 14 ὁ θρησκευτὴς ὁ Ῥωμαῖος; 4. 641.
10 τὸν πλοῦν τὸν ἡμέτερον; 44. 657. 16 τοῖς ἱματίοις τοῖς πιναροῖς;
57. 666. 5 τὸ πνεῦμα τὸ ἅγιον; 133. 720. 49; τῇ γλώττῃ τῇ καλῇ u. s. w.,
mit einem attributiven Gen. 4. 640. 24 τὸ τεῖχος τὸ Σεμιράμιδος.
Auch in der im schlichtesten Griechisch geschriebenen V. Hyp. des
Call. findet sich diese Repetition des Artikels cf. 69. 5; 91. 12 u. s. w.
— Häufig ist der Artikel beim Prädikat nicht weggelassen:
4. 643. 39 ἐλέγετο δὲ ὁ μέγιστος αὐτὸς εἶναι τῶν περιστάντων ἡμᾶς
κινδύνων; 19. 650. 37 τοῦτ' ἂν εἴη τὸ ὑπαίτιον; 44. 658. 12 τοῦτον

δεῖ νομίζειν τὸν ἀτυχέστατον; ebenso noch 44. 658. 34; 57. 666. 36;
57. 669. 18; 66. 675. 1 und 20; 67. 679. 2; 73. 684. 14 und 33; 88.
692. 7; 103. 700. 43; 122. 712. 36; 133. 720. 46; 134. 721. 36. —
57. 664. 22 lesen meine Handschriften αἱ δὲ τιμωροὶ φύσεις εἰσὶν αἱ
παντάπασιν ἀπόστροφοι τοῦ θεοῦ, 67. 678. 10 ebenso Par. 1039 Mon.
481 (490 —) τοῦτο τοῖς ἀδελφοῖς ἡμῶν — τὸ περιμάχητον ἦν. —
Entsprechend attischem, speziell platonischem Sprachgebrauch verbindet Synesius den Artikel mit einem fragenden Pron. 57. 664.
36 τίνα γένοιτ' ἂν τῷ Χριστοῦ προδότῃ τὰ κολαστήρια; nicht sicher
ist noch 149. 734. 11 πλέον δ' ἡνίασας τῷ λογισμῷ τῷ (Par. 1039
Mon. 481. 490 τοῦ) ποίου τινὸς ἑταίρου — στεροίμεθα; ebenso steht
der Artikel auch beim relativen Pron. 57. 664. 13 κρίνεται γὰρ ἑκάτερον πρὸς ἥντινα τὴν χρείαν παρέχεται und 66. 675. 1 ὅστις ὁ τρόπος καὶ ἐπὶ τῶν ἐπιχωρίων οὑμός. — Die Gewohnheit, durch den vorgesetzten Artikel einen Konjunktional-, Relativ- und Fragesatz zu substantivieren, ist bei den Attizisten von Arist. bis Philostr.
zu beobachten. Arist. (Schm. II 46) hat nur einmal einen Konjunktionalsatz mit ἐπειδάν, die beiden andern Satzarten häufiger so verbunden; bei Ael. (Schm. III 63) finden sich nur zwei solche Relativsätze, Philostr. (Schm. IV 63) hat so Relativ- und Fragesätze. Diese
Ausdrucksweise war dem klassischen Griechisch nicht fremd, vor
allem mufste sie im philosophischen Stil wegen ihrer Präzision willkommen sein (Bernhardy, Syntax 312 f.). Noch für die Zeit des
Agath. bezeugt Reffel p. 5 diesen Gebrauch für Relativsätze (Mullach
p. 191). Synesius sagt 80. 690. 13 Νίκαιος (ἐσκέψατο) ὑπὲρ τοῦ
πῶς ἀλλοτριωθείη τῶν ἑαυτοῦ; 57. 664. 37 τὸ γὰρ ᾗ δεῖ γενέσθαι
ὑπηρετῆσαι τῷ χρεών und, wenn die Lesart richtig ist, 149. 734. 11
τῷ λογισμῷ τῷ ποίου τινὸς ἑταίρου — στεροίμεθα. Ganz unnötig
scheint uns der Artikel in dem Satze τὸ δὲ πᾶς ἂν συκοφάντης ἀνακοπείη οὐκ ἐμὸν εὑρεῖν (47. 660. 26). Ebenso ist bei Synesius der
Artikel vor Relativsätzen verwendet 44. 657. 50 τὸ δὲ ἐνεγχῳχηθῆναι
τοῖς δι' ἃ τις ἠδίκησεν; 82. 691. 1 τίνα παρὰ τῶν οἷος αὐτὸς εἶ προσήκει θαυμάζεσθαι und 3. καθάπαξ τὸν οἷός ἐστι Γερόντιος; 103.
700. 39 τῶν ὅσα ἀνθρώπινα ἀγαθὰ προτιμῶ und 147. 730. 48 τὸ γὰρ
οὗ χάριν γίνεται δίδωσι κατορθοῦν. Für eine derartige Konstruktion
mit einem Konjunktionalsatz, die überhaupt nur selten vorgekommen
zu sein scheint, habe ich bei Synesius kein Beispiel finden können.
— ἐν τοῖς mit nachfolgendem Ordinale, das auch Böhner p. 26
für Arr. anführt, wird im Texte H.s nirgends gelesen. Aber meine
beiden für diesen Brief in Betracht kommenden Codices Par. 1039 Mon.
481 lesen 61. 673. 19 statt ἀλλ' ἐν τοῖς πρώτοις τρίτος ἢ τέταρτος: ἀλλ'
ἐν τοῖς τρίτος ἢ τέταρτος. Solche Wendungen sind dem Herodot,
Thukyd. und Plato (Kühner II p. 27 i und Anm. 4) eigen. — Der
Artikel fehlt bei πάντες und ἅπαντες 18. 650. 23 πάντας Ἀλε-

ξανδρέας, 20. 651. 2 ἁπάντων Πενταπολιτῶν; 31. 653. 14 ἅπασιν ἔθνε-
σιν; 67. 678. 26 πάντα μὲν ὄρη, πᾶσαι δὲ φάραγγες und 51 ἅπαντας
ἐπισκόπους. — Bei οὗτος ist ebenfalls mehrere Male die Setzung
des Artikels unterlassen: τοῦτο μέγιστον ἐγὼ τεκμήριον δέξομαι
(90. 692. 29) und μοί δοκεῖ ταύτην τις δικαίως εἰδέναι τῷ πολέμῳ
χάριν (104. 701. 46) lassen sich nach den auch im Attischen gelten-
den Gewohnheiten erklären und damit rechtfertigen (Kühner II 542
Anm. 6a). Ebenso wird auch 4. 645. 10 τοῦτό σοι δρᾶμα (Mon. 490
τοῦτο δρᾶμα) ἐκ τραγικοῦ κωμικὸν ὁ — δαίμων ἡμῖν ἐνήρμοσε und
99. 697. 21 in den Worten καινὸς οὗτος τρόπος ἐπιτηδεύεται παρ'
ἐμοῦ χρείας ἐπιστολῶν das Pron. als Subj., das Subst. als Prädikat
aufzufassen sein; an letzterer Stelle liest Par. 1039 καινὸς οὗτος ὁ τρόπος; 58. 671. 12 lesen wir noch γένοιτο τοῖς μεθ' ἡμᾶς ἀκοὴ ταῦτα
τῆς ἡγεμονίας Ἀνδρονίκου συνθήματα; hier ist das Fehlen des Artikels kaum zu entschuldigen; im Par. 1039 ist von später Hand ein
τά eingeschoben. — Bei ἐκεῖνος fehlt der Artikel 44. 659. 21
φάραγγα ἐκείνην καὶ θροῦν ἐκεῖνον; 73. 685. 29 ἐκείνην ἄν τις
εἰσφορὰν εὐσεβῆ δικαίως ἐκάλεσεν (Auffassung?). — Trotz individueller Bezeichnung wird der Artikel vermifst 136. 722. 16
καὶ κακὸς κακῶς δεῦρό με κομίσας ἀπόλοιτο ναύκληρος und 148. 732.
47 πατρίδας αὐτῶν. Auch bei Ael. hat Schm. III 64 die gleiche
Erscheinung beobachtet; er vermutet darin einen Latinismus. Bei
Plutarch hat solches Fehlen des Artikels Weissenberger p. 24 besonders bei einem vom Gen. eines Relativpronomens abhängigen Subst.
beobachtet; in diesem Fall schreibt Synesius zweimal ὧν οὐδεμιᾶς
ἂν ἀκοὴν (67. 679. 52) und ὧν οὐκ εὐτύχησαν μάθησιν (143. 727.
35). — Bedeutungslos steht der Artikel τά bei einem Präpositionalausdruck 57. 666. 48 γλῶττα δὲ ἀνθρώποις τὰ πρὸς ἀνθρώπους ὑπηρετεῖ; 57. 667. 24; 79. 689. 43 τὰ καθ' ἑαυτόν; 62. 673.
38 τὰ πρὸς θεὸν εὐσεβής, τὰ πρὸς πολιτευομένους δίκαιος, τὰ πρὸς
δεομένους φιλάνθρωπος; 67. 676. 39 τὰ εἰς ἀνθρώπους; 67. 677. 3
τὰ δὲ εἰς τὸ ἄρχειν; 105. 704. 36 τὰ δέ γε πρὸς τὸν θεόν; 154. 735.
47 τὰ περὶ θεόν. — So steht auch τό 57. 666. 53 τὸ μέχρι πρώην;
57. 668. 3 τὸ μέχρι τῆς ἱεροσύνης; 103. 700. 28 τὸ καθ' ἑαυτήν; 104.
701. 49 τὸ ἀπὸ τοῦδε; 104. 703. 25 τό γε ἐφ' ἡμῖν; 105. 704. 19 τὸ
μέχρι τοῦδε; 143. 727. 37 τό γε κατὰ ψυχάς; mit einem absoluten
Part. 134. 721. 48 und 136. 722. 29 τὸ νῦν ἔχον. Einmal steht so
τό mit einem Adverb 153. 735. 17 τὸ γοῦν τῆτες. — Eine Ab-
schwächung des Personalpronomens resp. der Personalendung
des Verbums ist darin zu erkennen, dafs Synesius an vielen Stellen den
Nom. des Personalpron. da ausdrücklich setzt, wo seine Anwendung
durch keinen in das Pron. gelegten Nachdruck gefordert erscheint.
Für diesen Gebrauch von ἐγώ habe ich folgende Stellen zusammen-
gesucht: 1. 638. 1 παῖδας ἐγὼ λόγους ἐγεννησάμην; 4. 645. 20; 10.

648. 6; 17. 650. 20; 30. 653. 5(?); 47. 660. 11; 49. 660. 42; 57. 665.
16, 44 und 46; 57. 668. 41(?); 58. 670. 41(?); 61. 672. 41; 67. 675.
25; 70. 682. 38; 72. 683. 49(?); 73. 684. 18; 79. 687. 28(?); 90. 692.
29(?); 96. 696. 11(?); 133. 720. 20; 137. 723. 21; 143. 727. 17 und
30; 146. 730. 3; 148. 732. 2; 151. 734. 36. Die mit einem Frage-
zeichen versehenen Stellen lassen auch eine Auffassung zu, bei der
die Setzung des ἐγώ durch einen Gegensatz gerechtfertigt ist. Auffallend ist die Thatsache, daſs von den 20 Stellen, an denen besagte
Verwendung des Pron. sicher zu konstatieren ist, nicht weniger als
11 solches ἐγώ nach einem Relativpronomen aufweisen: es sind dies 4.
645. 20 ἂς ἐγὼ καὶ φιλῶ; 10. 648. 6 ἦν ἐγὼ μόνην; 17. 650. 20 οἷς
ἅπασιν ἐγώ; 47. 660. 11 πρὸς ὃ νεμεσήσας ἐγώ; 49. 660. 42 οἷον ἐγὼ
Θεότιμον οἶδα; 57. 665. 44 und 46; 61. 672. 41; 73. 684. 18; 146.
730. 3; 151. 734. 36; daran schlieſst sich ἐγώ nach (dem ja auch ursprünglich relativen) kausalen ὡς 57. 668. 41 und 143. 727. 17; nach
ἐπεί steht ἐγώ ebenso 143. 727. 30. Am Anfang des Briefes steht
ἐγώ 1. 638. 1; 30. 653. 5; 67. 675. 25; 79. 687. 28; 96. 696. 11. Viel
seltner ist toulos ἡμεῖς anzutreffen: 3. 639. 4 (nach einem Rel. Pron.);
4. 641. 12; 4. 643. 9 ἐπλέομεν — καὶ ἡμεῖς ἠνιάθημεν (vielleicht:
„wir Thoren“); 4. 643. 24; 14. 649. 28(?); 85. 691. 24 sowie im 5.
und 67. Briefe mehrmals. Das Pron. der II. Pers. σύ ist in diesem
Gebrauch auf einige Beispiele beschränkt: 47. 660. 28 σὺ ποριμώτατε
und 101. 699. 8 ὦ κακῶς σὺ χρώμενε ist damit der Vokativ verbunden, wie dies auch im N. T. begegnet (Acta 1. 24; 4. 24). 57.
667. 49 (ὑμεῖς); 121. 711. 24 und 61. 673. 15 steht σύ bei einem Imperat. und imperativen Fut., an der dritten Stelle überdies mit einem
auf σύ gelegten Gegensatz; dieser Gegensatz liegt auf σύ 57. 664. 28,
verschoben ist derselbe auf σύ 57. 663. 36. Eine 7. Stelle (44. 659.
25) soll unten im III. Kapitel noch besprochen werden. ὑμεῖς ist sonst
nicht so verwendet. Winer p. 137, 6 hat den pleonastischen Gebrauch des Pron. dem neutestamentlichen Sprachidiom abgesprochen
und sich meines Erachtens in Verfolgung dieser Ansicht mit Erklä-
rungen vergebliche Mühe gemacht. Stellen, wie Mc. 13. 9 und Gal.
6. 17 hätten ihn eines Besseren belehren können; Blass p. 160 ist
ihm merkwürdigerweise gefolgt. In letzter Stunde fand ich noch,
daſs Schmiedel p. 194 die in Rede stehende Abundanz zugibt und
mit Beweisstellen belegt. — Der attischen Regel entsprechend stellen
auch die Attiz. Arist. (Schm. II 84) und Philostr. (Schm. IV 69) den
Gen. αὐτοῦ attributiv in reflexiver Bedeutung. Diese (indirekt) reflexive Bedeutung ist klar 148. 733. 50 τὸ δὲ κάθαρμα
οὐραγεῖν ᾤετο τὸν ἡγεμόνα τῆς ποίμνης, οὐκ ἀχθόμενον τῷ φορτίῳ,
τῇ δὲ αὐτοῦ (sc. Πολυφήμου) συμφορᾷ συναχθόμενον; 72. 683. 47
οὐ τοῖς αὐτοῦ φίλοις, ἀλλὰ τῷ στρατηγῷ τὸν ἀγρὸν ἀπέδοτο dagegen habe ich mich nicht davon überzeugen können, daſs dies auch

da zutrifft.   Dazu ist der ganze Inhalt des Briefes allzuschwer verständlich.   Ähnlich schreibt auch Callin. V. Hyp. 82. 22 *ἐδίδασκεν
ἡμᾶς ἀεὶ τοὺς αὐτοῦ μαθητάς*; dagegen ibd. 24 *οὐ γὰρ ἐπιλάθομαι
τῆς αὐτοῦ διδασκαλίας.* — Das Demonstrativpronomen *οὗτος*
ist im Neugriechischen nicht mehr vorhanden (Mull. p. 192); an seine
Stelle ist *αὐτός* getreten.   Der Anfang dieses Prozesses läfst sich
schon im N. T. erkennen, wenn wir Luc. 17. 16 lesen *καὶ αὐτὸς ἦν
Σαμαρίτης.*   In der Sprache des Agath. weist diese Erscheinung
Reffel p. 7 nach und führt aus diesem Autor Beispiele an: 19. 13 *ἐν
αὐτῷ δὴ τῷ πολέμῳ*, wo Herwerd. glaubte *τούτῳ* konjizieren zu
müssen; 195. 14 *ἦτε τοῦ Μαρτίνου ἀπάτη ἐν αὐτῷ δὴ τῷ ἔργῳ διε-
φάνη.*   Synesius sagt so 4. 643. 39 *ἐλέγετο δὲ ὁ μέγιστος αὐτὸς εἶναι
τῶν περιστάντων ἡμᾶς κινδύνων* und 3. 639. 23 *καὶ αὐτὴ πάλαι μὲν
ἐπαλλακεύετο.*   An erster Stelle hat Naber Mnemos N. S. XXII p. 101
statt *αὐτός* ein *οὗτος* vorgeschlagen.   An der zweiten Stelle mag
*αὐτὴ* auch gleich dem lateinischen ipsa sein.   Unter den Attizisten
hat, soviel ich sehe, nur Ael. (Schm. III 66) einmal sich diesen Vul-
garismus zu schulden kommen lassen.   — *αὐτός* = ipse ist in der
weitaus überwiegenden Zahl der Fälle vor den zu ihm gehörigen
Begriff gestellt, z. B. 32. 654. 9 *αὐτὰ ταῦτα*; 44. 657. 43 *παρ᾽ αὐτῶν
τῶν ἠδικημένων*; 143. 727. 50 *αὐτῇ φιλοσοφίᾳ.*   Nur fünf Stellen
habe ich aufgezeichnet, an denen *αὐτός* nachgestellt ist: 53. 662. 21
*τῆς ἐπιστολῆς αὐτῆς*; 67. 681. 13 *τοὺς ἀδικοῦντας αὐτούς*; 121. 712. 5
*τούτους αὐτούς*; 122. 712. 29 *τῶν ἱερῶν αὐτῶν* und 138. 723. 49
*τοῦτ᾽ αὐτό.* — Eine Folge der oben erwähnten Substitution von *αὐτός*
= *οὗτος* ist es, wenn, wie bei Arist. (Schm. II 48), *τούτου* anstatt
eines tonlosen *αὐτοῦ* erscheint 73. 685. 34 *ὑπὲρ τῶν νόμων τὸν
τούτων φύλακα* und 98. 697. 15 *φιλοσοφίας ἔχων φροντίδα, ὅση προσήκει τῷ μετὰ θείων ἐρώτων ἠμμένῳ ταύτης*; ähnlich, wenn auch
nicht so auffallend, ist 21. 651. 12 *τὸν ἀνεψιὸν τὸν ἐκείνου.*   Nach
Weissenberger p. 23 findet sich diese Erscheinung bei Plutarch nur
in den unechten Schriften. — Über die Stellung der Pronomina
*οὗτος, ὅδε* und *ἐκεῖνος* ist folgendes zu bemerken. A) *οὗτος* in
Verbindung mit einem blofsen Subst. hat in 26 Fällen die Stellung
*οὗτος ὁ ἀνήρ*, z. B. 32. 653. 37; 79. 688. 41; 107. 707. 6.   Häufig ist
in diesem Fall zwischen Pron. und Artikel ein anderes Wort eingeschoben, z. B. 4. 642. 13 *τούτους ἐλίτων τοὺς λογισμούς*; 8. 647.
21 *ταύτης με τῆς παραμυθίας*; 57. 664. 29 *ταύτην γὰρ ἂν τὴν ἀπολογίαν.*   18mal ist nach dem Schema *ὁ ἀνὴρ οὗτος* geordnet, z. B.
44. 658. 40; 78. 687. 19; 133. 720. 41 und 148. 731. 41.   Bei einem
mit einem Attribut ausgestatteten Subst. ist die gewöhnliche Stellung
so wie 1. 638. 6 *ὁ δὴ παρὼν οὗτος λόγος*; 57. 668. 8; 670. 12; 61.
673. 21; 67. 678. 7 (mit eingeschobenem Gen.); 118. 710. 39 u. s. w.
Die andere Wortstellung ist nur 5. 645. 43 zu beobachten, wo *οὗτοι*

τοίνυν οἱ νόθοι πρεσβύτεροι steht. Eine dritte Variation bildet
154. 735. 44 τὸ φῦλον τοῦτο τὸ ῥᾴδιον d. h. die Zurückstellung des
Attributs mit wiederholtem Art. B) ὅδε. Bei ὅδε und einem blofsen
Subst. ist die Stellung ὅδε ὁ ἀνήρ ausschliefslich im Gebrauch: 11.
648. 13 ἀντὶ τῆσδε τῆς λειτουργίας; 67. 681. 3 und 78. 686. 37. In
einem Attributivverhältnis steht 67. 679. 6 ταῖσδε ταῖς τελεστικαῖς
ὕλαις; 138. 724. 6 dagegen τῆς ἱερᾶς τῆσδε τοῦ θεοῦ χάριτος, in einem
dritten Fall 143. 728. 26 schreibt H. τὸν ἀγαθώτατον ἑταῖρον, Par.
1039, Mon. 481. 490 τὸν ἀγαθώτατον ἑταῖρον τόνδε. C) ἐκεῖνος.
Bei einem Subst. hat ἐκεῖνος dreimal die Stellung ἐκεῖνος ὁ ἀνήρ;
40. 655. 24 ἐκείνας αὐτῷ τὰς ἀρετάς; 47. 660. 4 ἐκείνου τἀνδρός; 67.
681. 46 ἐκείνης τῆς πεύσεως. Die Stellung ὁ ἀνὴρ ἐκεῖνος lesen wir
4. 642. 1 τὸ Ὁμηρικὸν — ἐκεῖνο; 67. 680. 22 τὸν θρόνον ἐκεῖνον;
unbestimmt ist noch 67. 675. 26, hier liest H. ἐκεῖνος ὁ θρόνος, Par.
1039 Mon. 481 (490 —) überliefern ὁ θρόνος ἐκεῖνος. Bei der Verbindung von ἐκεῖνος mit einem mit Attribut versehenen Subst. finden
sich folgende Stellungen: a) ἐκεῖνον τὸν ὅσιον ἱερέα 11. 648. 41;
ebenso 49. 660. 39; 58. 671. 8; 100. 697. 47; 129. 716. 23.   b) τὸν
ἱερὸν ἐκεῖνον — πρεσβύτην 11. 648. 44, ebenso 58. 670. 43; 67. 675.
48 (Par. 1039 Mon. 481 θρόνον ἐκεῖνον); 141. 726. 19. Dazu kommt
noch besonders 44. 657. 28 θοιμάτιον ἐκεῖνο τὸ πιναρόν τε καὶ οὐκ
ἀντέχον und 130. 717. 18 κυνηγέσια δὲ ἐκεῖνα τὰ πρόσω. — Statt
des selteneren ὅδε steht stellvertretend οὗτος 1. 638. 6; 38.
655. 1; 44. 659. 2; 54. 662. 32; 57. 664. 20; 57. 666. 37; 61. 673. 21;
73. 685. 17; 79. 688. 41; 80. 690. 18; 85. 691. 22; 99. 697. 21; 100.
697. 47; 101. 698. 26; 103. 700. 18; 701. 4; 104. 701. 46; 105. 704.
25 (auch οὕτω), 705. 9 und 30; 106. 706. 41; 121. 712. 5; 126. 714.
34; 133. 720. 17 und 41; 140. 725. 28 und 40; ebenso steht οὕτως
statt ὧδε 129. 716. 19 und 131. 718. 16. Wie statt ὅδε οὗτος, so
steht auch τοιοῦτος statt τοιόσδε 4. 642. 23 νοῦν δὲ ἔχει τοιοῦτον und 23. 651. 26 τοιοῦτόν ἐστιν ἡ Σύρων τρυφή, statt το-
σόσδε ein τοσοῦτος 67. 680. 37. Richtig ist dagegen der Gebrauch
4. 644. 20; 67. 678. 2; 101. 699. 27 und 142. 726. 36. — αὐτὸς αὐτοῦ
resp. αὐτὸς ἐμαυτοῦ findet sich nachdrücklich angefügt 101. 698.
50 τὴν εἱμαρμένην ἀγαπήσειν τε καὶ κοσμήσειν τὴν αὐτὸς ἐμαυτοῦ. —
Das Personalpronomen wird von Synesius in den obliquen Fällen
häufig ausgelassen, so z. B. 4. 640. 53 οὐκ ἔπειθον λέγων (sc.
αὐτόν), ebenso 8. 647. 15; 18. 650. 31; 57. 669. 46; 66. 675. 13 u.s.w.;
4. 641. 12 καὶ ἡμεῖς ἀπεδεχόμεθα λέγοντος (sc. αὐτοῦ); 4. 643. 1 περιεβάλομεν (sc. αὐτήν) ὥσπερ ἔμψυχον οὖσαν μητέρα, ebenso 44. 656.
27; αὐτὸ ist zu supplieren 61. 673. 5 und 154. 737. 5; αὐτά: 21.
651. 18; αὐτούς 108. 707. 24. Ebenso fällt auch das Pron. der I.
und II. Pers. aus 4. 643. 26 (sc. ἡμᾶς); 7. 647. 10 (sc. ὑμᾶς); 44.
656. 40 (sc. σοί); 44. 657. 44 und 67. 676. 2 (σέ); 57. 666. 2 und

667. 11 (μέ); 70. 682. 40 (sc. μοί) u. s. w. — Der Gen. des Reflexivpronomens ἑαυτοῦ u.s.w. ist bei einem mit einem Artikel verbundenen Subst. in der Regel attributiv gestellt, z. B. 50.
661. 11; 67. 678. 6; 78. 671. 35; 79. 687. 41 und 688. 30 und 143.
728. 5. Eine Ausnahme davon bilden, wenn wir dem H.schen Text
folgen, nur 1. 638. 7 ἀπὸ τῆς ὑποσχέσεως αὐτοῦ κατερεῖ und 148.
732. 47 καὶ πατρίδας αὐτῶν (ohne Art.!). An beiden Stellen ist
indes die Lesart unsicher: 1. 638. 7 haben Par. 1039, Mon. 481. 490
αὐτοῦ und ebenso 148. 732. 47 αὐτῶν Par. 1039 Mon. 481 (490 —).
Die partitive Stellung des reflexiven Gen. ist wohl selten (cf. Aristoph. Wolken 515, 905; schon bei Herodot), doch nicht unbedingt anstöfsig. — Nachdem man einmal angefangen hatte (Hatzid. 189f. und
Mull. p. 184 und 208), den Plural des Reflexivpronomens der
III. Pers. auf die I. und II. zu beziehen, griff diese nivellierende
Thätigkeit bald auch auf den Sing. über. Schon Isokr. (Br. Keil
Analecta Isocratea 104 ff.) verwendet αὐτοῦ identisch mit ἐμαυτοῦ
und σεαυτοῦ; Plato schreibt u. a. Alkib. II 143C ἐθέλειν ἄν σε πρὸς
τὴν ἑαυτοῦ μητέρα διαπεπρᾶχθαι, Protag. 312 A οὐκ ἂν αἰσχύνοιο —
αὐτὸν σοφιστὴν παρέχων. Polyb. (Kälker 277) beschränkt den allgemeinen Gebrauch des Reflexivpronomens der III. Pers. wieder auf den
Plur.; im N. T. ist dieser Gebrauch, wie im Ev. Joh. 18. 34 ἀφ᾿
ἑαυτοῦ σὺ τοῦτο λέγεις, von zweifelhafter Sicherheit (Blass p. 163
Anm. 2). Für Joseph. hat Schmidt 368 f. die Thatsache festgestellt,
dafs im Sing. die entsprechenden Reflexivpronomina zur Anwendung
gelangen, Galen dagegen (praef. script. min. ed. Müller I p. XXXXIVf.)
hat häufig ἑαυτοῦ für ἐμαυτοῦ und σεαυτοῦ. Man sieht, die Entwicklung geht nicht geradlinig vorwärts. Unter den attizistischen
Autoritäten hat Dio Chrys. (Schm. I 82) in der allgemeinen Verwendung des Reflexivpronomen der III. Pers. grofse Weitherzigkeit
gezeigt, obschon sich auch hier ein Überwiegen der pluralischen
Formen konstatieren läfst; Lukian (Schm. I 228) scheint die Ur-
anfänge des Brauches nicht gekannt zu haben, wenigstens richtet er
sich nicht danach; Aristid. (Schm. II 19) weist nur ein — obendrein
zweifelhaftes — ἑαυτόν = ἐμαυτόν auf; ihm folgt dann Aelian mit
ebenfalls nur einem αὐτῶν = ἡμῶν αὐτῶν, und Philostr. (Schm. IV 69)
schiefslich huldigt einer weniger ängstlichen Richtung, bevorzugt
aber entschieden die plural. Formen. Auch bei Synesius fallen die
beiden sicher bezeugten Beispiele auf den Plural und zwar auf den
der I. Pers. 113. 709. 10 οὐκ ἀφειδήσομεν ἑαυτῶν; 142. 727. 3 ἑαυτοῖς οὐκ ἐπετρέψαμεν. Der einzige noch übrig bleibende Fall ist
handschriftlich unsicher: 25. 652. 3 κλέψας σαυτὸν ἀπὸ τῶν δημοσίων
liest Mon. 481 αὐτόν, Par. 1039 αὐτόν, Mon. 490 αὐτῶν. Ob in den
Varianten zu 105. 704. 49: Par. 1039 αὐτὸν statt ἐμαυτόν, und zu
73. 684. 11: Par. 1039 αὐτοῦ corr. in σαυτοῦ von später Hand: auch

Spuren vom allgemeinen Gebrauch des Reflexivpronomens zu suchen
sind? Auffallend bleibt immerhin, dafs die einhellig überlieferten
beiden Beispiele auf den Plural fallen. Darin ist gewifs eine Be-
folgung attizistischer Vorschriften und in der geringen Zahl der
Stellen die Wirkung des Beispiels von Arist. und Philostr. zu erblicken. Bei Callin. finden sich folgende Stellen: für die I. Pers.
ἑαυτῶν 105. 14; ἑαυτοῖς 133. 21; ἑαυτούς 85. 18; 92. 17; 94. 13;
133. 26; für die II. Pers. ἑαυτόν 135. 4; ἑαυτῶν 96. 13; 136. 14 (und
136. 12 cf. N. T. Phil. 2. 12). — Aufserordentlich häufig läfst Synesius das
Possessivpron. durch den Gen. des substantivischen Pron.
vertreten. Von den aufserordentlich vielen Beispielen beschränke
ich mich auf die Anführung einiger weniger. Umschreibung durch
μοῦ, wie 75. 685. 44 τοὐπίγραμμά μου; 152. 735. 3 τῆς γνώμης μου
kommt nicht häufig vor, ἡμῶν dagegen steht sehr oft z. B. 4. 645.
25; 57. 665. 2; 108. 707. 22; 67. 678. 10. Reflexives ἐμαυτοῦ steht
8. 647. 20; 44. 657. 2; 57. 669. 41; 105. 704. 12 u. s. w. Mit σοῦ
wird umschrieben 10. 648. 6; 67. 676. 28; 95. 694. 28; 123. 713. 9
u. s. w., mit ὑμῶν geschieht dies nur selten 79. 689. 21; 143. 728.
11; σεαυτοῦ umschreibt 44. 656. 26; 46. 659. 47; 73. 684. 11; 78. 687.
18; 95. 694. 8 u. s. w. Zu erwähnen ist noch die Vertretung des
Poss. pron. durch einen Präpositionalausdruck mit κατά c. acc. (cf. unten!)
— Das Possessivpron. entbehrt des Artikels 10. 647. 45 εἴπερ
εἶχον ἐντυγχάνειν ὑμετέραις ἐπιστολαῖς, ebenso 7. 647. 11; 118. 710. 28
τούτου παῖς ἐμὸς ἐξανέψιος; 145. 729. 9 οἰκέτης ἐμός, und es ist
nicht zweifelhaft, dafs an diesen vier Stellen der Wegfall des Art.
wohl begründet ist. Auch 75. 685. 47 εἰς ἐμὴν ἀδελφὴν ἐποιήθη
παρ' ἐμοῦ (sc. τοὐπίγραμμα) ist zu übersetzen: „auf eine Schwester
von mir", wozu die folgenden Worte stimmen: ταύτῃ τῇ φιλτάτῃ μοι
τῶν ἀδελφῶν u. s. w. Nach alledem ist 100. 698. 14 πάλιν γὰρ ἐμὴ
γλῶττα πρεσβεύει sehr anstöfsig und wohl die Lesart des Par. 1039
ἐμοὶ γλῶττα als die richtige anzusehen. Von den für diesen Gebrauch
von Weissenb. p. 23 aus Plutarch angeführten Beispielen ist Them.
28. 1 ohne Schwierigkeit zu erklären; eine Unregelmäfsigkeit besteht
dagegen bei Cor. 35. 18. Zu bemerken ist, dafs nach W.s Angabe
Plutarch in diesen Fällen das Pron. stets nachstellt. — ἴδιος, auch
οἰκεῖος statt eines Possessivpron., wie es in der LXX, bei Dion.
Hal., im N. T., bei Plutarch, Philo Alex., sehr oft bei Joseph. (Schmidt
p. 369) und seit dem Jahre 69 a. C. selbst auf den Inschriften zu
lesen steht, hat Synesius nicht. — ἐκεῖνος deutet (Kühner II 567f.)
auf Folgendes hin: 5. 646. 2 ἐκεῖνο δὲ εἰπεῖν ἄξιον πρὸς ὑμᾶς,
ἀδελφοί; ebenso 16. 650. 2; 49. 660. 45; 57. 663. 48; 105. 705. 6 und
24. Auch Dio Chrys., Luk., Arist., Ael. und Philostr. haben ἐκεῖνος
so verwendet. — Aufgefallen ist mir im 67. Briefe an den Patriarchen
Theophilus die Gewohnheit, ἐκεῖνος als Possessivpron. der II. Pers.

fast == σός zu verwenden.   So heißt es 675. 26 πᾶν ὅ, τι ἂν ἐκεῖνος
ὁ θρόνος θεσπίσῃ; 48 τὸν ἀρχιερατικὸν ἐκεῖνον θρόνον ἀποσημνύνων;
677. 25 ἐπιστολῇ ἐκεῖθεν ἠκούσῃ; 680. 22 τῆς εἰς τὸν θρόνον ἐκεῖνον
αἰδοῦς. — Epanaleptischen Gebrauch von ὅ δὲ habe ich bei Synesius
122. 712. 26 gefunden in der langen Periode πολλὰ κἀγαθὰ γένοιτο
τοῖς ἱερεῦσιν Ἀξιωμιτῶν, οἳ τῶν στρατιωτῶν καταδεδυκότων ἐν χηρα-
μοῖς ὁρῶν καὶ —, οἳ δὲ τὸν ἀγροῖκον λεὼν παρακαλέσαντες.....
ἡγήσαντο. Das gleiche οἳ δὲ steht auch im 4. Briefe in dem schwierigen Satz 643. 12—17. — ὅστις steht als Interrogativpron.,
wo nur von zweien die Rede ist, 1. 638. 6 ἥστινος μέν ἐστι μερίδος, — κατερεῖ (ὁ λόγος); 104. 703. 16 οὐκ ἔστι (Par. 1039 Mon.
481 ἔτι) ῥᾴδιον εἰπεῖν, ὅντινά τις ἂν (fehlt im Par. 1039 Mon. 481)
μᾶλλον ἐπήνεσε, πότερον τὸν ἵππον ἢ τὸν ἱππέα; das zweimalige
πότερον wäre allerdings nicht schön gewesen.   Fürs N. T. cf. Blass
p. 36. 5 und 172. 6! — Die Gewohnheit, statt τίς ein ποῖος eintreten zu lassen (Mull. p. 209), geht in die klassische Gräzität zurück.   Im weiteren Verlaufe hat diese Gewohnheit zur völligen Bei-
seiteschiebung von τίς geführt, das im heutigen Neugriechisch eben
durch das alte ποῖος == ποιός ersetzt ist.   In den Briefen des Synesius
findet sich dieses ποῖος 57. 666. 28 ποῖοι Ταυροσκύθαι, τίνες Λακε-
δαιμόνιοι und 98. 697. 2 περὶ ποῖα δὲ μέρη τῶν ἐπιστολῶν. — In indirekter Frage hat die Vulgärsprache gerne das Relativpronomen
an Stelle des fragenden gesetzt.   Vereinzelte Belege hierfür finden
sich schon bei Sophokles, Thukydides, Xenophon; häufiger wird dann
dieser Gebrauch bei Polyb., Plutarch, Philo Alex., im N. T. (cf.
Winer § 24. 4 und Blass p. 171 f.) und vor allem bei Josephus
(Schmidt p. 369).   Für den Attizismus weist Schm. IV 70 diese Verwendung des relativen Pron. erst bei Philostr. V. Ap. 22. 18 nach:
ἄκουε, ὅς εἰμι.   W. Schmidt spricht dieselbe auch dem Lukian zu.
Synesius hat sich diese Vertauschung mehrmals gestattet 10. 647. 46
μανθάνειν, ἐν οἷς διατρίβετε; 66. 674. 7 ὑπὲρ οὗ πεύσομαι προαφη-
γήσασθαι βούλομαι(?); 67. 681. 52 γνώμην αἰτῶν, οἷ τακτέον τὸν
ἄνδρα; ferner 94. 693. 35 und 46; 110. 708. 21; 117. 710. 23; 130.
717. 30.   Besonders lehrreich für das Schwanken ist 80. 690. 14 οὔτε
γὰρ ἐφ᾽ οἷς πρότερον ἀπῆρεν οἶδα καλῶς οὔτ᾽ ἐπὶ τίσιν — οὔτ᾽ ἐπὶ
τίσιν, ebenso 44. 659. 23. — 57. 670. 16 kann man οἷς auch als echtes
Rel.-Pron. fassen. — ὅστις steht geradezu an der Stelle von
ὅς[1] 4. 641. 15 ἡμέρα μὲν ἦν, ἥντινα ἄγουσιν οἱ Ἰουδαῖοι παρα-
σκευήν; 34. 654. 25; 57. 665. 37; 61. 673. 13; 66. 675. 1; 70. 682. 39;
79. 688. 49; 102. 700. 3; 103. 700. 11; 108. 707. 25; 136. 722. 31.
An andern Stellen, wie z. B. 4. 640. 27; 13. 649. 6; 38. 655. 6; 62.
673. 29; 79. 688. 6 ist offner oder latenter ein Gedankenzusammen-

---

[1] Vgl. dazu das unten beim Hiatus Gesagte!

hang vorhanden, der die Wahl des ὅστις rechtfertigt[1]). — Statt des einfachen ὅς steht ὅσος sicher 3. 639. 19 πλὴν εἰ μή τι λέγουσιν,
ὅσοι καὶ τὸν νυμφίον — ἀποσημνύνουσιν und 4. 645. 26 φρονῶν
ὅσα ἐγώ. 51. 666. 44 und 67. 681. 34 dagegen ist in ὅσος die alte
Bedeutung noch als lebendig anzuerkennen. — Einem τοιοῦτον
entspricht ein ὅ 44. 657. 3 συνεβούλευσά τι τοιοῦτον, ὅ γε ἀπεύ-
χομαι τοῖς ἐχθροῖς. — Das einem ἅ entsprechende τοῦτο, das
sich 95. 695. 10 οἷς γὰρ τἀναντία φησί, τοῦτο πιστοῦται findet, wird
kaum zu beanstanden sein. — Den relativen Anschlufs verwendet
Synesius sehr oft zur Verknüpfung der Sätze z. B. 3. 639. 27 ἧς (sc.
τέχνης) ἐπειδὴ τὴν ἐργασίαν κατέλυσε; 47. 660. 10 und 15 und 18;
67. 675. 32; 67. 676. 9 und 16, 677. 16, 679. 12; 73. 684. 14, 684. 23;
74. 685. 40; 78. 687. 15; 79. 687. 32; 84. 691. 19; 94. 694. 3; 101.
699. 32; 105. 704. 33; 118. 710. 29; 129. 716. 2; 132. 718. 23 und 44,
719. 28; ˙140. 725. 37; 144. 729. 3; 148. 731. 26; 154. 736. 13. Ich
habe sämtliche von mir notierte Stellen angeführt, um deutlich zu
zeigen, dafs solche Häufigkeit in der Anwendung dieser Konstruktion
nicht mehr griechisch, sondern die Folge vom Eindringen lateinischer
Sprachgewohnheiten, also ein Latinismus ist. — Die in der attischen
Diktion geläufige Verbindung οὐδεὶς ὅστις οὐ (Kühner II 2.
919 f. 5) erscheint bei Synesius einmal in der Form οὐδεὶς ὅστις
ohne οὐ 67. 678. 27 οὐδὲν ὅ, τι φρουρίον ἐκφεύγει τὸ δημόσιον
εἶναι. Das Fehlen der Negation ist nur scheinbar, dieselbe ist vielmehr als in dem Verbum ἐκφεύγει liegend zu betrachten. — Statt
einer Bedingungspartikel mit einem Indefinitum steht
das Relat. 67. 665. 29 ὅτῳ δὲ εἰπεῖν μόνον καθῆκει, ἡ πειθὼ δὲ
ἕπεται —, τίς φειδὼ ῥημάτων; und 122. 712. 40 καὶ ὅστις δὲ ἕτερος
ἀνὴρ ἀγαθὸς ἔδοξεν ἐν τῷ τότε, Φαῦστον αἰτιατέον τῶν γενομένων.
Diese Wendung ist schon bei Euripides, Thukydides und Plato häufig,
auch bei Xenophon zu beobachten (Kühner II 945 f.); 57. 669. 38
lesen meine Handschriften statt des im Texte stehenden οἵτινες: εἴ
τινες.

## B. Verbum.

## 1. Genus.

Die klare Scheidung zwischen den Formen des Akt. und
des Med. hat schon in der attischen Prosa des IV. scl. nachzulassen
begonnen (Schm. III 70), und es ist zum Teil nur eine Folge-
erscheinung des hier begonnenen Vorganges, dafs spätere Autoren
mit besonderer Zuneigung sich den Medialformen an Stelle der ak-
tivischen zuwandten. Dazu kam aber noch der Umstand, dafs die
Grammatiker, sich gegen die Entwicklung der griechischen Sprache

---

1) Über die Formen ὅπερ und ἅπερ cf. unten beim Hiatus!

spreizend, das im Absterben begriffene Medium künstlich wieder in
Aufnahme zu bringen suchten (Hatzid. p. 195). Man gab mediale
Wendungen für Attizismen aus (Moer. p. 205. 35 und 206. 1; Scho-
liasta zu Aeschin. III 41 ὑποκηρυξάμενοι ᾿Αττικῶς ἀντὶ τοῦ κηρύ-
ξαντες· χαίρουσι γὰρ ὡς ἐπὶ τὸ πλεῖστον τοῖς παθητικοῖς). Diesem
angeblichen Attizismus widerfuhr nun aber das merkwürdige Schick-
sal, dafs er bei den Attizisten selbst nur geringen Anklang fand.
Aristides hat ihn nach Schm. II 49 gar nicht, Dio (Schm. I 94),
Luk., Ael. und Philostr. (Schm. I 239; III 71; IV 74) machen von
dieser Vertauschung nur einen mäfsigen, ja sogar sehr mäfsigen
Gebrauch, im Gegensatz zu anderen nichtattizistischen Autoren, wie
Josephus (Schmidt 446), Clemens Alex. (Stählin p. 29), Polyaen
(Mal. p. 41). Synesius bietet, indem er den Gebrauch der ihm vorangehenden Attizisten nicht fortsetzt, hier eine stattliche Reihe von
Beispielen. Im·Präsens lesen wir ἀποφαίνου (44. 658. 38) τὸν ἄνδρα
ἡμίγνυον, ein auch sonst zu findendes Med., θηρώμενον (44. 659. 1)
τὴν ἀλήθειαν, auch Plato hat in diesem Sinne θηρεύομαι neben
häufigerem θηρεύω, ἰχθυώμενοι (4. 644. 11); μεταχειρίζεσθαι (4. 642.
43 und 643. 44; 57. 670. 13), das Passow s. v. μεταχειρίζω den Späteren zuweist, das aber nach Ast lex. Plat. II p. 323 bei Plato die
alleinherrschende Form ist; παρατείνοιτο (sc. ὁ πλοῦς) 32. 654. 7
neben παρέτεινε ζῶν 67. 676. 40, doch kann παρατείνοιτο wohl auch
Pass. sein; παρεχομένην (138. 724. 1 und 148. 732. 38), ein ebenfalls
im guten Griechisch sich findendes dynamisches Med., πλαττόμενοί
τινας ὀνείρους (54. 662. 26), wo aus dem Med. sich unschwer ein
Verhältnis des Interesses herauslesen läfst. Anstöfsiger ist νοεῖται
in dem Sinne von „bedeuten" (116. 710. 10), προσανακλάεσθαι (57.
667. 23 und 79. 689. 43) und schliefslich θυμῷ γὰρ ὑπηρετεῖται sc.
ἡ μάστιξ (57. 664. 18). Für dieses mediale ὑπηρετέομαι führt Passow
Beispiele aus Alkiphron 1. 11 und Heliodor 1. 4. 7. 25. 27 an. Die
Beispiele aus Synesius sind noch um zwei Fälle zu vermehren: 5.
645. 38 liest H. gegen seine Handschriften μοιχᾶν πάλιν τὴν ἐκκλησίαν; es ist aber an dem auch von meinen Handschriften gebotenen
μοιχᾶσθαι entschieden festzuhalten, ebenso mufs 32. 654. 8 das von
H.s Handschriften gebotene und auch in meinen Codices überlieferte
ἐκρυφοῖτο statt ἐκρυφοίη in den Text gesetzt werden. — Die vorkommenden Medialformen im Futur sind ἐναπομόρξῃ, λήσομαι,
περιπτύξομαι und τεθνήξομαι. ἐναπομόρξῃ lesen wir 44. 659. 30;
λήσεται = λήσει steht 154. 737. 14, von τεθνήξομαι finden sich die
Formen τεθνήξονται (79. 688. 39) und τεθνηξοίμην (4. 642. 30). Die
dorischen Formen τεθνάξονται und τεθναξόμενοι (113. 709. 22) sind
unsicher, meine Handschriften neigen den Formen mit η zu; περιπτύξομαι (123. 713. 22) gehört zu dem auch schon bei Plato vorkommenden medialen Präs. περιπτύσσομαι. — Im Aorist hat Synesius

die schon oben besprochene Form ἀπείπατο (46. 659. 38); ferner ἀρά-
μενος (66. 675. 6), vgl. dazu Phryn. Σοφιστικὴ προπαρασκευή Bekker
anecd. 10. 5: ἀράμενον φέρειν ἀττικῶς, ἡ σύνταξις δὲ εἰπεῖν ἄραντα;
διερευνήσωνται (4. 645. 1); διῳκησάμην (67. 677. 47; 674. 23 dagegen
διῳκηκότι); ἐγεννησάμην sc. λόγους (1. 638. 1; cf. Plato Symposion
210A γεννᾶν λόγους καλούς; auch Callin. V. Hyp. 56. 2 τοῦ γεννή-
σαντος αὐτά); ἐξειλόμεθα αὐτὸν στυγνοῦ βήματος (90. 692. 26 und
57. 667. 42), ἐξειλόμην = libero auch im N. T. sehr häufig, sonst
noch in einem unechten Psephisma bei Demosth. XVIII 90 und bei
Polyb. I. 11 ἐξελέσθαι τοῦ πολέμου τοὺς Μαμερτίνους; καταστησάμενος
sc. ἀσφαλῶς τἀκεῖ (104. 702. 40 und 108. 707. 30); κοίνωσαι τὸν
λόγον τοῖς Ἕλλησιν (1. 638. 14 und 101. 699. 27); ἐμισθωσάμην σοι
ναῦν (41. 655. 29); προείδετο (46. 659. 36) und προῳκονομήσατο (126.
714. 31). Dazu kommt noch ἀκούσωμαι (67. 680. 29), wenn diese Lesart des Mon. 481 und Par. 1039 richtig ist (cf. übrigens unten p. 108).
Das Med. ἀκούομαι steht bei Homer Il. 4. 331; Kühner-Bl. I 2 p. 357
führt ἠκουσάμην d. h. ἀκουσαίμαν als Form der Späteren an, Veitch s. v.
zitiert ἀκουσαίμην Mosch. 3. 121 ed. Ahrens² inc. idyll. I (Mosch. III 126)
und Rhetores 5. 1 p. 615; im Attizismus existiert dieses Med. nach Schmid
nicht. Med. Perfektformen an Stelle solcher aus dem Akt. habe ich
nicht gefunden; überhaupt scheint die in Rede stehende Substitution
sich nicht auf das Perf. erstreckt zu haben, cf. oben διῳκησάμην,
aber διῳκηκότι. — Die Verwendung von aktiven an Stelle
medialer Formen ist bei unserm Autor nicht zu beobachten. — Ebenfalls für einen Attizismus galt die Verwendung des medialen Fut.
in passivem Sinn, und thatsächlich ist ja diese Erscheinung —
innerhalb bestimmter Grenzen — in der attischen Sprache anzutreffen
(cf. Kühner II 1. 100. 4). Synesius macht einen mäfsigen Gebrauch
von dieser Ausdrucksweise; er sagt μέλλει — ταινιώσεσθαι (3. 639.
9), vielleicht nach dem Muster des von Schm. IV 75 aus Philostr.
und II 50 aus Arist. angeführten στεφανώσεσθαι, ferner lesen wir
ἀποστερήσοιτο (4. 642. 30), das pass. Fut. στερηθήσομαι ist eine späte
Form, 44. 653. 3 ἕλξῃ σιγῶν an Stelle des im Attischen nur einmal
(Aeschyl. Septem 614) begegnenden pass. Fut. und endlich 105. 706
9 ὀδυνήσομαι; ob ὀδυνηθήσομαι gebräuchlich war, ist mir nicht bekannt; θρέψεσθαι (130. 717. 1) ist auch im Attischen gebräuchlich
(Kühn.-Bl. I 2 p. 554). Für den Aor. I Med. läfst Kühner II 1 p. 103
in keinem, für den Aor. II nur in einigen wenigen Fällen die passive
Geltung im Attischen bestehen. An zwei Stellen 5. 646. 29 und 44.
656. 47 lassen sich auch bei Synesius die medialen Aoriste ἐμολύνατο
und προκαθηράμενον im medialen Sinne fassen, 57. 664. 21 καθήρασθαι διὰ δίκης τὰ ἁμαρτήματα wird diese Auffassung auf Schwierigkeiten stofsen.

## 2. Numerus.

Hier ist in Kürze vom Dual des Verbums zu handeln, und es ist die Frage dahin zu beantworten, dafs ein solcher Dual des Verbums sich nur einmal (154. 736. 18) findet in dem Satze *ἄμφω με τούτω τὼ γένη διαβεβλήκατον*. Sonst ist das Verbum konstant in die Pluralform gesetzt. Vom Verbum finitum sind zu merken die Stellen 4. 645. 6; 8. 647. 22; 79. 688. 9 u. 44; 94. 693. 47; 694. 6; 97. 696. 44; 100. 698. 4; 103. 701. 6; 104. 703. 43; 116. 710. 5; 131. 718. 5 (mit *ἄμφω*); 132. 718. 24; 137. 723. 45 (?); 139. 724. 38 u. 41; vom Verbum infinitum 4. 645. 5; 19. 650. 36; 100. 698. 2; 103. 700. 48; 104. 703. 42; 139. 125. 3 (mit *ἄμφω*); 140. 725. 15 (ebenfalls mit *ἄμφω*); 142. 727. 8 und 148. 732. 51.

## 3. Tempus.

Das historische Präsens steht oft in längeren Schilderungen, so z. B. 67. 676. 23 *ἀναδείκνυται γραμμάτιον — καὶ ἐνεύχεταί τις* in Verbindung mit anderen präteritischen Tempora; 4. 640. 18 *οὐκέτι γέλως ἦν, ἀλλ᾽ — ἀποιμώξομεν*; 4. 640. 37 *συνεπιλαμβάνει* (voraus: *ἐδύνατο*, nachher: *ἀπεκηρύττομεν*); 127. 715. 9 *νεμεσᾷ Ῥουφῖνος καὶ μέτεισι* (vorausgeht *ἦγε καὶ ἔφερε*). — Die Volkssprache hat (Blass Gramm. p. 192. 3) die im Klassischen gebräuchliche Konstruktion von *μέλλω* mit dem Inf. des Fut. aufgegeben. Synesius hat *μέλλω* mit diesem Inf. stets verbunden 3. 639. 8 *μέλλει — ταινιώσεσθαι καὶ περιελεύσεσθαι*; 4. 643. 11 *ἐμέλλομεν δὲ ἄρα ποθήσειν*, 13 *μελλούσης — συνδραμεῖσθαι*; 57. 668. 47; 93. 693. 7; 121. 711. 47 und 122. 712. 34. Demnach ist auch 140. 725. 20 statt *εἰ μὴ μέλλοιμεν αἰσχύνειν* mit Mon. 481 *αἰσχυνεῖν* zu lesen. — Auffallend, wenn auch durchaus nicht ungriechisch, ist die Verwendung des Inf. vom Aor. statt des gewöhnlicheren futurischen an zwei Stellen des 110. Briefes. Dort heifst es 708. 16 *οὓς* (sc. *Μαρκομάννους*) *εἰκὸς ἡμῖν ἐστι καὶ πρότερον ἀγαθοὺς στρατιώτας ὄντας νῦν — μέγα καὶ γενναῖον ἔργον ἐπιδείξασθαι* (v. l. *ἀποδείξασθαι*) und 37 *εἰκός ἐστι κορώνης ἐνιαυτοὺς ἄρξαι παρ᾽ ἡμῖν τὸν δικαιότατον ἄρχοντα*. Dies sind die beiden einzigen derartigen Beispiele aus Synesius, beide in Abhängigkeit von einem *εἰκός ἐστι*. Die Wahl des Aor. ist veranlafst gewesen durch die Absicht, die Handlung deutlich hervorzuheben (Kühner II 1. 389. 7 d). — Der Ausgleich zwischen Aorist und Perfekt, der in der Koine vor sich ging und schliefslich den Verlust des Perf. im heutigen Neugriechischen herbeigeführt hat, hat seine Schatten auch in die Kunstsprache der Attizisten geworfen. Unter ihnen hat allein Arist. mit grofser Sorgfalt sich um die reinliche Scheidung der beiden Zeitsphären bemüht. Wie weit zu Synesius' Zeiten die Konfusion bereits vorgedrungen war,

zeigen die Worte seines Zeitgenossen Ammonius p. 22 ed. Valck.:
ἀπέθανε καὶ τέθνηκε διαφέρει. ἀπέθανε μὲν νῦν, τέθνηκε δὲ πάλαι,
ὡς περιεπάτησε μὲν ὁ δεῖνα σήμερον, περιπεπάτηκε δὲ πάλαι. Synesius selbst befleifsigt sich noch im allgemeinen der alten Korrektheit, doch sind auch ihm einzelne Verstöfse untergelaufen. So schreibt
er 4. 640. 31 συννενοηκότων δὲ ἡμῶν — ἀπέστη; 50. 661. 10 εἰ καὶ
μὴ πεποίηκεν; 57. 663. 33 γέγονε δίκη θεοῦ; 57. 664. 16 τὸν Ἀβραὰμ
ἡ φιλοξενία θεοῦ πεποίηκεν ἑστιάτορα und 57. 665. 21 ἀσυντελῆ με
πεποίηκεν ὁ θέος (in Umgebung von lauter Aoristen). Der falsche
Gebrauch des Perf. im Verb. finit. beschränkt sich also, soweit derselbe handschriftlich verbürgt ist, auf γίγνομαι und ποιέω; von
letzterem Verb. behauptet auch Reffel p. 17 f., dafs es von Agathias
mit Vorliebe in das Perf. statt in den Aor. gesetzt werde. Zweifelhaft ist bei Synesius 4. 643. 26 ἐπεὶ δὲ οὐκ ἀπώλεσεν, wo Par. 1039
und Mon. 481 ἀπολώλεκεν überliefert. An der genannten Stelle steht
das Perf. statt eines Aor., es findet sich auch, und zwar so häufiger,
neben einem Aor. 4. 641. 2 τὸ ἱστίον ἔμπαλιν ὤθησε (ἄνεμος) καὶ τὰ
κυρτὰ κοῖλα πεποίηκεν (ποιέω!), 32. 653. 30 καὶ γὰρ ἔφυ καὶ τέθραπ-
ται κακῶς καὶ — οὐκ ἀπέτυχεν; 7. 647. 3 ἔπειτα πέφηνεν ὁ λόγος
ψευδὴς καὶ — παμπόνηρος ἄνθρωπος — ᾖρεν ἐπὶ μέγα; 47. 660. 16
καὶ συνηγανακτηκότι — καὶ ὑπηρετήσαντι; 55. 662. 45 προὔπεμψα καὶ
διείλεγμαι; 66. 674. 19 διέμεινε — καὶ γέγονε; 67. 678. 1 διαιτᾶν
ἠνεσχόμην καὶ δέδωκα; 103. 700. 10 ἐξεδέξω — καὶ κατηγόρηκας; 129.
716. 5 κατέβην ἐπὶ θάλατταν καὶ — διείλεγμαι. Bis zu einem gewissen Grade mag an diesen Perfektformen die Thatsache schuld
sein, dafs manche Aoriste, z. B. διελέχθην nicht mehr im Gebrauche
standen. Schwankend ist die Überlieferung 98. 697. 7 ἐξηρτήσω σαυτοῦ καὶ ἐποίησας εἶναι σούς (Par. 1039, Mon. 481. 490 πεποίηκας). —
Umgekehrt steht statt eines zu erwartenden Perfekts der Aorist.:
3. 639. 28 ἐπειδὴ — κατέλυσε, παιδοτριβεῖ; 4. 640. 1 τὴν μὲν ἔχοντες
ἀπελίπομεν; 5. 645. 5 θεραπαινίδιον, ὃ συνελθοῦσαι τέχνη καὶ φύσις
— ἔντομον ἔδειξαν und 44. 656. 24 σὺ διεχρήσω τὸν μακαρίτην Αἰμί-
λιον. — In der Koine wurde das Impf. allgemeines Präteritum und
verdrängte so den Aor. Nach den Beobachtungen Schmids ist der
Attizismus in diesem Punkte stark genug gewesen, sich von der ein-
dringenden Korruption rein zu erhalten; wenigstens führt er nur aus
Ael. (III 75) ein Beispiel für die Koordination von Imperfekt und
Aorist an. Eine so förmliche Koordination, durch die also in einem
Satzgefüge Aor. und Impf. neben einander zu stehen kämen, habe ich
mir aus Synesius nicht notiert; dagegen sind einige Stellen zu erwähnen, an denen thatsächlich das Impf. die Stelle eines Aor. vertritt, so 4. 642. 45 ἀνελαμβάνομεν δὲ αὐτὸ (ἱστίον) καθάπερ τῶν
χιτώνων τοὺς κόλπους; 57. 665. 23 ἐδίδου γὰρ ὁ θεὸς δύνασθαί τε
τὰ μέγιστα καὶ — βούλεσθαι; 58. 671. 4 ἐνταῦθα δὲ ἡ γλῶττα τῇ

7*

γνώμῃ συνέβαινε (das vorangehende ἐκηρύττετο ist nicht zu bean-
stanuden); 66. 674. 25 βιβλίον ἀνέγνων, ὃ πρὸς τὸν μακάριον — Ἀττικὸν ἔγραφες und 101. 698. 27 τὰς κυνηγητικὰς ᾔτεις τὰς ἐμάς. Mit
andern Stellen, wie 4. 639. 39; 640. 37; 643. 1 (Par. 1039, Mon. 481. 490
περιεβάλλομεν); 57. 666. 31; 95. 695. 39, 44 und 49; 104. 702. 5 und 148.
731. 44 und 732. 5, sämtlich Bestandteilen längerer anschaulicher
Schilderungen, wird es wohl seine Richtigkeit haben. — Die nichtklassische Verwendung des Futurs im imperat. Sinne findet
sich bei Synesius 18. 650. 33; 27. 652. 18; 44. 659. 10; 61. 673. 15, 21
und 22; 68. 682. 17; 99. 697. 46 und 154. 737. 29. Diese Fälle sind
sämtlich positiv; bei negativer Wendung steht 58. 671. 43 μήτε ζῶντας
αὐτοὺς προσεροῦσι μήτε τελευτήσαντας συμπροπέμψουσιν, 67. 677. 48
dagegen die auch im N. T. (Blass p. 204. 3) gebräuchliche Negation οὐ:
οὐκ ἀγνοήσεις, ὅντινα τύπον ἕκαστον εὕρετο. — Einen starken, aber
durchaus nicht zu verabscheuenden Wechsel zwischen Futur und
Präsens würde die Überlieferung des Par. 1039 und Mon. 481 (490—)
bringen, wenn wir nach derselben 67. 680. 37 εἰ προσπελάσει — τὸ χρεὼν
καὶ ἡ κυρία παρεῖναι δοκεῖ lesen würden. H.s Text δόξει ist willkür-
lich geändert, Migne d. h. Petau hat δόξειε geschrieben. — Die Gewohnheit, auf unpersönliche Ausdrücke den Infinitiv des Perfekts
folgen zu lassen, ist von Schm. bei Luk. (I 241), Arist. und Dio (II 53),
Ael. und Philostr. (III 74 und IV 77) beobachtet worden. Für Agathias
konstatiert diesen Gebrauch noch Reffel p. 19, z. B. 50. 18 ἐν ἐρύ-
ματος μοίρᾳ τετάχθαι — τὰ στρατεύματα χρῆναι ἡγεῖτο, 169. 13 φημὶ δὲ
δεῖν πεπαῦσθαι τὸ λοιπὸν τῆς πρὸς Ῥωμαίους διαφορᾶς. So sagt auch
Synesius nach δεῖ: 29. 652. 30 εἰ δεῖ πεπαῦσθαι κἀμὲ κοπτόμενον
ὑπὸ πολλῶν; 73. 684. 25 ἔδει μὲν ἄρδην ἀνῃρῆσθαι τὴν πρὸς Κυρήνῃ
Πεντάπολιν; 93. 693. 17 Εὐόπτιον γὰρ ἐν ἀδελφοῖς ἔδει τετάχθαι τοῖς
σοῖς und 154. 737. 22 ἣ (sc. νύξ) καὶ τὴν ὄψιν ἤνεγκε τὴν περὶ τοῦ
δεῖν αὐτὸ συγγεγράφθαι. Ein solches δεῖν ist wohl auch 95. 695. 44
zu ergänzen: ἔγραφον ὑπὲρ τοῦ λελύσθαι τὴν παρ' ἡμῖν στρατηγίαν,
auch 19. 650. 35 vermag ich nicht ohne gleiche Zuhilfenahme zu erklären: οὐκ ἐν αἰτίᾳ μοι δοκῶ πεποιῆσθαι (sc. δεῖν) τὴν κοινωνίαν
τῆς ἐπιστολῆς: „ich glaube (δοκῶ in dieser Bedeutung auch 7. 646.
49; 12. 648. 36; 72. 683. 17; 101. 699. 4 u. s. w.) nicht, daſs man mir
zur Schuld machen darf". Die Ergänzung von δεῖν bietet ja keine
Schwierigkeiten (Kühner II 2. 577 Anm. 2). Nach ἔστιν „es ist möglich" steht der Inf. Perf. 73. 685. 2 ἀλλ' ἐν τούτῳ γὰρ ἔστιν (so ist
zu schreiben!) ἔθνους ὁλοκλήρου πεποιῆσθαι φροντίδα. Zu den
Fällen mit einem Inf. des Perf. nach unpersönlichem Verbum ist wohl
auch 78. 686. 33 zu zählen, wo es heiſst: οὐδὲν ἂν γένοιτο — λυσι-
τελέστερον τοῦ τοὺς — Οὐννιγάρδας προτετιμῆσθαι. — Präsentische
Perfekte haben die Attizisten von Lukian bis auf Philostratus in
steigender Anzahl verwendet, auch die auſserattizistische Litteratur

(Polyaen, Philo Alex., Josephus) weist diesen Gebrauch auf. Nach Abzug der schon oben behandelten von einem unpersönlichen Ausdrucke abhängigen Perfektformen bleiben bei Synesius noch folgende Formen übrig: ἀνατετράφθαι 4. 641. 4; ἀνῃρῆσθω 5. 646. 4; ἀπεληλάσθωσαν 5. 646. 25; ἀπηλλάχθαι 67. 681. 14; γεγονέναι 47. 660 25; διατετειχίσθω 50. 661. 22; ἐκπεπλύσθαι 44. 657. 20; ἥγημαι 67. 679. 3; 105. 705. 34; ἥγηνται 109. 707. 41; 137. 723. 38; 148. 733. 42; τῶν ἠγνοηκότων 57. 666. 38; κεκολάσθαι 44. 658. 16; κεχρῆσθω 57. 668. 16; κεχρῆσθαι 4. 642. 42; 41. 655. 32; 148. 731. 21; προσειρήσθω 4. 645. 27 und προσείρησθε 19. 650. 37; συντετάχθαι 130. 716. 51; τετάχθαι 95. 695. 48; τεθαρρηκώς 144. 728. 35; τεθνάναι 4. 642. 47; ὑποβεβλῆσθαι 61. 672. 29. — Eine Fortbildung dieses präsentischen Perf. ist der Gebrauch des Plusquamperfekts im Sinne eines Imperfekts (oder Aor.). So schreibt Synesius 4. 642. 20 ἐξῄρτητο; 4. 643. 21 ἐγεγόνει; 67. 678. 13 und 138. 723. 50 ἐπεποίητο; 104. 701. 52 συνηγορήκει; 144. 728. 38 ἐγεγράφεις (καὶ ᾔτεις). Man sieht, die Verwendung des Plqptkt. ist bei Synesius weit seltner als die entsprechende des Perf., ebenso wie bei den übrigen Attizisten, von denen sogar Ael. ein imperfekt. (oder aoristisch.) Plqpft. gar nicht hat, während die analogen Perfekte sich in grofser Zahl finden. Auch Arist. hat nur ein solches Plqpft. — Das III. Futur des Pass. an Stelle des I. war eine bei den Attizisten sehr beliebte Wendung; sie gewann aber erst bei Lukian weitere Ansdehnung. Synesius macht nur einen beschränkten Gebrauch von dieser Ausdrucksweise: τετάξεται 58. 671. 50; διαγεγράψεται 154. 737. 11; dazu kommt das schon oben genannte τεθνήξομαι; δεδήσομαι ist an zwei Stellen (32. 654. 19 und 44. 659. 10) unsicher überliefert; an der ersten Stelle hat Par. 1039 δεδήσεται mit von späterer Hand geschriebenem ϑ, Mon. 481 hat δεδέσεται, aber ἐ steht auf radierter Stelle; 44. 659. 10 bieten Par. 1039 und Mon. 481 die Form δεδήσεται. 27. 652. 22 hat Par. 1039 neben der Vulgata πέπανται noch die Variante ⨍ πεπαύσεται von andrer Hand beigeschrieben. Das bei allen Attizisten gebräuchliche εἰρήσομαι fehlt bei Synesius ganz. — Die Umschreibung eines einfachen Verbalausdruckes durch εἰμί (und zuweilen auch γίγνομαι) mit dem Part. des entsprechenden Verbs, das von Lesbonax in calce Ammonii p. 179 sogen. σχῆμα Χαλκιδιακόν, hat schon in früher, noch klassischer Zeit der analytischen Tendenz der Volkssprache in der Schriftsprache Geltung verschafft. Nach Kühner II 1. 35 Anm. 3, Blass Att. Bereds. I² 128 und Classen-Steup zu Thuk. II 12. 2 bei Schm. III 113 sind nur die Umschreibungen mit εἰμί und dem Part. des Präs. und des Perf. der klassischen Prosa zuzuerkennen, die gleiche Periphrase mit dem Part. des Aor. hingegen wäre dichterisch. Auf Inschriften ist nach Lautens. p. 24 die Umschreibung des Konj. Perf. im Akt. und Pass. die alleinherrschende Ausdrucksweise. Indem wir zu den Beobachtungen über den Gebrauch des Synesius übergehen, betrachten wir zunächt die Umschreibung indikativischer Verbalausdrücke. 1. Part. Präs. a) Partizipien, welche Adjektivbedeutung angenommen haben: 4. 643. 12 ἦν τρισκαιδεκάτη — καὶ δέον; 4. 645. 16 νῦν ἐπειδὴ ἐξόν (mit zu ergänzendem ἐστίν); 93. 691. 9 πρέπων ἐστί (cf. Ev. Matth. 3, 15 πρέπον ἐστίν); 107. 707. 3 οὐκ ἐξόν (erg. ἐστίν), ἀποθνήσκειν δ' ἐξόν (erg. ἐστίν); 143. 727. 49 πρέποντα (ἐστίν); 146. 730. 18 οὐ πρέπον (sc. ἐστίν). b) Wirkliche Partizipien finden sich im Präs. mit εἰμί nicht. 2. Part. Perf. 21. 651. 13; 67. 681. 13 und 119. 710. 44 πεποιηκὼς ἔσῃ; 21. 651. 14 (ἔσῃ) κεχαρισμένος; 154. 735. 26 γεγονότες erg. εἰσίν. 3. Part. Aor. 57. 670. 6 γενόμενον ἦν; 58. 671. 6 ἦν εὑρόμενος; 51. 661. 47 ἀποβιβασθέντες ἦμεν. Zu diesen Umschreibungen mit εἶναι kommt noch eine mit γίνομαι 104. 702. 51 καταβαίνοντες ἐγενόμεθα. Auf dem Gebiet der Periphrasen von indikativischen Verbalausdrücken ist zu bemerken, dafs Synesius von den an die Adjektivgeltung grenzenden Part. Präs. einen besonders reichlichen und durch die häufige Auslassung von εἰμί auch ziemlich freien Gebrauch gemacht hat. Die aoristischen und auch die perfektischen Part. kommen nur selten, die letzteren unter fünf Fällen viermal zur Umschreibung des, wie oben p. 54 gesagt, bei Synesius nicht beliebten III. Fut. Akt. und der gleichen nicht bildbaren Zeit von χαρίζομαι vor; γίγνομαι wird nur einmal in Anwendung gebracht. — Von nichtindikativischen Umschreibungen sind folgende zu bemerken: 1. Part. Präs. 126. 714. 44 εἴην ἐπιβαλλόμενος; 145. 729. 25 ὁμολογοῦντας εἶναι; 147. 730. 45 ἀνακείμενον εἴη. 2. Part. Perf. 65. 674. 5 ἵνα — ἧς εἰληφώς — ἀπειληφώς; 104. 702. 11 κατεαγὼς εἴη; 147. 731. 4 ἵνα μὴ — ὦμεν κατατετριφότες; 152. 735. 9 ἐξευρηκώς τε ἔστω καὶ εἰρηκώς. 3. Part. Aor. 57. 669. 38 ἀλλ' οἵτινες (v. l. εἴ τινες) εἶεν ἢ φύσεως λαχόντες ἢ ἀγωγῆς εὐτυχήσαντες. Eine besondere Färbung des Gedankenverhältnisses, um derentwillen sich die periphrastische Ausdrucksweise als willkommen erwiesen hätte, wird sich, mit Ausnahme allenfalls der III. Futura, nirgends konstatieren lassen. Bei Callin. V. Hyp. stehen folgende Umschreibungen: ἦσαν φοβούμενοι, ἦν ἐξόν, ἦν γινώσκων, dann ἦν ἡγιασμένος, ἦν πυρέξας, ἦν ὀφθαλμιάσας.

## 4. Modus.

Einen Konjunktiv mit ἄν statt des erwarteten Optativs mit ἄν bietet die Überlieferung meiner Handschriften Par. 1039. Mon. 481 (490 —) an der Stelle 67. 677. 2 in den Worten: τὰ μὲν ἄλλα, ὁποῖον ἄν γένηται, παίδευμα τοῦ Χριστοῦ, τὰ δὲ εἰς τὸ ἄρχειν καὶ ἄρχεσθαι θαρραλεώτερος μᾶλλον ἢ νομιμώτερος. H. schreibt ὁποῖον ἄν γένοιτο und hat in seinem Apparat leider keine Notiz über

die Lesart seiner Handschriften. Dafs solche Konjunktive im nachklassischen Griechisch Eingang gefunden haben, ist sicher; ich selbst
habe im Philopatris (wohl ins Mittelalter gehörig!) 26.615 einen solchen
Fall gefunden οὐκ ἄν ποτε — ἐξιχνεύσητε, bei Callin. V. Hyp. 97.
15 liest P. ὡς ἄν τις ἴδῃ und, um das Nächstliegende anzuführen,
Synesius selbst hat in seiner nichtepistularen Schriftstellerei solche
Strukturen mit unterlaufen lassen, cf. de reg. XI 11 C ἐραστὸς ἄν εἴη,
wo alle Handschriften ἄν ᾖ haben, XVI 16 C οὐδ᾽ ἄν ἐμπεριπατή-
σητε κατὰ φύσιν ἐχούσῃ τῇ γῇ; Aeg. II 7. 127 B πῶς γὰρ ἄν
(cf. Apparat) ἐν ὦσιν. Aber die sonst beobachtete stilistische Verschiedenheit der Briefe von den übrigen Schriften unsres Autors gibt
mir nicht den Mut, mich für die ungewöhnliche Konstruktion auch
in den Briefen zu entscheiden. Es möge genügen, für künftige Kollationen auf diesen Punkt hingewiesen zu haben. Bei Mc. Diaconus
lesen wir 2. 7 ποίαν οὐκ ἄν δικαίως παράσχω δίκην. Ebensowenig
kann eine Entscheidung getroffen werden über die Frage, ob 91. 692.
41 ὡς ἄν εἴπῃ τις mit Par. 1039 oder mit Mon. 481 und H. ὡς ἄν
εἴποι τις zu lesen ist. — Der deliberative Konj. wird durch
den Opt. mit ἄν vertreten im unabhängigen Satz: 66. 674. 22 τί
δ᾽ ἄν διηγοίμην εἰδότι; und 110. 708. 22 τὰ μὲν οὖν ἄλλα τί ἄν δέοι
πρός σε γράφειν; ebenso in der Abhängigkeit von einem präsentischen
Hauptverbum 67. 677. 38 κἀγὼ τὸν νεανίσκον οὐκ οἶδα πότερον ἐπ-
αινέσαιμ᾽ ἄν ἢ μακαρίσαιμι. In Abhängigkeit von οὐκ ἔχω ὅπως
lesen wir 4. 643. 35 θροῦς ἤρθη πολύς — ἡμῶν δὲ ἐξ ἀπειρίας τὼ
χεῖρ᾽ ἐπικροτούντων καὶ — οὐκ ἐχόντων ὅπως χρησώμεθα τῷ πλήθει
τῆς χαρᾶς. So schreibt H., aber gegen seine Handschriften, die nach
Ausweis seines Apparats χρησόμεθα bieten. Auch nach meinen Kollationen haben so Par. 1039 und Mon. 490; ich sehe keinen Grund,
warum an dem unanstöfsigen χρησόμεθα geändert werden sollte.
Abhängig von einem οὐκ ἔστιν ὅπως finden wir den Deliberativ
57. 669. 46 in den Worten ὅστις δὲ πρὸς μὲν σχολὴν ἀνοικείως
ἔχει καὶ οὐκ ἔστιν ὅπως ἄν τῷ σχολάζοντι χρήσαιτο, derselbe wäre
hier ebenfalls durch Opt. mit ἄν vertreten. Allein H. gesteht in
seinem Apparat, das ἄν eigenmächtig eingeschoben zu haben. Meine
drei Handschriften lassen diese Partikel ebenfalls weg, und es ist
auch wirklich keine Notwendigkeit vorhanden, das fehlende ἄν zu er-
setzen, wenn wir bedenken, dafs solche Optative ohne ἄν zuweilen aus
dem allerdings nicht häufigen Gebrauch in direkten Fragen auch in
die indirekte Frage übergegangen sind (cf. Kühner II 1. 193 Anm. 2
mit dem dort angeführten Beispiel aus Eur. Alk. 52 ἔστ᾽ οὖν ὅπως
Ἄλκηστις εἰς γῆρας μόλοι;). Vgl. unten p. 113 beim abhängigen Fragesatz! — Indem wir zum Optativ übergehen, betrachten wir zunächst
den Potentialis. Der Potentialis hat schon bei Luk. öfters (Schm. I 245)
das ἄν verloren, auch bei Philostr. (Schm. IV 89) ist diese Erscheinung

nicht selten zu beobachten. Kühner II 1. 191. 3 führt eine Anzahl solcher
Fälle vor allem aus Homer und den Tragikern, auch aus Plato einige
an. Die Fälle, in denen diese Konstruktion bei Synesius gut bezeugt
scheint, sind 67. 681. 39 ταχὺ γὰρ ἂν ἐπανέλθοιεν, ἄν fehlt in Par. 1039,
Mon. 481; 490 hat den Brief nicht; 133. 720. 38 τόξα μὲν οὖν κἂν
ἑτέρωθεν ὠνησαίμην, so H. nur mit dem Par. 1040 nach der Angabe
im Apparat, während seine übrigen Handschriften, wie auch mein
Par. 1039 und Mon. 481 (490 —) καί lesen; 139. 724. 30 οὐ μὴν αἰσχυν-
θείην ἂν ἀληθῆ λέγων, wo meine drei Handschriften und nach H.s
Apparat auch seine sämtlichen mit Ausnahme eines einzigen (Par. 1040),
das ἄν weglassen; 140. 725. 47 schreibt H. ἅψαιο δ᾽ ἂν αὐτῆς, ent-
nimmt aber das ἄν an Stelle eines οὖν der Aldina, οὖν hat auch mein
Mon. 481, im Par. 1039 ist οὖν von später Hand in ἄν korrigiert,
Mon. 490 hat es. 144. 730. 44 steht zu lesen τῇ γὰρ φανοτάτῃ φύσει
μᾶλλον ἂν ἀνακείμενον εἴη τὸ — καθαρόν. H. behauptet, die Partikel wieder nur aus seinem Par. 1040 zu haben; mein Mon. 481 hat
ἄν nicht, im Par. 1039 ist es von später Hand eingesetzt, 490 fehlt.
Ganz unmöglich ist dagegen der Opt. ohne ἄν m. E. 61. 673. 8 χαλε-
πῶς δὲ ἅπαντα ταὐτῷ συγκυροῖ, wie nach H.s Angabe seine sämtlichen Codices hätten; Par. 1039, Mon. 481 haben trotz seiner Ver-
sicherung συγκυρεῖ; die Form συγκυροῖ wäre bei Synesius ein Uni-
kum (cf. oben p. 56). Auf schwachen Füßen scheint mir auch 32.
653. 36 die von Par. 1039 gebotene Variante πρέποι statt πρέπει
zu stehen; 67. 681. 42 hat von meinen Handschriften nur Mon. 481
δέξαιντο γάρ ohne ἄν (Mon. 490 —); H. behauptet allerdings, das ἄν
nur e margine Petavii zu haben. Siehe übrigens auch p. 131! — Nicht
besonders häufig ist bei Synesius die Verwendung des Opt. nach
einer Zweckpartikel, auch ohne Präzedenz eines historischen Tempus,
eine Gewohnheit, der sonst die Attizisten sehr huldigen. So mit ἵνα
67. 680. 18 und 681. 27; 96. 696. 20; 154. 736. 29; neben einem Konj. 4.
644. 36 und 67. 680. 15; mit ὅπως 81. 690. 43; mit ὡς 30. 653. 5.
Ungleich häufiger wird ἵνα mit dem Konj. nach Haupt- und nach
Nebenzeiten gebraucht; ἵνα mit Konj. nach Hauptzeiten 4. 640. 3; 4.
640. 53 (v. l.); 6. 646. 37; 32. 654. 17 (v. l.); 47. 660. 21; 57. 665. 5,
9, 31 u. 41 (v. l.); 57. 667. 31; 64. 674. 3; 67. 681. 4 u. 6; 99. 697.
22 u. 29; 104. 703. 47; 105. 704. 33; 117. 710. 24; 120. 711. 14 u. 17;
126. 714. 39; 129. 716. 7; 133. 720. 14; 140. 726. 1; 146. 730. 6; 147.
731. 4; 148. 731. 35; ἵνα mit Konj. nach Nebenzeiten: 3. 638. 35; 4.
641. 33; 6. 646. 39; 65. 674. 5; 67. 676. 9; 79. 688. 53 (v. l.); 101. 699.
36; 105. 705. 11; 130. 716. 45; 139. 724. 39; 142. 726. 47 und 154.
737. 31. Dreimal ist mir in den Briefen des Synesius ein Wechsel
zwischen dem Ind. Fut. und dem Opt. Aor. aufgestoßen. Die Stellen
lauten: 50. 661. 31 ἀτυχέστατος μεντἂν εἴην, εἰ — στεροίμην, μετέχοιμι — καὶ — περιεργάσομαι; 121. 711. 3 καλὸν οὖν, εἰ πάντα εὐθε-

τήσας ἐκκορήσειάς τε καὶ ἐκπλυνεῖς καὶ ἐνθυμιάσειας τὸ δωμάτιον und 140. 725. 41 γένοιτο δ᾽ ἂν οὐ μάτην, εἰ πρῶτον μὲν ἐπιδοθείη (ἡ ἐπιστολή), τὸ δ᾽ ἐπὶ τούτῳ καὶ τούτου σεμνότερον, κατανουθετήσει καὶ παιδαγωγήσει καὶ πείσει. Die Verbindung des Ind. Fut. mit dem Opt. Aor. war sonst besonders in kondizionalen Satzgefügen beliebt, in der Weise, daß auf ein εἰ mit Opt. (Aor.) im Hauptsatz der Ind. Fut. folgte. Für Agath. hat Reffel p. 24 ebenfalls auf die zahlreichen Fälle hingewiesen, in denen auf einen Ind. Fut. ein Opt. mit oder ohne ἄν folgt, z. B. 191. 17 τὴν ὁμοίαν ἀποίσονται δόξαν καὶ ἐς ἐκείνους ἀνενεχθείη τὸ πέρας oder mit εἰ 106. 7 εἴ γε ὅτῳ-δηοῦν τρόπῳ διαλύσει τὴν φρουράν — καὶ ἠρέμα ἀπώσοιτο, wo man gegen die Überlieferung glaubte διαλύσοι lesen zu müssen, und 302. 17 εἴ γε τὸ τεῖχος καθέλοι καὶ τοῖς ἔνδον ὁμιλήσει χωρίοις. Ähnlichen Wechsel der Tempora und Modi zeigen folgende Sätze: 9. 647. 33 τά τε γὰρ ἄλλα κέρδος ἂν εἴης σωζόμενος καὶ μεγίστη προσθήκη — γίνεται; 16. 650. 6 ὑγιαίνοις καὶ ἄσπασαι; 104. 702. 10 φήμας δὲ ὑπέ-πεμπε νῦν μὲν, ὡς κατεαγὼς εἴη καὶ διαπρίεται τὸ σκέλος, νῦν δὲ ὡς τὸ ἄσθμα νοσεῖ, νῦν δὲ ὡς ἄλλο τι κακὸν ἐξαίσιον ἔχει (Par. 1039, Mon. 481 ἔχοι). — Von Imperativen des med. Perf. ist in Syne-sius' Briefen nur die Form δέδεξο (85. 691. 21) aufzuweisen. — Ab-solute Infinitive galten, wohl wegen der ihnen inne wohnenden Kürze des Ausdrucks, für Attizismen (Moer. p. 210. 14). Bei Syne-sius findet sich 57. 663. 47 ὡς εἰπεῖν; 57. 664. 6 καθάπαξ εἰπεῖν; 66. 674. 25 πρὸς τὸν μακάριον ἐμοὶ δοκεῖν Ἀττικόν; 79. 690. 7 οὓς ἐμοὶ δοκεῖν ἂν καὶ ὅστις δαιμόνων ἠλέησεν; 108. 707. 21 ὡς εἰκάσαι und ebenso 4. 644. 42; 110. 708. 26 μικρὸν εἰπεῖν. — Das von Schm. IV 81 aus dem Auctor περὶ ὕψους angeführte eingeschobene ἐμοὶ δοκεῖ (die daselbst gezogene Schlußfolgerung ist doch zu kühn) steht bei Synesius 27. 652. 18 ὁ δὲ θεσπέσιος Ἀμυντιανὸς — τυχὼν ἀμείνονος λήξεως ἐμοὶ δοκεῖ πάρεστι; Par. 1039 hat dafür von jüngerer Hand δοκεῖν korrigiert (cf. unten beim Hiatus!). — Nach οἷος und ὅσος, ebenso nach dem adverbialen ὅσον steht der Inf. 4. 643. 32 ἐλάθομεν ἐγχρίμψαντες — πέτρᾳ προβεβλημένῃ τῆς γῆς (sc. τοσοῦτον) ὅσον εἶναι βραχεῖαν χερρόνησον; 11. 648. 19 τοσοῦτον ὁμιλήσας φρον-τίσιν ὅσον ἀφοσιώσασθαι τῷ μετὰ σώματος βίῳ; 25. 652. 3 κλέψας σαυτὸν ἀπὸ τῶν δημοσίων χρόνον ὅσον ἀρκέσαι πρὸς μῆκος ἐπιστο-λῆς; 50. 661. 20 τοιοῦτοί γε ἦσαν οἷοι τὰ πλεῖστα ψεύδεσθαι; 51. 661. 38 ἐνδιατρίψαντες δὲ ὅσον ὕδωρ πιεῖν καὶ ὑδρεύσασθαι; 61. 672. 29; 67. 676. 45; 90. 692. 18; 146. 730. 9 καὶ γέγονα τῆς — κολακείας ἥττων τοσοῦτον ὅσον αἰσχύνεσθαι; 148. 733. 1 τοιοῦτόν ἐστιν (τὸ μέλι) οἷον παρόντος οὐδὲν δεῖν τοῦ ξένου χυμοῦ. — Bei Aelian folgt in einigen Fällen der Inf. auf die verba sentiendi οἶδα, πυν-θάνομαι, γνωρίζω (Schm. III 80). Synesius hat meines Wissens nichts derartiges; ebensowenig ist in seinen Briefen ein νομίζω, οἴομαι, ἐλπίζω oder πείθομαι (Schm. I 101 u. 242; III 80) mit ὅτι konstruiert. Attisch korrekt steht z. B. 12. 648. 41 τὸν ὅσιον ἱερέα νόμιζέ σοι δεδωκέναι. Unter den Attizisten hat nur Arist. seine Sprache von diesem in der Koine und bei den nichtattizistischen Schriftstellern sehr häufigen Fehler frei erhalten. Dagegen hat Synesius, ähnlich wie Arist. (Schm. II 57) δείδω mit dem Inf. verbindet, einen Akk. m. Inf. nach dem Subst. δέος 4. 642. 37 καὶ ὑφώρμει δέος — οὕτως ἔχοντας ἐν νυκτὶ πελάζειν τῇ γῇ. Hier ist auch das Fehlen des Subjektsakkus. ἡμᾶς zu bemerken. Kühner, der II 2. 1045 den Gebrauch des Inf. nach den Verben des Fürchtens behandelt, lehrt, dafs dieser Gebrauch bei verschiedenem Subj. selten sei (cf. auch Classen zu Thukyd. I 136. 1). — Einen Akkus. m. Inf. bei gleichem Subj. des Haupt- und Nebensatzes habe ich nicht gefunden; wohl aber ist mir ein Beispiel begegnet, in dem der Nom. m. Inf. statt der entsprechenden Konstruktion mit dem Akk. eingetreten ist: 57. 665. 11 stehen die Worte ἐμοὶ παιδόθεν παρέστη θεῖον ἀγαθὸν εἶναι σχολὴ καὶ τοῦ ζῆν εὐμάρεια. Die aus Arist. 46. 157. 193 bei Schm. II 141 und aus Philostratus (Schm. IV 213) angeführten Stellen decken sich mit der unsrigen nicht. Bei Synesius scheint mehr eine persönliche Konstruktion anstatt der unpersönlichen vorzuliegen, so, dafs παρίσταται dem Sinne eines δοκεῖ gleichkommt. Vielleicht liegt die persönliche Konstruktion von παρίσταται auch schon bei Plato, Phaedo 58 E vor. Ähnlich persönlich konstruiert steht auch συμβαίνει 67. 679. 13 in dem Satz κἂν συμβῇ ἐνῳκηκὸς (τὸ πνεῦμα τὸ ἅγιον), ἐξοικίζεται cf. Plato Phaedo 67 C κάθαρσις δὲ εἶναι ἄρα οὐ τοῦτο ξυμβαίνει, ὅπερ πάλαι ἐν τῷ λόγῳ λέγεται, wo Stallbaum noch mehr Beispiele aus Plato anführt und (für Plato) die Regel aufstellt, dafs diese persönliche Konstruktion von συμβαίνω bei dem Verbum vorausgehendem Subj. eintritt; dem widerspricht aber Cratyl. 396 B und andere Stellen (cf. Kühner II 2. 621 f. 9). — Den substantivierten Inf. hat Synesius an einer Unzahl von Stellen gewählt; zum Teil steht der Artikel vor dem Inf. in Fällen, in denen dieser Zusatz auch ohne Trübung des Sinnes hätte wegbleiben können; es sind dies die Fälle, in denen der Inf. die Geltung eines Subjekt- oder eines Objektsatzes hat. Zum Teil wird auch durch die obliquen Kasus dieses substantivierten Inf. mit oder ohne Präpos. die syntaktische Fügung eines Nebensatzes erspart. Diese letztere Verwendung bot den grofsen Vorteil denkbar möglichster Präzision des Ausdruckes, aber eine allzuhäufige Anwendung desselben brachte den Stil nur zu leicht in die Gefahr der Überladung. An einzelnen Stellen tritt besagter Inf. sogar an die Stelle eines gewöhnlichen Subst.; darauf habe ich im folgenden stets hingewiesen. Die Stelle eines Subj. vertritt der substantivierte Inf. 2. 638. 23; 4. 641. 6 und 35 τὸ ζῆν = ὁ βίος; 4. 642. 32; 20. 651. 8; 21. 651. 17 u. 18; 44.

657. 5 u. 42; 47. 660. 19; 48. 660. 32; 57. 668. 41; 67. 681. 14 f.; 95.
694. 13; 694. 42; 102. 700. 4; 103. 700. 21 u. 28 u. 50; 105. 704. 48;
114. 709. 36; 116. 710. 11; 118. 710. 40; 130. 717. 12 τὸ πλουτεῖν = ὁ
πλοῦτος; 131. 718. 35; 132. 719. 2 u. 42; 133. 720. 6; 140. 725. 28 u.
50; 143. 728. 5 u. 7; 149. 734. 7; 154. 735. 30. Objektivisch steht
der substant. Inf. 4. 640. 41, 642. 47 (v. l.), 644. 36; 24. 651. 35
τὸ μεμνῆσθαι = τὴν μνήμην; 28. 652. 24; 31. 653. 18; 47. 660. 2; 57.
669. 14; 67. 678. 28, 681. 22; 73. 684. 36; 107. 707. 6; 113. 709. 18;
130. 716. 40 u. 51; 131. 718. 38; 132. 718. 49; 137. 723. 47; 138. 724.
21; 143. 727. 25 u. 44; 144. 728. 37; 148. 731. 20 u. 31; 151. 734. 34.
Im Gen. steht der deklinierte Inf. a) in Abhängigkeit von einem
Subst. 79. 689. 9; 85. 691. 23; 90. 692. 29; 95. 694. 12; 99. 697. 32;
104. 702. 45; 132. 719. 17; 137. 723. 34; 142. 726. 44; 144. 728. 40;
146. 730. 4; 154. 736. 51; b) in Abhängigkeit von einem Adj. 69.
682. 30; 154. 737. 4; c) in Abhängigkeit von einem Verbum 18. 650.
32; 28. 652. 25; 66. 674. 12; 100. 698. 8; 103. 700. 17; 113. 709. 19;
116. 710. 11; d) in der Komparation 30. 653. 7; 67. 681. 15; 78. 686.
34; 95. 695. 13. Über den finalen Inf. mit τοῦ cf. unten p. 115 bei
den Finalsätzen! In den Dat. setzt Synesius den subst. Inf.
67. 677. 21; 81. 690. 42 τῷ δύνασθαι = τῇ δυνάμει; 105. 704. 52;
117. 710. 22; 121. 712. 21; 141. 726. 30 und 154. 735. 27; einem
deutschen Nebensatze, eingeleitet mit „dadurch dafs" entspricht
dieser Inf. 44. 657. 48; 138. 724. 2; 141. 726. 30; 146. 729. 36; 154.
736. 52. Mit „deswegen weil" ist τῷ mit Inf. aufzulösen 53. 662.
15; 84. 691. 18; 129. 715. 48 u. 133. 720. 1. Aufserdem tritt der Inf.
noch in die Abhängigkeit von folgenden Präpositionen: ἀντί
132. 719. 28; ἀπό 4. 640. 27; 138. 723. 52 und 154. 736. 7, bei den
letzten Stellen zur Angabe des Grundes; διά mit Akk. 105. 704. 20;
131. 718. 29; 143. 727. 31; διά mit Gen. 5. 646. 10; εἰς 14. 649. 28;
42. 655. 37; 43. 656. 2; 57. 664. 6; 67. 675. 36; 73. 684. 29; 91. 692.
45 u. 154. 735. 29; ἐν 130. 717. 38 u. 147. 730. 37; μετά mit Gen. 78.
686. 39 μετὰ τοῦ θαρρεῖν = μετὰ θάρρους; 138. 724. 14 μετὰ τοῦ φθέγγεσθαι = μετὰ φθόγγου oder φθεγγόμεναι; περί 103. 701. 31; 126. 714.
25 u. 154. 737. 22; πλήν 3. 639. 11; πρός mit Akk. 57. 667. 41; 104.
703. 31 (Par. 1039, Mon. 481 πρῶτος statt πρὸς τό; Mon. 490 —);
130. 716. 48 final; 131. 718. 24 u. 133. 720. 34; ὑπέρ mit Gen. 13.
649. 7 u. 14 final; 14. 649. 27; 103. 700. 13 und endlich ὑπό mit Gen.
79. 688. 26 und 122. 712. 32 = dadurch dafs. Noch mufs hier einer
Stelle Erwähnung geschehen, in der γίγνομαι mit τοῦ und dem
Inf. verbunden erscheint: 105. 706. 36 γενοῦ δὴ τοῦ τοὺς σχολαστι-
κοὺς εἰδέναι τε ταῦτα καὶ πρὸς ἐκεῖνον ἐξαγγεῖλαι. Die Bedeutung
kann nur die sein: „sorge dafür" oder „veranlasse" dafs u. s. w. Wie
die Struktur entstanden zu zu denken sei, ist mir nicht gelungen zu
finden. Am nächsten liegt wohl die Annahme einer Verderbnis. —

ἔξεστι verbindet Synesius 134.721.9 (ἔξεστι δὲ ὄντι τοιούτῳ ἥκειν πρὸς
ἡμᾶς), sowie 79. 687. 38 und 688. 21 mit dem Dat. und Inf.; demnach
ist wohl auch 107. 707. 3 mit dem geläufigen Texte zu lesen ὡς οὐκ
ἐξὸν ἰδιώταις ἀνθρώποις ὁπλοφορεῖν, gegen Par. 1039 und Mon. 481
(490—), die ἰδιώτας ἀνθρώπους aufweisen. — Die Verwendung des
Inf. zum Ausdruck des Wunsches „ein uralter und namentlich
bei Homer sehr üblicher Brauch" (Blass p. 217) ist nach den bei
Kühner angeführten Beispielen (II 2. 588 a) ein besonders der dichte-
rischen Sprache eigener Brauch; die attischen Prosaiker haben diese
Wendung nur in der II. Pers. und da nicht häufig. Moer. p. 202. 8
erklärt besagten Inf. für einen Attizismus; aber einerseits haben die
Attizisten von ihm keinen weitgehenden Gebrauch gemacht: Arist.
(Schm. II 57) verwendet ihn nur einmal in poetisch gefärbter Rede,
aus den übrigen Attizisten weist diesen Gebrauch Schm. gar nicht
nach; andrerseits kommt dieser Inf. im N. T. (cf. Winer 282 f.) an
einigen Stellen vor. Synesius bedient sich des imperativ. Inf. nur an
drei Stellen (50. 661. 28 und 101. 698. 36 mit γράφειν [1]); 133. 720.
47 mit πέμπειν) stets zur Vertretung der II. Pers. Sing. — Ersetzt
ist der im heutigen Griechisch verschwundene Inf. daselbst
durch νὰ (= ἵνα) mit Konj. Der Anfang dieser Entwicklung ist
bis ins IV scl. a. C. hinauf zurückverfolgt worden. Aristoteles und nach
ihm Polybius, dann Dion. Hal. (z. B. 1. 215) weisen diese Struktur auf,
die sich dann schliefslich in der Vulgärsprache zur Alleinherrschaft
emporgeschwungen hat. Unter den Attizisten hat schon Lukian (Roth-
stein Quaest. Luc. p. 36 A) dieser Redeweise seinen Tribut gebracht,
auch Aelian (Schm. III 81) bietet zwei Beispiele nach δέομαι und
παροξύνω. Für Philostratus erwähnt Schm. diese Konstruktion
nicht. Bei Synesius findet sich ἵνα mit Konj. statt eines Inf. ebenfalls nach δέομαι in dem Satze 47. 660. 21 ἀλλ' ἵνα μὴ γένηται
τοῦτο, δέομαι σοῦ τε αὐτοῦ καὶ —. Auch in den Worten ὅπερ ἵνα
μὴ πάθω, φοβηθείς (67. 676. 9) ist ἵνα als Stellvertreter eines Inf.
zu betrachten, wenn wir bedenken, dafs Synesius ein Substant. des
Fürchtens mit dem einfachen Inf. verbunden hat (cf. oben p. 106).
Ein Beispiel für δεῖσθαι ἵνα aus Appian siehe bei Diel de enuntiat.
finalibus. Progr. München 1895 p. 39. — Aufserdem wird der Inf.
noch vertreten durch ὅπως (cf. Blass p. 217. 1) nach einem Begriff des Befehlens 67. 680. 29 ἐπίταγμα δὲ ἦν ὅπως ἀκούσομαι καὶ
Ἰάσωνος, aber Par. 1039, Mon. 481 (490—) ἀκούσωμαι, gerade so wie
in einem von Schm. a. a. O. zitierten Papyrus des Louvre 49. 11 ἀξιώ-
σαντός με ὅπως, ἐὰν ἐνέγκῃ τρίτονον, μεταλάβωσιν, s. auch Wilke-
Grimm Clavis 313. 2 s. v. ὅπως und Schm. IV 88 Brit. Mus. pap.
catal. p. 12. 7 ἠξίωσά σε ὅπως ἀποδοθῇ. Auch Callin. V. Hyp. 65. 7

---

1) 101. 698. 36 so nach Par. 1039, Mon. 481.

schreibt ἠξίωσα αὐτὸν ὅπως — εὐλογήσῃ. — Zur Ergänzung des auf
p. 70 Gesagten sollen, indem wir zum Part. übergehen, die Beispiele
aufgeführt werden, in denen das Neutr. des Part. substant. Geltung hat: 57. 669. 47 τῷ σχολάζοντι = τῇ σχολῇ, in nächster Nähe
steht σχολήν; 105. 705. 2 τὴν ἐκ τοῦ συνειδότος ἀνίαν; 112. 709. 3
τῷ δὲ κρίνειν δυναμένῳ καὶ λόγον ἔχοντι als Parallele zu τῷ παθητικῷ; 132. 718. 22 ἅπαν τὸ εὐτυχοῦν; 130. 724. 3 ψυχῆς τὸ ἐφιέμενον; 147. 730. 49 τὸ κατορθοῦν; 148. 733. 5 τὸ μειαγωγοῦν; 152. 735.
3 τῆς γνώμης μου τὸ βουλόμενον. — Partizipialadverbien finden
sich bei Synesius in geringerer Zahl als bei den sämtlichen Attizisten;
auch Arist. (Schm. II 54 und III 77) hat deren mehr. Für Agath.
bezeugt den Gebrauch noch Reffel p. 20, wo παρημελημένως μόλις
καὶ πεπονημένως, φιλίως καὶ ὑφειμένως genannt sind. Synesius hat
ἀγαμένως 101. 698. 20; ἀπεσκληκότως 139. 724. 46; ἀποχρώντως 79.
690. 5; διαφερόντως 1. 638. 8; 20. 651. 2; 56. 663. 12; 79. 689. 49;
154. 735. 32 und ἐρρωμένως 97. 696. 41; 98. 697. 14 und öfter. — Eine
häufig zu beobachtende Erscheinung der späteren Gräzität (Kälker
Polyb. 282; Appian Kratt 37; Polyaen Mal. 66; Joseph. Schmidt 435)
ist es, daß beim absoluten Part. der Subjektsgenetiv vermißt
wird. So viel ich sehe, hat Synesius sich diese Ungenauigkeit dreimal
zu schulden kommen lassen 55. 662. 43 τῆς ἀπήνης δὲ ἀποβαίνοντος
(sc. μοῦ); 67. 679. 19 ἀνατιθεμένου καὶ διατρίβοντος (sc. αὐτοῦ); 104.
702. 6 οὐδαμοῦ δὲ φαινομένων (αὐτῶν oder τῶν πολεμίων). Aus Luk.
sind mir solche Fälle drei (Timon 9, Somn. 3 und Hist. conscr. 39)
bekannt. — Viel häufiger fehlt dagegen das Subj. bei Synesius in der Konstruktion des Inf. mit Akk. Der Akk. von
einem Personalpronomen fehlt so 4. 642. 37; 4. 643. 34; 47. 660. 24;
61. 672. 34; 101. 698. 34; 133. 720. 6; ebenso fehlt αὐτόν etc. 3. 639.
1; 21. 651. 16; 44. 656. 27; 57. 669. 45; 67. 676. 41; 132. 718. 48; 148.
731. 21; 148. 732. 4. — 4. 641. 11 προσαναπεπλάσθαι γὰρ ἂν τῇ γῇ
wird es nicht angehen, nach dem Vorgang der lateinischen Übersetzung τὴν ναῦν zu ergänzen; es genügt, aus τὸν πλοῦν τὸν ἡμέτερον das leichter zu ergänzende ἡμᾶς zu entnehmen. In dem Satze
δεῖ δὲ εἶναι καὶ γνώμῃ καὶ σώματι καθαροὺς τῷ θεῷ (58. 671. 34)
ist das Subj. absichtlich nicht ausgedrückt, um den Worten den möglichst allgemeinen Sinn zu verleihen: „man muß u. s. w." — Das ab-
solute an Stelle eines verbundenen Part. und einen absoluten Nom. habe ich nicht angetroffen. — Der absolute Akk.
unpersönlicher Ausdrücke war ein Attizismus, thatsächlich gebraucht auch die Koine dafür den Gen. (Schm. IV 80). Aelian und
Philostratus machen von dieser Struktur Gebrauch. Synesius sagt (auch
mit ὡς und ὥσπερ): ὡς οὐκ ἄξιον ὂν 88. 692. 2; δεῆσαν 67. 677. 11;
105. 706. 25; 129. 716. 20 und 132. 719. 41; δέον 57. 663. 39; ὥσπερ
δέον 125. 714. 6; διαφέρον 66. 674. 32; οὐδ' ἐμοὶ δοκοῦν 60. 672. 15;

δόξαν 67. 677. 26 und 681. 49; ὡς ἐνόν 57. 668. 40; πάλαι κατα-
δεδειγμένον 4. 642. 22; ὡς προσῆκον (Par. 1039, Mon. 481 προσή-
κειν) 154. 735. 24 und συμβὰν δέ 66. 675. 11.  Dazu kommt noch
7. 647. 8 τὸ λεγόμενον „wie man sagt." Luk. hat den absoluten Akk.
auch; ich habe mir die kühne Wendung notiert: Hist. conscr. 25 οὐκ
οἶδ' ὅτι δόξαν αὐτίκα μάλα ἐπὶ τὴν κοινὴν μετῆλθεν. — Das Part. mit
ὥσπερ = „wie wenn" steht verbunden 4. 643. 1 περιεβάλομεν
(τὴν γῆν) ὥσπερ ἔμψυχον οὖσαν μητέρα; 100. 698. 2 ὥσπερ οὖν ἐν
ἐμοὶ συνελθόντες πάλαι καὶ τὴν συντυχίαν ἀναγνωρισμὸν ποιησάμενοι
φιλοφρονήσασθέ τε ἀλλήλους und 134. 737. 24, absolut 130. 716. 49
ὥσπερ γὰρ ὄντος νόμου u. s. w.  Ein ausgeführter Komparativsatz mit ὥσπερ ἄν εἰ findet sich in den Briefen nicht, auch Philostratus (Schm. IV 247) weist hierfür wie für ὡς ἄν εἰ nur noch einige
wenige Fälle auf, während Aristides (a. a. O. II 168 f.) noch einen
sehr ausgiebigen Gebrauch von diesen Verbindungen macht.  Für
Aelian hat Schm. keine ausdrückliche Bemerkung; möglich, dafs die
Verbindung hier fehlt.  Im N. T. steht nur noch adverbiales ὡσπερεί I.
Cor. 15. 8. — Kausales ὡς mit Part. Präs. und Aor. steht 4. 642. 8
οὐδαμοῦ τοῦ δράματος εἰσενήνεκται (ὁ Αἴας) ὡς τῆς ψυχῆς οὐκ
οὔσης ἐν Ἅιδου; 13. 649. 2 καταγγέλλει τὴν κυρίαν ἡμέραν ἐννεακαι-
δεκάτην — ὡς τῆς ἐπὶ ταύτην ἀγούσης νυκτὸς τὸ ἀναστάσιμον ἐχού-
σης μυστήριον; 80. 690. 19; 94. 693. 40; 130. 717. 38 u. 143. 728. 16.
Mit dem Part. Fut. und ἄν ist wohl zu lesen 4. 641. 51 μόνος Ἀμάραν-
τος εὔθυμος ἦν, ὡς αὐτίκα ἄν περιγράψων τοὺς δανειστάς.  Die Stelle
ist schlecht überliefert; H. hat ἄν eliminiert, wie er im Apparat angibt,
gegen seine sämtlichen Handschriften; seine Angaben dort sind aber
nicht ganz zutreffend; denn Par. 1039 hat ὡς αὐτίκα ἄν παραγράψῃ,
wo ῇ von andrer Hand korrigiert ist; Mon. 481. 490 bieten ἄν περιγράψων.  ὡς ἄν mit Part. hat für unsere Zeit durchaus nichts Anstöfsiges an sich (Schm. IV 247 und II 168).  Mit ἄν und dem Part.
Aor. steht das gleiche ὡς 104. 702. 32 ἀπογνοὺς ἥξειν αὐτοὺς ὡς
οὐκ ἄν τὸ βάθος τῆς χώρας θαρρήσαντας, wo ebenfalls H. versichert,
nur im A θαρρήσαντας, in den übrigen θαρρήσοντας gefunden zu
haben, meine Handschriften Par. 1039, Mon. 481 (490 —) aber θαρρήσαντας aufweisen. — Vollständig regelrecht (cf. Kühn. II 2. 652. 4),
wenn auch mit einer im allgemeinen selteneren Wendung des Ausdrucks, steht statt eines Objektsatzes ὡς mit dem Part. im
Nom. nach dem Verbum διάκειμαι (τὴν γνώμην) 31. 653. 21 διάκεισο
τοίνυν τὴν γνώμην ὡς ἀπειργασμένος οἰκεῖος τῷ θεῷ und 57. 664.
24 οὐδὲ γὰρ οὐδὲ διάκειται τὴν γνώμην ὁ τιμωρός — ὡς λειτουργίαν
τινὰ ταύτην εἰσφέρων τῷ θεῷ. — Nach ἔξεστι steht statt des Inf.
ein Part. (cf. Kühn. II 2. 621. 9) 57. 669. 14 οὐ μὴν τό γε κρίνειν καιροὺς ἐμαυτὸν ἀφαιρήσομαι, ὡς ὅταν ἐξῇ κατιόντα κατιέναι. — Was
das Part. bei φθάνω, παύομαι, ἄρχομαι und λανθάνω anlangt,

so ist diese Konstruktion bei φϑάνω in der nachklassischen Gräzität
weit durch die Konstruktion mit dem Inf. zurückgedrängt worden
(Schmidt Joseph. 436). Synesius hat an zwei Stellen noch die alte
Verbindung 52. 662. 6 πρὶν ἂν οὖν ἁπάσας φϑάσειεν ἀποδόμενος und
61. 673. 6 τοὔνομα μὲν δὴ καὶ τὸ ἐπιτήδευμα φϑάνω δηλώσας, 44.
657. 48 dagegen haben wir den Inf. αὐτῷ τῷ φϑάσαι τὴν αἰτίαν ὁμολογῆσαι καὶ φῆσαι. — παύομαι wird ohne Schwanken mit dem Part.
verknüpft, z. B. 16. 650. 4 παυσαίμην ἢ ζῶν ἢ μεμνημένος τῶν υἱέων
τοῦ τάφου, 27. 652. 22; 29. 652. 30; 44. 657. 6; 67. 676. 26. — ἄρχομαι
kommt weder mit Inf. noch mit Part. verbunden vor. — λανθάνω mit
Part. steht 4. 643. 32 ἐλάθομεν ἐγχρίμψαντες; 58. 670. 49 ἔλαθεν Ἀνδρόνικος ἑαυτῷ μνηστεύσας ἀρχήν und 66. 674. 37. — διατελέω hat das
Part. 3. 639. 16 ὑπὲρ εὐγενείας ἀμφισβητῶν τῷ Κέκροπι διετέλεσε und
137. 723. 32. — Die Verbaladjektiva werden von Synesius in reichem
Mafse verwendet; im N. T. finden sich dieselben so gut wie gar nicht
mehr (Blass p. 37. 1); demnach sind sie als eine in der Volkssprache
damals abgestorbene Verbalbildung zu betrachten. Bei Synesius findet
sich auf — τέον: ἐπιτρεπτέον 1. 638. 19; εὐλαβητέον 1. 638. 27; ἀγωνιστέον 5. 646. 7; ἰτητέον oder ἰτέον (s. oben p. 51!) 35. 654. 29; 113.
709. 12; δοτέον 44. 657. 34; ἀνδριστέον 44. 658. 5; ὑπεροπτέον 44.
658. 7; αἰσχυντέον 44. 658. 7; ὁμολογητέον 44. 658. 8; ἐξιλαστέον 44.
658. 8; ἐπανακτέον 57. 665. 6; ἐπανιτέον 67. 677. 45; ἀγανακτητέον
67. 678. 43; ἀνοιστέον 67. 681. 3; προσοιστέον 67. 681. 43; τακτέον
67. 681. 53; ἀπογνωστέον 96. 696. 31; τιμητέον 99. 697. 34; σπουδαστέον 99. 697. 35; ἀπαντητέον 104. 702. 4; χρηστέον 108. 707. 16
und 116. 710. 7; ληπτέον 113. 709. 12; αἰτιατέον 122. 712. 41; ἐπι-
δεικτέον 155. 737. 42. Diese alle sind unpersönlich konstruiert. Die
persönliche Konstruktion wählt Synesius nur 57. 669. 54 αἱρετέος οὖν
ἅπασιν ἡμῖν ὁ λυσιτελέστερος ἄνθρωπος καὶ ἀνθαιρετέος, 57. 670. 9
ἀνθαιρετέος — ἢ μεθ' ἡμῶν αἱρετέος, πάντως δὲ αἱρετέος, 95. 694. 39
ποιητέα μοι ταῦτα εἶναι. — Auf -τός, -τόν endigt das Verbaladjektiv in rein nominaler Funktion ἀναπάλλακτος 44. 657. 22,
ἀνέκπλυτος 44. 657. 27; ἀναπόνιπτος 44. 657. 30; ἀκόλαστος 44. 658.
12 und 14; ἀνεξέταστος 658. 51; ἐπιποίητος 659. 22; ἄφετος 57. 665.
40; ἀνεπιχείρητος 57. 667. 30; ἀσύγκλωστος 57. 668. 26; ἀμόλυντος
669. 5; περιμάχητος 67. 678. 12; ἀνεπανόρθωτος 72. 683. 36; ἐκκέλευ-
στος 73. 685. 14; ἀσύντακτος 101. 692. 33; ἀνεμέσητος 101. 699. 25;
ἀκώλυτος 103. 701. 43; δυσδιεξίτητος 104. 703. 50; ἀμείλικτος 105.
704. 33; ἀνένδοτος 105. 704. 36; ἀκηλίδωτος 705. 5; ἀκατασκεύαστος
137. 723. 20; ἀνεξέλεγκτος 148. 731. 48; θαυμαστός 148. 733. 8; ἀνέκ-
δοτος 154. 737. 31; statt eines in diesem Falle nicht gebräuchlichen
Part. Aor. Pass. steht κάθετος 44. 658. 49. Die genannten Bildungen
auf -τέον haben samt und sonders die Bedeutung einer Notwendigkeit,
die ihnen ja eigen ist, seitdem sie in der griechischen Sprache auf-

treten. Auf den attischen Inschriften hat Msths. p. 151 nur die Bildungen auf -τός angetroffen. Um eine Möglichkeit zu bezeichnen,
hätte Synesius nach der Rezension von H. das Verbaladj. auf -τός
gebraucht 67. 678. 40 ἀλλ' οὐ γάρ ἐστι παριτὸν ἐπὶ τὸν οἰκίσκον εἰ
μὴ δί ὁλοκλήρου τοῦ πλάτους. Nun bieten aber meine beiden Handschriften Par. 1039, Mon. 481 (490 —), ebenso wie nach dessen Angaben diejenigen H.s, die Lesung παριτητέον, und so las man auch
bis auf H. in den Texten. Es darf daran nicht geändert, und es mufs
anerkannt werden, dafs in dieser Zeit die Endung -τέος — wenigstens
bei ἰέναι — in den Bereich derer auf -τός übergegriffen hatte und
eine Möglichkeit bezeichnen konnte; auch für Agath. hat Reffel p. 21
auf diese Erscheinung hingewiesen. Übrigens macht auch Schm. II 55
schon für Aristid. auf Abirrungen vom richtigen Gebrauch des Verbaladj. aufmerksam. Die von Schm. a. a. O. aus Philemon p. 28 Artikel 40 ed. Ossan gezogene Schlufsfolgerung, dafs schon im V. scl. die
Verbaladjektive fast unverständlich gewesen seien, ist in Anbetracht
des Umstandes, dafs dieses Lexikon erst im XVI. scl. mit falschem
Titel fabriziert wurde, nicht stichhaltig. — Die von Greg. Corinth.
p. 130 Sch. mit den Worten: Ἀττικῶν καὶ τὸ λέγειν βαδιστέα καὶ
ἀνυστέα, ἀντὶ τοῦ βαδιστέον καὶ ἀνυστέον empfohlene Bildung
des Verbaladj. auf -τέα hat Synesius ebenso wie Aristides verschmäht; Agathias gebraucht sie häufig. Auch Arrian (Böhner p. 20)
liebt diese Ausdrucksweise, in der attischen Prosa gebraucht dieselbe
fast nur Thukydides (Kühner II 1. 59 f.). Aus Aristoph. Wolken 727
habe ich mir οὐ μαλθακιστέ', ἀλλὰ περικαλυπτέα notiert; im Philostratus V. Ap. ist mir begegnet βαδιστέα (19. 1) und προσεκτέα
(23. 32). — Ellipsen des Verbums sind sehr beliebt; so fehlt z. B.
εἰμί 57. 667. 8; 134. 721. 14; εἰ 133. 720. 13; ἐστίν an unzähligen
Stellen, z. B. 4. 640. 50 nach εἰ; 4. 641. 0; 6. 646. 45; 21. 651. 10; 46.
659. 45; εἰσίν seltener: 8. 647. 23; 44. 658. 28; 659. 11; 67. 678. 33;
69. 682. 27; 72. 683. 25; 79. 687. 51; 131. 718. 21; 154. 735. 27; ἔσται
108. 707. 22; ἔστω 134. 721. 17; 121. 711. 33; εἶναι 67. 678. 43; 104.
702. 4; 133. 720. 41 (nach ὥστε); εἴην wird vermifst 58. 671. 46;
das Part. ὤν etc. fehlt 4. 640. 21; 7. 647. 3; allgemein fehlt ein aus
dem Zusammenhang zu ergänzendes Verbum ἔδωκα 18. 650. 33;
τολμᾷ 79. 688. 22; ἐποίησεν 127. 715. 14; ἐκπέμψωμεν 134. 721. 49;
λέγω 138. 724. 16; ζῶμεν 4. 644. 19. Solche und andere Ellipsen
galten als attische Feinheit cf. Greg. Cor. p. 152 Sch. (Ἀττικὸν)
καὶ τὸ προσλαμβάνειν ἔξωθεν τὸ ἐστί und Longinus art. rhet.
p. 307. 6 Sp.

## 5. Konjunktionen und Modi in Nebensätzen.

Im abhängigen Fragesatz steht statt des zu erwartenden
Verb. fin. der Inf. 99. 697. 45 τῷ κόμητί γε δοῦναι ἃ γέγραφα αὐτὸς
δοκιμάσεις εἴτε καὶ μή. Kühn. II 2. 590 Anm. 1 führt diese der späteren
Gräzität angehörige Struktur an und gibt als Beispiel Josephus A. 1.
15. 45 ἠξίου βουλεύεσθαι τί ποιεῖν (cf. auch N. T. I. Petr. 5. 8 ζητῶν τίνα
καταπιεῖν). Noch mehr Beispiele aus Dion. Hal., Aristot., Prokop bringt
Lob.ad Phryn. p. 772. — In einem mit πῶς eingeleiteten indirekten
Fragesatz steht 80. 690. 13 der blofse Opt. Νίκαιος (ἐσκέψατο) ὑπὲρ
τοῦ πῶς ἀλλοτριωθείη τῶν ἑαυτοῦ (cf. oben p. 103 beim Deliberativ
mit οὐκ ἔστιν ὅπως!). Der Opt. mit ἄν steht 47. 660. 26 τὸ δὲ πῶς
ἂν συκοφάντης ἀνακοπείη, οὐκ ἐμὸν εὑρεῖν. So schreibt H. auch 100.
698. 4 κοινῇ σκοπεῖτε πῶς ἂν ἀγαθόν τί με ποιήσαιτε. Aber dieser
Modus steht in keiner seiner Handschriften; A liest ποιήσετε, mein
Par. 1039 und Mon. 481 ποιήσητε, aber das ῃ steht auf radierter Stelle.
Es wird sich weiter unten noch Gelegenheit geben, darauf zurückzu-
kommen (s. p. 128). — Die Finalsätze werden in der weitaus überwiegenden Zahl mit ἵνα eingeleitet; über die Modi, mit denen ἵνα
verknüpft wird, ist schon oben p. 104 gehandelt worden. Hinzuzufügen ist hier noch, dafs ἵνα mit Konj. die in der Volkssprache
lebendig gebliebene Verbindung gewesen ist (Schm. III 87 Note).
Der Attizist Philostratus hat ἵνα öfter mit dem Optativ als mit dem
Konj. verbunden. Im N. T. wird das eigentliche finale ἵνα nur mit
dem Konj. verknüpft. Von den beiden Stellen (Ephes. 1. 17 und 3.
16), an denen ἵνα mit Opt. nach einem Ausdruck des Bittens gelesen
zu werden pflegte, hat Gebhardt an letzterer Stelle jetzt δῷ. Über
den seltnen Gebrauch von ἵνα auf Inschriften der vormakedonischen
Zeit cf. Herwerden Lapid. testim. p. 72 f., auch Msths. p. 211. — Mit
ἵνα c. Konj. teilte sich ὅπως mit Konj. in der Volkssprache in die
Rektion der Finalsätze, cf. auch Kaibel, Stil und Text p. 76 Anm.
Herwerden p. 74 bringt ein erstes noch vereinzeltes Beispiel dieser Konstruktion aus dem Jahr c. 343 bei, im III. und II. scl. sind solche
Fälle „satis frequentia" und weitaus häufiger als die von ὅπως ἄν
m. Konj. Synesius hat dieses ὅπως m. Konj. in H.s Text merkwürdigerweise nie; doch ist es, wie schon oben p. 108 gesagt wurde,
67. 680. 29 herzustellen. Zwischen ὅπως mit Konj. Aor. und
ὅπως mit Ind. Fut. schwankt die Lesart noch 155. 737. 47 ὅρα τοίνυν, ὦ θαυμάσιε, ὅπως ἐπαμυνεῖς (Par. 1039 ἐπαμύνῃς) τῇ γυναικί.
Nach Herw. p. 73 findet sich ὅπως mit Ind. Fut. nur sehr selten;
Msths. p. 213. 23 sagt, es finde sich mehrfach in klassischer Zeit,
führt aber auch nur zwei Beispiele an. — Zweimal braucht Synesius
ὅπως mit Opt. 81. 690. 43 ὅπως ἐπανέλθοιεν τῶν ἰδίων γενόμενοι
κύριοι, πᾶσι μελέτω und 117. 710. 23 ὅπως οὖν ὄναιο τῆς σῆς φύσεως

καὶ δυνάμεως — ἄκουσον. Diese Konstruktion ist auf den Inschriften ganz selten; Herw. p. 74 führt sie einmal aus der Kaiserzeit (auch nach μέλειν), Msths. p. 213. 32 ebenfalls einmal aus dem Ende des IV. scl. a. C. (nach einem historischen Temp.) an. — ὅπως ἄν wird von Synesius zunächst an zwei Stellen sicher mit dem Opt. konstriert: 67. 678. 14 σκέψασθαι ὅπως ἄν τὸ μὴ προσῆκον περιποιήσαιτο (vorher ἐπεποίητο), 121. 712. 9 ἐδόκει καλὸν εἶναι — καὶ πράττειν, ὅπως ἄν παραγένοιτο. Diese Verbindung ist offenbar sehr selten; aus Polyaen notiert sie Malina p. 57, Msths. hat sie gar nicht, Herw. nur mit zwei Fällen zu belegen vermocht, die beide ergänzt sind und von denen eine Ergänzung durchaus nicht sicher ist. — Eine Mischung von diesem ὅπως ἄν mit Opt. und dem klassischen ὅπως ἄν mit Konj. bietet 105. 704. 16 in der Überlieferung des Par. 1039 Mon. 481 σκοπεῖν (εἰκός), ὅπως ἄν ἀγαθόν τί μοι γένηται (H. schreibt γένοιτο) καὶ ὅπως ἄν κακόν τι διαφύγοιμι. — Bevor wir in der Aufzählung der die Finalsätze einleitenden Konjunktionen weitergehen, will ich noch kurz das einen Hauptsatz beginnende elliptische ὅπως und ὅπως μή besprechen. Für ὅπως mit Ind. Fut. herrscht Einstimmigkeit der Handschriften 141. 726. 28 ἀλλ' ὅπως τάχιστά τε καὶ ἀσφαλῶς τοῦτ' ἔστιν εἰ διὰ τῶν πάντως ἀποδωσόντων ποιήσεις, 32. 654. 2 dagegen schwanken die Handschriften: ὅπως οὖν αὐτὸν πλεῖν ἀναγκάσεις (Par. 1039 Mon. 481 ἀναγκάσῃς 490 —); ὅπως μή steht sicher mit dem Konj. 148. 731. 30 ἀλλ' ὅπως μή σοφιστικὴν ἀπειροκαλίαν οἰηθῇς τὸ ἐπεξελθεῖν; dagegen sind die Handschriften uneinig 73. 684. 16 ὅπως οὖν μή μόνον τὰς ὄψεις ἐπιβαλεῖς (Par. 1039 ἐπιβάλλῃς Mon. 481 ἐπιβάλῃς 490 —), ἀλλὰ καὶ τὸν νοῦν σφόδρα προσέξεις (Par. 1039 προσέξῃς, H. macht keine Angaben). Eine Entscheidung zu treffen ist noch nicht möglich. — Nach ἵνα und ὅπως ist an dritter Stelle noch ὡς zu beachten. Dieses ὡς mit Optativ ist nach Schm. IV 88 bei Philostratus die überwiegende Finalpartikel; auf den attischen Inschriften haben es Msths. 213. 34 und Herw. p. 73 nirgends gefunden; Synesius macht nur einmal davon Gebrauch: 30. 653. 5 (κήδομαι) σοῦ μέν, ὡς μή ἀδικοίης, τοῦδε δέ, ὡς μή ἀδικοῖτο. — ὡς ἄν mit Opt. ist eine Schöpfung der hadrianischen Zeit und nie zu kräftiger Blüte gekommen. Herw. 73 führt dafür vier Beispiele an, im vierten aber (III 48. 34) aus dem Anfang des IV. scl. p. C. wird von Dittenberger und Msths. μεταδόξῃ, nicht μεταδόξαι entziffert. In der Litteratur begegnet (Schmidt Jos. 409 und 410) ὡς ἄν zum ersten Male bei Theophrast, dann bei Herodian und Polemo, auch Lukian. Im N. T. fehlt die Verbindung, sie war nicht populär; im Josephus, bei dem sie sehr beliebt war, hat sie Schmidt 27 mal gezählt. Synesius bringt ὡς ἄν mit Opt. an drei Stellen 67. 680. 53 ἑνὶ τούτῳ προσέχειν τὸν νοῦν, ὡς ἄν τὰ πτωχικὰ καταθεῖτο χρήματα; 104. 702. 27 ὡς ἄν δείξειεν (Mon. 481 δόξειεν) ἀνὴρ εἶναι παρὰ τοὺς ὄντας ἄνδρας, ἄριστα σκέ-

πτεται; 133. 720. 32 κατασκευάζομαι γάρ, ὡς ἂν ἀπὸ τῶν πύργων —
πέμποιμεν ἀξιόλογα λίθων βάρη. Bei Agath. (Reffel p. 24) ist ὡς
ἄν mit Opt. die gewöhnliche Finalkonstruktion. — Ohne Parallele im
Attischen und bei den Attizisten ist der Gebrauch von ἐφ' ᾧ im
finalen Sinn. Diese Redeweise ist bei Synesius ziemlich häufig;
sie nimmt die nächste Stelle nach den Fügungen mit ἵνα ein und
wird in der Weise gehandhabt, dafs auf ἐφ' ᾧ der Inf. oder der Ind.
Fut. folgt. Der Inf. Präs. steht 38. 655. 1 οἶμαί σου τὴν — ψυχὴν
ἐπ' αὐτὸ τοῦτο καταπεμφθεῖσαν, ἐφ' ᾧ κοινὸν ἀγαθὸν ἀνθρώπων
εἶναι; 57. 667. 23 πᾶσι δὲ ἐκκείμενος, ἐφ' ᾧ προσανακλάεσθαι καὶ —
ὀλοφύρεσθαι, ebenso 79. 689. 42; 79. 687. 45 καινὸν ἐπὶ παλαιῷ κακόν,
ἐφ' ᾧ κατὰ φῦλα καὶ δήμους αἰκίζεσθαι; der Inf. Aor. steht 58. 671.
18 ἐξεδράμομεν ἐφ' ᾧ παρακαθιζῆσαι; 67. 678. 41 τέχνη τις ἦν, ἐφ'
ᾧ τὸν λόφον περιποιήσασθαι; 101. 699. 41; 108. 707. 28; 111. 708.
42; 125. 714. 20 und 127. 715. 10. Der Ind. Fut. folgt 78. 686. 46
ὥσπερ σκύλακες αὐλῆς προπηδήσαντες, ἐφ' ᾧ θηρίον οὐκ ἐναλεῖται
τῇ ποίμνῃ und 89. 692. 13 ἐφ' ᾧ συστρατεύσομαι μεμισθωμένον, οὐκ
ἐφ' ᾧ προσεύξομαι, hier mit den Varianten ἐφ' ᾧ γε im Par. 1039
Mon. 490, ἐφ' ᾧ τε im Mon. 481. Für das VI. scl. p. C. bezeugt
den gleichen Sprachgebrauch aus Agathias Reffel p. 27; Agath. konstruiert das finale ἐφ' ᾧ mit dem Inf., sogar mit dem Opt. und einmal mit dem Ind. Fut. In dieser Verwendung liegt eine übrigens
schon früh (Aristoph. Wolken 1235) beginnende Vertauschung des
konsekutiven mit dem finalen Gedankenverhältnis vor; der Sinn für
die Finalität ist so getrübt, dafs sogar in dem Beispiel 78. 686. 46
die Negation οὐ gesetzt wird. — Diese Konfusion hat darin ihren Ausdruck schon früh gefunden, dafs zuweilen ὥστε an die Stelle von
ἵνα trat, so z. B. Aelian bei Schm. III 85 Note 60; doch stammt das
Beispiel aus der V. H.; auch bei Josephus hat Schmidt p. 418 f. darauf
hingewiesen. Synesius huldigt diesem Brauch einmal 129. 716. 8
οὐκ ἄξιον ποιεῖσθαι κατάλογον τῶν πεμφθέντων μέν, ὥστε Πυλαιμένη λαβεῖν, ein andres Mal 96. 696. 15 steht so ὡς mit Inf.: εὐχο-
μαι τὸν γενόμενον νομέα τοῦ βίου γενέσθαι καὶ τοῦ νεμηθέντος
προστάτην ὡς μὴ φανῆναί μοι τὸ πρᾶγμα φιλοσοφίας ἀπόβασιν ("beabsichtigte Folge"). Bei Arr. hat Böhner diese Konstruktion von ὡς
sehr oft gefunden, in der Bibel findet sie sich III. Macc. 1. 2 διεκο-
μίσθη ὡς μόνος κτεῖναι αὐτόν; IV. Macc. 14. 1 und Act. 20. 24. —
ἵνα ἄν mit Konj., wie es CI III 48. 25 f. steht (Herw. p. 73 liest
statt ἀεὶ ἄν: λίαν) oder gar ἵνα mit Ind. und ἄν, wie es Lukian
viermal schreibt (Schm. I 245), hat Synesius nicht gewagt. — μή =
ἵνα μή (Call. V. Hyp. einmal: 72. 24 μή ποτε ἀποθάνῃ) lesen wir 5.
646. 6 ὑπὲρ ψυχῶν ἀγωνιστέον, μή τινας ἀπὸ τῆς ἐκκλησίας συλή-
σωσιν; 127. 715. 14 μὴ λίαν ἀπειρόκαλος ᾧ βεβοημένα ἐπιδιηγού-
μενος, πέπυσαι. — Der Gen. des Inf. zur Bezeichnung des Zweckes

war ein der Vulgärsprache vollständig geläufiges Stilmittel; er findet sich sogar im N. T. Die Folge davon war, dafs die Attizisten ihn verschmähten, wie Ael. (Schm. III 52) und wohl auch Philostratus, oder doch nur selten in Anwendung brachten, wie Arist. (a. a. O. II 40). Synesius bedient sich desselben an fünf Stellen (71. 683. 1; 104. 703. 37; 105. 705. 8 (hier mit vorausgehendem τούτου χάριν); 104. 702. 14 und 113. 709. 7; davon sind drei Fälle negativen, zwei positiven Sinnes. Auch Agath. (Reffel p. 21) hat ihn nur spärlich ge-; braucht. — Frei angeschlossen wird ein finaler Inf. 76. 686. 12 ἐπεκαλέσαντο δὴ κάμὲ κοινωνὸν αὐτοῖς γενέσθαι τοῦ σκέμματος. — Die substantiv. Infinitive von fin. Natur sind schon oben (p. 107) auf-geführt worden. — Von den Begriffen des Fürchtens ist schon oben (p. 106 und 108) die Rede gewesen. Dem ist noch folgendes beizufügen. In allerdings seltner Weise (Kühner II 1. 189 Anm. 5, auch Diel De enun-tiatis final. führt je eine Stelle aus Polyb. 1356. 10 H. und Jos. 3. 345. 3 B an) steht nach der Überlieferung des Par. 1039 μή mit dem Ind. Fut. 133. 720. 27 δέδιμεν δὲ τὴν προσεδρείαν αὐτῶν, μὴ χρονία γενομένη δίψει (v. l. δίψῃ) παραστήσεται τὰ πολλὰ τῶν φρου-ρίων. H. liest παραστήσηται, ohne Vermerk über die Lesart seiner Hand-schriften. Mon. 481 hat παραστήσηται. Nach der oben (p. 59) mit-geteilten Frequenzstatistik über ἵστημι ist der Konj. dieses Aor. nie sicher beglaubigt. — Nach einem zu ergänzenden Verbum des Fürch-tens braucht Synesius μή in einem scheinbaren Hauptsatz mit dem Ind. (Kühner II 2. 189 Anm. 5) 40. 655. 23 μήποτε δὲ τοῦτο καὶ πρὸς ἐκείνας αὐτῷ τὰς ἀρετὰς συντελεῖ „es dürfte dies vielleicht sogar jene Vorzüge erhöhen (vgl. auch Calvit. 7. 71 A). Nach Art der Verba des Fürchtens ist ἀποδειλιάω konstruiert 66. 674. 37 ἀποδεδει-λιακότας δέ, μὴ λάθωσι πρός τινα κανόνα προσκόψαντες. — Der Ausdruck οὐ μή wird mit der II. Pers. Sing. Ind. Fut. verbunden 8. 647. 14 οὐ μὴ ἐρεῖς ὡς ἔλαθεν ὑμᾶς ὁ διακομιστής. — Gegenüber der in den Finalsätzen konstatierten Mannigfaltigkeit gestalten sich die Verhältnisse in den Konsekutivsätzen bedeutend einfacher. Die gewöhnliche Konstruktion der Koine war hier ὥστε mit Inf. (cf. Winer 269 und Wilke-Grimm s. v.). Dieses ὥστε mit Inf. findet sich bei Synesius 4. 644. 44; 645. 9; 57. 669. 38; 67. 677. 40; 678. 50; 103. 700. 43; 116. 710. 4 (ἢ ὥστε); 125. 714. 1 (ἢ ὥστε); 143. 727. 23 (ἢ ὥστε) mit positivem Hauptsatz. Negativer Hauptsatz geht voran 104. 702. 9; 107. 707, 2 und 145. 729. 26. ὥστε mit Inf. steht also zusammen an 13 Stellen. Die, wie in der Vulgärsprache, so auch bei Synesius seltnere Struktur ist ὥστε mit dem Verb. finit.; sie findet sich 15. 649. 31; 44. 659. 14 und 50. 661. 60, stets nach posi-tivem Hauptsatz, zusammen an drei Stellen. — Satzverbindend ist ὥστε 6mal (4. 639. 43; 53. 662. 17; 67. 678. 41; 104. 701. 46; 136. 722. 11 und 142. 726. 42) verwendet. — Häufiger als ὥστε mit

Inf. ist bei Synesius das bei den Attikern nur einen geringen Raum ein-
nehmende ὡς mit Inf. Es steht 15. 649. 37; 16. 650. 9; 32. 654. 12;
44. 657. 22 und 43; 57. 663. 34; 667. 8; 669. 15; 79. 688. 29; 95. 695.
20 und 33; 103. 701. 3; 104. 703. 1 und 50; 105. 704. 11 (ἢ ὡς)
und 109. 707. 42. An einer dieser Stellen (44. 657. 22) tritt eine
leichte Anakoluthie ein: πολλοῖς ὁ ῥύπος οὕτως ἐνέφυ σφόδρα διὰ
τοῦ βάθους, ὡς ἀναπάλλακτος εἶναι καὶ φθάνει διαφθαρέντα (τὰ
ἱμάτια) πρίν u. s. w.; 1. 638. 47, wo H. ὡς — εἰσποιήσαιμι — καὶ —
ἐγκρίναιμι liest, ist die Überlieferung sehr unsicher (εἰσποιῆσαι —
ἐγκρῖναι). Nehmen wir die sicheren Fälle für ὡς mit Inf. zusammen,
so sind es 16 Beispiele. — Selten findet sich in der nachklassischen
Gräzität wie in der klassischen ὡς mit dem Verb. finit. konstruiert. Schm. IV 87 führt eine Stelle aus Philostr. V. Ap. 324. 25 f.
an, im N. T. existieren zwei Fälle derart Hebr. 3. 11 αὐτοὶ δὲ οὐκ
ἔγνωσαν τὰς ὁδούς μου ὡς ὤμοσα ἐν τῇ ὀργῇ μου und ibid. 4. 3 ebenso
(Citat aus LXX!). Synesius sagt 79. 689. 21 παρόντι δὲ οὕτω χρῆται —
ὡς, ἐπειδή μοι συνέπεσεν ἀποβαλεῖν τῶν παιδίων τὸ φίλτατον, κἂν ἐξή-
γαγον ἐμαυτόν, so auch 96. 696. 23 und 104. 703. 23. — ὥστε mit
Konj., wie es in einem Papyrus des Louvre 63. 181 steht (Schm. III
86), auch ἵνα in konsek. Sinn (Schmidt Jos. 420 f.) ist bei Synesius nirgends anzutreffen. — Statt eines einfachen Inf. steht
οὕτως — ὥστε, so wie es Schmidt Jos. p. 418 bespricht, bei Synesius nach συντυγχάνει 67. 678. 50 συνέτυχε γὰρ οὕτως ὥστε —
ἅπαντας ἐπισκόπους — συνδεδραμηκέναι. — In auffallender Verbindung
steht εἰμὶ ὡς 67. 679. 5 οὐδὲ γάρ ἐστι τὰ Χριστιανῶν ὡς ἐπάναγκες
εἶναι ταῖσδε ταῖς τελεστικαῖς ὕλαις — ἀκολουθῆσαι τὸ θεῖον. —
Schließlich ist noch ἐπὶ ῥητοῖς ἐφ' ᾧ, „unter der Bedingung,
dafs" zu registrieren 72. 683. 29 ἐπὶ ῥητοῖς, ἐφ' ᾧ μηκέτι μανεῖται
κατὰ τῶν ὁμοτίμων, ἐφ' ᾧ νοῦν — τοῦ βίου προστήσεται. — 73.
685. 23 heißt τὸν ἥλιον εἶδεν ἐπὶ ῥητοῖς ἄνθρωπος, ἐφ' ᾧ Γεννά-
διον ἐγράψατο: „er sah das Tageslicht auf Grund der Abmachung,
weil er — angeklagt hatte". Statt ἐφ' ᾧ steht allerdings sonst in
Kausalsätzen bei Synesius ἐφ' οἷς; cf. unten p. 120. Werfen wir
noch einen Rückblick auf die Zahl der aufgeführten Konsekutivsätze,
so sind wir erstaunt zu sehen, in wie verhältnismäfsig geringer Anzahl diese Fügung bei Synesius zu Tage tritt. Er ist anscheinend
kein Freund dieser hypotaktischen Fügung gewesen und hat sich lieber
zum Ausdruck kausaler Gedankenverhältnisse parataktischer Konstr.
mit ὅθεν, διὰ τοῦτο u. s. w. bedient. Für Aristoteles' Pol. Ath. hat
schon Kaibel in seiner feinen Stilanalyse auf diesen Punkt hingewiesen. — Zur Statistik der Kondizionalsätze habe ich folgende
Aufzeichnungen gemacht. Wenn im Nebensatz der Opt. mit
εἰ verbunden ist, steht im Hauptsatz a) der Ind. Präs. 4. 641. 35;
642. 38; 44. 658. 39; 659. 6; 659. 25 (Verbum zu ergänzen); 67.

677. 52; (Verb. zu erg..); 93. 693. 14; 103. 701. 14; 105. 704. 34 und
133. 721. 4 (Verb. zu erg.); 139. 724. 41 (Verb. zu erg.); 140. 725.
19; 144. 728. 50; 146. 730. 14; 148. 732. 52; 733. 7; b) der Ind.
Fut. 4. 639. 44 (v. l.); 11. 648. 31; 103. 700. 21; 701. 22; 105.
706. 27; 121. 711. 33 und 35; 123. 713. 23; 130. 716. 35; 143. 728. 3;
c) der Imperat. 67. 677. 48; 75. 686. 5; 91. 692. 41; 116. 710. 9; 32.
654. 6 (v. l.); d) für den Ind. Perf. kein Beispiel. — εἰ wird
mit Konj. verbunden besonders häufig bei Lukian (Schm. I 244),
auch Philostr. bietet in der V. Ap. 84. 28 und 197. 9 dafür zwei
Beispiele. Mal. p. 61 f. konstatiert bei Polyaen ebenfalls zwei Fülle
der Art; einen tiefgehenden Einfluſs auf den Stil scheint εἰ mit
Konj. aber erst bei Agathias gewonnen zu haben; Reffel zählt p. 23 f.
gegen 10 Beispiele auf; die meisten treffen merkwürdigerweise auf
εἰμί mit seinen Compositis, doch finden sich so auch andre Verba 159.
19 εἰ καί — συναποβάλωμεν. Auch wechselt daselbst der Konj. mit
dem Opt. ab 286. 20 οὔτε εἰ περιῇ τις ἐπὶ πολὺ καὶ ἀδεῶς εὐημεροίη.
Synesius, der zwischen diesen Autoren steht, mag wohl, wie auch
sonst, so hier seine Briefe dem im Rede stehenden Brauche nicht
vollständig zu verschlieſsen im stande gewesen sein; doch sind die
fraglichen Fälle bis jetzt handschriftlich nur sehr schwach gestützt.
67. 682. 4 hat Par. 1039 ἵνα εἰ καὶ μὴ τυγχάνῃς δεξάμενος τὴν
ἐπιστολήν, ἔχοις — διαιτῆσαι; 122. 712. 47 steht im Mon. 481 εἰ δὲ
καὶ ἡμεῖς ἄνδρες γενώμεθα —, οὐδὲ τὰ δευτεραῖα γένοιτ' ἂν ἀφιλό-
τιμα. εἰ mit Konj. steht bei Mc. Diac. V. Porph. 50. 16 εἰ ἐπιτύ-
χωσιν und 61. 3 εἰ προσέλθωσιν, bei Call. V. Hyp. steht εἰ mit Konj.
Aor. 63. 27; 125. 2 und 6; 132. 17; 134. 9 und mit Konj. Präs. 72. 26
und 101. 4. — Für κἂν εἰ ist im Synesius kein Beispiel durch
einheitliche Überlieferung gesichert. Um den einfachsten Fall voran-
zunehmen, steht 50. 661. 14 κἂν εἰ συνωμόται πολλοὶ μαρτυροῖεν,
οὐδὲν αὐτοῖς ἔσται πλέον εἰς πίστιν; Par. 1039 hat hier die Variante
κἂν οἱ (über κἂν mit Opt. s. unten p. 119); 4. 639. 43 liest H. ὥστε
κἂν εἴ τι συμβαίη, δι' ὑμᾶς ἀπολούμεθα, aber Par. 1039 und Mon.
481 haben κἂν τι καὶ συμβαίη, Mon. 490 κἂν τι συμβῇ. 93. 693. 13
lautet H.s Text ὅτι δὲ ἐν τοῖς βουλευταῖς καὶ τὸν ἐμὸν ἀδελφὸν
ἀξιοῖς ἀριθμεῖν, ἀλλ' οὐκ ἀπαλείφεις τὴν οἰκίαν ἀπὸ τοῦ πονηροῦ
βιβλίου, κἂν εἴ τι (Mon. 490 καὶ εἴ τι) κατὰ συμφορὰν ἀρχαίαν
προειλήφοι (Par. 1039 Mon. 481. 490 προειλήφει) γενόμενον, τοῦτο —
σέ φημι ποιεῖν u. s. w. — οὐδ' ἂν εἰ mit Opt. finden wir 58. 671.
26 οὐδεὶς ἂν ἐξαιρεθείη —, οὐδ' ἂν εἴ τις — κρατήσειεν und 149.
734. 4 οὐδ' ἂν εἰ βουληθείημεν, ἐπιλαθέσθαι δυναίμεθα. — εἰ δὲ
μή ohne Verbum steht 7. 647. 10 εἰ δὲ μή (ergänze ἔχομεν συνόν-
τας), γράμμασιν ὑμετέροις ἐντυγχάνειν. — ἐάν mit Ind., für welchen
Gebrauch eines der frühesten Beispiele sich im Pinax des Kebes p. 59
ed. Salm. zeigt (cf. Mull. p. 358 o.), begegnet nicht; die 132. 719. 6

stehenden Worte κἂν ἀλλοίως ἔοικεν εἶναι sind unverständlich; im
Par. 1039 ist κἂν ἀλλοίως aus einer früheren anderen Lesart durch
Korrektur hergestellt; ich vermutete καλλοίως, das dann Mon.
481 auch auswies. — Nicht unwahrscheinlich ist es aber, dafs ἄν (ἤ ν) mit
dem Opt. verknüpft bei Synesius zu konstatieren ist, nach dem Muster
von Lukian (Schm. I 244), z. B. Hist. conscr. 7 φροντίδος δεόμενον
ἤν τις — ἐς ἀεὶ κτῆμα συντιθείη. Bei Synesius sind die einschlägigen
Stellen: 4. 640. 46 „οὐκ, ἤν γέ τις αὐταῖς χρῆται καλῶς, ὦ λῷστε
Ἀμάραντε" πρὸς αὐτὸν ἔφην, wo Par. 1039, Mon. 481 καλῶς χρῷτο und
χρῷτο καλῶς bieten; 23. 651. 31 lesen meine drei Handschriften ἀλλ᾽
ἄν αὐτὸς ὑγιαίνοις — ἅλις ἔχει; 108. 707. 31 will Par. 1039 ὡς —
οὖν — νικήσων, ἄν μέντοι δέοι, πάλιν νικήσων, — ἐπισκήπτω σοι
τῶν παιδίων ἐπιμεληθῆναι. — Nach ἐάν bieten meine Handschriften
keinen Opt., κἄν = καὶ ἐάν mit Opt. findet sich bei Lukian (Schm.
I 244) und Aristides (Schm. II 59); zwei Stellen, 4. 639. 43 und 50. 661.
14, bei denen die Überlieferung mehr oder minder dieser Konstruktion günstig ist, sind schon oben (p. 118) bei Besprechung von κἄν
εἰ aufgeführt worden. Ihnen ist noch 101. 699. 24 beizufügen: κἂν
μὲν ἐντύχῃς ἀνδρὶ συντόνως ἐργαζομένῳ φιλοσοφίαν — καὶ ἡμῖν τὸ
ἕρμαιον κοίνωσαι, wo im Mon. 490 ἐντύχοις steht. Eine Entscheidung
ist noch nicht möglich. Neben diesen drei Fällen von κἄν mit Opt.
steht eine Menge von Stellen, in denen κἄν regulär mit dem Konj.
konstruiert ist, z. B. 2. 638. 26; 57. 666. 8; 669. 4; 71. 683. 4; 142.
727. 13 (bis) u. s. w. Statt ὅταν οὖν δέηται κολαστῶν, wie H. 57.
664. 3 liest, hat Mon. 490 ὅτε οὖν δεῖται, Par. 1039 und Mon. 481
haben ὅταν οὖν δεῖται mit übergeschriebenem ὅτε. Es wäre also,
wie es Schm. I 341 für Lukian an einer Stelle beobachtet hat, auch
bei Synesius nach homerischem Sprachgebrauch ὅ τ ε als Bedingungs-
oder Temporalkonjunktion gebraucht. Ebenso ist ὅτε 90. 692. 23
verwendet. — Das von Luk. Soloec. 571 getadelte π λ ὴ ν εἰ μὴ steht 3.
639.19, π λ ὴ ν εἰ steht 81. 690. 39. — Bei einem irrealen Kondizional-
verhältnis der Gegenwart und Zukunft steht in der Apodosis (nicht in der Protasis) der Aor. mit ἄν: 44. 658. 17 ff. εἰ μὲν
ἐγὼ παρὼν ἐτύγχανον, οὐδὲν ἄν ἔδει σε πρᾶγμα σχεῖν —, ἀλλ᾽ ἐμαυτὸν ἄν ἔταξα συνηγορήσοντα καὶ προσήγαγον ἄν σε —. ἀνόητος μὲν
γὰρ ἄν τις εἶπεν, ὡς Συνέσιος Ἰωάννου κατηγορεῖ, σὺ δ᾽ ἄν ἠπίστασο τἀληθές mit zweimaligem Wechsel zwischen Imperfekten und
Aoristen; 84. 691. 17 εἰ δὲ μὴ πρὸς ψεῦδος ἀνοικείως εἶχε, διηγήσατο
ἄν καὶ ὧν ἠπίστατο πλείονα; 105. 706. 29 λογίζομαι γάρ, ὅτι καὶ βασιλέως ἄν ἐπιτάξαντος ἢ κακοδαίμονός τινος αὐγουσταλίου δίκην ἄν
ἔδωκα μὴ πειθόμενος. — In dem Kapitel über die Kausalsätze
sind, da die syntaktische Fügung keinerlei Schwierigkeiten bereitet,
nur die einleitenden Konjunktionen zu besprechen. ὅτι = quod steht
22. 651. 23 (bis); 37. 654. 36; 38. 655. 3 und 5 (bis); 44. 657. 24;

50. 661. 10; 57. 663. 26; 664. 8; 62. 673. 45; 66. 675. 4 (nach δυσχεραίνω); 67. 682. 11; 72. 683. 46 und 51; 73. 685. 17; 67. 686. 16;
93. 693. 5 und 8; 95. 695. 29; 101. 699. 34; 103. 700. 17; 105. 704. 1;
126. 714. 35; 146. 729. 45; 148. 733. 23 und 27; 154. 736. 20 (bis).
— διότι findet sich 16. 650. 10; 44. 658. 52; 57. 664. 10; 67. 678. 8;
154. 735. 27. — ὡς = quum 3. 639. 1(?); 29. 652. 40; 44. 658. 30;
57. 668. 9 (temporal?) und 41; 58. 671. 46; 79. 689. 16; 95. 694. 11;
130. 717. 29. — ἐπεί 4. 643. 6; 32. 654. 38; 57. 669. 26; 66. 674. 24;
67. 681. 53; 98. 697. 12; 101. 698. 44; 103. 703. 34; 130. 717. 2;
137. 723. 15 und 19; 143. 728. 17; 151. 734. 39. — ἐπειδή 4. 641. 48;
19. 650. 40; 44. 656. 19; 658. 48; 57. 664. 27; 67. 679. 20; 73. 684. 12
und 36; 121. 712. 24 (wohl kausal); 130. 717. 30; 133. 720. 50; 721.
1; 138. 724. 8; 147. 730. 46. — ἐπείπερ 8. 647. 19. — ὅτε steht als
Kausalpartikel 90. 692. 23; 131. 717. 48; 146. 730. 27 — ὁπότε findet
sich nicht. — ὅπου, das unter den attischen Prosaikern vor allem
Xenophon als Kausalpartikel braucht, habe ich bei Synesius nicht
getroffen. — Dem klassischen Sprachgebrauch entspricht es nicht, wenn
Synesius Kausalsätze mit ἀφ' οὗ = „dadurch dafs", ἐφ' οἷς = „weil,
dadurch dafs", und mit οἷς einleitet; ἀφ' οὗ steht 58. 670. 34 (ἐβλασ-
φήμησε τὸν Χριστόν) ἔργῳ μέν, ἀφ' οὗ τῇ θύρᾳ τῆς ἐκκλησίας προσε-
παττάλευσεν ἑαυτοῦ διατάγματα; ἐφ' οἷς steht geradezu als Konj.
10. 647. 42 und 43; 90. 692. 22; 95. 694. 25; 98. 697. 6 und 7; 124.
713. 30.   Die Worte ἐφ' οἷς ἐδυστυχοῦμεν ἐμήνιε (3. 639. 3) dagegen
dürfen nicht mit einem Kausalsatz aufgelöst werden. — ἐφ' ᾧ im
kausalen Sinn, wie es (oben p. 117) aus 73. 685. 23 angeführt wurde,
steht auch im N. T. Röm. 5. 2 und II. Cor. 5. 4; οἷς endlich hat
konjunktionale Bedeutung angenommen 46. 659. 37 οἷς εὐτυχοῦντι
κήρυκα πέμψας τὴν φιλίαν ἀπείπατο, δῆλον ἐποίησεν; 104. 703. 46;
123. 713. 14 und 125. 713. 41. In dem Satze εἰ καὶ οἷς πάσχω
κακῶς, ἡδὺς εἴην τοῖς φίλοις (46. 659. 49) ist οἷς nicht Partikel. —
ἀνθ' ὧν (Call. V. Hyp. 98. 2 und oft im N. T.), übrigens auch
klassisch (Blass Grammatik 122), gebraucht Synesius nicht. — Im
Konzessivsatze ist in der nachklassischen Sprache καίτοι mit
Partizip an die Stelle des ursprünglichen καίπερ mit Part. getreten; im
klassischen Griechisch ist dieser Gebrauch nur ganz vereinzelt zu
beobachten. Aus Arrian führt Böhner p. 51 sieben Beispiele für
diese Konstruktion an; daneben geht bei diesem Autor das regelmäfsige καίπερ mit Part. einher. Im N. T. ist καίτοι mit Part. nur
einmal in dem auch sonst sprachliche Besonderheiten aufweisenden
Hebräerbrief (4. 3) zu lesen; es wäre dies ein Zeichen dafür, dafs
diese Konstruktion dem Volke nicht mundgerecht geworden ist, wenn
nicht nach dem Ausweis von Wilke-Grimm auch καίπερ nur selten
zur Verwendung käme. Sehr zahlreich sind dagegen die Beispiele
bei den Attizisten (Schm. I 160 und 365; II 219; III 243 und IV

361), sodafs an Stelle der Annahme Schmids, καίτοι mit Part. möchte den Attizisten gestattet gewesen sein, sogar die naheliegende Vermutung aufgestellt werden darf, diese Verbindung sei ein Lieblingsausdruck der Attizisten gewesen; hat sie doch selbst der strenge Aristides 6 mal, und bei Philostratus habe ich 46 Beispiele zusammengezählt. Synesius hat sich seinen attizistischen Vorbildern gegenüber nur selten der in Rede stehenden Ausdrucksweise bedient. Wir lesen 93. 693. 5 (Θεμιστοκλῆς) καίτοι πολιτικῆς δυνάμεως ἐραστὴς — γενόμενος ἀπηύξατο; 94. 694. 3 καίτοι δειλότατος ὢν ἐθάρρησε τὴν ὁδόν und 101. 699. 36 καίτοι προθυμηθεὶς ἐνάρκησα; schliefslich steht καίτοι mit Part. noch in einer scheinbar nicht heilen Stelle 32. 651. 37; καίπερ, nur an zwei Stellen 50. 661. 8 und 104. 703. 39 begegnend, hat Konstruktion und Bedeutung der alten Zeit. Die eben genannte Stelle 32. 651. 37 verlangt noch eine nähere Besprechung. Hier gibt καίτοι mit Part., wenn wir es gleichbedeutend mit καίπερ auffassen, keinen Sinn. Wir brauchen zu dem vorausgehenden χρῆν δὲ οὐχὶ eine Begründung, nicht ein konzessiv-adversatives Partizip. Ist es nun möglich, diesem Bedürfnis — ohne Änderung unseres Textes — zu entsprechen? καίτοι hat sonst allgemein adversative Bedeutung, und auch bei Synesius findet sich die Partikel in diesem Sinn 4. 639. 44; 58. 671. 1; 66. 675. 19; 67. 680. 33; 79. 688. 6; 95. 694. 45; 695. 41; 125. 713. 45; 130. 717. 44 (καίτοιγε) und 132. 718. 48. Unmöglich kann man aber diese Bedeutung dem καίτοι auch 73. 684. 30; 129. 716. 4 und 11 und 135. 722. 5 beilegen; die übrigen weniger klaren Stellen (47. 660. 2; 57. 666. 48; 66. 675. 5; 130. 717. 40 und 142. 727. 6) will ich beiseite lassen. An den genannten vier Stellen hat καίτοι, das seiner Entstehung entsprechend (Kühner II 2. 705) ursprünglich den Sinn „und gewifs", „und sicherlich" hatte, diesen affirmativen Wert ungeschwächt erhalten; statt einen gegenteiligen Gedanken durch seine affirmative Kraft zu stützen, verwendet es dieselbe zur Begründung eines im Vorangehenden ausgesprochenen Satzes und ist somit zu einer kausalaffirmativen Partikel geworden. Der Sinn des griechischen Wortes entspricht dem deutschen „denn traun" oder in einem durch ein Part. aufgelösten Nebensatz dem deutschen „da doch". Und dieses καίτοι hat Synesius an unserer Stelle mit dem absoluten Part. verbunden. Man wird H.s Meinung im Apparat: „καίτοι videtur delendum esse" nicht beipflichten können. Ich befinde mich nun leider nicht in der glücklichen Lage, mehr Beispiele für diesen Gebrauch aufweisen zu können, hoffe aber, dafs dies im Laufe längerer Beschäftigung mit dem nachklassischen Griechisch gelingen werde. Inzwischen sind mir durch Herrn Gymnasiallehrer Dr. Stählin aus Clemens Alexandr. drei Stellen (Strom. I 18. 89, 19. 91 und 94) mitgeteilt worden, die meine Vermutung bestätigen. Die mittlere derselben, die ein Citat aus Acta

17. 27 enthält, soll als die einfachste ausgeschrieben werden: ζητεῖν τὸ θεῖον, εἰ ἄρα ψηλαφήσειαν ἢ εὕροιεν ἂν καίτοι οὐ μακρὰν ἀπὸ ἑνὸς ἑκάστου ἡμῶν ὑπάρχοντος; an der neutestamentlichen Stelle schwankt die Lesart zwischen καίτοι, καί γε und καίτοιγε. — In hypothetischen Relativsätzen steht im allgemeinen regelrecht der Konj. mit ἄν z. B. 1. 638. 12; 5. 646. 9; 44. 656. 38; 67. 677. 34; 105. 705. 10; 143. 728. 8 u. s. w. Schwankend ist die Lesart nur 47. 660. 5, wo H. ὅτου γὰρ ἐπιθυμήσει χρήματος — πράττει τὴν δίκην liest; Par. 1039 hat γὰρ ἐπιθυμήσῃ mit von anderer Hand übergeschriebenem ἄν, Mon. 481 bietet ἐπιθυμήσει, 490 ἐπιθυμήσειε. In des Callinicus V. Hyp. lesen wir ohne Variante 96. 14 ὃ οὖν ὑμῖν εἴπω, τοῦτο ὀφείλετε ποιεῖν. — Der Opt. mit ἄν im Relativsatze, wie ihn Reffel p. 24 aus Agath. nachweist, steht sicher bei Synesius 35. 654. 30 (ἔγνωκεν) πρακτέον αὐτοὺς πειθοῖ καὶ βίᾳ πᾶν ὅ,τι ἂν δύναιτο. Dagegen sind unsicher die Stellen 47. 660. 5, die Varianten hierzu sind eben schon angeführt worden, und 67. 677. 31, hier schreibt Mon. 481 δόξειε statt δόξῃ, und 98. 697. 19, wo Par. 1039 ἅπερ ἂν ὁ θεὸς (Par. 1039 Mon. 490 θεός) ἄριστα δοκιμάσοι statt δοκιμάσῃ schreibt. — Ohne ἄν steht der Opt. im Relativsatz 151. 734. 40 εὐξαίμην ἂν ὅπου ποτὲ γῆς εἴης, Par. 1039 ὅπου ποτ' ἄν, und 152. 735. 2 ἀπορῶ λόγων οἷς ἂν ἐκχέοιτο, wo meine drei Handschriften und nach H. auch die seinigen das ἄν auslassen. 57. 669. 38 bieten meine drei Handschriften statt ἀλλ' οἵτινες die Lesart ἀλλ' εἴ τινες (cf. oben p. 95!). — παρ' ὅσον heifst „aufser dafs" 79. 688. 19 χρῆται καθάπερ ἀνδραπόδῳ, παρ' ὅσον οὐδὲ ἐν ταῖς γωνίαις ὑποψιθυρίζειν τολμᾷ und 98. 697. 8 παρ' ὅσον τῶν χαμαὶ ἐρχομένων ὄντες οὐκ ἐπιγινώσκομεν τὴν ἀξίαν. — Mit (οὐκ) ἔστιν ὁπότε, ὅστις, ὅτε, οὐ, werden Sätze gebildet 4. 640. 26 οὐκ ἔστιν ὁπότε ἡμᾶς σχολάζειν εἴασεν; 101. 699. 17 οὐδ' ἔστιν ὅτε περὶ σοῦ πονηρὰς ἔσχον ἐλπίδας; 57. 663. 29 ἔστιν οὗ τῶν βιβλίων ὁ θεὸς ταῦτα λέγων πεποίηται; 101. 698. 46 οὐδ' ἔστιν ὅτου ποτὲ ἀκήκοα. — Über den Gebrauch der einen Temporalsatz einleitenden Partikeln ist folgendes mitzuteilen: ἀφ' οὗ 23. 651. 28. — ἐάν (ἄν) steht (zum Teil hypothetisch) 1. 638. 13 (ἄν); 14. 649. 27 (ἄν); 44. 659. 15 (ἄν); 61. 672. 37 (ἄν); 89. 692. 15; 105. 706. 8 (ἄν), im ganzen an 32 Stellen, nur vier von diesen (72. 684. 5; 79. 689. 14; 94. 693. 43 und 98. 697. 19) bieten die Form ἐάν, 89. 692. 15 schwankt die Lesart (Par. 1039, Mon. 481. 490 ἐάν). — ἤν steht 4. 640. 9 und 46; 104. 702. 42; 703. 34 und 148. 733. 3. — κἄν findet sich (auch hypothetisch) z. B. 2. 638. 26; 57. 666. 8; 132. 719. 36, auch κἄν — κἄν (71. 683. 4 und 141. 726. 31), im ganzen 34 mal. — ἐν ᾧ 124. 713. 34. — ἐπεί 4. 641. 37; 643. 26; 644. 4; 44. 658. 34; 59. 672. 4; 121. 712. 13. — ἐπειδάν 1. 638. 16; 4. 644. 16 und 35 und 54; 111. 708. 43; 125. 714. 18; 148. 733. 11. — ἐπειδή 3. 639. 27; 38. 655. 8; 57. 668. 29; 67. 676. 40 u. s. w., insgesamt an 20 Stellen. — ἔστε 49. 660. 47. —

ἕως 4. 640. 13 (v. l. ὡς); 640. 54; 641. 12; 643. 5; 20. 651. 1; 44. 656. 20; 659. 28; 59. 672. 2; 95. 696. 4. — ἡνίκα 88. 692. 5. — μέχρι 16. 650. 2. — ὁπηνίκα 61. 672. 32. — ὁπότε 4. 640. 26 (οὐκ ἔστιν ὁπότε). — ὁσάκις 54. 662. 29; 101. 698. 37; 105. 705. 3; 154. 737. 25. — ὅταν im ganzen 30mal, z. B. 4. 641. 28; 57. 663. 37; 105. 704. 29; 148. 732. 40; 134. 721. 49 ohne Verbum. — ὅτε (cf. oben p. 119!) 61. 673. 4; 62. 673. 28 und 29; 81. 690. 36; 101. 699. 18; 103. 701. 7; 143. 728. 6. — ὡς 108. 707. 23; 127. 715. 20(ter); 131. 718. 34. — Der leichteren Übersicht halber teile ich die Temporalsätze in solche der Gleichzeitigkeit, der Vorgängigkeit und der Nachfolge ein. In den Zeitsätzen der Gleichzeitigkeit geht die Handlung des Hauptsatzes und die des Nebensatzes neben einander her. Dieses Verhältnis wird bei einmaliger Handlung durch Temporalsätze mit ἐπεί, ἵτε u. s. w. ausgedrückt. Zu besprechen habe ich nur ἕως = solange. Diese Partikel wird in Temporalsätzen der Gleichzeitigkeit in allen Fällen mit dem Ind. verbunden. Sie steht 44. 656. 19 Συνέσιον γὰρ οὐ θέμις, ἕως ἐμπνεῖ τε καὶ δύναται, μὴ οὐχὶ παντὶ τρόπῳ πρόθυμον εἶναι und 95. 696. 4 f. von einer in die Zukunft reichenden Handlung, ebenso von der Vergangenheit 4. 641. 12; 44. 659. 39 ἕως μὲν οὐ προσεκόπτομεν τῇ τύχῃ, συνέμεινας; 59. 672. 2 ἕως μὲν οὖν Ἀνύσιός τε παρῆν καὶ Πεντάπολις ἦν, ἔτι παρ᾽ ἡμῖν ταύτην εἰργάζετο und 121. 712. 9. An einer Stelle 4. 640. 13 bieten meine drei Handschriften und nach H.s Angabe auch die des Herausgebers statt des erwarteten ἕως ein ὡς mit der in Rede stehenden Bedeutung. Die Änderung in ἕως scheint mir notwendig; auch im Soph. Philokt. 1330 und Aias 1117 hat man nach Wunders Vorgang statt des überlieferten ὡς ein ἕως eingesetzt. Noch muss die Stelle 79. 687. 47 ἕως ὁ παῖς οἴκαδε βαδίζει τὸ χρυσίον οἴσων, ὁ δεσπότης ἠλόηται angeführt werden; hier entspricht der griechischen Partikel im Deutschen eher ein „bis" als ein „solange", die Grundbedeutung der Partikel ist aber nicht alteriert, indem auch hier die Vorstellung von der Dauer einer Handlung obwaltet, während deren eine andere Handlung vor sich geht. — Auch μέχρι dient zur Einleitung eines Temporalsatzes der Gleichzeitigkeit und wird dann mit dem Ind. verbunden 16. 650. 2 μέχρις ἐκείνου ζῆν ἄξιον ἦν Συνέσιον, μέχρις ἦν ἄπειρος τῶν τοῦ βίου κακῶν. Einmal (104. 702. 15) ist die Gleichzeitigkeit durch μεταξύ mit dem verbundenen Part. ausgedrückt μεταξὺ δὲ διηγούμενοι — ἐσχετλίαζον. Die Fälle, in denen die Gleichzeitigkeit durch eine Partizipialkonstruktion zum Ausdruck gebracht wird, glaube ich nicht anführen zu sollen. Auch bei den Temporalsätzen der Gleichzeitigkeit in der Wiederholung kann ich mich kurz fassen: ὅταν, ὁπόταν u. s. w. werden in der herkömmlichen altattischen Weise konstruiert; auch ὁσάκις wird an den oben angegebenen Stellen mit dem Konj. verbunden. ἔστε in der besprochenen Bedeutung wird mit ἄν und dem Konj. verbunden 49. 660. 47 ἔστ᾽ ἄν

Ἕλληνες ὦσι (Par. 1039 ὦσιν), πολὺς Ἀνθέμιος ἐν τοῖς τῶν λόγων διατριβαῖς. — Nur an zwei Stellen (54. 662. 29 und 105. 705. 3) zeigen die Handschriften eine mehr oder minder starke Neigung zum Opt. An der ersten Stelle hat Par. 1039 und Mon. 481 (490 —) γένοιτο, an der zweiten liest Par. 1039 und Mon. 481 ἔροιτο, Mon. 490 ganz verkehrt εἴρηται. An beiden Stellen stützt H. sein γένηται und ἔρηται nur mit einer Handschrift. — Die Temporalsätze der Vorgängigkeit bieten keinerlei Anlaſs zu Bemerkungen, anders die der Nachfolge. Es handelt sich hier im wesentlichen um die zwei Gruppen von πρίν einerseits und von μέχρι, ἔστε und ἕως andrerseits. Ich beginne mit πρίν und seinen Konstruktionen. Die von Sturm (Schanz Beiträge III p. 8) schon für Homer und dann auch für Xenophon angestellte Beobachtung, daſs πρίν mit dem Inf. vermöge seiner leichten und bequemen Handhabung in weitaus überwiegender Zahl verwendet wird, hat auch für Synesius ihre volle Bestätigung gefunden. Merkwürdigerweise hat der Verfasser der Varia Historia (Schm. III 83) nur zweimal diese Konstruktion (Aelian liebt die Verbindung πρὶν ἤ). Nach ihm gebraucht aber dann Philostr. (Schm. IV 85) πρίν mit Inf. in der ausgedehntesten Weise mit affirmativem Hauptsatz und einmal nach einer negativen Frage. Auch bei Synesius ist, wie schon erwähnt, πρίν mit Inf. die geläufige Konstruktion. Es findet sich neunmal (4. 642. 46; 643. 51; 41. 655. 31; 44. 657. 23; 66. 674. 17; 67. 678. 20; 104. 703. 2 und 148. 734. 1) bei positivem, zweimal (57. 670. 6 und 73. 685. 15) in Verbindung mit einem negativen Hauptsatz der Vergangenheit. Fällt aber die Handlung des negierten Hauptsatzes in die Zukunft, ist in demselben ein Imperativ oder ein imperativischer Begriff vorhanden, so gebraucht Synesius πρὶν ἄν mit Konj.; es geschieht dies 44. 656. 44 μὴ ἀνῇς προκαλινδούμενος, πρὶν ἄν διαπράξῃ; 96. 696. 43 μὴ προεξέλθοις, πρὶν ἄν ἀλλήλοις ἐντύχωμεν und 67. 681. 36, doch vergl. zu dieser Stelle noch unten p. 128! Eine eigene Stellung nimmt 52. 662. 6 πρὶν ἄν οὖν ἀπάσας φθάσειεν ἀποδόμενος —, εἰσκάλει τὸν ξένον ein. Die Stelle ist sehr schwierig; von meinen Handschriften hat Par. 1039 πλὴν οὖν, Mon. 481 πρὶν οὖν. — πρὶν ἄν mit dem Konj. ist nach Schm. a. a. O. bei Philostratus bereits völlig erloschen, auch fürs N. T. habe ich bei Wilke-Grimm keine Stelle zum Beleg dafür finden können. Populär und auch im N. T. am häufigsten gebraucht war hingegen πρὶν ἤ. Bei Aelian herrscht dieses πρὶν ἤ ausschliesslich und wird dort auf die verschiedenste Weise mit dem Inf., mit dem Ind. und mit dem Konj. ohne ἄν konstruiert. Philostratus dagegen hat diese Verbindung nur einmal, auch Synesius liebt πρὶν ἤ nicht, es ist nur einmal 4. 640. 32 verwendet ἀνακεκραγότων ἡμῶν οὐ πρὶν ἤ ἐν χρῷ γενέσθαι τοῦ κινδύνου. Endlich muſs aus dem Sprachgebrauch unsres Autors noch das einmal verwendete πρότερον ἤ mit

Inf. genannt werden, das 132. 719. 19 steht: οὗτοι πρότερον ἢ Κε- ρεάλιον ἄρχειν ἦσαν ἱπποτοξόται. Schm. hat es aus der attizistischen Litteratur (bei Dio Chrys., Luk. und Arist. ist die Behandlung der Nebensätze leider nicht genügend) zum ersten Male bei Philostratus und da nur einmal (Gymn. 273. 9) nachzuweisen vermocht. Im N. T. findet sich diese Konstruktion nicht, Beispiele aus Herodot, Thukyd., Demosth. und Joseph. finden sich bei Poppo-Stahl zu Thukyd. I 69. 5. — In der Bedeutung „bis" leiten bei Synesius den Temporalsatz die Partikeln ἕως, ἔστε und μέχρι ein. Wie bei Philostratus ist auch bei Synesius die Verwendung von ἕως ziemlich spärlich, wenn auch nicht so selten wie bei diesem Autor. Zunächst verbindet Synesius dieses ἕως einmal (73. 685. 21) mit dem Ind. (Aor.): ἀπείρητο προσιέναι — ἕως διεπράξαντο πᾶν ὅσον ἐβούλοντο. — ἕως ἄν mit Konj. alsdann, die in der nachklassischen Sprache (Schm. III 84 Note 59) übliche Konstruktion, (auch im N. T. ist diese Ver- wendung nach Wilke-Grimm s. v. die geläufigste) gebraucht Synesius zweimal 4. 643. 5 ἐπιμείναντες — ἕως ἄν ἀφυβρίσῃ τὸ πέλαγος und 96. 696. 24 ἀποδημῶ — ἕως ἄν ἀκριβῶς — κατανοήσω. Aufser diesen beiden Verwendungen von ἕως ist in der nachklassischen Sprache auch noch ἕως mit dem Konj. häufig, selten findet sich auch ἕως mit Ind. Fut.' Erstere Ausdrucksweise herrscht so z. B. allein auf den Papyri des Louvre (Schm. III 84, Note 59), auch die Autoren des N. T. Marcus 14. 32, Lucas Ev. 15. 4 und Paulus II. Thess. 2. 7, der Verfasser des Hebräerbriefs 10. 13 und Johannes in der Apok. 6. 11 schreiben so. Auch auf den Inschriften ist dieser Gebrauch verbürgt, aber nicht vor der Mitte des II. scl. a. C. (Herw. p. 77). Die zweite Konstruktion (ἕως mit Ind. Fut.) ist selten; Schm. will sie bei Ael. N. A. 282. 29 ὠθεῖται ἐς βυθόν, ἕως ψαύσει τῆς κάτω γῆς hergestellt wissen, im N. T. wird sie einmal (Ev. Luc. 13. 35) an ganz unsicherer Stelle gelesen. Zwischen diesen beiden letzt- genannten Konstruktionen schwanken nun die Handschriften bei Synesius 79. 688. 51, wo H. liest οἱ λιμένες ἐκλείσθησαν, — ἕως ἄν αὐτὸς ἐκπλεύσας φθάσῃ καὶ ἐξενέγκῃ τὸ ἀπόρρητον. Allein ἄν steht in keiner meiner drei Handschriften, H. gibt an, dasselbe aus dem Guelf. entnommen zu haben. Par. 1039 und Mon. 481 lesen im ersten Glied ἕως — φθάσει, Mon. 490 ἕως φθάσῃ, und im zweiten Glied Par. 1039 ἐξενέγκῃ, aber ῃ ist auf radierter Stelle von zweiter Hand korrigiert, Mon. 481 hat noch ἐξενέγκει, Mon. 490 liest ἐξενέγκῃ. Im zweiten Glied ist der Konj. ἐξενέγκῃ allein möglich und also ge- sichert, die falsche Lesart ist durch den Gleichlaut mit φθάσει ent- standen zu denken. Gegen das φθάσει des ersten Gliedes ist kein solches Bedenken zu erheben. Aber ἕως mit Ind. Fut. nach einem historischen Tempus ist ganz ungriechisch, ich kann mir eine solche Verbindung nicht von Synesius beabsichtigt denken. An den beiden

Stellen (mehr stehen mir nicht zur Verfügung), die ich für ἕως mit
Ind. Fut. angeführt habe, mögen sie nun richtig sein oder nicht, ist
auch thatsächlich kein Präteritum, sondern ein Haupttempus die Zeit-
form des regierenden Satzes. Ich schlage also vor, mit H. zu lesen
φθάσῃ καὶ — ἐξενέγκῃ, aber ohne ἄν. — ἕως οὖ ist bei Synesius nicht
gebräuchlich. — Nachdem so die verschiedenen Verbindungen von ἕως
sowohl in der Bedeutung „solange als" als auch im Sinne eines „bis",
„bis daſs" gemustert worden sind, können wir schlieſslich noch die Entscheidung einer schwierigen Stelle 44. 659. 27 versuchen. Dort steht
ἡμῖν γε τοῖς ἀνθρώποις οὔπω καθαρὸς (sc. εἰ), ἕως ἄν ἀναπολόγητος ᾖς.
Das kann nach dem Zusammenhang nur heiſsen: „solange du noch ein un-
verteidigter bist" oder besser „solange du dich noch nicht verteidigt hast".
So übersetzt widerspricht aber unsre Stelle der oben gemachten Beobachtung, daſs bei Synesius mit ausnahmsloser Konsequenz ἕως = „solange" auch bei negativem Hauptsatz mit dem Ind. verknüpft wird;
ἕως ἄν mit Konj. hat bei Synesius die Bedeutung „bis, bis daſs".
Diesen Sinn der genannten Verbindung zurückzugeben ist möglich,
sobald aus dem Temporalsatz die Negation, in diesem Fall die Vor-
silbe ἀν — entfernt ist, sodaſs der Nebensatz dann lautet, „bis du
ein Verteidigter bist", besser: „bis du dich verteidigt hast". Es
wäre an sich kein Wagnis, von den beiden überdies ganz unschön
klingenden αν eines aus dem Texte zu entfernen; es kommt uns aber
die Überlieferung selbst zu Hilfe, indem mein Par. 1039 und Mon.
481 ἕως ἀναπολόγητος (ersterer mit von zweiter Hand erst übergeschriebenem ἄν) oder mit richtiger Wortteilung ἕως ἄν ἀπολό-
γητος ᾖς bieten. — Wir kehren zur Musterung der Temporalpartikeln
zurück und fahren mit ἔστε fort. Zur Einleitung eines Temporalsatzes der Nachfolge tritt ἔστε in der Form ἔστ' ἄν mit Konj. auf
4. 645. 1 πάντα δρῶσιν, ἔστ' ἄν τὰς ἀγκάλας διερευνήσωνται. — Zum
Schluſs erübrigt es noch, die Verwendung von μέχρι zu besprechen.
Nach Schmid, der μέχρι unter den Temporalkonjunktionen bei Aelian
nicht anführt, scheint es daselbst nicht vorzukommen; auch bei Philostratus (Schm. IV 87) führt er nur ein μέχρις ἄν mit Konj. aus V.
Ap. 126. 32 an. In der Umgangssprache hatte wahrscheinlich damals
μέχρι sein Leben als Konjunktion schon beschlossen; denn Wilke-
Grimm kann aus der gesamten neutestamentlichen Gräzität schon
nur mehr ein Beispiel für den konjunktionalen Gebrauch von μέχρι
(Eph. 4. 13) beibringen (es hat dort den Konj.), während μέχρι als
Präposit. einen breiten Raum in den neutestamentlichen Schriften
einnimmt. Synesius hat bei Bildung eines Temporalsatzes der Nachfolge nur zweimal zum alten Sprachgut gegriffen und dieses μέχρι
einmal mit dem Konj. und ἄν 67. 676. 27 ἀναθέσθαι τὸ σκέμμα,
μέχρι (Par. 1039 Mon. 481 μέχρις) ἄν αὐτοῖς — γένηται und das
andre Mal mit dem Ind. Aor. verbunden 95. 696. 8 μέχρι τούτου

*Λασθένης φίλος ὠνομάζετο Φιλίππου, μέχρι προύδωκεν Ὄλυνθον.* Interessant ist der Vergleich mit der Originalstelle bei Demosth. De cor. 48 *μέχρι τούτου Λασθένης φίλος ὠνομάζετο, ἕως προύδωκεν Ὄλυνθον.* — Über den Gebrauch und die Verwendung von *ἄν* stelle ich schließlich noch folgende Beobachtungen zusammen. *ἄν* mit Ind. Aor. dient zur Bezeichnung einer in der Vergangenheit sich wiederholenden Handlung 96. 696. 17 *ὥσπερ εἴ τί μοι τῶν ἡδέων συνεπεπτώκει* (Ind. statt des gewöhnlichen Opt.!), *ἐκοινωσάμην ἄν σοι τῇ πάντων φιλτάτῃ μοι κεφαλῇ, οὕτω καὶ νῦν.* Zur Bezeichnung des gleichen Verhältnisses der Wiederholung dient *ἄν* auch in Verbindung mit einem Part. 104. 702. 15 ff. *μεταξὺ δ' ἄν* (so Par. 1039 Mon. 481. 490 —) *διηγούμενοι πρὸς τὴν ἀκαιρίαν τῆς συμφορᾶς ἐσχετλίαζον ὑπεδάκρυον. νῦν ἔδει τοῦ γενναίου λήμματος — καὶ ἐπὶ πᾶσιν ὦ τοῦ δαίμονος εἰπὼν ἄν* (so Par. 1039 Mon. 481. 490 —) *ἕκαστος καὶ τὼ χεῖρε πατάξας ἀπηλλάτετο.* Die Versetzung des iterativen *ἄν* in einen Nebensatz ist selten (Kühner II 1. 174. 5); in einem zum Part. verkürzten Nebensatz habe ich es noch nicht gefunden. — *ἄν* in der Protasis liegt vor in den Sätzen 4. 645. 17 *ἀλλὰ κἂν ταῖς ἐφημερίσι — τὴν ἐπιστολὴν ἐναρμόσας ὡς συχνῶν ἡμερῶν ἔχοιμ' ἂν ὑπομνήματα*; 100. 698. 1 *καί σε δ' ἂν αὐτῷ δείξας τὸν αὐτὸν ἔπαινον εἶπον ἂν περὶ σοῦ* und 105. 706. 29 *λογίζομαι γάρ, ὅτι καὶ βασιλέως ἂν ἐπιτάξαντος καὶ κακοδαίμονος αὐγουσταλίου δίκην ἂν ἔδωκα μὴ πειθόμενος* (Kühner II 2. 984). Call. V. Hyp. hat *ἄν* so beim Verb. fin. 105. 7 und 118. 14. — Doppeltes *ἄν*, wie es sich im Attischen oftmals finden läßt, steht bei Synesius 58. 670. 37 *ἀνατεινάμενος — ταῦτα, ἃ κἂν Φάλαρις — κἂν Κεφρὴν — κἂν Σεναχηρεὶμ — ὤκνησεν*; an zwei andern Stellen ist das zweite *ἄν* handschriftlich nicht sicher: 11. 648. 12 *ἐγὼ δὲ πολλοὺς ἂν θανάτους ἀντὶ τῆσδε τῆς λειτουργίας* (Mon. 490 *ἄν*) *εἱλόμην* und 105. 705. 26 *καὶ γὰρ ἂν ἅπαντα τἄλλα μικρὰ πρὸς ἕν τις ἄν* (so Mon. 481, Par. 1039 von später Hand, Mon. 490 hat es nicht) *τοῦτο θεῖτο.* — *ἄν* fehlt beim Irrealis nach einigen Handschriften 62. 673. 43 *καὶ κοινῇ καὶ καθ' ἕνα Πτολεμαίων ἕκαστος ἀντεισηνέγκαμεν ἂν αὐτῷ τὸν δυνατόν — ἔρανον. ἐπεὶ δὲ* u. s. w. Hier ist *ἄν* im Par. 1039 von zweiter Hand eingesetzt, Mon. 481 hat es gar nicht, im Mon. 490 ist es gesetzt; ebenso 79. 690. 7 *οὓς ἐμοὶ δοκεῖν ἂν καὶ ὅστις ὠμότατος δαιμόνων ἠλέησεν*, wo Par. 1039 und Mon. 481 überliefern *οὓς ἐμοὶ δοκεῖ καὶ ὅστις — ἠλέησεν*, Mon. 490 bietet *οὓς ἐ. δοκεῖ καὶ ὅστις ἠλέησεν ἄν*, und 147. 730. 44 und 45; an letzterer Stelle steht *ἄν* in meinen hier in Betracht zu ziehenden Codices ursprünglich nicht. Par. 1039 hat *ἄν* erst später eingesetzt. — Über das Fehlen von *ἄν* beim Potentialis ist schon oben p. 103 gesprochen worden. — *ἄν* beim Ind. steht 99. 697. 27 an einer offenbar verderbten Stelle *ἀλλὰ τοῦτο* (Par. 1039 add. *μέν*) *εἴ γε ποιητὴς ἀνὴρ τῶν νῦν ἐνθεώ-*

τατος, δυνάμεως δὲ δεῖταί τις ἄν (so Par. 1039 Mon.481) ποιητικῆς.
Doch soll über diese Stelle weiter unten im III. Kapitel noch eine
genauere Untersuchung geführt werden. — Nach ἐλπίζω steht der
Infin. Aor. mit ἄν im Text H.s 4. 644. 5 οὐδ' ἐλπίσαντες ἄν ὑπερ-
ήμεροι γενέσθαι; aber Par. 1039, Mon. 481. 490 haben dieses ἄν gar
nicht, vgl. auch den Apparat; der Aor. hat nach ἐλπίζω nichts Auf-
fallendes an sich, cf. Franke in Rehdantz-Blass Ind. p. 87; oft steht
der Aor. bei Thuk., z. B. II 80. 1 (vergl. hierzu Classen); aus Agath.
führt Reffel p. 20 an ἐλπίζοντες — κατασκέψασθαι (147. 8). — Die
Verbindung des Fut. mit ἄν ist in später Zeit sehr beliebt geworden (cf. Reffel Agath. p. 23); Philostr. V. Ap. 63. 6 sagt οὐ γὰρ
ἄν πρὸς τὴν Ἰνδικὴν πᾶσαν ξυμφρονοῦσαν παρατάξεσθαί ποτε αὐτόν;
im Philopatris habe ich 589. 4 gefunden τί γὰρ ἄν δυνήσεται; ἄν
mit Ind. Fut. (cf. Marquardt Galleni scr. min. I p. XXXXV) steht bei
Galen Instit. Log. ed. Kalbfleisch p. 47. 3 nach Kalbfl.s Korrektur
statt ἀρνήσηται des Par. Bei Synesius sind die allenfalls hierher gehörigen Fälle: 67. 681. 36 πρὶν ἄν ἀπελθόντες ἐκεῖ καταστήσωνται
(Par. 1039 καταστήσονται) und 100. 698. 4 σκοπεῖτε, πῶς ἄν ἀγαθόν
τί με ποιήσαιτε (Par. 1039 ποιήσετε Mon. 481 -σαιτε auf einer Rasur).
Zu 67. 681. 36 ist noch zu bemerken, dafs καταστήσωνται neben einem
andern ebenfalls nicht sicher überlieferten Konj. dieses Aorists der einzige Zeuge für den Gebrauch dieses Modus bei Synesius ist (cf. p. 59).
— ἄν wird mit dem Perf. verbunden 4. 641. 11 προσαναπεπλάσθαι
γὰρ ἄν τῇ γῇ und 44. 657. 19 διὰ πόσων δ' ἄν ὀδυνῶν ἐκπεπλύσθαι;
schwankend ist diese Lesart 79. 688. 16 πάντα ἀνατεινάμενος, ἅπερ
εἰρῆσθαι (Par. 1039, Mon. 481. 490 ἅπερ ἄν εἰρῆσθαι) παρ' ἐμοῦ τοῦ
παντὸς ἄν ἐτιμησάμην. — Die gewöhnliche Unterscheidung
zwischen ἔδει und ἔδει ἄν, durch die dem ἔδει die Realität des
Inhalts des ἔδει, dem ἔδει ἄν aber ein δεῖ zum Gegensatz dient, ist
auch bei Synesius festgehalten; ἔδει steht 3. 639. 34 τοῦτο πᾶν ἥκειν
ἔδει παρὰ τῶν ἀπατόρων εἰς τὰς μητέρας; 24. 651. 34 ἔδει μέντοι ταῖς
τύχαις γνώμας μὴ συνεξαίρεσθαι und 93. 693. 17 Εὐόπτιον γὰρ ἐν
ἀδελφοῖς ἔδει τετάχθαι τοῖς σοῖς; ἔδει ἄν finden wir ebenso richtig
angewendet 44. 658. 17 εἰ μὲν οὖν ἐγὼ παρὼν ἐτύγχανον, οὐδὲν ἄν
ἔδει σε πρᾶγμα σχεῖν. An einer Stelle 121. 712. 4 εἰ μὲν ἦν ἐπὶ τοῖς
ἱερεῦσιν ἡ πολιτεία, τούτους αὐτοὺς ἔδει τῆς πονηρίας κολαστὰς εἶναι
würden wir als Gegensatz ein νῦν δὲ οὐ δεῖ und demzufolge ein
ἔδει ἄν zu erwarten geneigt sein; aber Synesius hat eben, was ja
auch angeht, den Gegensatz νῦν δὲ οὔκ εἰσιν suppliert. Übrigens
füllt auch sonst zuweilen bei ἔδει ἄν das ἄν ab (Kühner II 1. 178
Anm. 2). — ἐβουλόμην, nicht ἐβουλόμην ἄν sagt Synesius 62. 673.
42 παρεῖναι μὲν οὖν ἡμῖν καὶ τὸ δικαστήριον ἐβουλόμεθα; 109. 707.
38 βαδίζειν δὲ πάνυ μὲν ἐβουλόμην καὶ τυχὸν ἐδυνάμην, wo auch das
ἐδυνάμην zu beachten ist. — βουλοίμην ἄν gebraucht Synesius

nach dem Texte H.s an sechs Stellen 8. 647. 20 βουλοίμην ἄν ἐν τοῖς ὑμετέροις εὐφραίνεσθαι; 44. 656. 29 καὶ τοῦτο περὶ σοῦ τῶν πολλῶν (sc. ψευδῶν) ἔστιν ἐν (ὡς ἔγωγε βουλοίμην ἄν); 66. 675. 11; 91. 692. 38; 132. 719. 45 und 154. 736. 3. Diesen sechs βουλοίμην ἄν stehen in unserm Texte 19. 650. 41 und 81. 690. 32 zwei Fälle von βουλοίμην (ohne ἄν) gegenüber: καὶ βουλοίμην μὲν ἀγαθοῦ τινος αἴτιος αὐτῷ γενέσθαι und κωλύειν δὲ βουλοίμην μέν; an beiden Stellen hat mein Par. 1039 (H. schweigt in seinem Apparat) nach dem μέν ein ἄν von zweiter Hand eingeschoben, 81. 690. 32 bietet dazu Mon. 481 die Notiz ɟ μὲν ἄν. Ein Vergleich mit den obigen Stellen, besonders mit 8. 647. 20 und 66. 675. 11 legt die Vermutung nahe, dafs ἄν an unsern beiden Stellen mit Unrecht fehlen möchte; besonders die Worte in 81. 670. 32 fordern ein ἄν durch den Zusammenhang. Auch dürfte es nicht zufällig sein, dafs ἄν in beiden Fällen bei vorausgehendem μέν fehlt, und wenn wir bedenken, dafs die Nachbarschaft dieses μέν öfters ein ihm folgendes ἄν zu Fall gebracht hat, so werden wir nicht anstehen, auch 19. 650. 41 und 81. 690. 32 βουλοίμην μὲν ἄν zu lesen.

## C. Negationen.

Die Negation bei einem von einem negativen Begriff abhängigen Verbum zu wiederholen, diesen Gebrauch der klassischen Sprache hat auch die Vulgärsprache noch lange beibehalten. Neben der von Schm. II 63 zitierten Stelle aus Greg. Cor. p. 104 κἄν τῇ συνηθείᾳ δὲ πολλάκις ἀποφάσεσι χρώμεθα, ὡς τὸ ἀπαγορεύω σοι μὴ ποιεῖν ἀντὶ τοῦ ἀπαγορεύω σοι ποιεῖν (vorher p. 101 sagt er, dies sei ein Pleonasmus: καὶ τὴν οὐ ἀπόφασιν Ἀττικοὶ περιττῶς πολλάκις λαμβάνουσιν) bezeugt dies auch die Redeweise der Autoren des N. T., die mit Ausnahme der Verba des Hinderns (Winer p. 532 f. und Blass p. 250) die Wiederholung der Negation im Gebrauch haben. Auch im klassischen Griechisch haben sich übrigens die Verba des Hinderns gerne von dieser Abundanz des Ausdruckes emanzipiert (Kühner II 2. 767 a). In der attizistischen Litteratur hat Schm. eine Beobachtung über den in Frage stehenden Sprachgebrauch nur bei Arist. (II 63) und bei Philostr. (IV 95) angestellt. Von ihnen hat der erstere das μή (wohl nur?) nach φεύγω zu setzen unterlassen, bei Philostratus wird die Negation einmal nach φυλάττομαι und zweimal nach οὐκ ὀκνέω vermifst. Synesius war kein Freund der alten pleonastischen Redeweise. Bei ihm fehlt die Negation beim Inf. nach ἀπαγορεύω 73. 685. 20 und 121. 712. 15, nach κωλύω 47. 660. 23; 54. 662. 41; 119. 711. 8 und 107. 706. 48, nach αἰσχύνεσθαι 79. 687. 33; 100. 698. 12 und nach φυλάττομαι 46. 659. 35; μὴ οὐ fehlt nach negiertem κωλύω 4. 644. 36; 61. 673. 25; 129. 716. 28 und 132. 719. 25 (nach τί ἐκώλυε;), nach negiertem ἐκφεύγω

67. 678. 27, nach negiertem *ἐμποδὼν εἶναι* 140. 725. 17, nach οὐ *θέ-μις ἐστίν* 4. 641. 17 sowie 44. 656. 27 und nach οὐχ ὅσιον (*ἐστίν*) 68. 682. 15. Nach negiertem *θέμις* steht pleonastisches *μή* beim Inf. 57. 668. 48 und 137. 723. 35, beidemal in einem Citat aus Plato Phaedo 67 B. Die Stelle 105. 705. 4 *λέγειν διαρρήδην οὐκ ἀναδύο-μαι* glaubte ich nicht in die Reihe der obigen Fälle mit aufnehmen zu dürfen wegen der Voranstellung des Inf., die wohl auch sonst die Auslassung der Negation mit sich gebracht haben wird. Die im Attischen gewöhnliche Negation *μὴ οὐ* habe ich bei Synesius nur einmal gesetzt gefunden 44. 656. 19 *Συνέσιον γὰρ οὐ θέμις — μὴ οὐχὶ παντὶ τρόπῳ πρόθυμον εἶναι*; aber hier ist die Negation *μὴ οὐ* nicht nur eine Wiederholung der im Hauptsatz liegenden Verneinung, sondern der Inf. ist aus eigner Kraft negativ: „es ist nicht recht, dafs Synesius nicht willens ist". Ähnlich steht 4. 642. 25 *νόμους Ἀδραστείας αἰδέσεται, μὴ οὐχὶ μικρόν τι μέρος ἀποδάσασθαι.* — *οὐδέ* nach einem affirmativen Gliede, wie es Luk. (Schm. I 247), Arist. (Schm. II 63) und Arr. (Böhner 54) gebrauchen, habe ich bei Synesius nicht gefunden, wohl aber steht *οὔτε* statt *οὐδέ* nach einem negierten Gliede 93. 693. 16 *οὐ κατὰ Θεμιστοκλέα σέ φημι ποιεῖν οὔτε δοκοῦντα τῇ θείᾳ γεωμετρίᾳ.* Die Erscheinung ist in ihrer späteren Ausdehnung eine Folge der in der Vulgärsprache ein-gerissenen Identifizierung von *δέ* und *τέ* (Mull. 391 f.). — Einmal wird die zusammengesetzte Negation fortgesetzt und nicht auf-gehoben durch nachfolgendes *οὔτε — οὔτε* 46. 659. 41 *λέγει γὰρ ἡ φήμη — οὐδὲν οὔτε φρονεῖν σε περὶ ἡμῶν οὔτε λέγειν ἐπιεικές* cf. Demosth. 21. 143 *γνῶθ' ὅτι οὐδὲν οὔτ' ἔστιν οὔτ' ἔσται — ὅ, τι τοῖς πολλοῖς ὑμῶν προσήκει φέρειν.* — *ὅτι μή* nach vorangehen-dem negativen Pronomen (Kühner II 2. 744) hat Synesius 61. 672. 43 *μηδενὶ λόγον δοὺς ὅτι μὴ τῷ μακαρίτῃ Φωτίῳ*; 101. 698. 46 *οὐδ' ἔστιν ὅτου ποτὲ — ἀκήκοα φωνὴν ἀφιέντος φιλόσοφον ὅτι μὴ τῆς ἠχοῦς* und 130. 717. 44 *καίτοιγε ἡμεῖς οὐδὲν αὐτοῖς σύνισμεν ἀγαθὸν ὅτι μὴ τὴν ὑπόθεσιν.* Viger-Hermann spricht darüber p. 549. 552 Anm. und -849. An der ersten Stelle führt er ein Beispiel aus Aristid. Panath. an *ἐν ἐπιστολαῖς ταῖς Ἑλληνικαῖς οὐδὲν ἦν, ὅτι μὴ Ἀθῆναι* und (Ael.) V. H. II 10 (H. 21. 25); doch trifft diese Stelle nicht ganz auf unsern Gebrauch zu. Die Verwendung dieser bei den Attikern seltenen Verbindung belegt Böhner p. 53 für Arr. mit einer Menge von Beispielen. Nach den genannten drei Stellen aus Syne-sius wird auch 67. 679. 3 statt *οὐδὲν οὖν ἱερὸν οὐδὲ* (Par. 1039, Mon. 481 *οὐδέν*) *ὅσιον ἥγημαι τὸ μὴ δικαίως τε καὶ ὁσίως γενόμενον* zu lesen sein: *ὅτι μὴ τὸ δικαίως τε καὶ ὁσίως γενόμενον.* — *οὐδὲ γὰρ οὐδέ*, eine homerische, bei den Späteren häufig anzutreffende, bei den Klassikern dagegen seltene Phrase, hat Schm. im Arist. (II 203) und im Philostr. (IV 95), bei Arrian Böhner p. 50 nachgewiesen.

Synesius verwendet die Verbindung 4. 644. 8; 57. 664. 19; 67. 680. 44; 79. 687. 29 und 46 und 154. 736. 35. Auch aus Luk. Hist. 62 habe ich mir dieselbe notiert. — Zum Schlusse dieses Kapitels über die Negationen mufs noch von den wirklichen oder scheinbaren Vertauschungen von οὐ und μή gesprochen werden. Ungewöhnlich erscheint μή im unabhängigen Behauptungssatze 57. 670. 6 τῶν γενομένων ἕκαστον ἀρχὴν ἔσχε καὶ πρὶν γενέσθαι μήπω γενόμενον ἦν; 67. 681. 42 dagegen ist in den Worten δέξαιντο γὰρ (H.s ἄν steht in keiner Handschrift) ἐκεῖ μᾶλλον ἢ μηδαμοῦ ein Wunschsatz: „möchten sie doch" zu erkennen und durch diesen Gedankenzusammenhang das μή gerechtfertigt; in einem dritten Beispiel (44. 657. 34), in dem μή im unabhängigen Behauptungssatze vorzuliegen scheint, δοτέον ἐστὶν — τὴν δίκην — τιμωροῖς ἀνθρώποις, ἀλλὰ μὴ δαίμοσι ist μή durch das einen Imperativ involvierende Verbaladjektiv begründet. Was übrigens das an erster Stelle angeführte Beispiel anlangt, so mag auf die Wahl des μήπω auch die Gewöhnung an das philosophische μηδέν Einflufs gehabt haben. μή statt οὐ beim Inf. im abhängigen Behauptungssatz ist mir nicht aufgefallen, wohl findet sich aber dieses μή nach ὅτι in Abhängigkeit von einem Verbum sentiendi oder declarandi, nämlich 4. 644. 51 μανθάνουσαι δὴ παρὰ τῶν ἀνδρῶν, ὅτι μὴ πᾶν τὸ θῆλυ τοιοῦτόν ἐστι; 67. 680. 19 ἀντὶ παντὸς ἐποιεῖτο πεισθῆναι (τὴν σὴν θεοσέβειαν), ὅτι μὴ ἐπ' ἀδίκοις ἐφιλονείκησε und 122. 712. 45 δεῖξαι τοῖς καταπεπληγμένοις, ὅτι μὴ κορύβαντές εἰσι μηδέ u. s. w. Von diesen drei Beispielen ist nur das zweite (67. 680. 19) durch subjektive Färbung des Gedankens zu erklären, an den beiden übrigen müssen wir uns mit Konstatierung des nichtregulären Gebrauches begnügen. Nach ὡς hat Synesius nie μή gebraucht. Nach ὅτι und διότι = weil steht μή 57. 670. 2 οὐ διότι μήπω γέγονεν, ἄξιόν ἐστι μηδὲ νῦν γενέσθαι; 73. 685. 11 δεσμώτην ἀπὸ τούτου γενόμενον, ὅτι μὴ — ἐπὶ κλοπῇ δημοσίων ἐδίωκε; 140. 725. 23 εἰ μὲν γὰρ ἡμᾶς ἐλεῶν (ποτνιᾷ), ὅτι μήπω φιλοσοφοῦμεν und 154. 736. 20 τὸ μὲν ὅτι μὴ ταὐτὰ φλυαρῶ, τὸ δὲ ὅτι μὴ τὸ στόμα συγκλείσας ἔχω. In sämtlichen Fällen ist der Grund durch μή als subjektiv vorschwebender Grund bezeichnet, gleichgiltig, ob die als Grund angegebene Thatsache wirklich existiert oder nicht, wie dies 140. 725. 23 der Fall ist. Vergessen darf dabei freilich nicht werden, dafs die Verbindung der Kausalpartikeln mit μή eine Gewohnheit der Späteren überhaupt ist. So steht unzweifelhaft mifsbräuchlich μή nach ἐπειδή 133. 721. 1 ἐπειδὴ δὲ μήτε τὴν λέξιν ἐπέγνων ἀδελφὴν οὖσαν τῆς σῆς μήτε τὴν ἀκρίβειαν τῆς γραφῆς; 44. 656. 10 dagegen ἐπειδὴ μὴ ἔργον δύναμαι gehört μή zu dem zu ergänzenden Inf. συνεισενέγκαι. Regelrecht steht 121. 712. 24 ἐπειδὴ οὐκ ἔξεστι. Im Relativsatz setzt Synesius ziemlich häufig die Negation μή; die Stellen, die ich für diesen Gebrauch aufgezeichnet habe, sind

4. 640. 2; 643. 15; 44. 658. 13; 51. 661. 48; 54. 662. 34; 57. 665. 7;
669. 2 und 18; 58. 671. 43 (Verbot); 62. 673. 41; 66. 674. 41; 103.
701. 36 (kondizional); 105. 704. 48 und 132. 719. 13; sie lassen sich
alle in der ihnen von Synesius gegebenen Form der Verneinung als
berechtigt erklären, eine Ausnahme macht nur 57. 665. 7 οἷς ἴστε
προσθεὶς ἃ μὴ πάντες γινώσκετε, wo die Grammatik die Berechtigung
des μή nicht anzuerkennen vermag. Dafs Synesius nicht durchweg
dem Grundsatz gefolgt ist, in Relativsätzen, die eine attributive Bestimmung als eine aus dem Wesen des Gegenstandes hervorgegangene
bezeichnen sollen (zu dieser Art gehören die meisten eben aufgeführten Beispiele), bezeugen deutlich 93. 693. 7 die Worte ἀπηύξατο
πᾶσαν ἀρχήν, ἐν ᾗ τῶν ξένων οὐδὲν ἔμελλον πλέον ἕξειν οἱ γνώρι-
μοι, ebenso 4. 641. 17 und 5. 646. 30. Über μή bei einem zum
Part. verkürzten Nebensatze habe ich folgende Beobachtungen
gemacht. Ohne allen Anstofs ist natürlich diese Partikel, wenn sie in
einer kondizional aufzulösenden Partizipialkonstruktion sich
findet, wie z. B. 6. 646. 41; 57. 668. 45; 95. 695. 4; 105. 705. 53; 706.
31; 109. 708. 4, ebenso erklärlich und grammatisch korrekt ist die
Wahl von μή in der Sphäre eines kondizionalen Satzes 44.
659. 15 und 141. 726. 32 (Kühner II 2. 756 Anm. 2) oder auch, wie
67. 678. 14, eines finalen Satzes. Auch bei einem kausalen
Part. ist die Setzung von μή, wie sie Synesius 4. 643. 6 hat: ἐπεὶ δὲ
ἄπορον ἦν ὁδῷ χρήσασθαι μηδενὸς ἀνθρώπων ὁρωμένου, durch den,
wenn auch seltnen, Vorgang der klassischen Litteratur (Kühner II
2. 756 Anm. 3) geschützt. Auffallend ist, dafs die klassische Gräzität
bei ὡς mit einem Part. zur Angabe des subjektiven Grundes meistens
οὐ und nur selten μή in Anwendung brachte (Kühner II 2. 755. 3).
Synesius hat, wie überhaupt die Späteren, in diesem Fall richtiger
μή gesetzt 66. 674. 32. Notwendig geradezu ist aber μή 98. 697. 12
in den Worten ἐπεὶ δὲ αἰτιᾷ μὴ γεγραφότα πρὸς αὐτόν, quod non
scripserim; Synesius hat in Wirklichkeit des öfteren an den Comes
geschrieben. An einer anderen Stelle 103. 701. 18 wird das kon-
zessive Part. μὴ ὄν durch ein εἰ καὶ μὴ ἦν aufzulösen sein und in
dem Satze ἐν ἴσῳ στήσομεν αὐτοὺς οἱ μηδὲν ἔχοντες ὅπλων πρόβλημα
(108. 707. 20) ist μηδέν durch den im Part. liegenden explika-
tiven Relativsatz ebenfalls geschützt. Nach alledem bleiben nur
noch drei Stellen übrig, an denen μή mit Part. berechtigten Anstofs erregt; es sind dies 61. 672. 42 κατατείνω δρόμον ἐπὶ τὸν λιμένα
μηδενὶ λόγον δοὺς ὅτι μὴ τῷ μακαρίτῃ Φωτίῳ; 123. 713. 23 εἰ γὰρ
γένοιτό μοι τούτων τυχεῖν, ἀποδείξω μηκέτι μῦθον ὄντα und 131.
718. 32 ἐνδείκτης οὖν τις ἀξιῶν μισθοδοτεῖσθαι παρ' αυτοῦ καὶ μὴ
τυγχάνων. Bei dem substantivierten Inf. ist stets richtig die
Negation μή gebraucht; zu erwähnen ist hier nur 14. 649. 28, wo statt
des H.schen Textes περιέστημεν ἡμεῖς εἰς τὸ — αὐτοὺς — τοὺς μηδὲν

ἀδικοῦντας ἠδικηκέναι meine beiden diese Stelle bietenden Handschriften Par. 1039, Mon. 481 ein οὐδέν überliefern. H. hat in seinem Apparat die Notiz: „codex nescio quis οὐδέν". Dieses οὐδέν wäre durch die unübersichtliche Länge der dortigen Infinitivkonstruktion vollauf entschuldigt. — Statt des zu erwartenden μή sagt Synesius οὐ nach εἰ und ἄν 1. in den Fällen, in denen Negation und negiertes Wort einen Begriff bilden 25. 652. 1 σὺ δὲ εἰ μὲν ὁμοίως ἔχων οὐκ ἄγεις σχολήν (= ἄγεις ἀσχολίαν); 29. 652. 42 εἰ δὲ ἀποδειλιάσεις καὶ οὐκ ἐθελήσεις, wo οὐκ ἐθελήσεις eine Periphrase des vorangegangenen ἀποδειλιάσεις ist; 44. 656. 28 εἰ δὲ Ἡσίοδος οὐδὲν λέγει = „Unrecht hat"; 656. 32 ἂν οὐχ ὑπαίτιος (= ἀναίτιος) ὢν ἀκούῃς κακῶς; 659. 17 εἰ δὲ ἐγὼ μὲν εἰσηγησάμην —, σὺ δὲ οὐ ποιήσεις (= „unterlassen wirst") οὐδὲ πρὸς τὸν δικαστὴν πρόσει, wo auch die Fortsetzung mit οὐδέ interessant ist; 2. tritt οὐ statt μή ein im Gegensatz 73. 684. 48 εἰ μὲν οὖν οὐ λανθάνουσιν, ἀμελεῖς (es folgte εἰ δὲ λανθάνουσιν) und 137. 723. 3 σὺ δὲ ἡμῖν εἴπερ οὐχ οὕτως ἔχεις, in der nächsten Zeile folgt εἰ δ' ἔχεις. Auch 101. 699. 23 εἰ τοίνυν οὐδὲ πλουτεῖς kann man nach Mafsgabe von No. 1 durch εἰ τοίνυν καὶ πένῃ erklären.

Die Vertauschung der Negationen οὐ und μή war das Gebiet, auf dem der sprachverderbende Einflufs des vulgären Griechisch sich am ersten und fühlbarsten geltend machte; hier haben die nachklassischen Autoren am meisten gegen den Geist ihrer Sprache gesündigt, und selbst die Attizisten haben, wie Schm. an den betreffenden Stellen behauptet, sich nicht mehr die Mühe genommen, die feine Schattierung der Gedankenverhältnisse, deren Ausdruck οὐ und μή dienen sollten, durch scharfe Linien gegen einander abzuheben. Sie erniedrigten zum Teil den freien Sohn des griechischen Sprachgenius zum Sklaven der Euphonie. Wenn auch Synesius sich nicht ganz dem Einflufs des allmächtig gebietenden Zeitgeistes entziehen konnte und manche Fälle, wie z. B. μή nach ὅτι, das sich nach dem gleichbedeutenden ὡς nicht findet, seinem Streben nach Hiatusvermeidung zuzuschreiben sind, so ist doch die Zahl der in seinem Schuldbuch stehenden Vergehungen derart aufserordentlich gering, was bei ihm, dem bis jetzt bekannten letzten Attizisten, besondere Anerkennung verdient. Inwieweit bei ihm die Gegnerschaft gegen den Hiatus die Wahl der Negationen beeinflufst hat, soll an anderer Stelle weiter unten untersucht werden.

### D. Satzgefüge.

Nach einem Neutrum im Plur. hat Synesius nur selten das Verbum im Plur. gebraucht. Die wenigen Fälle sind folgende: 1. 638. 19 ἅπερ ἐστί, πιθήκων παιδία, wo nur mein Par. 1039 von erster Hand ein übergeschriebenes εἰσί hat; 57. 663. 43 lesen wir περιουσίᾳ

γὰρ φύσεως καὶ δραστήρια γίνεται (sc. τὰ κακά); hier haben meine
drei Codices γίνονται; 67. 676. 46 τότε δὲ καὶ ἐκράτει τὰ τῶν αἱρέσεων. πλήθει γὰρ περιῆσαν; 678. 30 endlich steht εὐχαὶ καὶ μυστήρια
γίνονται; an der letzten Stelle ist γίνονται dadurch zu erklären, dafs
es auf εὐχαί, den an dieser Stelle besonders wichtigen Begriff, zu beziehen ist, und was die vorletzte Stelle anlangt, so ist hier zu περιῆσαν aus dem vorangehenden Satze an Stelle des gekünstelten τὰ τῶν
αἱρέσεων das Subjekt αἱ αἱρέσεις zu ergänzen; ähnlich hat sich auch
69. 682. 24 aus der Umschreibung τὰ τῶν πολεμίων das natürliche
Subj. herausgerungen und sein Verb. ἔφθασαν im Plur. zu sich genommen. So bleibt nur 148. 733. 6 ein in direkt anstöfsiger Weise
sicher überliefertes pluralisches Verbum in den Worten ἡμῖν δὲ οὐ
χαλκεύονται μὲν ἐπὶ τοὔλαιον τάλαντα. — Neutrales Prädikat steht
bei einem Nomen mit männlichem oder weiblichem Geschlecht 1. 638. 18 οὕτως ἐστὶν ἡ φύσις φιλότεκνον; 23. 651. 26 τοιοῦτόν ἐστιν ἡ Σύρων τρυφή; 37. 654. 37 ἦν δὲ αὐτῷ δεινὸν οὐχ ἡ
νόσος ἀλλὰ τό σου τῆς ἱερᾶς ἀπεῖναι κεφαλῆς; 44. 657. 11; 57. 664.
17; 668. 13; 61. 672. 41; 114. 709. 36; 139. 724. 44; 143. 727. 38;
146. 730. 14 und 147. 730. 39. 131. 718. 21 liest H. τοιοῦτοι γὰρ οἱ
πολῖται πρὸς ἅπαν τὸ εὐτυχοῦν; Par. 1039 und Mon. 481 (490—)
haben τοιοῦτον; der Gebrauch dieses τοιοῦτον unterschiede sich von
den sonstigen Beispielen (23. 651. 26 und 57. 668. 13) dadurch, dafs
hier der Sing. τοιοῦτον zu einem pluralischen Subj. in Beziehung gesetzt würde, eine Freiheit, für die erst Belege erbracht werden
müssen. — Eine neutr. Satzapposition hat Synesius nur 10. 648. 5
ἀπεστέρημαι — καὶ τῆς παρὰ πάντων εὐνοίας καὶ τὸ μέγιστον τῆς
θειοτάτης σου ψυχῆς. — Kaibel, Stil und Text p. 99 hat auf die zahlreichen Abweichungen von der gewöhnlichen Wortstellung
in Aristot. Pol. Ath. hingewiesen und teilt mit, dafs das zwei zu-
sammengehörige Wörter trennende Wort in unzählig vielen Fällen stets
und ausnahmslos ein Verbum sei. Das gleiche Verhältnis hat sich
auch von mir bei Synesius in einer Unmenge von Fällen beobachten
lassen; ich führe statt vieler nur einige an (3. 639. 12; 57. 664. 54;
88. 692. 2; 104. 703. 45; 132. 719. 29; 137. 723. 17; 148. 732. 18; 154.
737. 3. Zu den von Kaibel bei Aristot. beobachteten Arten treten
aber bei Synesius neue hinzu. Zum eingeschobenen Verbum fügt
Synesius noch einen Präpositionalausdruck 8. 647. 30 τοιούτου γὰρ
ἐρῶμεν ὑπὲρ ὑμῶν ἀκροάματος; 99. 697. 21; 129. 716. 22; 143. 727.
29. So steht auch ein Verbum in Verbindung mit einem Subst. 9.
647. 33 τά τε γὰρ ἄλλα τῷ βίῳ κέρδος ἂν εἴης σωζόμενος; 57. 669. 8
μηδὲν ἀπολαῦσαι τῆς ὕλης κακόν; 130. 701. 32; 134. 721. 22; 148. 731.
25; ein Verbum und ein Pron. (Adj.) ist so eingeschoben 20. 651. 11
κοινὸς μὲν ἦν ἁπάντων Πενταπολιτῶν πρόξενος; 26. 652. 11 ἡ τοῦ
θεοῦ σοι προσέσται χάρις; 110. 708. 10; 118. 710. 40 u. 126. 714. 31.

Es wird auch ein Subst. so eingeschoben 4. 643. 2 ὕμνους τῷ θεῷ χαριστηρίους; 32. 653. 40 ἀποχρῶσα γὰρ ἡ πονηρία δίκη; 44. 657. 14; 67. 679. 15 αὐτὴν ὅρκου τὴν ὑπόσχεσιν βεβαιώσαντος; 105. 704. 41 εὐμεγέθους ψυχῆς καὶ κρατίστης; 122. 712. 33; 143. 727. 38. Zu diesem eingeschobenen Subst. kann sogar ein Pronomen hinzutreten; dies geschieht nur einmal 57. 666. 54 οὕτω πικροῖς ἡμᾶς ἡ πόλις ἐπιβατηρίοις ἐξένισεν. Häufig findet sich wieder die Einschiebung eines Pronomens, z. B. 8. 647. 21 καὶ ταύτης με τῆς παραμυθίας; 9. 647. 32 βαθύ σε γῆρας; 10. 648. 3; 13. 649. 8; 40. 655. 24; 43. 656. 9; 44. 659. 12; 48. 660. 31 und 34; 79. 688. 32; 146. 729. 40; 154. 737. 21 und 27 u. a. Doch reicht die Zahl dieser Einschiebungen nicht von ferne an die der verbalen Einschiebungen heran. Einmal ist noch ein Adjektiv eingeschoben 73. 684. 52 θεία γὰρ αὕτη καὶ μεγαλο-πρεπὴς ἡ πρόνοια; dreimal auch habe ich die Einschiebung eines Adverbs beobachtet 101. 699. 3 αὐτός γε πάντως ὁ θεός; 104. 703. 33 ταὐτὸν ἴσως τοῦτο; 154. 736. 40 πάντων ὁμοῦ τῶν εἰδῶν. Einen Präpositional-ausdruck sehen wir in dieser Stellung 47. 660. 15 πολλοὺς ἂν ἐντὸς ὀλίγου Πέτρους; 154. 737. 26 θαυμαστή τις περὶ ἐμὲ διάθεσις. Ἕνεκα ist eingeschoben 67. 679. 20 ἐκκλησιαστικῆς ἕνεκα σκέψεως. Besonders stark ausgebildet ist die in Rede stehende stilistische Eigentümlichkeit 58. 671. 28; 139. 724. 26 f.; 148. 731. 51 f. und 733. 43 f.

## E. Präpositionen.

Der leichteren Übersicht halber soll hier die Scheidung zwischen eigentlichen und uneigentlichen Präpositionen nicht durchgeführt werden; es folgen also die beiden Arten von Präp. promiscue, ge-ordnet nach ihrer Fähigkeit, einen oder mehrere Kasus zu regieren.

## I. Präpositionen mit einem Kasus.

### a) Mit dem Akkusativ.

Ἀμφί wird schon im klassischen Griechisch von den attischen Rednern unbenützt gelassen; die Inschriften sollen es nach Eucken, Über den Sprachgebrauch des Aristot. p. 36 bei Schm. IV 443 eben-falls nicht aufweisen, doch führt es Msths. p. 64 einmal aus einer altattischen Vasenaufschrift an. Im N. T. ist ἀμφί ganz aufser Kurs gesetzt, ebenso auch bei Aristot. und bei Polyb. Aus dem Still-schweigen Schmids zu schliefsen, haben auch die Attizisten bis auf Philostratus sich des Gebrauches dieser Präposition enthalten. Dieser erst verwendet ἀμφί und sogar häufig mit dem Akk. in lokaler, temporaler und modaler Bedeutung. Synesius nähert sich Philo-stratus gegenüber mehr der Sprache des Lebens, wenn er ἀμφί im ganzen nur zweimal gebraucht, und zwar einmal zur Bezeichnung des geistigen Bemühens um eine Person 4. 645. 6 ἀμφὶ τοῦτο (sc. τὸ

ϑεϱαπαινίδιον) ἦν ἅπασα σπουδή und noch einmal 105. 705. 22 zur
Umschreibung in dem Ausdruck παϱὰ τῶν ἀμφὶ τὸν ἑταῖϱον Παῦλον
καὶ Διονύσιον. — 'Ανά, dessen Gebrauch ebenfalls bei den attischen
Rednern sehr eingeschränkt ist, hat im N. T. abgesehen von der dort
gebräuchlichen Verwendung im distributiven Sinn nur noch in der
Formel ἀνὰ μέσον und ἀνὰ μέϱος eine Stelle (Blass Gramm. p. 119),
ähnlich stellt sich der Gebrauch bei Aristot. und Theophr. (fast nur
ἀνὰ λόγον und ἀνὰ μέσον Schm. III 279). Übereinstimmend damit
hat Synesius ἀνά nur in der (xenophontischen) Phrase ἀνὰ κϱάτος an
drei Stellen 104. 703. 14; 108. 707. 23; 148. 731. 50. — Εἰς, eine der
im Nachklassischen noch lebensfähigsten Präpositionen, wird auch
von Synesius sehr stark (191 mal) verwertet. In lokaler Bedeutung steht εἰς auf die Frage: wohin? = „in" bei einer Person
1. 638. 12 πολλὰ—εἰς αὐτόν (sc. τὸν λόγον) εἰσήνεγκα; im ganzen
Briefe ist diese Personifikation des λόγος durchgeführt. Mit persönlichen Pluralen, wo wir im Deutschen „zu" sagen, steht εἰς in
durchaus unanstöfsiger Weise in Ausdrücken, wie εἰς ἀνϑϱώπους
(57. 663. 42; 101. 699. 4 und 33; 138. 724. 5), εἰς Ἰσαύϱους 71. 683. 1
und εἰς βαϱβάϱους 130. 717. 7. Viel häufiger findet sich εἰς in der
oben angegebenen Bedeutung „in" bei Sachen, wie z. B. 15. 649.
39 εἰς ὕδωϱ; 32. 654. 5 εἰς κοίλην ναῦν; 48. 660. 29 εἰς τὴν πόλιν;
57. 664. 44 εἰς μέσον τὸ πέλαγος; 58. 670. 27 εἰς τὴν χώϱαν; 40 εἰς
Ἰεϱουσαλήμ; 67. 677. 45 εἰς ἄστυ; 129. 716. 27 εἰς τὴν Αἰγυπτίαν
ϑάλασσαν u. s. w. Einem richtigeren ἐπί oder πϱός entspricht εἰς bei Personen 3. 639. 35 εἰς τὰς μητέϱας; 7. 647. 6 τϱά-
ποιτο — εἰς ἐκεῖνον; 43. 656. 11 εἰς ἑτέϱους; 49. 661. 4 εἰς δὲ πεϱιήκει;
96. 696. 19 εἰς δὲ παϱαπέμπω τὴν ἀκοήν; 116. 710. 15 εἰς ἐμὲ πεϱι-
ίσταται, ebenso und zwar ebenfalls häufiger bei Sachen 1. 638. 22
εἰς τὰς γϱαφὰς εἰσῆγε (er führte zu seinen Bildern); 43. 656. 6 πλεῖν
εἰς τἀπὶ Θϱάκης χωϱία (ebenso 61. 673. 2); 67. 680. 36 τὴν αὐϑεν-
τίαν εἰς τὴν ἱεϱατικὴν καϑέδϱαν ἀνέπεμψα; 101. 699. 10 ἰδεῖν εἰς τὰ
ἔσω und 24 εἰς φιλοσυφίαν ἰδέ; 142. 726. 48 φιλοσοφίᾳ — εἰς τὸ
ϑεῖον ποδηγετευούσῃ u. a. Temporal lesen wir εἰς von der Zeitdauer 12. 648. 35 εἰς καιϱὸν ἐχωϱίσϑης; 57. 665. 34 εἰς τὸν μέχϱι τοῦ
παϱόντος ἐνιαυτόν und 69. 682. 28 εἰς τὴν ἐπιοῦσαν. Den Zeitpunkt, an welchem etwas geschehen soll (= „auf"), bezeichnet
εἰς: 3. 639. 9 εἰς τὴν ἐπιοῦσαν ἑβδόμην (μέλλει ταινιώσεσϑαι); 67.
676. 11 εἰς τετάϱτην ἥκειν παϱήγγειλα; 79. 689. 31 μαντευτὸς ἦν
ϑάνατος εἰς κυϱίαν τοῦ ἔτους ἡμέϱαν und 104. 702. 8 ἥξειν εἰς τὴν
ὑστεϱαίαν. Aufserdem findet sich noch zweimal (57. 663. 33 und
98. 697. 4) die Redensart οὐκ εἰς μακϱάν in der herkömmlichen Bedeutung: „nach nicht langer Zeit". Im übertragenen Sinne steht
εἰς mit noch deutlich durchsichtigem Lokalverhältnis in Wendungen,
wie 4. 645. 13 ἐκτείνας τὴν ἐπιστολὴν εἰς μῆκος; 6. 646. 45 ἐπανα-

γαγεῖν εἰς τοὺς νόμους; 32. 654. 10 εἰς ἀπολαύσεις ἡγήσασθαι; 44.
657. 23 und ebenso 72. 683. 19 εἰς φύσιν ἐπανελθεῖν; 57. 668. 53 εἰς
θάτερον ἐξικνεῖσθαι (cf. Herodot 4. 10, wo πρός steht); 67. 676. 8
εἰς πάθος — ἐκκαλέσασθαι; 677. 18 εἰς τὴν ἀρχαίαν τάξιν ἐτάχθησαν,
ähnlich 57. 664. 10; 67. 678. 8 εἰς τὴν ἀρχαίαν χρείαν ἐπανελθεῖν;
103. 701. 15 εἰς τοῦτό σε προήγαγεν ἁμαρτίας; 147. 730. 42 εἰς θεολογίαν συντείνει (ὁ νοῦς) u. a. Auch an manchen dieser Stellen ist
εἰς anstatt eines genaueren ἐπί, πρός gewählt. Ferner wird
auch εἰς mit Ausdrücken verbunden, die eine Gemütsstimmung
bedeuten = „gegen", „zu": 4. 644. 39 φιλοφροσύνη — εἰς; 103. 700. 8
τὴν εἰς τὴν ἐνεγκοῦσαν εὔνοιαν; 104. 703. 26 ἐλπὶς εἰς; 142. 726. 39
τὴν εἰς ἥρωας οἰκειότητα. Auch dient εἰς zur Bezeichnung des
Zustandes, der Stimmung, in die jemand versetzt wird 14.
649. 28 περιέστημεν ἡμεῖς εἰς τὸ — γενέσθαι φιλάνθρωποι; 42. 655.
37 ἐπανίτω εἰς τὸ δεσπότης εἶναι; 44. 657. 47 εἰς ἀπολογίαν καταστάς; 56. 663. 11 ἐνσείσας εἰς τὸ ἀγαπᾶν und 18; 67. 682. 10 und
69. 682. 32 εἰς τοὐναντίον περιίστασθαι; 98. 697. 3; 132. 719. 21;
154. 735. 29. Der Erfolg, den eine Thätigkeit schliefslich
erzielt, kommt durch εἰς zum Ausdruck 57. 669. 8 μηδὲν ἀπολαῦσαι
τῆς ὕλης κακὸν εἰς προσπάθειαν; 67. 676. 18 εἰς θρῆνον ἀπετελεύτησεν
ἡ βοή; 95. 695. 43 μετασκευάζουσιν εἰς ἐμπόρους und 133. 720. 46
εἰς ἑνὸς κυλίνδρου σχῆμα στρογγύλεται. Dem Deutschen „gegenüber" (geistig) oder „mit" entspricht εἰς in den Worten 67. 680. 3
τὴν εἰς τὸν ἀδελφὸν Διόσκορον γενομένην ὠνήν. Zweimal bezeichnet
εἰς auch die Zugehörigkeit 140. 726. 6 εἰς μετριοπάθειαν ἵστανται
und 66. 674. 9 εἰς μοναδικὸν βίον ἐτέλεσε. Statt des im Klassischen
gebräuchlicheren Akk. steht εἰς bei ἐργάζεσθαι und ποιεῖν 57.
664. 40 ὑπὲρ ὧν εἰς ἡμᾶς εἰργάσαντο; 57. 668. 7 ποιοῦντος εἰς ἐμέ
und 119. 710. 43 εἰς Διογένην ὅ, τι ἂν ποιήσῃς, ebenso dann auch
bei dem Pass. von ποιεῖν, bei γίγνεσθαι 155. 737. 49 τῶν εἰς
αὐτὴν γενομένων. An vier Stellen vertritt εἰς unverkennbar die Stelle
eines objektiven Gen. (ein auch im Klassischen üblicher Brauch)
21. 651. 12 τὴν εἰς τὸν ἀνεψιὸν τιμήν; 67. 675. 49 τῆς εἰς ὑμᾶς ἀθετή-
σεως καὶ τιμῆς; 67. 680. 22 τῆς εἰς τὸν θρόνον ἐκεῖνον αἰδοῦς und
99. 697. 39 τῆς εἰς τὸν ἄνδρα τιμῆς. Anscheinend hat in dreien dieser
Fälle die Absicht, eine Häufung der Genetive zu vermeiden, zur
Wahl der Konstruktion mit εἰς geführt. Häufig dient εἰς zur Angabe des Zweckes und der Absicht, z. B. 4. 643. 29 οὐκ εὔτροχον
εἰς καθαίρεσιν; 4. 644. 50 und 73. 684. 14 εἰς τοῦτο; 67. 675. 36 εἰς τὸ
πεῖσαι καὶ — βιάσασθαι; 678. 6 εἰς ἑτέρας χρείας; 73. 685. 1 δαπανᾶται φροντὶς εἰς ἐκλογὴν ἀνδρὸς ἀγαθοῦ; 104. 702. 37 εἰς συμμαχίαν, auch in Abhängigkeit von einem Adj. 57. 664. 6 ταῖς ἐπιτηδείοις εἰς τὸ ποιῆσαι κακὰ δημόσια φύσεσι. Hierher gehört auch
75. 685. 47 (τοὐπίγραμμα) εἰς ἐμὴν ἀδελφὴν ἐποιήθη, „auf eine

Schwester von mir", um sie zu verherrlichen. Dieses finale εἰς kann, wenn es sich um Personen handelt, leicht in die Bedeutung „für" übergehen, wie εἰς heute im Neugriechischen ganz gewöhnlich steht: 20. 651. 5 εἰς Ἀμμώνιον — τὴν χάριν ἀπομνημονεύσωμεν und ebenso 108. 707. 35; 81. 690. 37 εἰς ἑτέρους δαπανῶν τὴν — αἰδῶ (cf. die oben angeführte Stelle 73. 685. 1!), dann noch 52. 662. 5 εἰς τὴν ὥραν τοῦ ἔτους. Die Rücksicht auf eine Person oder einen Gegenstand wird durch εἰς ausgedrückt in Verbindungen wie ἵππον ἀκροφυέστατον εἰς ἅπασαν ἀρετήν (40. 655. 14); 54. 662. 35 (μηδὲν διαφέρουσιν ἡμῶν) εἰς σύνεσίν γε τῶν Ἀριστοτέλους καὶ Πλάτωνος; 67. 676. 39 τὰ εἰς ἀνθρώπους; 104. 703. 11 παρανομήσειν εἰς ἱππικήν, ähnlich 154. 735. 22 παρανομεῖν εἰς φιλοσοφίαν; 121. 711. 21 τὰ εἰς τὸν θαλάττιον ἔρωτα. Mit vollerem Ausdruck steht 148. 732. 18 εἰς ἡδονῆς λόγον. Manchmal, wie 103. 700. 20 und 50. 661. 15 berührt sich dieses relative εἰς nahe mit dem die Absicht und den Zweck bezeichnenden Gebrauch. εἰς zur Adverbialbildung dienend steht 44. 658. 53 εἰς τοὐμφανές; 57. 666. 52 und 105. 705. 39 εἰς κακόν (Erfolg?); 67. 676. 25 εἰς κοινόν; 67. 679. 31 ebenso; 72. 683. 34 εἰς ἅπαντα; 142. 727. 9 εἰς ταὐτόν. Noch ist εἰς in einigen Redensarten anzuführen 21. 651. 18 εἰς ὄνησιν γενέσθαι; 44. 657. 47 εἰς ἀπολογίαν — καταστάς; 57. 665. 17 εἰς ἄνδρα παραγγείλας; besonders auffallend 668. 7 εἰς ἀναφορὰν τοῦ θεοῦ (sc. ἐστίν) „ist Gott zuzuschreiben"; 105. 704. 5 εἰς ἀπόλαυσιν ἔρχεσθαι; 105. 705. 29 εἰς ἀπόδειξιν ἐλθεῖν; 137. 722. 39 εἰς πεῖραν ἐλθεῖν. Durch eine Prägnanz des Ausdruckes ist wohl das auffallende εἰς zu erklären in den Worten τὸ στρατιωτικόν τε καὶ τὸ βουλευτικὸν ἑώρων εἰς θητικόν (95. 695. 29), „ich sah, daſs der Kriegsdienst und das Richteramt in den Thetenstand herabsank"; ferner 91. 692. 35 ἐπέταξε γὰρ ὁ θεὸς εἰς ἀποδεδειγμένον χωρίον οἰκεῖν; zum Vergleich wird man wohl kaum, wie es Blass Gramm. p. 120 thut, Thukydides II 102. 6 κατοικισθεὶς εἰς τόπους beiziehen dürfen. Vielleicht liegt in den Worten des Synesius ein Citat aus der Bibel vor. Endlich noch 143. 727. 29 τὸ δαμοσίᾳ φιλοσοφεῖν μεγάλης εἰς ἀνθρώπους ἦρξε τῶν θείων καταφρονήσεως. Hier braucht die Annahme einer Substitution von εἰς statt ἐν, wie sie ja thatsächlich ein Merkmal der Volkssprache ist, für Synesius nicht notwendig stattzufinden. Eine Vermischung von εἰς und ἐν ist zu konstatieren 4. 644. 1 ἐς δὲ τὴν ὑστεραίαν ἄλλοι κατῆραν; 57. 665. 23 πολλάκις ἡμῖν καὶ ἰδιῶται καὶ πόλεις εἰς δέον ἐχρήσαντο und 121. 711. 20 εἰς καιρὸν ἄν σοι παρείην. — Ὡς, zur Bezeichnung der Richtung nach Personen, steht bei Synesius bis jetzt mit einheitlicher Überlieferung 6. 646. 46 ὡς σὲ und 18. 650. 29 ὡς ὑμᾶς. Das bei H. 6. 646. 36 stehende ὡς ἡμᾶς fehlt in meinen Handschriften, 109. 707. 37 schwankt die Lesart stark, indem statt ὡς σέ Par. 1039 πρὸς σέ mit von anderer Hand übergeschriebenem ϝ εἰς σοῦ und Mon. 481 εἰς σοῦ bieten; Mon. 490 fehlt.

## b) Mit dem Dativ.

Ἅμα kommt als Präp. im N. T. nur einmal (Matth. 13. 29) vor. Die Attizisten∘ scheinen es gar nicht benützt zu haben. Synesius hat ἅμα = „zugleich mit" an drei Stellen 57. 667. 1 ἅμα τοῖς ἀνϑρώ- ποις τὰ πράγματα νῦν μὲν ἄνω, νῦν δὲ κάτω χωρεῖ; 99. 697. 44 τοὺς ἅμα σοί und 148. 731. 41 φιλοσοφῶν ποτε ἅμα ὑμῖν. — Ἐν, insgesamt an 235 Stellen von Synesius angewendet, ist in seinem Gebrauche weitaus einfacher als das oben besprochene εἰς. Für seinen Gebrauch im lokalen Sinn, der nichts Besonderes an sich hat, mögen von den vielen einige Beispiele genügen: 4. 642. 5 τὸν ἐν ϑαλάττῃ ϑάνατον; 51. 661. 47 ἐν τῇ νήσῳ τῇ Φάρῳ — ἐν ᾗ —; 98. 697. 12 ἐν ταῖς — ἐπιστολαῖς; 133. 720. 26 ἐν τοῖς πεδίοις; 154. 736. 5 ἐν τοῖς λογιστηρίοις. Bei einem Ländernamen steht so ἐν 60. 672. 23 ἐν Κυρήνῃ; 103. 700. 23 ἐν τῷ Πόντῳ und 122. 712. 31 ἐν τῇ Μυρσινίτιδι, bei einem Städtenamen 67. 676. 51 ἐν Ἀλεξανδρείᾳ, ebenso 67. 680. 24 und 129. 716. 9; 67. 678. 51 ἐν τῇ Πτολεμαΐδι und 133. 720. 53 ἐν τῇ Σελευκείᾳ. Zur Bezeichnung der Bekleidung dient ἐν 32. 653. 44 ἐν στεφάνῳ καὶ μύροις; 44. 657. 10 ἐν παχεῖ σώματι καὶ ἐν εἰδώλῳ; 104. 702. 30 ἐν τοῖς ὅπλοις; 154. 735. 21 ἐν λευκοῖς τρίβωσι, ἐν φαιοῖς, dann überhaupt der äufseren Form 141. 726. 19 τὸ ἐν ἰάμβοις συνταγμάτιον. „Bei" ist ἐν 4. 642. 46 ἀποβαίνομεν — ἐν ἐσχατιᾷ τινι πανηρέμῳ. Bei einem Plural oder einem Pluralbegriff (dies nur einmal) hat ἐν die Bedeutung „unter" 50. 661. 24 ἐν ξένοις; 54. 662. 37 ἀναστρέφον- ται ἐν ἡμῖν ὥσπερ ἐν ἡμιόνοις ἡμίϑεοι; 57. 667. 7 λέγω δὲ ἐν εἰδόσι (thukydideisch VI 77. 1); 67. 677. 52 ἐν τοῖς κατὰ Χριστὸν ἀδελφοῖς; 72. 684. 5 ἐν καϑαροῖς; 91. 692. 37 ἐν διηριϑμημένοις ἀνϑρώποις; 93. 693. 12 ἐν τοῖς βουλευταῖς (mit ἀριϑμεῖν); 17 ἐν ἀδελφοῖς (τε- τάχϑαι); 96. 696. 32 ἐν ὄχλῳ; 99. 697. 33 ἐν τοῖς ὁρῶσιν; 101. 699. 13 ἐν πολλοῖς und 148. 733. 41 ἐν ἡμῖν. Auch auf Abstrakta ist dieses Lokalverhältnis übertragen, um alsdann das Darinnen- sein, Eingeschlossensein, kurz das Gebiet zu bezeichnen, auf dem ein Zustand oder eine Thätigkeit beobachtet wird. So z. B. 18. 650. 28 ἐν τῷ πολιτεύεσϑαι; 57. 666. 50 ἐν εὐχαῖς ἀπροσεξίαν ἠτύχηκα; ähnlich 667. 20 und 79. 689. 39 ἐν ἱκετείαις; 67. 675. 48 διὰ πάσης ἐν λόγοις ὁδοῦ; 75. 686. 3 τῆς ἐν στρατείᾳ προσεδρείας; 93. 693. 6 ἀρχὴν ἐν ᾗ; 103. 701. 3 ἐν ταῖς ἐλπίσι; 142. 727. 9; 147. 730. 45 u. s. w. Hierher gehört auch τὸ πλουτεῖν ἐν βοσκήμασιν ἦν 130. 717. 12. Ungleich seltner als der lokale ver- bindet sich mit ἐν der temporale Sinn: „während, in, an". 4, 642. 39 ἐν νυκτί; 5. 646. 11 ἐν καιροῖς; 14. 649. 25 ἐν νηστίμοις

ἡμέραις; 32. 654. 13 ἐν τῇ τοῦ ποτηρίου περιφορᾷ; 42. 655. 40 τὸν
χρόνον, ἐν ᾧ; 44. 657. 31 ἐν ᾧ γάρ τις ἥμαρτε βίῳ; 57. 664. 2 ἐν
δέοντι (cf. das oben p. 138 am Schlusse von εἰς besprochene εἰς
δέον!); 665. 19 ἐν πανηγύρει; 67. 678. 24 ἐν ἐπιδρομῇ πολεμίων; 79.
688. 41 τῆς ἡμέρας, ἐν ᾖ; 101. 699. 28 ἐν αὐχμώσῃ τῇ φορᾷ; 104.
701. 44 ἐν εἰρήνῃ, ἐν πολέμῳ; 702. 44 ἐν βραχεῖ (?); 110. 708. 14 ἐν
γήρᾳ; 122. 712. 40 ἐν τῷ τότε; 154. 736. 6 ἐν μεσημβρίᾳ τοῦ βίου u. a.
Der rein temporalen nahestehend ist die Bedeutung des ἐν, durch
welche die Umstände und die Verhältnisse, in denen sich jemand befindet, bezeichnet werden, so z. B. 4. 641. 53 ἐν τοῖς
δεινοῖς; 643. 21 ἐν τοῖς τοιούτοις; 57. 667. 16 ἐν οἷοις γεγόναμεν;
61. 672. 41 ἐν ᾧ „unter diesen Umständen"; 78. 687. 1 ἐν αὐτοῖς τοῖς
ὑπὲρ ἡμῶν ἱδρῶσι δακρύοντας; 110. 708. 26 ἐν τοῖς αὐτοῖς ἐστιν; 148.
733. 47 ἐν ἀμηχάνοις und 154. 736. 43 ὡς ἐν τοιούτοις. — Die Beschäftigung (klass. πρός mit Dat.) führt ἐν ein 57. 668. 34 ἐν ταῖς
εὐχαῖς εἶναι, 52 τοὺς ἐν τοῖς πράγμασιν und 121. 712. 14 ἐν τοῖς
πράγμασιν, ἐν ταῖς εὐχαῖς. Vom Mittel steht ἐν bei den Verben
des Affekts 8. 647. 19 ἐν ἅπασι λυποῦμαι τοῖς ἐμαυτοῦ — ἐν τοῖς
ὑμετέροις εὐφραίνεσθαι; 10. 648. 2 ἐν ὑμῖν εὐτυχῶν und 44. 657. 6.
Sonst dient ἐν zur Bezeichnung des Mittels wohl 67. 676. 30 ποιήσασθαι συνηγορίαν ἐν γράμμασιν (per litteras); 101. 699. 16 ἐν τοῖς κατ'
ἀγορὰν βέλτιον πέπραγας; so ist auch 57. 666. 45 mit τῆς ἐν εὐχαῖς
γλυκυθυμίας die durchs Gebet errungene Seelenruhe gemeint, und
auch 73. 685. 2 liegt wenigstens für ἐν τούτῳ die Übersetzung mit
„dadurch" nahe; auch 137. 723. 5 ist ἡ ἐν φιλοσοφίᾳ κοινωνία die
durch die Philosophie veranlaßte Gemeinschaft, 50. 661. 34 τῆς ἐν
φιλοσοφίᾳ ῥαστώνης, „die durch die Philosophie gewährte Erholung",
ähnlich auch 57. 665. 51 τῆς ἐν φιλοσοφίᾳ σχολῆς. Dagegen scheint
147. 731. 3 τῆς ἐν φιλοσφίᾳ μερίμνης ein einfacher Ersatz des fehlenden φιλοσοφικός, ferner 3. 639. 21 τῆς ἐν φήμῃ Λαΐδος; 22. 651. 24
τὰς ἐν σκότῳ καὶ γωνίαις ἐλπίδας; 67. 682. 12 ἄνθρωπος ἐν ἁμαρ-
τίαις; 90. 692. 23 τοὺς ἐν δυνάμει eine Stellvertretung entsprechender
Adj. vorzuliegen. Zwischen lokaler und instrumentaler Bedeutung schwankt ἐν 148. 732. 37 οὐδὲ ἀριπρεπείας ἔφη τοὺς ἄνδρας ἐν αὐτῇ (τῇ θήρᾳ) γίγνεσθαι, ebenso 100. 698. 2 ἐν ἐμοὶ συνελθόντες (das Medium der Vereinigung!); die persönliche Thätigkeit
wird so bezeichnet 79. 687. 51 ἐν ἐκείνοις („durch sie") χαρίζεται τῷ
πάθει; 91. 692. 43 ἴσθι μοι χαρισάμενος ἐν ἀνδρὶ συνδιημερεύοντι.
Die Gemäßheit bezeichnet ἐν: 94. 693. 40 ἐν σοὶ κρινόμενος
(„nach dir" d. i. nach deinem Erfolg) und 44. 657. 40 ἕκαστος ἐν τῷ
μέρει; 148. 732. 8 haben Par. 1039, Mon. 481 (490—) ἐν τῇ δόξῃ
φρενῶν ἐπηβολώτατος, H. schreibt τῇ δόξῃ. ἐν steht bei τίθημι,
ἵστημι und γίγνομαι 62. 673. 48; 105. 705. 12; 108. 707. 20; 130.
717. 31; 131. 718. 27 und 148. 734. 2. Adverbiell: 12. 648. 39 ἐν

μέτρῳ cf. Ev. Joh. 3. 34 ἐκ μέτρου; 131. 718. 15 ὡς ἐν βραχυτάτοις;
140. 725. 51 ἐν δίκῃ. Unserm deutschen „an" entspricht ἐν in den
Worten 44. 656. 31 περὶ ἐλάττονος γὰρ ποιοῦμαι τὴν ἐν ἀργυρίῳ
ζημίαν ἢ τὴν ἐν φίλῳ. Schliefslich sind noch folgende Redensarten aufzuführen: 8. 647. 16 ἐν μνήμῃ ποιήσασθαι; 44. 656. 46; 66.
675. 8 und 95. 695. 15 ἐν καλῷ (καλλίστῳ) — κείσεται; 49. 661. 1
πολὺς ὁ Ἀνθέμιος ἐν ταῖς τῶν λόγων διατριβαῖς; 67. 679. 33 ἐν εἴδει;
58. 671. 50; 79. 688. 8 und 148. 733. 5 ἐν μοίρᾳ; 100. 697. 47 ἐν τοῖς
λόγοις πολύς (passiv.); 130. 717. 12. Σύν siehe bei μετά mit Genetiv!

c) Mit dem Genetiv.

Ἀντί, bei Philostratus, wie es scheint, nicht im Gebrauche, bei
Synesius an 24 Stellen, dient der Bezeichnung der Stellvertretung
(„für, statt, anstatt") 67. 683. 30 νοῦν ἀντὶ πάθους τοῦ βίου
προστήσεται; 80. 690. 23 ἀντὶ τούτου „statt dessen"; 107. 707. 6; 109.
707. 48 τὴν ἐπιστολὴν ἀντ' ἐμοῦ στεῖλαι; 127. 715. 22; 132. 719. 28;
141. 726. 22; 145. 729. 17; 146. 730. 5 und 150. 734. 27; 94. 693. 44
heifst ἀντὶ πολλῶν ὑπουργήσει „er wird dienen so gut wie viele",
hier bezeichnet also ἀντί die Gleichstellung. ἄλλος ἀντί = ἄλλος
ἢ steht 103. 701. 26 ἄλλο τι — ἀντὶ τοῦ βήματος und 105. 704. 13.
Neben ἐκ (s. unten p. 144!) steht ἀντί bei ἀποδείκνυμι = ποιῶ und
bei γίγνομαι, wenn der Übergang von einem Zustand in einen
andern bezeichnet werden soll 79. 688. 18 μῦν ἀντὶ λέοντος (ἀπέδειξε)
und 101. 699. 23 Κέρκωπα ἀντ' ἐλευθέρου γινόμενον. Bei der Abschätzung und Vergleichung steht ἀντί in Verbindung mit
αἱρεῖσθαι 11. 648. 12 πολλοὺς ἂν θανάτους ἀντὶ τῆσδε τῆς λειτουργίας εἱλόμην; 57. 665. 50 und 96. 696. 12; 67. 680. 19 lesen wir
ἀντὶ παντὸς ἐποιεῖτο; 99. 697. 34 ἀντὶ παντὸς σπουδαστέον. Der Begriff der Vergeltung liegt dem ἀντί zu Grunde 26. 652. 10 und
47. 660. 18 ἀνθ' ὧν, sowie auch 67. 680. 7 κτῆμα ἀντὶ κτήματος,
μεῖζον ἀντ' ἐλάττονος. — Ἀπό, im ganzen durch 88 Fälle vertreten,
gibt zunächt die Herkunft und den Ursprung („von — her")
an, z. B. 3. 639. 20 γενεαλογοῦντες αὐτὸν ἀπὸ τῆς ἐν φήμῃ Λαΐδος;
4. 643. 54 τοὺς ἀπὸ χειμῶνος; 644. 28 τὰ ἀπὸ τῆς θήρας; 8. 647. 23;
57. 667. 50; 58. 671. 2 γεγονὸς ἀπὸ γνώμης οὐκ εὐσεβοῦς; 67. 676. 43
ἀπὸ τῆς στρατείας ἥκων; 79. 688. 31 ἀπὸ τῆς ἐνδοξοτάτης ἀποδημίας
παρῆν; 106. 706. 39; 134. 721. 33 στρουθοὺς μεγάλας ἀπὸ τῶν —
κυνηγεσίων εἴχομεν und 154. 735. 41. Dazu kommt noch ἀπό bei
ἄρχομαι 4. 643. 18 und 16. 650. 6 und 7, sowie bei κρέμαμαι 58.
670. 43 und bei ἐξηρτῆσθαι 4. 641. 34. In Verbindung mit einem
Städtenamen steht ἀπό 4. 644. 2 ἀπὸ Ἀλεξανδρείας und 109. 707. 49
ἀπὸ Πτολεμαΐδος, häufiger mit einem Ländernamen 6. 646. 47 und
94. 693. 28 ἀπὸ (τῆς) Κυρήνης; 46. 659. 41 ἀπὸ Θράκης; ebenso 48.

660. 35; 70. 682. 43; 88. 691. 37; dann 123. 713. 12 ἀπὸ τῆς Αἰγύπτου; 129. 716. 27 ἀπὸ Κρήτης; 133. 720. 19 ἀπὸ Πενταπόλεως; 146. 730. 28 und 148. 732. 4 ἀπ᾿ Αἰγύπτου. (Über ἐκ in dieser Verbindung s. p. 143!). Die Fälle, in denen ἀπό, wie im Klassischen bei Herodot und Dichtern (Blass Gramm. p. 122 Anm. 3), einem genaueren ἐκ entspricht, sind, von den schon genannten Verbindungen mit Städte- und Ländernamen abgesehen, noch folgende: 51. 661. 46 ἀπὸ πύργου; 73. 685. 11 ἀπὸ τοῦ βήματος; 98. 697. 17 ἀπὸ τῆς κλίνης; 105. 704. 50 ἀπ᾿ ἄστεος (kurz zuvor εἰς ἄστυ); 109. 708. 2 ἀπὸ τοῦ στρατηγίου, 3 ἀπὸ τῆς ἑσπέρας; 130. 717. 7 ἀπὸ τῶν μιξοβαρβάρων; 130. 717. 46 ἀπὸ κιβωτίων ἐξερᾶσαι βιβλία und 133. 720. 32 ἀπὸ τῶν πύργων. Auch in das Gebiet von παρά greift ἀπό über (Hatzid. p. 211) 58. 670. 48 ἀφ᾿ ἧς (ἔλαθεν) μνηστεύσας ἀρχήν und 147. 731. 3 εὑρέσθαι κέρδος ἀπὸ τῆς — μερίμνης, letzteres Beispiel besonders lehrreich, weil sonst, wie z. B. 44. 657. 43 und 94. 693. 33, εὑρέσθαι stets mit παρά und Gen. verbunden wird. Von der Bezeichnung der Herkunft geht ἀπό in die Bedeutung des Mittels über 4. 644. 17 ἀπὸ τῆς θήρας ἐζῶμεν. Hierher ist auch 134. 721. 13 zu stellen ἀπὸ τῶν ἴσων ἀφορμῶν ἕτεροι πλείω — ἔχουσιν, wo ἀπό das Betriebskapital bezeichnet. Nicht sowohl der Begriff der Herkunft als vielmehr der der Zugehörigkeit verbindet sich mit ἀπό (Blass Gramm. 122). 1. 638. 1 λόγους ἐγεννησάμην, τοὺς μὲν ἀπὸ τῆς φιλοσοφίας —, τοὺς δὲ ἀπὸ τῆς ῥητορικῆς; 4. 641. 42 τῶν ἀπὸ τοῦ τάγματος τῶν ἱππέων und 66. 674. 9 ἀπὸ βουλῆς Κυρηναῖος; 110. 708. 32 gibt der Übersetzer die mir unverständlichen Worte (Ἀντίοχον) τὸν ἀπὸ Γρατιανοῦ mit „qui cum Gr. fuit" wieder. Der Angabe der Entfernung („von — weg") dient ἀπό in den Ausdrücken 4. 640. 27 σχολάζειν ἀπὸ τοῦ δεδίεναι; 25. 652. 4 κλέψας σαυτὸν ἀπὸ τῶν δημοσίων; 57. 668. 10 ἀρθεὶς ἀφ᾿ ἡμῶν; 669. 36 καταβὰς ἀπὸ θεωρίας; 62. 673. 35; 77. 686. 31; 93. 693. 14; 105. 706. 25; 122. 712. 29 und 130. 717. 45 ἀπὸ τῶν ὅπλων γενέσθαι. So steht auch ἀπό bei den Verben der Trennung διαστέλλειν (67. 679. 1) und συλᾶν (5. 646. 7) und ἀναλύειν (139. 725. 9); die Konstruktion κρύπτω τι ἀπό τινος: (57. 666. 34) τὴν ἀσθένειαν, ἣν μέχρι νῦν ἔκρυψεν ἀπὸ τῶν ἀνθρώπων θεός hat im N. T. (Blass Gramm. p. 123 und 90) ihr Vorbild. Die Gemäfsheit (Kühner II 1. 397 g) bezeichnet ἀπό: 4. 640. 14 ἐκάλουν ἀλλήλους οὐκ ἀπὸ τῶν ὀνομάτων, ἀλλ᾿ ἀπὸ τῶν ἀτυχημάτων. Die Ursache und Veranlassung (Kühner II 1. 396. 3 d) führt ἀπό ein 4. 644. 20 ἀπὸ τοιᾶσδε αἰτίας; 67. 679. 34 ἀφ᾿ ἧς αἰσχύνεσθαι περιῆν; 73. 685. 17 und 104. 702. 48 ἀπὸ τούτου; 79. 688. 4 ἀπὸ τούτων (fast final); 79. 688. 37; 689. 1; 98. 697. 3; 123. 713. 16; 137. 723. 9 und 154. 736. 7. Eine Fortbildung dieser Verwendung liegt vor, wenn ἀπό übergeht in die Bedeutung „auf grund von" 44. 658. 40 ἀπὸ τῶν λόγων τούτων; 149. 729. 3 ὂν

ἐπόθεις ἀπὸ γραμμάτων. Die gleiche Bedeutung scheint dem ἀπό auch 1. 638. 6 in den Worten ἀπὸ τῆς ὑποσχέσεως zu Grunde zu liegen. Statt ὑπό steht ἀπό bei einem Pass. 57. 669. 2 ἀπὸ τῆς συγκαταβάσεως βλάπτονται; 95. 696. 3 ὅταν — ἀπὸ τῆς τοῦ σώματος συμφορᾶς ὁ σπλὴν αὐξηθῇ; 124. 713. 32 διεφθαρμένον — ἀπὸ σήψεως; 133. 722. 47 und 154. 736. 6. Der terminus ex quo statt in quo ist schliefslich zu konstatieren in der Redensart ἀπὸ τῆς αὐτῆς σιτεῖσθαι 44. 659. 29 und 58. 671. 51. Unverständlich ist mir ἀφ' ὧν in der schwierigen Stelle 67. 680. 1. — Ἄχρι steht einmal 79. 689. 33 ἄχρι νῦν, und zwar temporal statt des sonst gebrauchten μέχρι. — Δίχα vertritt das bei Synesius in den Briefen nicht gebrauchte ἄνευ 57. 665. 47 δίχα τῶν ἀνθρωπίνων περιόδων τε καὶ σπουδῶν und 99. 697. 35 δίχα τῆς χρείας. — Εἴσω (7—8 mal) wird von Synesius nie in temporalem, stets nur in eigentlich und übertragen lokalem Sinn gebraucht. Rein lokal steht es auf die Frage wo? 72. 683. 31 εἴσω μένῃς τῶν ὅρων; 684. 6 μένειν εἴσω τῶν περιβόλων τῶν ἱερῶν; 130. 717. 34 εἴσω τειχῶν εἶναι und 132. 719. 25 ὕδωρ γὰρ οὐκ ἔχομεν εἴσω τοῦ περιβόλου; ebenso rein lokal steht εἴσω auf die Frage: wohin? nur 104. 703. 7 εἴσω βέλους ἐλθεῖν „in Schufsweite kommen". Im übertragenen Sinn lesen wir εἴσω noch zweimal 67. 680. 8 εἴσω γενέσθαι τῶν νόμων τῶν εὐαγγελικῶν, in ihr Gebiet eintreten und sich unter ihre Gewalt stellen, und 83. 691. 12 εἶναι πάσης ἀρετῆς εἴσω (Stellung!); 104. 703. 2 bieten meine Handschriften statt der H.schen Lesart εἴσω τῶν ὅπλων γενέσθαι die Variante εἰς τὰ ὀπίσω τῶν ὅπλων γενέσθαι. — Ἐξ, das schliefslich von dem lebenskräftigeren ἀπό in sich aufgenommen wurde, hat sich nach der Beobachtung von Blass (Gramm. p. 122) im N. T. doch über ἀπό noch ein ziemliches Übergewicht bewahrt. Bei Synesius ist die Überlegenheit ebenfalls noch vorhanden, aber auf die Summe von nur drei Fällen (91 ἐξ gegen 88 ἀπό) zusammengeschrumpft. Sein Gebrauch ist folgender: In rein lokalem Sinn steht ἐξ u. a. 4. 640. 52 ἐκ τοῦ σχεδόν; 641. 7 τὸν ἐκ πελάγους ἄνεμον; 19 μεθῆκεν ἐκ τῶν χειρῶν — τὸ πηδάλιον; 51. 661. 43 πνεύματι — ἐκ πρύμνης; 67. 679. 23 ἐκ τῆς περιοικίδος; 120. 711. 16 ἐκ τῆς ἑτέρας ἠπείρου und 154. 735. 31 ἐκ τῆς οἰκίας; 143. 732. 42 noch τὰ ἐκ τῶν καμίνων κρέα. Ländernamen verbinden sich mit ἐκ (s. oben p. 142 bei ἀπό!) nur selten. 2. 639. 22 ἐκ Σικελίας; 4. 645. 4 ἐκ τοῦ Πόντου; 136. 722. 26 ἐκ Θάσου und 146. 730. 12 ἐκ Πενταπόλεως (meine Handschriften haben nur Πενταπόλεως), Ortsnamen ebenfalls nicht viele, nämlich 4. 639. 36 ἐκ Βενδιδείου (mit λύειν, abfahren statt eines korrekteren ἀπό), ebenso 51. 661. 37 ἄραντες ἐκ Φυκοῦντος; 136. 722. 32 ἐξ Τμηττοῦ und 142. 726. 42 ἐκ Σπάρτης. Nach bekanntem Brauche steht auf die Frage: wo? ἐκ θατέρου 15. 649. 36 und 131. 718. 32 ἐκ τῆς ἑτέρας μερίδος „auf der andern Seite". Bei einem persön-

lichen Plural bezeichnet *ἐκ* die Mitte, aus der etwas hervorgeht,
nur 90. 692. 17 οἴχεται τὸ δίκαιον ἐξ ἀνθρώπων. Mit einem Verb
des Befreiens, resp. Befreitwerdens steht *ἐκ* 4. 641. 38 σώζειν
ἐκ τῶν ἐνόντων und 642. 38 εἰ καὶ διαγενοίμεθα ἐκ τοῦ κλύδωνος,
mit einem solchen des Empfangens 67. 680. 26 φόρους ἐξ ἀπόρων
ἐκλέγων. Zum Ausdruck der dynamischen Provenienz verwendet Synesius die Präposition *ἐκ* in Verbindungen, wie 4. 642. 24
τὸν ἐκ ναυαγίου νεκρόν; 37. 654. 41 τὴν ἐξ ἀνάγκης ἀργίαν; 67. 679.
41 τὴν ἐξ οἰκείας γνώμης μετάνοιαν; 105. 705. 2 τὴν ἐκ τοῦ συνειδότος ἀνίαν; 110. 708. 9 τὴν ἐκ τῆς τέχνης λαμπρότητα; 116. 710. 2 τὰ
ἐκ φιλονεικίας κακά. Dagegen ist 10. 649. 8 τῶν ἐξ εἱμαρμένης ῥευ-
μάτων; 57. 667. 10 τοῖς ἐκ φιλοσοφίας δόγμασι; 148. 732. 32 τὸ γάλα
ἐξ αἰγῶν wohl nur eine Umschreibung des subjektiven Genetivs,
wie ihn auch Blass im N. T. annimmt (Gramm. p. 123), zu konstatieren.
Die Ursache (Blass p. 124) bezeichnet *ἐκ* 4. 640. 35 und 67. 680. 34 *ἐκ*
μετανοίας; 4. 643. 37 ἐξ ἀπειρίας; 72. 683. 19 ἐκ τῆς τυχούσης αἰτίας;
154. 736. 54 ἐκ τῆς σεληνιακῆς αἰτίας; dem deutschen „durch" entspricht *ἐκ*: 114. 709. 29 ἀέρα διεφθαρμένον ἐκ τῆς ἑλώδους ἀτμίδος
und 57. 668. 24 ἐκ τῶν πραγμάτων συμψήφους ποιήσασθαι; hier dient
also *ἐκ* geradezu zur Angabe des Mittels. Vom Ausgangspunkt
einer Handlung steht *ἐκ* 42. 655. 35 ἐκ μιᾶς προσοχῆς, von der
Entwicklung einer Thatsache (auch eines Zustandes) aus
der andern 4. 645. 11 ἐκ τραγικοῦ — κωμικόν; 43. 656. 13 γένοιτο
— ἐξ ἀδικίας τὸ δίκαιον; 57. 666. 52 ἐξ ἀπροσεξίας (?) εὑρόμενος
πράγματα; 667. 16 ἐξ οἵων ἄρα ἐν οἷοις γεγόναμεν; 79. 689. 17 und
18; 123. 713. 25. Hierher gehört auch 114. 709. 35 ἀμείψαι δένδρον
ἐκ δένδρου καὶ ὅλον ἄλσος ἐξ ἄλσους. Der Stoff, aus dem etwas
gefertigt ist, wird mit *ἐκ* verbunden 4. 644. 23 πέμματα ἐκ κριθῶν;
126. 714. 40 πίθον ἐκ μαρμάρου; 127. 715. 18 ὀβολοὺς ἐκ χαλκοῦ.
Vom „Truppenmaterial" steht so auch 125. 714. 15 λόχους καὶ λοχα-
γοὺς ἐκ τῶν παρόντων ἐποίησα. Vom Ganzen in Bezug auf seine
Teile (Kühner II 1. 399 b) wird *ἐκ* gebraucht 44. 656. 26 τὸν σφαγέα
δὲ καθεὶς ἐκ τῶν σαυτοῦ λοχιτῶν τὸν ὠμότατον; 76. 686. 14 ἐκ πολλῶν καὶ πάντ' ἀγαθῶν ποιουμένοις τὴν αἵρεσιν; 127. 715. 11 τάττει
δὲ στρατιώτας ἐκ τῶν ὑπηρετῶν, ὡς ᾤετο, τοὺς ἀνδρειοτάτους καὶ
εὐνουστάτους; 154. 735. 28 νέμω τινὰ σχολὴν ἐκ τοῦ βίου, statt
eines partit. Gen. 4. 645. 24 ἐκ πάντων δὲ μάλιστα und 99. 697. 43
ἐξ ἁπάντων δὲ μάλιστα (auch im Klassischen oft), dann mit τό 142.
727. 3 τὸ — ἐκ τῆς ποιήσεως und mit τί 154. 735. 33 τινὰ τῶν ἐκ
ποιητικῆς. Im N. T. hat Blass (p. 95. 4) die Beobachtung gemacht,
daß bei τὶς der Gebrauch des partit. Gen. überwiegt, während mit τίς
häufig ἐξ verbunden steht. Die Zugehörigkeit bezeichnet *ἐκ*,
wie ἀπό (oben p. 142) an folgenden Stellen: 5. 645. 35 τοὺς ἐκ τῆς
ἀθεωτάτης αἱρέσεως Εὐνομίου; 67. 678. 31 κατὰ τοὺς ἀθέους τῶν ἐξ

'Αρείου καιρούς; 140. 725. 45 τὴν ἐκ τῆς πρώτης καὶ περιγείου τετρα-
κτύος (ἀρετήν); wie hier partizipiert ἐξ auch an dem Gebiete von
ἀπό, wenn es 103. 701. 8 ἔξεστιν οὖν ἐκ τοῦ λόγου und 148. 731. 16
ἐκ τοῦ χρησμοῦ zum Ausdrucke der Gemäfsheit eintritt. Die
Deszendenz bezeichnet ἐκ 57. 667. 49 ἐξ ἐκείνων γενόμενον, ebenfalls im Wechsel mit ἀπό (o. p. 141). Temporal hat ἐκ die Funktion, das unmittelbare Ausgehen von einem Zeitpunkt an-
zugeben 32. 653. 32 ἐκ παιδός; 38. 655. 7 ἐκ προγόνων; 68. 682. 16
ἐκ νέας; 79. 688. 18 und 110. 708. 36 ἐξ ἐκείνου; 93. 693. 10 ἐκ πα-
λαιοῦ; 104. 702. 25 ἐκ πολλοῦ; 105. 706. 33 ἐκ προοιμίων und 131.
718. 19 ἐξ ἐφήβων. Adverbiale Bestimmungen werden mit ἐκ
gebildet 67. 680. 15 πάντα ἐκ πάντων; 89. 692. 15 ἐξ οὐρίας; 101.
699. 35 ἐξ εὐθείας; 105. 705. 13 ἐξ ἁπάντων; 122. 712. 37 ἐκ χειρός
eminus; 139. 724. 36 ἐκ παραλλήλου; 142. 727. 11 ἐκ γειτόνων (παροι-
κεῖν); 110. 708. 20 in Verbindung mit einem Subst. τὸν ἐκ γειτόνων
ἰατρόν und 148. 732. 50 τὸ ἐκ δευτέρων πρωτεῖον, ähnlich Aelian
N. A. 241. 16 ἐκ τρίτων und N. A. 278. 7 ἐκ τρίτου; im N. T. Matth.
26. 44 heifst ἐκ τρίτου „zum dritten Mal". Unverständlich ist mir
154. 736. 43 ἀπόδειξις ἐκ τῆς πίστεως geblieben. — 'Εκτός, an zwei
Stellen gebraucht, bezeichnet 100. 698. 11 in der Redensart ἧς (τῆς
λειτουργίας) — γέγονα ἐκτός das Gegenteil von dem oben (p. 143)
besprochenen εἴσω γεγονέναι: „von etwas loskommen"; 143. 728. 11
heifst ἐκτὸς τῆς τριττύος ὑμῶν „mit Ausnahme von euch dreien". —
"Ενεκα (44. 658. 25 im Par. 1039, Mon. 481. 490 — εἴνεκα; 75. 686. 3
im Par. 1039 ἕνεκεν; ἕνεκα darf wohl als die eigentlich attische Form
in Anspruch genommen werden, sie wiegt auch bei Philostratus vor)
hat seit Philostratus, der es nach der Angabe von Schm. IV 150 in
dieser oder jener Form 42 mal anwendet, stark an Beliebtheit eingebüfst; es sind im ganzen in den Briefen des Synesius nur noch
8 Fälle zu zählen. Den Bestimmungsgrund (Kühner II 1. 104
Anm.) bezeichnet ἕνεκα 44. 658. 25 σοῦ τε ἕνεκα καὶ τῆς πόλεως; 67.
679. 20 τῆς ἐκκλησιαστικῆς ἕνεκα σκέψεως; 103. 701. 16 τῆς πόλεως
ἕνεκα; 134. 721. 41 τοῦ μὴ διαπεσεῖν ἕνεκα und 144. 728. 49 σφῶν
αὐτῶν ἕνεκα, den Realgrund nur 99. 697. 41 πάντων ἕνεκα ἐμοὶ
τίμιε, so auch auf den attischen Inschriften (Msths. 174. 12 und
178. 12), wo sogar diese Bedeutung die fast ausschliefslich übliche
ist und διά mit Akk. mit dieser Funktion erst seit 322 a. C. nachzuweisen ist. „Was — anlangt" bedeutet ἕνεκα 129. 716. 10 καὶ σοῦ
μὲν ἕνεκα — ῥᾷον ἂν ἤνεγκα ἢ δι' ἑτέρους, wo der Wechsel mit διά
mit Akk. zu beachten ist. Zur Bezeichnung des „entfernten
Grundes (Kühner a. a. O.) = „vermöge, von — wegen" gebraucht
Synesius ἕνεκα 75. 686. 3 ἕνεκα μὲν τοῦ χρόνου — κἂν προύστάτησε
πάλαι. Mit Ausnahme des letzten Falles ist ἕνεκα stets nachgesetzt.
— 'Εντός steht zeitlich zweimal 47. 660. 15 und 154. 735. 47 in

der Formel ἐντὸς ὀλίγου „in kurzem“. — Ἐπέκεινα ist zu lesen 148.
731. 47 ἐπέκεινα Θούλης. — Εὐθύ im lokalen Sinne, wie es die
attizistischen Grammatiker in dieser Form zum Unterschied vom temporalen εὐθύς und εὐθέως (Phryn. Lob. p. 144 und Ruth. p. 222) und
ebenso im Widerspruch zum hellenistischen ἐπ’ εὐθείας postulieren
(Moer. p. 195. 27, Thom. Mag. 122. 16), hat Synesius richtig an acht
Stellen (3. 639. 8; 4. 640. 29 und 49; 32. 654. 3; 66. 674. 30; 96.
696. 29; 122. 712. 29 und 126. 714. 37). — Ἔξω im übertragen
lokalen Sinne findet sich 4. 639. 45 ἔξω κινδύνων. — Κατόπιν „hinter“ ist zu finden 4. 642. 49 κατόπιν ἀγροῦ; 61. 673. 12
κατόπιν αὐτῆς (τῆς βασιλικῆς οἰκίας). — Μέχρις bei Synesius in
ziemlich häufigem Gebrauche (18 Fälle) dient am häufigsten als
temporale Präposition 16. 650. 1 μέχρις ἐκείνου; 57. 665. 34 μέχρι
τοῦ παρόντος und 44 μέχρι τῆς ἱερωσύνης αἱρέσεως; 666. 34 μέχρι
νῦν; 93. 693. 20; 110. 708. 36. Das lokale Ziel wird durch diese
Präp. angegeben nur 67. 682. 1 μέχρι τῆς μακαρίας σου κεφαλῆς und
90. 692. 21 μέχρι τούτων (übertragen), das quantitative Ziel 32.
654. 8 μέχρι τρυγός; 57. 664. 42 f. μέχρι μὲν καλάμης, μέχρι δὲ φλοιοῦ.
Interessant ist die Ausdrucksweise 148. 731. 20 ἀλλὰ μὴ λόγον ἄλλως
οἰηθῆς τὸ μηδὲ μέχρις ἁλῶν τοὺς δεῦρο κεχρῆσθαι θαλάττῃ. Nach
einer ähnlichen Stelle bei Aristides XXX 618. 95 (bei Schm. II 241)
τὸν — ὄλεθρον πῶς οὐ φευκτὸν καὶ μέχρι ῥήματος (d. h. so, dafs
man es nicht einmal nennt) ist wohl auch hier zu übersetzen: „sodafs sie nicht einmal das Salz gebrauchen“. Hier ist dann mit dem
μέχρις ἁλῶν der Anfangspunkt für die Benützung des Meeres, bei
Arist. der Endpunkt, bis zu dem sich das Meiden des Todes erstreckt,
bezeichnet. Insofern ist μέχρι in beiden Fällen quantitativ gebraucht.
— Πέρα steht 7. 647. 1 δεινῇ τινι καὶ πέρα δεινῆς ὀφθαλμίᾳ „über-
schlimm“; 67. 676. 3 πέρα προσδοκίας; 79. 689. 24 πέρα τοῦ δέοντος,
ebenso 105. 706. 6. Im Zusammenhalt mit 7. 647. 1 ist es nicht unwahrscheinlich, dafs auch 46. 659. 45 zu lesen ist τὸ δὲ καὶ προσανιᾶ-
σαι πέρα (vulgo πόρρω) δεινῶν καὶ οὔτε Ἀμάσιδος οὔτε ὅλως ἀνθρώ-
πινον. Naber hat, wie ich später fand, Mnem. N. S. XXII p. 107
diese Vermutung ebenfalls ausgesprochen. — Πλήν begegnet einmal
72. 683. 16 πλὴν ἐμοῦ. — Πόρρω ist zu lesen 148. 732. 20 πόρρω
πόλεως. — Πρό steht zeitlich 4. 639. 36 πρὸ δείλης ἑῴας; 50. 661.
24 πρὸ τοῦ τόπου; 67. 679. 52 πρὸ τῆς ἐκείνου μετανοίας; 81. 690.
34; 93. 693. 23 τὰ προτοῦ; 143. 727. 44 und 147. 730. 32; örtlich
61. 672. 32 πρὸ τῶν μεγάλων ἀρχείων; 132. 719. 18 πρὸ αὐτῶν, bei
Vergleichung und Abschätzung 57. 669. 39 νοῦν τεθαυμακέναι
πρὸ σώματος; 105. 706. 23 ἔτι πρὸ ταύτης; 110. 708. 29 πρὸ τούτων;
154. 737. 13 πρὸ τοῦ φίλου τὴν ἀλήθειαν θήσῃ. An verschiedenen
Stellen steht πρό einem μᾶλλον ἤ sehr nahe. Zu merken ist noch
πρό in der Redensart πρὸ ὁδοῦ γενέσθαι 125. 714. 18. — Χάριν

(3 mal) geht folgende Verbindungen ein: σὴν χάριν 4. 644. 34 „dir zu lieb"; 105. 705. 9 τούτου χάριν „zu dem Zweck"; 147. 730. 48 τὸ γὰρ οὗ χάριν γίνεται „der Zweck eines Unternehmens". — Χωρίς, neben δίχα (p. 143) ein Stellvertreter des bei Synesius in den Briefen wenigstens nicht existierenden ἄνευ, steht 11. 648. 24 ἧς χωρίς und 67. 677. 43 τὸν χωρὶς αὐτοῦ βίον.

## II. Präpositionen mit zwei Kasus,
### mit dem Akkusativ und mit dem Genetiv.

*Διά* mit dem Akk., 87 Fälle, nimmt bei Synesius einen ziemlich breiten Raum ein. Seine Verwendung ist ganz einfach und bietet keine Besonderheiten dar. Am häufigsten steht διά mit Akk., wie herkömmlich, zur Angabe des Grundes, so διὰ τοῦτο 1. 638. 21; 4. 639. 42; 57. 665. 21; 62. 673. 40 u. s. w., auch διὰ ταῦτα 72. 683. 22; δι' αὐτὸ τοῦτο 37. 654. 36; 38. 655. 10 f. steht τὸ μέν τι διὰ τὴν οὐσίαν, τὸ δὲ δι' ἣν ἦρξεν ἀρχήν; 73. 684. 11 διὰ τὸ τῆς σαυτοῦ φύσεως ἥμερον; διά mit dem Inf. zur Angabe des Grundes, nicht wie dies auch in den attischen Rednern vorkommt, in finalem Sinn, steht 105. 704. 20; 131. 718. 29; 143. 727. 31. „Durch jemandes Schuld oder Verdienst": 4. 639. 44 δι' ὑμᾶς ἀπολούμεθα; 57. 665. 46 δι' ὑμᾶς ἐγὼ τὰς ἀπορρήτους ἐβάστασα τελετάς; 72. 683. 40 und 41 πόσοι διὰ τοῦτον ἀλῶνται; πόσοι — διὰ τοῦτον πτωχεύουσιν; 52 οἴχεται φυγὰς δι' Ἀνδρόνικον; 119. 711. 1 τῆς δι' ὑμᾶς ἔτι πόλεως; 130. 717. 20 οἷς ἐπ' ἐξουσίας ἐχρώμεθα — διὰ σέ (Simplicius war magister militum); 146. 730. 16 διὰ τὸν θεόν. Den Zweck bezeichnend geht διά in die Bedeutung „um — willen", auch „für" (= ἕνεκα und ὑπέρ) über: 5. 646. 4 ἡ ὑπὲρ κέρδους ἔρις ἀνῃρήσθω, ἅπαντα διὰ τὸν θεὸν ἐγχειρείσθω; 57. 665. 33 δι' αὐτὸν ἐσταυρώθη Χριστός; 91. 692. 42 τῆς δι' αὐτὸν γενομένης ἐπιστολῆς; auch 126. 714. 30 steht διὰ τοῦθ' (im Gegensatz zum sonstigen Gebrauch dieser Verbindung) finaler Verwendung sehr nahe. Dagegen ist wohl 57. 667. 48 τὴν διὰ τὸν θεὸν ἀτιμίαν nicht hierher zu rechnen. Nahe an das Gebiet von διά mit Gen. („durch" von der Vermittlung) streift διά mit Akk. 49. 660. 46 διὰ τὰς Θεοτίμου ποιήσεις — πολὺς Ἀνθέμιος ἐν ταῖς τῶν λόγων διατριβαῖς und 123. 713. 23 τοῦ διὰ σὲ μακαρίου συνεδρίου. Dem gleichen Gedankenverhältnis dient διά mit Akk. sicher 93. 693. 9 διὰ σὲ παρῆλθεν εἰς τὴν πολιτείαν ἀρχῆς ὄνομα καὶ πρᾶγμα καινόν; 119. 711. 10 δι' ὃν ὄντες ἀδελφοὶ δύο τρεῖς ἀριθμούμεθα und 146. 730. 12 διὰ τὸν — κόμητα. Da Synesius auch an einer andern Stelle δύο indeklinabel gebraucht (cf. oben p. 41!), wird auch 140. 725. 38 in den Worten διὰ δύο τῶν πρώτων ἐπιστολῶν das δύο als Gen. aufgefaßt und die Stelle hier eingereiht werden dürfen. Interessant ist die Ausdrucksweise

44. 657. 50 τοῖς δι᾿ ἅ τις ἠδίκησεν; das 137. 723. 37 an schwerer Stelle
stehende διὰ τὸ φρονεῖν wage ich nicht in eine bestimmte Kategorie
einzufügen. — Διά mit Gen. dient in den weitaus meisten (ungefähr ⅔) von den 97 Fällen zur Angabe des Mittels oder der
Vermittlung, so z. B. 5. 646. 10 διὰ τοῦ δοκεῖν εἶναι χρήσιμος; 16.
649. 44 διὰ πάντων τούτων; 31. 653. 26 διὰ τῆς σεμνοτάτης φωνῆς;
47. 660. 22 διὰ τοῦ θαυμασίου ἀνδρός; 57. 666. 48; 669. 35 und öfter
διὰ νοῦ; 58. 671. 3 (ἐπίγραμμα) δι᾿ οὗ βασιλεὺς ὁ Χριστὸς ἐκηρύττετο;
118. 710. 38 δι᾿ ἑνὸς — ἀνδρός; 131. 718. 7; 148. 733. 53; 150. 734.
28 διὰ⸍ τῆς ἐπιστολῆς; 138. 724. 17 διὰ φιλοσοφίας; 144. 729. 6 δι᾿
ὧν ἐκόμισεν ἐπιστολῶν; 57. 668. 22 bei ἀπολογεῖσθαι; 76. 686. 21 bei
γινώσκειν; 78. 687. 15 bei μανθάνειν; 142. 726. 34 bei ἐπιγινώσκειν;
155. 737. 36 bei καταμανθάνειν. Mit diesem instrumentalen διὰ
werden auch folgende Attribute gebildet: 57. 666. 29 τῷ διὰ
τῶν μαστίγων αἵματι; 148. 732. 7 τοῦ διὰ τῶν ὀδόντων φαρμάκου
und 34 ἡ διὰ τῶν κυνῶν καὶ τῶν ἵππων θήρα. Die Art und Weise,
die schon in manchen Verbindungen mit dem das Mittel einführen-
den διά nebenbei zum Ausdruck kam, wird durch διά eigens angegeben 44. 657. 19 διὰ πόσων — ὀδυνῶν; 102. 699. 47 (Σωσηνᾷ) τὴν
διὰ λόγων τραφέντι καὶ αὐξηθέντι; hierher ist wohl auch zu rechnen
137. 722. 40 τῶν διὰ φήμης ἀπιστουμένων. Direkt an Stelle eines
griech. Adverbs stehen 8. 647. 24 πάντα διὰ πάντων = παντάπασιν;
44. 657. 22 διὰ τοῦ βάθους = βαθέως; 34 ὡς ἔνι διὰ τάχους = τάχιστα; 105. 705. 4 und 706. 3 διὰ πάντων = πάντως und 705. 28 δι᾿
ἐπιστήμης = ἐπιστημονικῶς. Schärfer als die Grenze von διά mit
Akk. gegen διά mit Gen. ist die von διά mit Gen. gegen διά mit
Akk.; denn nur an einer Stelle 76. 686. 21 ist ein Übergreifen wahr-
zunehmen: δι᾿ ὅσων αὐτὸν ἔγνων λόγων καὶ πράξεων, διὰ τοσούτων
ἐπῄνεσα. Hier ist anzunehmen, daſs das dem Synesius bei γινώσκω
und ähnlichen Verben (cf. oben!) geläufige διά mit Gen. auch bei
ἐπαινεῖν „loben" diese Konstruktion nach sich gezogen hat, wo ein
διά mit Akk. allein am Platz gewesen wäre. Geringe Verwendung
findet διά in örtlichem Sinn: „durch" und „über — hin"; hier
ist zu erwähnen 13. 649. 9 δι᾿ ὑπόπτου τῆς χώρας; 32. 653. 44 und
104. 701. 50 διὰ τῆς ἀγορᾶς „über den Markt hin"; 44. 659. 20 ὁ διὰ
πάντων ἥκων ὀφθαλμὸς τῆς θεᾶς; 67. 678. 40 δι᾿ ὁλοκλήρου τοῦ
πλάτους „über den ganzen Hügel hin"; 104. 703. 19—21; 127. 715.
30 und 134. 721. 34. Die beiden genannten Bedeutungen liegen vor
4. 644. 45 ἀσυμμέτρως ἔχουσι τῶν στέρνων, ὥστε τὰ βρέφη μὴ διὰ
μάλης, ἀλλὰ διὰ τῶν ὤμων σπᾶν τῆς θηλῆς ἀναβεβλημένης, „sodaſs
die Kinder trinken, während die Brust nicht durch die Achsel ge-
steckt, sondern über die Schulter hin zurückgeworfen ist". Die
Frauen müſsten also ihre Kinder auf dem Rücken tragend haben
trinken lassen (?). In örtlich übertragener Bedeutung steht

διά 47. 660. 24 τὴν διὰ τῶν νόμων ἐπὶ τοὺς νόμους ἐλθεῖν und 143.
727. 38 (βαναύσους) μηδὲ διὰ τῶν προπαιδευμάτων ἠγμένους. Temporal bezeichnet διά die Erstreckung durch einen Zeitraum hindurch διὰ πάσης ἡλικίας 57. 665. 19; die Zwischenzeit (cf. Philostr. V. Ap. 47. 26 und Her. 142. 24) διὰ πολλοῦ „nach langer Zeit" 57. 669. 40; den Zeitraum, innerhalb dessen etwas geschieht (nichtklassisch, Blass p. 129 § 42. 1) δι' ἐλαχίστου 132. 719. 35. Distributiv, wie διά auch bei Philostr. V. Ap. 120. 26 τὸν φοίνικα — διὰ πεντακοσίων ἐτῶν εἰς Αἴγυπτον ἥκοντα sich findet (Schm. IV 445), ist 153. 735. 12 δι' ἔτους zu fassen: quotannis. — Schließlich sind noch folgende Redensarten zu nennen: 12. 648. 43 und 17. 650. 14 διὰ πάσης εὐφήμου μνήμης ἄγω; 18. 650. 26 διὰ μνήμης γίνομαι; 29. 652. 28 διὰ πάσης ἄγω τιμῆς; 44. 658. 54 διὰ πάσης ἐλθεῖν βασάνου; 67. 675. 48 διὰ πάσης ἐλθεῖν ἐν λόγοις ὁδοῦ; 95. 694. 16 δι' εὐχῆς ἄγω; 125. 714. 6 διὰ στόματος ἔχω; 126. 714. 35 δι' εὐφήμου μνήμης τίθεσθαι. — **Κατά** mit Akk. ist in den Briefen nach meiner Zählung im ganzen durch 110 Fälle vertreten. Im Gegensatz zu dem von Schm. IV 456 bei Philostratus beobachteten Gebrauch hat diese Präposition bei Synesius nur selten lokale Funktion. Ich zähle sämtliche Beispiele auf: 4. 645. 14; 6. 646. 47 und 67. 681. 19 κατὰ πρόσωπον, in faciem; 7. 647. 1 κατὰ τὴν πόλιν, „durch — hin"; 11. 648. 29 κατ' ἀγροὺς ἢ κωμητικὰς ἐκκλησίας „durch — hin"; 51. 661. 38 τῷ κατ' Ἐρυθράν (meine Handschriften: ἐρυθρὰς) κόλπῳ, „bei E."; 55. 662. 44 κατὰ πρύμναν ὁ ἄνεμος (ἦν) „am Hinterbord"; 67. 675. 30 γέγονα κατὰ Παλαίβισκάν τε καὶ Ὕδρακα; 681. 45 κατ' οἶκον; 104. 702. 46 κατὰ τὸ κέρας „nach dem Flügel hin"; 105. 706. 18 κατὰ χώραν (μένειν) „an meinem Platze" und 109. 708. 6 ἔξω κατὰ χώραν „manebo". Die Gemäßheit, die in bekannter Weise aus der lokalen Bedeutung abzuleiten ist, liegt vor 11. 648. 13 κατ' ἐμαυτὸν εἶναι; 18 τῇ κατὰ φιλοσοφίαν σχολῇ; 44. 656. 39 καθ' ἑκάτερον „beiden Möglichkeiten entsprechend"; 57. 669. 13 κατὰ τούτους — τοὺς ὅρους; 137. 723. 45 ἡ δὲ κατὰ νοῦν ζωή „vernunftgemäß". „Wie sagt" bedeutet κατά 44. 656. 23; 129. 716. 17; 140. 725. 14; 142. 726. 38; 154. 737. 27; „nach dem Beispiel" 93. 693. 16 und 154. 736. 38; ἐν τοῖς κατὰ Χριστὸν ἀδελφοῖς 67. 677. 52 hat wohl den Sinn „unter denen, die nach Christi Willen Brüder sein sollen"; 135. 723. 27 κατὰ θεὸν γένοιτο (ἄν) „nach seinem Willen" („deo favente" interpres). ἢ κατά steht 96. 696. 28 ἀλλοῖόν ἐστιν ἢ κατὰ τὴν ἐμὴν ἀγωγήν. Die Rücksicht („was — betrifft") wird eingeleitet durch κατά 3. 639. 15 ἐν τῷ καθ' ἑαυτὸν βίῳ; 95. 695. 32 τὰ κατὰ Διοσκορίδην; 101. 699. 16 ἐν τοῖς κατ' ἀγοράν; 109. 708. 2 τὰ κατὰ τὸ θρυλούμενον ἐνύπνιον (Par. 1039 τά om., Mon. 481 τὸ κατὰ τὸ θρυλλ. ἐνύπν.); 110. 708. 28; 131. 718. 15; 132. 719. 10; 143. 727. 37; 146. 730. 7. Der seit Polybius um sich greifenden Um-

schreibung des Gen. durch κατά steht nahe 103. 701. 43 ἡ κατ'
ἐκείνην (σοφίαν) ἐνέργεια „die Wirksamkeit in Bezug auf" und ebenso
57. 669. 25 τῇ κατὰ νοῦν ἐνεργείᾳ. Die Umschreibung liegt wirklich
vor 4. 640. 39 Λιβύης τῆς καθ' ἡμᾶς; 7. 647. 9 τὰ καθ' ὑμᾶς; 101.
699. 21 ἐν ταῖς καθ' ὑμᾶς ἀγοραῖς; 105. 705. 43 τῆς καθ' ἡμᾶς
ἱερωσύνης; 110. 708. 11 und 136. 722. 26 ἐν τοῖς καθ' ἡμᾶς χρόνοις,
wo damit ein Possessivpronomen, und 66. 674. 11 (τῆς κατὰ τὸν βίον
ἐνστάσεως); 154. 737. 1, wo ein Gen. umschrieben ist. In die Bedeutung „wegen" (Kühner II 1. 413) geht dieses κατά der Rücksicht
über 58. 671. 17 τὴν ἐκκλησίαν ἔγνω γενομένην αὐτῷ συμπαθῆ κατ'
ἄλλο μὲν οὐδέν, ὅτι δέ —, auch im Klassischen, wenn auch vereinzelt. Konsekutiv (Schm. IV 457) ist κατά „infolge": 67. 681.
49 ἧς (πόλεως) ἐκπεσὼν κατὰ δή τινα στάσιν; 31 κατὰ συμφοράς;
93. 693. 15 κατὰ συμφορὰν ἀρχαίαν. Final (Kühner II 1. 412. 3 a)
66. 674. 13 κατὰ — χρείαν; 67. 676. 44 und 679. 24 ebenso; 678. 52
κατά τινα σκέψιν πολιτικήν (cf. das oben p. 145 angeführte ἐκκλησιαστικῆς ἕνεκα σκέψεως!); 78. 686. 36 κατὰ συμμαχίαν. — Modalverhältnis
liegt vor 15. 649. 36 κατὰ θέσιν ἴσην; 57. 669. 27 κατὰ ταὐτόν; 102.
699. 48 οὐ κατὰ λόγον („gerecht"); 137. 722. 44 κατὰ τὸν νοῦν; 138.
724. 9 κατὰ τὸ ἐνδεχόμενον; 151. 734. 41 κατὰ δύναμιν; das sich öfter
findende κατὰ μικρόν hat nicht überall die gleiche Bedeutung: 16. 649.
46 und 73. 684. 28 „allmählich"; 32. 653. 36 heißt οὐδὲ κατὰ μικρόν,
ebenso 131. 715. 50 κᾶν κατὰ μικρόν „auch nicht im geringsten" und
„auch im geringsten"; 139. 724. 35 (ὁ δὲ κατὰ μικρὸν χωρισθεὶς τῶν
ἡδέων) kann auch nur diese Bedeutung die zutreffende sein, doch fehlt
bei H. das bei dieser Wendung ungern vermißte καί; Mon. 481 hat aber
ὁ δὲ καὶ κατὰ μικρόν, im Par. 1039 steht an dessen Stelle eine kleine
radierte Lücke; das καί ist hereinzunehmen und diese Stelle mit den
beiden vorangehenden zusammenzustellen. 44. 657. 39 παραπλήσιόν
ἐστιν ἕνα κακόν τι μέγα ἐργάσασθαι καὶ πολλοὺς κατὰ μικρὸν
(Mon. 481 καταμικρόν) ἀδικῆσαι ist die superlativische Bedeutung des
μικρόν nicht notwendig; es heißt nur „im kleinen". Zur Angabe einer
distributiven Bestimmung dient κατά in den Ausdrücken 11.
648. 30 καθ' ἕνα, ebenso 62. 673. 43; 119. 711. 2; 148. 732. 48 (καθ'
ἕν); 57. 665. 48 und 670. 15; 134. 721. 50 κατὰ μόνας; 57. 667. 24
καθ' αὐτόν (Par. 1039, Mon. 481. 490 κατ' αὐτόν); 669. 21 und 22;
79. 688. 27; 124. 713. 30 καθ' ἡμέραν; 57. 669. 22 κατ' ἔτος und 148.
733. 39 ἅπαν κατ' ἔτος; 67. 676. 34 καθ' ἕκαστον; 78. 687. 25 κατ'
ἐνιαυτόν; 79. 687. 45 κατὰ φῦλα καὶ δήμους; 103. 700. 49 αὐτὸ καθ'·
αὐτό (Par. 1039 ἑαυτό). Von der Zeit wird κατά, ebenso wie von
Ortsverhältnissen selten, gebraucht 3. 639. 4 καθ' ἥν (ἑβδόμην);
4. 641. 17 καθ' ἥν (ἡμέραν); 643. 19 κατὰ τὴν — νύκτα; 61. 672. 38
(καιρός) καθ' ὅν; 67. 678. 30 κατὰ τοὺς — καιρούς; 70. 682. 37 κατ'
ἐκεῖνο καιροῦ und 79. 689. 32 καθ' ἥν (ἡμέραν). — Κατά mit Gen.

ist auch bei Synesius ungleich seltner (23 Beispiele) als κατά mit
Akk., ebenso wie im N. T. (Bl. p. 130) und auch bei den Attizisten
(Schm. an den einschlägigen Stellen). In lokaler Bedeutung bezeichnet es, ein seltner Gebrauch (Kühner II 1. 415 c), das ruhige
Befinden unter einem Orte einmal 44. 658. 29 τὰ κατὰ γῆς
κολαστήρια, die Verbreitung über, durch einen Ort hin (helle-
nistisch Bl. p. 130), also in gleichem Sinne wie κατά mit Akk. (cf. oben
p. 149!) 66. 675. 13 ἐπανθεῖ μοι κατὰ τῆς παρειᾶς ἐρύθημα; 69. 682.
26 κατὰ τῆς χώρας (ἐκχυθέντες) und 104. 703. 18 κατὰ πρανῶν —
κατ᾽ ὀρθίων. Von einem feindlichen Verhältnis, im Klassischen
nur nach Verben und Ausdrücken des Redens, steht κατά nach dieser
klassischen Norm nur 95. 694. 46 ταῖς κατ᾽ ἐμοῦ λοιδορίαις; sonst noch
5. 646. 1 κατὰ τῶν ἠσεβηκότων — καὶ γνώμην καὶ χεῖρας ἐκίνησαν;
45. 659. 34 διάβηθι κατ᾽ αὐτῶν; 57. 664. 49 ἐπὶ τῷ κατ᾽ αὐτῶν τροπαίῳ (so auch Lysias 149, Isokr. p. 112 A; 118 A; Plut. Mor. 350 A
bei Passow s. v. τρόπαιον); 58. 671. 6 κατ᾽ ἐχθροῦ πρόφασιν εὑρόμενος; 60. 672. 16; 72. 683. 30; 73. 684. 39; 79. 687. 37 und 39; 688.
13, 14, 20; 95. 695. 22 und 121. 712. 18. Auch 29. 652. 37 πρόσταττε
τοῖς ὑπηρέταις ἐπιζυγῶσαί μοι κατὰ προσώπου τὰς θύρας sollte wohl
in dem κατὰ προσώπου („vor der Nase“) das feindselige Verhältnis
zum Ausdruck gebracht werden. Einem περί = über (Kühner
II 1. 415. 3 a) entspricht κατά mit Gen. 17. 650. 16 τῶν ἐπαίνων τῶν
κατὰ σοῦ und 26. 652. 6 ἐπιγινώσκεις ἀληθευομένην κατὰ σοῦ τὴν
ὑποψίαν τῆς λήθης. Eine Parallelstelle aus Philostratus V. Ap. 302.
26 κατ᾽ ἀνδρὸς σοφοῦ πιστεύειν hat Schm. IV 456 verzeichnet. —
Μετά mit Akk. (im ganzen 32 mal) steht lokal auf die Frage:
wohin? = „nach“ 148. 731. 15 μετὰ τὴν Ἰθάκην τὸ πηδάλιον ἔχων
und auf die Frage: wo? = „hinter“, „nach“ 133. 720. 52 μετὰ
τὴν ὑπογραφὴν εὗρον, ὅτι μένειν ἐδέησε τὸν ἵππον ἐν τῇ Σελευκείᾳ.
Auch bei den übrigen Attizisten ist der lokale Gebrauch von μετά,
soweit Schm. diese Präposition bespricht, aus dessen Ausführungen
als gering ersichtlich. Im N. T. hat Bl. p. 130 nur ein Beispiel dafür
gefunden. Aus der räumlichen Aufeinanderfolge entwickelt sich die
Aufeinanderfolge nach dem Werte und Range (Kühn. II 1. 440
III 1 β) 139. 724. 50 πρὸς ποῖον ἄλλο πυρεῖον μετὰ τὴν ἱερὰν σου
ψυχήν. Aufeinanderfolge der Zeit liegt vor (dies der häufigste
Gebrauch) 3. 639. 2 μετὰ τοὺς γάμους und 25; 4. 641. 16; 643. 50; 57.
665. 9; 58. 670. 23 und 24 (fünfmal); 671. 5 und 11; 59. 672. 4 und
11; 67. 677. 11 μετ᾽ οὐ πολύ und 53; 146. 730. 1 μετὰ μικρόν
(Mon. 481 μεταμικρόν); 86. 691. 30; 93. 693. 23 und 105. 706. 19 μετὰ
ταῦτα; 104. 703. 36; 105. 704. 16 μεθ᾽ ἡμέραν opp. νύκτωρ, „nach
Anbruch des Tages“, „gleich am Tage“; 105. 706. 19; 127. 714. 47;
143. 728. 26; 148. 732. 28 und 154. 737. 30. — Μετά mit Gen. in
der Bedeutung „zu“, um die Zugehörigkeit zu einer Gemein-

schaft zu bezeichnen, verwendet Synesius an zwei Stellen in Verbindung mit dem Verbum τάττειν: 4. 645. 26 μετὰ τῶν συγγενῶν τάττεις, und ἀριθμεῖν: 70. 682. 36 ἠρίθμησα καὶ τοῦτο μετὰ τῶν συντυχόντων μοι — δυσχερῶν (Aelian hat bei Schm. III 289 so σύν gebraucht); mit beiden Verben verknüpft Synesius sonst die Präposition ἐν, cf. oben p. 139! Zum Ausdruck der Bedeutung „mit" stehen auch dem Synesius noch die beiden Präpositionen μετά mit Gen. und σύν mit Dat. zu Gebote. Letztere in der attischen Prosa so selten gebrauchte Präposition ist auch bei Synesius gegen μετά bedeutend in der Minderzahl. Es stehen 18 σύν gegen 55 μετά, das Verhältnis entspricht also ziemlich genau dem von Bl. p. 128 im N. T. beobachteten Gebrauch. Die interessante Frage, wie sich die Frequenz der beiden Wörter im Attizismus stellt, muſs nach den in diesem Punkte leider lückenhaften Beobachtungen Schmids auf eine erschöpfende Antwort verzichten; es ist, was speziell Philostratus anlangt, doch kaum glaublich, daſs σύν, das dort im Präpositionenverzeichnis nicht figuriert, bei diesem Autor völlig fehlen sollte. Nachdem Tycho Mommsen p. 414 Anm. 96 den Gebrauch bei Synesius im allgemeinen schon skizziert hat, sollen hier zum Vergleiche die beiden Präpositionen innerhalb der einzelnen Bedeutungskategorien neben einander betrachtet werden. Die Begleitung bezeichnet σύν 4. 645. 30 τῆς σὺν ἡμῖν ἀποδημίας; 4. 646. 25 σὺν αὑτοῖς; 155. 737. 44; häufiger sind die Fälle, in denen σύν die helfende Gemeinschaft zum Ausdruck bringt, so 67. 681. 21; 126. 714. 43 und 143. 728. 26 σὺν θεῷ; 108. 707. 32 und 114. 709. 27 σὺν τῷ θεῷ und 111. 708. 43 σὺν χρόνῳ. Ebenso ist μετά (= mit Hilfe) verwendet 78. 686. 41 μετὰ θεοῦ καὶ σοῦ στρατηγοῦ und 78. 687. 20 μετὰ θεοῦ, sodaſs uns also Brief 78 eine Abweichung von dem sonst gebräuchlichen σὺν θεῷ zeigt. Die Gemeinschaft führt μετά ein in Fällen, wie 11. 648. 20 τῷ μετὰ σώματος βίῳ; 57. 668. 51 τῷ μετὰ φιλοσοφίας ἱερατεύοντι; 670. 9 μεθ᾽ ἡμῶν, 15 μετ᾽ ἀλλήλων; 58. 671. 10 μετ᾽ αὐτοῦ παύσαιτο u. s. w. Einem deutschen „unter" entspricht μετά 78. 687. 12 ὧ μετ᾽ αὐτῶν ἀριστεῦ „du erster unter ihnen"; 57. 665. 37 μετὰ πολλῶν — καὶ τοῦτ᾽ ἀνετίθην αὐτῷ; 104. 702. 25. Dabei sind noch von Verbindungen mit Verben zu merken 4. 640. 38 μετὰ τῶν ὁλκάδων ἦμεν; 50. 661. 27 μεθ᾽ ὧν γενόμενος; 58. 671. 53 ἔχειν μερίδα μετὰ Ἀνδρονίκου καὶ Θόαντος; 92. 692. 24 μετὰ τῶν εὐημερούντων στησόμεθα; 132. 718. 36 ἦσαν οἱ νόμοι μεθ᾽ ἡμῶν und 148. 733. 54 ἐγένου μεθ᾽ ἡμῶν. Zur Addition rechne ich bei μετά Fälle wie 2. 638. 25 (δέδιθι) μετ᾽ αὐτῶν (τῶν νόμων) τοὺς δικαστάς; 4. 645. 20 und 27; 10. 648. 4 ἀπεστέρημαι μετὰ τῶν παιδίων καὶ τῶν φίλων; 31. 653. 25 ὧ μεγαλοπρεπέστατε μόνος ἢ μετ᾽ ὀλίγων σὺ μόνος δικαίως καλούμενε, ähnlich 151. 734. 36; 44. 656. 42; 81. 690. 40; 132. 719. 16 u. s. w. — σύν ist in dieser

Bedeutung nicht gebraucht. Modal dagegen werden beide Präpositionen vermischt verwendet, wie am deutlichsten σὺν ἐπιστήμῃ 101. 699. 6 und μετ' ἐπιστήμης 143. 728. 18 zeigen. Sonst steht σύν: σὺν δίκῃ 4. 646. 42; σὺν βίᾳ 67. 676. 26; 95. 694. 26 und 127. 715. 12; σὺν πόνῳ 147. 731. 1; σὺν ὥρᾳ 154. 736. 36. μετά: 41. 655. 30 μετὰ πλείονος τέχνης ἢ τύχης; 57. 665. 38 μετ' ἀγαθῶν τῶν ἐλπίδων und 43 μετὰ τοιαύτης εὐμαρείας; 669. 41 μετὰ τῆς ἐμαυτοῦ ῥαστώνης; 67. 681. 6 μετ' ἐπιβούλου τῆς προαιρέσεως, 22 μετὰ τοῦ πᾶσιν ἀλύπου; 78. 686. 39 μετὰ τοῦ θαρρεῖν; 98. 697. 16 μετὰ θείων ἐρώτων; 132. 718. 40 μετὰ δόξης αἰσχρᾶς; 138. 724. 14 μετὰ τοῦ φθέγγεσθαι; 150. 734. 17 μετὰ δόξης und 154. 736. 25 μετ' εὐπρεποῦς τοῦ σχήματος. Auch in den Ausdruck der Gemäfsheit und Übereinstimmung teilen sich σύν und μετά in der Art, dafs σύν zweimal 131. 718. 42 und 132. 719. 40 in dem Ausdrucke σὺν θεῷ δὲ εἰρήσθω („deo probante" interpres) und μετά 30. 653. 7 μετὰ Πλάτωνος; 66. 674. 28 ἴδιον ἢ μετ' ὀλίγων (ἐστίν) und 154. 737. 12 μετ' Ἀριστοτέλους sich findet. — Περί mit Akk., insgesamt an 23 Stellen gebraucht, dient nur viermal zu lokalen Angaben 98. 697. 2 περὶ ποῖα δὲ μέρη τῶν ἐπιστολῶν οὐχὶ πάσῃ τῇ ψυχῇ διαχυθῆναι; 104. 701. 47 τοῦ περὶ τὴν καρδίαν αἵματος; 122. 712. 46 τῶν περὶ τὴν Ῥέαν δαιμόνων und 125. 714. 19 περὶ ἐμέ. Das geistige Verweilen, Bemühen um und die Beschäftigung mit etwas kommt durch περί zum Ausdruck 4. 645. 17 bei σπουδάζω; 67. 675. 39 bei σπουδή; 73. 685. 8 und 152. 735. 4 bei πάθος; 88. 692. 7 bei μνημονικός; 103. 701. 38 und 39 bei ἀνενέργητος εἶναι und ἐνεργεῖν; 126. 714. 34 und 154. 737. 26 bei διάθεσις; 126. 714. 37 bei εὐγνώμων und 149. 734. 7 bei μνήμη. Wie man sieht, ist die Anwendung von περί mit Akk. richtig auf die Bezeichnung des Thuns und Bemühens beschränkt (cf. Bl. p. 131), wie dies auch im N. T. der Fall ist. Die Rücksicht auf etwas bezeichnet περί mit Akk. am häufigsten: 4. 643. 21 τὰ δὲ περὶ ἡμᾶς; 57. 665. 8 τῶν περὶ ἐμὲ πραγμάτων, in welchen beiden Fällen der Präpositionalausdruck einem Possessivpronomen nahe kommt, dann 66. 674. 23 τὰ περὶ τὰς γενομένας διαλλαγάς; 67. 680. 28 τὰ περὶ τὴν τῶν ἐπισκόπων στάσιν; 681. 52 τοῖς περὶ αὐτὸν γενομένοις; 79. 689. 24; 152. 735. 8; 154. 735. 47; 737. 28. Schliefslich dient περί mit Akk. noch temporal zur Bezeichnung einer unbestimmten Zeit 4. 643. 31 περὶ δευτέραν ὀρνίθων ᾠδήν und 104. 702. 7 περὶ βουλυτόν. Περί in Verbindung mit dem Gen. ist die von jeher und so auch noch bei Synesius, wie auch z. B. im N. T., ungleich gebräuchlichere Verwendungsart. Von den 92 Beispielen fällt die Mehrzahl von ungefähr 80 auf die Bedeutung „über, in Betreff". Einige Beispiele mögen genügen: 67. 682. 2 διείλεγμαι περὶ τούτου; 105. 705. 13 βουλεύσασθαι περὶ ἡμῶν; 109. 707. 43 σκέψασθαι περὶ τῶν πρεπόντων ἐμοί; 132. 719. 6 ἀπήγγειλε περὶ σοῦ; 137. 723. 25

λόγος περὶ τῆς ὑποθέσεως. An der Spitze des Satzes steht es titel-
artig: „was — betrifft“: 67. 680. 49 καὶ περὶ τῶν χρημάτων ἃ
διείληφα, ταῦτα — ὁμολογεῖ; 73. 685. 31 τὰ δὲ περὶ τῶν πολιτῶν;
97. 696. 37 περὶ δὲ ὧν ᾔτησας. — Einem ὑπέρ = „für“, mit dem
es auch wechselt, steht περί nahe 80. 690. 12 κάλλιον Ἀμπέλιος
ἐσκέψατο περὶ τῶν ἑαυτῷ λυσιτελούντων ἢ Νίκαιος ὑπὲρ τῶν u. s. w.
Hier mag man allerdings auch ὑπέρ für das Substitut von περί an-
sehen. Geradezu tritt περί mit Gen. an die Stelle von ὑπέρ im
67. Briefe, wo es an zwei Stellen 682. 7 und 9 heifst: εὔχου περὶ
ἐμοῦ. περὶ καταλελειμμένου γὰρ εὔξῃ und ὀκνῶ περὶ ἐμαυτοῦ τι
φθέγξασθαι πρὸς θεόν. Diesen Gebrauch führt aus dem N. T. Bl.
p. 131 an. Vgl. übrigens unten beim Hiatus! „Wegen“ ist περί bei
ἀπολογεῖσθαι: 61. 672. 47 ἀπολελόγηται περὶ τῶν αὐτῶν, bei ἀπολογία
103. 701. 18 τὴν περὶ τοῦ σκώμματος ἀπολογίαν, bei μέμφομαι 109.
708. 7 σύ με μέμψῃ περὶ τοῦ δρόμου und bei ἀντέγκλημα 133. 720.
30 τοῖς ἀντεγκλήμασι τοῖς περὶ τῶν δώρων. Zu der von Diels
(Götting. Gel. Anzg. 1894. 307) bei Schm. IV 464 aus Aristot. bezeugten Konfusion der beiden in Rede stehenden Kasusverbindungen
von περί gehört aus Synesius wohl 15. 691. 24 τῇ περὶ σοῦ μνήμῃ
neben dem oben (p. 153) zitierten τῆς περὶ σὲ μνήμης (149. 734. 7)
und μνημονικώτερος περὶ ἐμέ (88. 692. 7). Von der Abschätzung,
dem Wert und dem Vorzug gebraucht Synesius περί mit Gen.
dreimal in den Redensarten περὶ ἐλάττονος ποιεῖσθαι (44. 656. 30)
und περὶ πλείστου ποιεῖσθαι 113. 709. 18 und 134. 721. 27. — Ὑπέρ
mit Akk. bei Aelian fehlend, ist bei Synesius zusammen in 9 Fällen
zu beobachten. Lokal steht es in der Bedeutung „darüber —
hin“, „darüber — weg“ 104. 703. 21 ὑπὲρ τοὺς ὄχθους ἐφέρετο;
147. 730. 36 ὑπὲρ ταύτας στήσας σαυτόν. Am öftesten (6 mal) dient
es dazu, das Übertreffen zu bezeichnen 4. 640. 7 ὑπὲρ ἥμισυ;
645. 6 ὑπὲρ τοὺς μύρμηκας ἔντομον (θεραπαινίδιον); 57. 667. 27
στατῆρας ὑπὲρ μυρίους; 78. 686. 40 πρὸς ἄνδρας ὑπὲρ χιλίους; 90.
692. 22 τοῖς ὑπὲρ κατάραν ὡμίλησεν und 154. 736. 12 σεμνοπροσω-
ποῦσιν ὑπὲρ τὰς Ξενοκράτους εἰκόνας. Temporal = „vor“ hat Synesius ὑπέρ 4. 639. 37 ὑπὲρ μεσοῦσαν ἡμέραν, eine seltene Anwendung,
die Schm. II 243 bei Aristides XXXIII 622. 100 einen thukydidei-
schen Idiotismus nennt. Kühner II 1. 422. II 2 führt für diese Ausdrucksweise noch Xen. Kyr. 1. 2. 4 τοῖς ὑπὲρ τὰ στρατεύσιμα ἔτη
γεγονόσι an, wo freilich die Bedeutung nicht ganz die gleiche ist;
Synesius mag zur Wahl des ὑπέρ durch das unmittelbar vorangehende
πρὸ δείλης ἑώας geführt worden sein. Ὑπέρ mit Gen. habe ich
lokal nirgends mehr gefunden, auch nicht im N. T.; bei Philostratus
Schm. IV 466 ist diese Verwendung der Präposition noch üblich,
während sie bei Aelian (Schm. III 290) ebenfalls fehlt. Unter den
von mir gezählten 84 Fällen wird ὑπέρ mit Gen. am häufigsten in

dem Sinne „für", „zu jmds. Schutz, Bestem" verwendet, z. B. 2.
638. 28 ὀργίζονται (οἱ δικασταί) γὰρ ὑπὲρ τῶν νόμων; 11. 648. 27
ὑπὲρ ἐμοῦ χεῖρας ἱκέτιδας ἄρατε πρὸς θεόν und 29 τὰς ὑπὲρ ἡμῶν
εὐχάς; 46. 659. 47 ἀλλά σοι γὰρ ἴσως ὑπὲρ τῶν σεαυτοῦ πραγμάτων
ἔσκεπται κάλλιον (cf. oben p. 154 bei περί = ὑπέρ!); 52. 665. 52 τῆς
ἐν φιλοσοφίᾳ σχολῆς, ὑπὲρ ἧς ἅπαντα δεῖν ᾤμην ποιεῖν τε καὶ λέγειν;
73. 685. 33 und 34 ὑπὲρ τῶν νόμων Ἀνθέμιον ἱκετεύομεν, ὑπὲρ τῶν
νόμων τὸν τούτων φύλακα; 80. 690. 13, das schon oben (p. 154) angeführt wurde; 94. 694. 6 μαχοῦνται γὰρ ὑπὲρ τῆς ἐνεγκούσης τε καὶ
τρεφούσης αὐτούς; 104. 703. 6 ὑπὲρ τῶν ἡμετέρων ἀγαθῶν ἀποθνήσκειν; 132. 718. 50 ὑπὲρ τῶν νεοττῶν πρὸς ὁτιοῦν τῶν ἀλκιμωτάτων
ἀνθίστασθαι; 144. 729. 6 κατεδεηθεὶς — ὑπὲρ πολλῶν u. a. Dieser
Verwendung am nächsten an Häufigkeit steht die Substituierung
von ὑπέρ statt περί in dem Sinne „über", „in Betreff". Die
hierher gehörigen Fälle sind ungefähr 20; an einigen Stellen ist eine
Entscheidung zwischen ὑπέρ = pro und ὑπὲρ = de nicht scharf
durchzuführen. Nur einige wenige Beispiele mögen genügen: 3. 639.
15 ὑπὲρ εὐγενείας ἀμφισβητῶν; 57. 670. 14 ὑπὲρ αὐτοῦ — βουλεύσασθαι; 66. 674. 7 ὑπὲρ οὗ πεύσομαι; 675. 20 ἠπιστάμην ὑπὲρ τοῦ νόμου; 67. 676. 29 ὑπὲρ τούτου ψήφισμα; 130. 700. 13 τοὺς λόγους δ
ἐποιούμην ὑπὲρ τοῦ δεῖν u. a. Auch περί in der oben p. 154 genannten Bedeutung „wegen" wird durch ὑπέρ vertreten 44. 657.
47 ἀπολογίαν ὑπὲρ ἁμαρτήματος und 154. 736. 33 ὑπὲρ τῶν κιβωτίων ἀπολελόγηται. Die Zahl der Vertauschungen ist im Vergleich
zu Philostratus (Schm. IV 466) äußerst gering, dem philostrati-
schen Muster kommt Synesius näher in Bezug auf die Häufigkeit,
mit der ὑπέρ statt ἀντί gesetzt wird (Kühner II 1. 421. 2 a).
Schm. IV 466 führt aus dem genannten Autor hierfür nur 5 Beispiele an, Synesius bietet für diese (nichtklassische) Gebrauchsweise
im ganzen 4 Beispiele 14. 649. 27 ἂν οὖν ὑπὲρ τοῦ βεβιάσθαι σοι
δῶ δίκην (auch sonst), 30. 653. 9 ὑπὲρ αὐτοῦ πραττομένου δίκας ὑπὲρ
ὧν οὐκ ἐξήμαρτεν; 57. 664. 40 ὑπὲρ ὧν εἰς ἡμᾶς εἰργάσαντο δίκην
ἀξίαν κομίσασθαι und 79. 690. 3 ὑπὲρ ὧντινων τοσαύτας ἐκτίνω δίκας,
sämtliche Fälle mit Beschränkung auf die Ausdrücke δίκην δοῦναι,
ἐκτίνειν u. s. w. Den Zweck bezeichnet ὑπέρ 14. 649. 7 und 14.
649. 14 ὑπὲρ τοῦ mit Inf. (so auch Demosth. öfter), außerdem 52.
662. 11 ὑπὲρ τῆς τιμῆς „zur Bezahlung" und in Verbindung mit Ausdrücken des Sterbens 57. 664. 30 ἔδει γὰρ ὑπὲρ τῆς ἁπάντων ἁμαρτίας σταυρωθῆναι Χριστόν (I. Cor. 15. 3 Χριστὸς ἀπέθανεν ὑπὲρ τῶν
ἁμαρτιῶν ἡμῶν), sowie auch 113. 709. 6 ἀποθνήσκειν ἐθέλοντας ὑπὲρ
τῶν ἀλλοτρίων. Der Gedanke der Stellvertretung: „im Namen",
„an jmds. Stelle" liegt dem ὑπέρ zu Grunde 139. 726. 11 ἅπασά
μου ἡ οἰκία κατεδεήθη προσειπεῖν σε ὑπὲρ αὐτῆς und ebenso 13
αὐτὸς ὑπὲρ ἡμῶν τὸν ἱπποτοξότην πρόσειπε. Hierher stelle ich auch

ὑπέρ in der Wendung κατὰ τῶν συντελούντων ὑπὲρ τῶν οὐσιῶν 79.
687. 39. In seltner (dichterischer) Weise (Kühner II 1. 421.
2 b) kommt endlich noch auch die innere geistige Ursache in Verbindung mit ὑπέρ zum Ausdrucke 66. 674. 40 ὑπὲρ ἀσαφοῦς ὑπο-
νοίας.

### III. Präpositionen mit drei Kasus.

Ἐπί mit Akk. wird an 78 (77) Stellen von Synesius verwendet.
Die weitaus gröfsere Zahl (gegen 60) von diesen Beispielen dient zur
Angabe des räumlichen Zieles auf die Frage: wohin? in eigentlicher und übertragener Bedeutung = „auf", „nach", und
zwar in eigentlicher Bedeutung z. B. 3. 638. 31 ἧκεν ἐπὶ τὸν τάφον;
4. 639. 6 ἐπὶ τὸ ζεῦγος ἀναβιβασαμένη; 643. 17 ἀναδεδραμηκότες ἐπὶ
τὸ πέλαγος; 649. 6 ἐφ' ἑκάτερα; 29. 652. 29 ἐπ' ἐμὲ τὸν δρόμον ἀνέῳξας; 61. 672. 42 κατατείνω τὸν δρόμον ἐπὶ τὸν λιμένα; 104. 703. 35
τὴν ἐπὶ τὰ λαιὰ φέρουσαν; 129. 716. 5 κατέβην ἐπὶ τὴν θάλατταν;
144. 728. 34 ἐπ' ἐμὲ γὰρ ἔφυγε. Dabei ist die Annäherung eine
feindliche 47. 660. 24 τὴν διὰ τῶν νόμων ἐπὶ τοὺς νόμους ἐλθεῖν;
57. 663. 36 ἀνίστης ἄνδρας ἐπὶ τοὺς ἡμαρτηκότας und 38 ἐφ' οὓς
καταπέμπονται; 664. 46 ἐπ' Αὐσουριανοὺς ἤδη τις ᾔρηται — στρατηγός; 67. 679. 33 ἐπὶ τὸν ἀδελφόν; 113. 709. 12 und 154. 736. 24. Die
Richtung nach Städten bezeichnet dieses ἐπί 54. 662. 32 ἐπὶ τὰς
Ἀθήνας; 94. 693. 29 ἐπὶ τὰ Τεύχειρα; 98. 697. 20 und 129. 716. 25
ἐπὶ τὴν Ἀλεξάνδρειαν; 125. 714. 17 ἐπὶ τὴν Κλεόπατραν. Eine besondere Erwähnung verdient dabei noch die Ausdrucksweise 148. 733.
42 κρατεῖν ἥγηνται τὸν Ἀτρείδην, τὸν ἐπὶ Τροίαν, wo die Konstruktion mit ἐπί und Akk. durch eine Breviloquenz zu erklären ist. ἐπί
mit Akk. auf die Frage: wo? (Bl. 152. 1) kommt nicht vor. Im übertragenen Sinne steht ἐπί mit Akk. 13. 649. 3 τῆς ἐπὶ ταύτην ἀγούσης νυκτός; 32. 654. 1 ἐπί τοὺς ἔχοντας αὐτὸν τὴν αἰτίαν ἀνήγαγεν;
35. 654. 28 ἐπιτομωτάτην ὁδὸν ἐπὶ τὸ πλουτεῖν ἐβάδισεν; 41. 655. 33
πρὶν ἐπὶ τὴν νῆσον γενέσθαι τὸ δαιμόνιον μήνιμα; 57. 669. 51; 58. 671.
25 ἐπὶ τὴν ἐκκλησίαν ἤλπισε (diese Konstruktion auch im N. T.); 60.
672. 17; 67. 681. 8; 76. 686. 16 und dementsprechend ebenda 24; 103.
701. 29; 137. 723. 39; 139. 725. 6; 140. 725. 44 und 46; 146. 726. 35.
Zum Ausdrucke des quantitat. Zieles dient unsere Präposition 4.
641. 14 ἐπὶ μεῖζον προιέναι; 7. 647. 5 ἦρεν ἐπὶ μέγα τὴν φήμην; 67.
677. 13 τὸν — τῆς ὀρθοδοξίας σπινθῆρα — ἐπὶ πλέον ἐξάψαι; 127.
715. 26 ἐπὶ μέγα τύχης ἐξῆρεν; 148. 733. 35 ἐπὶ μέγα τῆς δόξης ἐξ-
απτόμενα. In diese Umgebung ist auch wohl 52. 662. 3 νῦν δέ φασιν
αὐτὸν ἐπὶ μεῖζον ἐμπορεύεσθαι zu stellen und dann zu übersetzen:
„jetzt, sagen sie, betreibt er sein Geschäft in gröfserem Mafsstabe".
Mit der Einführung des Zweckes, der Absicht ist ἐπί mit Akk.
betraut 4. 645. 3 συμφοιτῶσιν ἐπὶ τὴν θέαν; 5. 645. 41 und 38. 655. 1;

155. 737. 38 ἐπ' αὐτὸ τοῦτο; 40. 655. 16 ὅταν ἐπὶ θήραν ἐξάγῃς; 68. 682. 14 ἐπὶ πρᾶξιν; 69. 682. 24 ἐπὶ συμμαχίαν; 95. 695. 53 ἐπὶ τἀναντία; 112. 709. 1 ἐπ' ἄμφω τέτακται ταῦτα; 125. 714. 2 ἐπὶ πόλεμον (ἐξιέναι); 148. 732. 23 und 24 (4 mal) und 733. 7 ἐπὶ τοὔλαιον „zum Wägen des Öls" mit bemerkenswerter Kürze des Ausdrucks; 3. 638. 32 stehen die Worte οὐ γὰρ οἶμαι νομίζεται νυμφευτρίαις βαδίζειν ἐπ' ἐκφοράν, Par. 1039 und Mon. 481 lesen aber ἐπεκφορᾷ. Die der Präposition ἐπί in Verbindung mit dem Akk. innewohnende Bedeutung zur Angabe einer räumlichen Verbreitung über einen Ort hin ist nur noch in dem bildlichen Ausdrucke ὡς ἐπίπαν 113. 709. 17 erhalten. Redensarten: 4. 641. 23 ἐπὶ νοῦν βάλλεσθαι = „verstehen" und 44. 657. 4 μήποτε αὐτῶν ἐπὶ νοῦν ἀναβαίη „möge ihnen nie der Gedanke in den Kopf kommen". — Ἐπί mit Dat. wird im N. T. nach den Beobachtungen von Blass p. 134. 3 lokal durch die Verbindungen dieser Präposition mit dem Gen. und mit dem Akk. überwogen. Auch im Attizismus scheinen die Verhältnisse ähnlich zu liegen; Philostratus hat nach Schm. lokales ἐπί mit Dat. nur sehr selten (Schm. führt nur drei Beispiele an), Aelian gar nicht. Auch bei Synesius ist die Präposition mit dem Dat. im eigentlichen Sinn mit örtlicher Funktion nicht zu finden, und darnach wird auch die eben besprochene Stelle 3. 638. 32 zu beurteilen sein. Im übertragenen Sinne dagegen ist die Verwendung ziemlich mannigfaltig. Von dem, was einer Thätigkeit als Fundament gewissermafsen untergelegt wird, vom Subsistenzmittel, steht ἐπί ebenso, wie im N. T. Ev. Matth. 4. 4 οὐκ ἐπ' ἄρτῳ μόνῳ ζήσεται ὁ ἄνθρωπος, ἀλλ' ἐπὶ παντὶ ῥήματι nach Deuteron. 8. 3, wie auch bei (Plato) Alkib. I 105 C ἐπὶ τούτοις μόνοις ζῆν, bei Synesius 4. 644. 15 ἐπὶ ταῖς λεπάσι ῥωννύμεθα; 36 τί ἐκώλυε τό γε ἐπὶ τοῖς ἐπιτηδείοις τρυφᾶν; und 148. 732. 26 ἀριστῶμεν δὲ ἐπ' ἀλφίτοις. Wahrscheinlich ist hierher auch 4. 644. 13 zu ziehen τὰ δὲ μειράκια κωβιούς („Gründeln") εὐτυχεῖ καὶ ἰούλους. Die Überlieferung ist, wie sich schon jetzt erkennen läfst, stark getrübt: Par. 1039 hat ἐπὶ κωβιοὺς εὐτυχεῖ καὶ ἰούλους, Mon. 481 ἐπὶ κωβιοῖς εὐωχεῖ καὶ ἰούλοις und Mon. 490 ἐπὶ κωβιοῖς εὐτυχεῖ καὶ ἰούλοις. ἐπί ist nach diesen drei Handschriften gesichert, auch Dionysius Petavius ed. 1631 hat es im Texte, das εὐωχεῖ des Mon. 481 steht nach Kraus obsv. p. 21 auch in den Par. 2988, 2762 und 2465. Die Lesart ἐπὶ κωβιοῖς εὐωχεῖ (statt εὐωχεῖται) καὶ ἰούλοις möchte ich unserm Autor nicht zusprechen, weil sich sonst nirgends die aktiven anstatt der medialen Formen verwendet finden (cf. oben p. 97!) und zur Änderung in εὐωχεῖται kann ich mich nicht entschliefsen. Kehren wir zur Besprechung des übertragen lokalen Gebrauches von ἐπί mit Dat. zurück, so liegt die gleiche Anschauung des Fundierens auch dem Ausdrucke τὰς ἐπ' αὐτῇ ματαίας ἐλπίδας (72. 683. 49) zu grunde, zu dem das oben p. 156 angeführte

ἐλπίζω ἐπί τινα zu vergleichen ist. Die gleiche Anschauung steckt
auch in der Konstruktion δανείζεσθαι ἐπί τινι: 73. 685. 5 ἐφ' ἡμῖν
ὥσπερ ἐπὶ κτήμασι δανείζονται χρήματα. Der Amtskreis, über den
einer gesetzt wird, steht mit ἐπί im Dat. 79. 687. 42 ἔταξεν ἐπὶ ταῖς
ἀπαιτήσεσιν (cf. Ev. Matth. 24. 47 ἐπὶ πᾶσιν τοῖς ὑπάρχουσιν — κατα-
στήσει αὐτόν und Luk. 12. 44), wenn die Lesart richtig ist; denn
Par. 1039 und Mon. 481 lesen ταῖς ἀπαιτήσεσιν ἔταξε, Mon. 490 ἐν
ταῖς ἀπαιτ. ἔτ. Ebenso kommt das Verhältnis des Übergeordnet-
seins zum Ausdrucke 57. 665. 45 τὸν ἐπὶ πᾶσι θεόν, 103. 700. 26 ἐπὶ
πάσαις οὖσα (φιλοσοφία) und 135. 722. 3 ἐπὶ ταῖς οὐσίαις ἁπάσαις
(„bonorum omnium curator" interpres). Wie im N. T. (cf. Wilke-
Grimm p. 162 rechts b) in diesem Sinn ἐπί mit Dat. und ἐπί mit
Gen. wechseln, so auch bei Synesius, cf. 79. 687. 42. Zur Angabe
der Abhängigkeit (lat. penes) hinwiederum dient ebenfalls ἐπί
mit Dat. 67. 679. 49 γέγονεν ἐπὶ τῷ εὐλαβεστάτῳ Παύλῳ; 79. 688.
39 und 40 τὸ μὲν γὰρ ἐπὶ ταῖς μάστιξιν ἀπολώλασι, τὸ δ' ἐπὶ τῇ
τῶν σωμάτων ἰσχύι ζῶσιν ἔτι (quantum est in —); 104. 703. 25 τό γ'
ἐφ' ἡμῖν; 100. 698. 10 τὸ μὲν ἐπὶ βασιλεῖ; 121. 712. 4 ἦν ἐπὶ τοῖς
ἱερεῦσιν ἡ πολιτεία; 126. 714. 25 τῶν οὐκ ἐφ' ἡμῖν und 130. 716. 44
ἐπ' ἄλλῳ τὰ σὰ γένοιτο. Die Bedingung wird eingeführt durch
ἐπί mit Dat. 67. 680. 4 ἐπὶ τοῖς αὐτοῖς; 72. 683. 29 ἐπὶ ῥητοῖς, ἐφ'
ᾧ μηκέτι μανεῖται κατὰ τῶν ὁμοτίμων, ἐφ' ᾧ νοῦν ἀντὶ πάθους τοῦ
βίου προστήσεται; 73. 685. 22 ist dagegen mit ἐφ' ᾧ (cf. oben p. 120!)
der Grund angegeben; das diesem ἐφ' ᾧ vorausgehende ἐπὶ ῥητοῖς wird
heifsen „auf grund der Abmachungen". 124. 713. 36 καὶ ἐπὶ τούτοις
φιλοχωρῶν heifst καὶ ἐπὶ τούτοις „auch unter diesen Umständen"
(Kühner II 1. 434. 3 b am Ende). Die Aufeinanderfolge und Hin-
zufügung bezeichnet ἐπί mit Dat. 4. 644. 29 ἄλλος ἐπ' ἄλλῳ παῖς
ἐπ' ἀνδρὶ καὶ ἀνὴρ ἐπὶ παιδί; 73. 684. 44 ἐπὶ τοῖς πάλαι τὸν πρόσ-
φατον (νόμον); 79. 687. 45 καινὸν ἐπὶ παλαιῷ κακόν; 122. 712. 39
συχνοὺς ἐπ' αὐτῷ κατείργασται und 140. 725. 42 τὸ δ' ἐπὶ τούτῳ καὶ
τούτου σεμνότερον. Temporal geht dieses ἐπί geradezu in die Bedeutung „nach, post" über: 95. 694. 38 ἐνίκησε δ' ἂν Ἰούλιος νίκην,
ἐφ' ᾗ ζῆν οὐκ ἂν ηὔξατο; ἐπὶ πᾶσιν (104. 702. 18 und 67. 682. 7) ist
gleichbedeutend mit „zuletzt, schliefslich". Alle diese aufgeführten
Verwendungsarten sind auf eine gröfsere oder kleinere Zahl von
Fällen beschränkt; den weitesten Raum unter den sämtlichen 101 Beispielen nimmt, abermals im Einklang mit den von Blass (p. 134. 3)
im N. T. gemachten Erfahrungen, ἐπί τινι zur Bezeichnung des
Grundes ein. Die Minderzahl derselben steht in Verbindung mit
einem Begriffe des Affekts 4. 640. 19 (ἀποιμώξειν); 5. 646. 33 (μετα-
μέλεσθαι); 54. 662. 41 (μεῖζον φρονεῖν); 67. 679. 43 (λυπεῖσθαι); 680.
20 (φιλονεικεῖν); 79. 689. 30 (λύπη); 94. 693. 39 (συνήδεσθαι); 110.
708. 23 (ἥδεσθαι); 112. 708. 46 (φιλεῖν); 140. 725. 50 (κλάειν); 148.

732. 40 (γελᾶν) und 153. 735. 15 (εὐφροσύνη); andere Verba sind
διώκειν 67. 681. 5 und 73. 685. 18; δυστυχεῖν 3. 639. 3; ἐπαινεῖν 135.
722. 9; εὐδοκιμεῖν 154. 736. 3; μακαρίζειν 57. 664. 49 und 99. 697. 40;
προσκυνεῖν 54. 662. 34. Dazu kommen noch einzelne Fülle, wie z. B.
40. 655. 17 ἐπὶ τῷ Λιβυκῷ τροπαίῳ; 44. 658. 47 τὰς αἰτίας, ἐφ' αἷς
ἀκούεις κακῶς; 58. 671. 35 ἐπὶ τούτοις „deswegen", „auf grund dessen";
67. 677. 5 αἰτοῦμαι συγγνώμην ἐπὶ τῷ λόγῳ; 73. 685. 27 τῶν ὀνομα-
στοτάτων ἐπὶ σκληρότητι; 93. 693. 25 παραμυθίας δεόμενον ἐπὶ πολλαῖς — συμφοραῖς u. s. w.   Zweck, Absicht und Bestimmung:
4. 645. 4 ἐπὶ τούτῳ; 19. 650. 39 ἐπὶ χρυσίου διακομιδῇ; 57. 667. 45
ἐπὶ τῷ τὴν ἐκκλησίαν ἀτιμοῦν; 72. 684. 3 ἐπ' ἀρχῇ (ad emenda imperia)
δανείζονται χρήματα; 121. 712. 3 τοῦ ἐπὶ τοῖς δεσμώταις οἰκήματος;
hierher gehören auch die Worte 129. 716. 23 ἡ ναῦς ἐπ' ἐκείνοις τοῖς
τότε φορτίοις (zur Beförderung).   Schliefslich ist noch die Gebrauchs-
art von ἐπί τινι zu nennen, durch die das Obj. bezeichnet wird,
an dem etwas geschieht oder über welches etwas gesagt,
geschrieben u. s. w. wird.   a) ἐπί = an 14. 649. 11 τῆς ἐφ' ἡμῖν
ἀβουλίας „der an mir bewiesenen Unüberlegtheit" und 44. 657. 15
δαίμονές εἰσι καθαρτήριοι, τέχνην ἔχοντες ἐπὶ ταῖς ψυχαῖς, ἣν οἱ κνα-
φεῖς ἐπὶ τοῖς ἱματίοις τοῖς πιναροῖς.   Zahlreicher sind die Beispiele
für b) ἐπί = „über, de" (Bl. 134. 3): 44. 658. 29 οἱ συνθέντες ταῦτα
ἐπὶ σοί (nicht notwendig feindlich zu fassen) und ebenso 50. 661. 6
ἐχθροὺς ἐπ' αὐτῷ ταῦτα συμπλάσαι; 154. 736. 22 ἐπὶ τούτοις συνετέθη
τὸ σύγγραμμα; dann 44. 658. 36 φήμας ἐπὶ τοῖς οὐκ οὖσι ποιῶν; 67.
677. 50 οὐκ ἐπὶ τοῖς αὐτοῖς ἑκάτερα „beides gilt nicht den gleichen
Personen"; 72. 683. 13 τὴν ἐπ' αὐτῷ γνώμην; 116. 710. 6 ἐφ' οἷς (στρα-
τιώταις) ἡ ποίησις γέγονε; 123. 713. 24 τὸν ἐπὶ Αἴσονι (Mon. 490 ἐπὶ
τῷ —) λόγον und 126. 714. 39 ὡς ἐπὶ μεγίστοις εὐεργέτῃ (auffallend!).
Am seltensten (62 mal) wird ἐπί mit dem Gen. verbunden.   Wie
auch im N. T. (Bl. 133. 2), dient diese Zusammenfügung am häufigsten
zur Ortsbezeichnung, zunächst auf die Frage: wo? = „auf" 3.
638. 35 καθεζομένη οὖν ἐπὶ καθέδρας; 4. 640. 42 ἐπὶ τῶν ἰκρίων
ἑστώς; 642. 15 und 32. 654. 5 ἐπὶ τοῦ καταστρώματος; 4. 642. 50 und
130. 717. 32 ἐπὶ μετεώρου; 57. 668. 18 μένουσιν ἐπὶ τῆς τάξεως; 104.
703. 4 ἐφ' ἵππων u. a. „In" und „an" zunächst mit Ländernamen
43. 656. 6 und 61. 673. 2 ἐπὶ Θράκης; 101. 698. 22 und 47 ἐπὶ Λιβύης;
dann noch 5. 645. 37 ἐπὶ στρατοπέδου, ebenso 118. 710. 27 und 121.
715. 3; 92. 693. 2 ἐπὶ τῆς Λιβύων ἐσχατιᾶς (cf. 4. 642. 47 ἐν ἐσχατιᾷ); 91.
692. 34 ἔξων ἐπὶ τῶν βιβλίων; 143. 728. 15 ἐπὶ τέλους.   Hierher gehört
auch 66. 674. 13 ἐπὶ τοῦ στρατοπέδου γενόμενος.   Im übertragenen
Sinn mit μένειν 57. 669. 10 μένειν ἐπὶ τῆς φύσεως; 103. 701. 17 ἐπὶ τῆς
τέχνης μένειν und 105. 705. 47 μένειν ἐπὶ τῆς προλήψεως.   Die Bewegung auf einen Ort hin liegt vor 57. 668. 18 ἐφ' ἧς (τάξεως) ἡμᾶς
ἔταξεν ὁ θεός; 67. 677. 7 ἐπὶ τοῦ θρόνου καθίσαι; 71. 683. 1 ὁμοῦ μὲν ἐπὶ

Θράκης, ὁμοῦ δὲ εἰς Ἰσαύρους und mit τίθημι 154. 736. 21 βοῦν —
ἐπὶ τῆς γλώττης τίθεμαι, mit einem Städtenamen 79. 689. 20 ἐπ'
Ἀλεξανδρείας. Dem lokalen ἐπί nahestehend ist die Verwendung, wo
ἐπί die Abhängigkeit „auf grund" bezeichnet (Kühner II 1. 432 f.):
105. 706. 18 ἐπ' ἐμαυτοῦ φιλοσοφοῦντα „selbständig" und 140. 725.
29 ταῦτα ἀγαπᾶν, ἐφ' ὧν δύναται βλάπτειν ὁ δαίμων. Von der
Sache oder der Person, auf die sich eine geistige Thätigkeit bezieht (Wilke-Gr. p. 161 links A I 1 f.), steht die Präposition:
66. 675. 1 ὅστις ὁ τρόπος καὶ ἐπὶ τῶν ἐπιχωρίων οὑμός; 154. 735. 35
ὅπερ ἐπὶ τῶν ἀνδριάντων λέγειν εἰώθαμεν. In diesem Zusammenhang
werden auch die Worte 67. 679. 40 ἅπερ ὑποστὰς ἐπὶ τοῦ παρόντος
πράγματος ihre richtige Stelle finden. Im N. T. wird zur Angabe
des Gebietes, über das einer gesetzt ist, neben ἐπί mit Dat. auch
ἐπί mit Gen. gebraucht (Wilke-Gr. 162 rechts B 2 b und p. 161 A
I 1 d); so auch bei Synesius (cf. oben p. 158!) 79. 687. 42 ἐπὶ τῶν
δεσμῶν (δεσμωτῶν?) ὄντα. Auffallend und meines Wissens sonst nicht
belegt ist die Verbindung von ἐπί mit dem Gen. zur Bezeichnung der
Aufeinanderfolge, wo sonst und auch bei unserm Autor (cf. p. 158)
ἐπί mit Dat. gewählt wird, in dem Ausdruck 70. 682. 37 und 73.
685. 24 πολλὰ ἐπὶ πολλῶν. Von der Gleichzeitigkeit 4. 644. 41
ἐπὶ τῆς νῦν ἐμοὶ παρούσης σχολῆς; 31. 653. 13 ἐπὶ τῆς μεγάλης
ἀρχῆς; 44. 656. 14 ἐπὶ τῶν καιρῶν; 51. 661. 43 ἐφ' ἑκάστης ἡμέρας;
73. 684. 47 ἐπὶ σοῦ; 79. 688. 7 ἐφ' οὗ; 93. 693. 6 τῶν ἐφ' ἑαυτοῦ
„seiner Zeitgenossen"; 95. 695. 19 ἐπὶ καιροῦ; 108. 707. 31 τὰ ἐπὶ
στρατιᾶς = στρατείας; 121. 712. 19 ἐπὶ τῶν κοινῶν ἱερῶν cf. N. T.
Rom. I 10 ἐπὶ τῶν προσευχῶν μου; 133. 719. 48 ἐπὶ τῶν — ὑπάτων;
148. 734. 1 τὸν ἐπὶ Νῶε βίον und 154. 737. 21 ἐπὶ μιᾶς νυκτός. So ist
auch ohne Zweifel 142. 727. 8 statt des von H. gelesenen τῶν ἐφ'
ἡμῖν mit meinen drei Handschriften τῶν ἐφ' ἡμῶν „von unsern Zeitgenossen" zu schreiben. Nach Du Mesnil bei Schm. I 399 ist die
temporale Verwendung dieses ἐπί bei den älteren Schriftstellern auf
die Fälle beschränkt, in denen es nicht mit eigentlichen Zeitbestim-
mungen verbunden ist. Dem deutschen „vor" mit Personen, wo
auch die Bedeutung der gleichzeitigen Anwesenheit zu grunde
liegt, entspricht ἐπί mit Gen. 57. 668. 11 ἐπὶ συνεστώτων καὶ περιεστώτων ἀνθρώπων; 67. 679. 25 ἐφ' ὧν ἁπάντων κάμοῦ und 131. 718.
21 ἐπὶ βασκάνων μαρτύρων. Die Art und Weise kommt zum Ausdruck 57. 666. 5; 58. 671. 3 und 67. 677. 38 ἐπὶ λέξεως, das an der
ersten und an der dritten Stelle „wörtlich", an der zweiten dagegen
„dem Wortlaut nach" bedeutet; ferner so 67. 681. 17 ἐπ' ὀνόματος
„namentlich", endlich 130. 717. 19 ἐπ' ἐξουσίας „nach Belieben". — Παρά
mit Akk. kommt im ganzen 64 mal vor. In Verbindung mit Personen, die es im N. T. (Bl. p. 134) gar nicht mehr eingeht, während
dies im Klassischen häufig der Fall ist, steht es nur auf die Frage:

wohin? = „zu" (10 Fälle): 1. 638. 15 ἐπανίτω παρὰ τὸν πέμψαντα (Mon. 490 πρός); 12. 648. 34 ἴθι παρὰ τὴν μητέρα τὴν ἐκκλησίαν; 19. 650. 39; 29. 652. 36; 39. 655. 12 ἕλκει με παρὰ σὲ πόθος καὶ χρεία; 44. 656. 41; 57. 668. 38 und 40; 114. 709. 27 und 132. 719. 32 ἄγεσθαι κέλευε παρὰ σέ. In Verbindung mit Sachen findet sich παρά um vier Fälle öfter; hier ist die auch im Klassischen schon ziemlich verschobene Grenze zwischen Wo? und Wohin? vollends niedergerissen. Die Bewegung auf eine Sache hin bezeichnet παρά 130. 717. 41 und 42 οὐ γὰρ παρ' ἔπαλξιν —, ἀλλὰ παρὰ κώπην ὁ στρατηγὸς ἵσταται; dazu kommt noch die Wendung παρὰ πόδας 4. 642. 33 und 17. 650. 18, also nur 4 Beispiele für die Verwendung auf die Frage: wohin? Neu war mir παρά mit Akk., geradezu im Sinne eines εἰς verwendet, 102. 699. 51 ἀφίξεται παρὰ τὴν ἔχουσαν τὸν βασιλέα πόλιν, ὡς ὅπου βασιλεύς — und 103. 701. 35 ἀσχημονεῖν ἀξιοῦντας ὠστίζεσθαι παρὰ τὸ τοῦ δεῖνος ἀρχεῖον. Im Sinne der Antwort auf die Frage: wo? = „in der Nähe", „nebenan" steht παρά öfter: 48. 660. 32 παρ' αὐτά σε πράττειν εὖ τὰ βασίλεια „in nächster Nähe des Palastes" (oder auch: in der Residenz selbst?), 55. 662. 43; 57. 666. 50 παρὰ πόδας ἡ πεῖρα; 61. 673. 11; 108. 707. 19 παρὰ τὴν ζώνην (Mon. 481 περί); 132. 719. 4 παρ' αὐτήν — τὴν θύραν ἑστάναι τὸν βάρβαρον und 134. 721. 35 παρὰ τὰς ἀκτάς. „An — vorbei" bedeutet παρά 4. 641. 10 παρὰ τὰς ἀκτὰς ἐπλέομεν. Die lokale Verwendung des παρά ist, dies sei noch zum Schlufs bemerkt, bei Philostratus (Schm. IV 461) auf die Verbindung παρὰ πόδας ein-geschrumpft, bei Aelian (Schm. III 286) scheint sie sich gar nicht mehr beobachten zu lassen. Aus der Bedeutung „an — vorbei" ist die Bedeutung eines Zuwiderhandelns u. s. w.: „gegen" abge-leitet: παρὰ δόξαν (Par. 1039, Mon. 481. 490 παραδόξαν) 4. 643. 4 und 29; 101. 698. 26; παρ' (παρὰ τὴν) ἀξίαν 57. 666. 15 und 95. 694. 43; dann noch 6. 646. 26 παρὰ ταῦτα ποιῶν; 72. 684. 2 und 3 παρ' οὓς (νόμους); ebenso 73. 685. 5 (bis); 141. 726. 30 παρὰ θάτερον διαμαρτεῖν. — Zur Angabe der Person oder Sache, von der es abhängt, dafs etwas ist oder nicht ist, wird παρά mit Akk. gebraucht 43. 656. 2 παρὰ τὰ χωρία τι γίνεται; 48. 660. 31 ἔστιν εὐτυχία παρὰ τὸν τόπον ἀτυχεστέρα; 57. 664. 28 und 44. 658. 53 παρὰ τοῦτο „deswegen"; ebenso 104. 702. 37 παρ' ὅ; 67. 678. 50 παρ' ὀλίγους ἅπαντας, wo wir sagen „bis auf wenige". Hieran schliefst sich die Exzeptivbedeutung, die παρά in dem Ausdruck παρ' ὅσον hat, 79. 688. 19 χρῆται αὐτῷ καθάπερ ἀνδραπόδῳ παρ' ὅσον οὐδὲ ἐν ταῖς γωνίαις ὑποψιθυρίζειν — τολμᾷ und wohl auch 98. 697. 8 ἐποίησας εἶναι σοὺς παρ' ὅσον τῶν χαμαὶ ἐρχομένων ὄντες οὐκ ἐπιγινώσκομεν τὴν ἀξίαν. — Dem klassischen Brauche ent-sprechend ist die Verwendung von παρά mit Akk. = „im Vergleich zu"; so habe ich die Präposition nur 95. 695. 19 gefunden τί γὰρ

παρὰ τὸν ἐπὶ καιροῦ δυνάστην ἄνθρωπος οὕτως ἀτυχής; und 114. 709.
42 ἔστι δέ τι καὶ παρὰ ταῦτα. Statt eines Komparativs, wie dies
sonst oft geschieht, ist παρά durch Fortbildung der eben besprochenen
klassischen Verwendung in der Bedeutung „mehr als" an zwei
Stellen mit einem Superlativ zusammengestellt: 57. 665. 44 παρὰ
τοὺς πώποτε δειλότατος und 104. 703. 46 παρὰ πάντας ἑαυτοῦ προ-
μηθέστατος. Darnach mufs das oben p. 86 über die Identifizierung
von Kompar. und Superl. Gesagte ergänzt werden. Sonst heifst παρά
„mehr als" noch 79. 689. 34 τιμῆς ἀνθρωπίνης καὶ πάσης γλυκυθυμίας παρ' ὁντινοῦν τῶν πώποτε πεφιλοσοφηκότων ἀπολελαυκώς; 93.
693. 5 πολιτικῆς δυνάμεως ἐραστὴς παρ' ὁντινοῦν τῶν ἐφ' ἑαυτοῦ
γενόμενος; 104. 702. 27 ἀνὴρ εἶναι παρὰ τοὺς ὄντας ἄνδρας; 127.
715. 28 ἄνδρα παρὰ τοὺς πώποτε θαυματοποιόν. Mehrere Male steht
differenzierend παρὰ πολύ beim Komparativ 62. 673. 46; 90. 692. 27;
104. 703. 26; 105. 704. 6; 154. 736. 2. In der von Kühner II 1. 445 c angeführten und entwickelten Bedeutung der Gemäfsheit steht παρά
nach ἐξετάζω 104. 703. 45 καί τινες αὐτὸ παρὰ τὰς Αἰγυπτίας ἐξήταζον
σύριγγας („comparabant cum"), ohne ein solches Verb liegt wohl
doch auch die Gemäfsheit vor in den Worten 103. 701. 41 καὶ δῆτα
δύο δυνάμεις ἑκατέρα παρ' ἑκατέραν μερίδα, σοφία καὶ φρόνησις. —
Der im klassischen Griechisch häufige temporale Gebrauch von
παρά mit Akk. ist im N. T. völlig verschwunden. Aelian (Schm.
III 286) hat παρά so nur zweimal, öfter Philostratus (Schm. IV 461).
Bei Synesius sehen wir diesen Gebrauch noch 4 mal, aber in allen
Fällen auf die Verbindung mit καιρός und καιροί beschränkt (31.
653. 15; 79. 688. 23; 99. 697. 32 und 122. 112. 42). Von Redensarten ist besonders zu beachten das merkwürdige παρ' ἐνίους τῶν
δακτύλων ἐγένετο (79. 687. 49) und aufserdem noch 67. 680. 18 παρὰ
φαῦλον — ἐποιεῖτο. — Παρά mit Dat. (bei Synesius 67 mal) wird
im Klassischen vorwiegend mit Personen verbunden, eine Gewohnheit,
die auch in die Koine übergegangen ist; denn auch im N. T. wird
diese Präpositionsverbindung mit Ausnahme eines einzigen Falles nur
auf Personen angewendet (Blass p. 135. 6). Mit fast frappierender
Gleichheit kommt hierzu der lokale Gebrauch (= „bei") auch bei
Synesius: ebenfalls nur einmal (126. 714. 42) in Zusammensetzung mit
einem süchlichen Begriff: παρ' αὐτῷ sc. τῷ ποταμῷ, sonst nur bei Personen, wie z. B. 21. 651. 10 παρὰ τῇ σεμνοπρεπείᾳ τῇ σῇ; 27. 652. 18
παρ' ἡμῖν; 57. 665. 30 παρὰ τοῖς ἀκούουσι; 79. 688. 36 παρ' ἡμῖν;
132. 719. 39 παρ' ἐμοί; 154. 737. 33 παρὰ βασιλεῖ; aufgefallen ist mir
die aufserordentliche Verwendung von παρ' ἡμῖν und παρ' ὑμῖν, das
oft nur die Stelle eines Possessivpronomens zu vertreten scheint, z. B.
40. 655. 27 οἱ μὲν οὖν παρ' ὑμῖν ἵπποι; 44. 656. 23 τῶν παρ' ἡμῖν
ποιητῶν; 57. 666. 30 τὴν παρ' αὐτοῖς — Ἄρτεμιν; 72. 683. 12 τὴν
παρ' ἡμῖν ἐκκλησίαν u. s. w. 67. 676. 44 kann τῆς παρὰ βασιλεῖ

Βάλεντι στρατείας doch nur ein Feldzug unter dem Kaiser Valens sein. „Nach dem Urteil" ist παρά mit Dat. 4. 639. 41 φυγεῖν παρ᾽ ὑμῖν ἔγκλημα δειλίας ἠσχύνθημεν; 44. 656. 47 ἐν καλῷ σοι κείσεται παρὰ τοῖς κάτω δικαστηρίοις τὸ προκαθηράμενον ἀπελθεῖν; 44. 657. 41 μέγα παρὰ τῷ δικαστῇ δύναται τὸ τοσαῦτα προπεπονθέναι τὴν ψυχήν; 58. 671. 50 παρ᾽ ἡμῖν ἐν Ἀνδρονίκου μοίρᾳ τετάξεται; 66. 675. 8 παρὰ τῷ θεῷ und 142. 727. 6 παρ᾽ ἐμοὶ τίμιος ὁ ἀνήρ (cf. unten p. 166 f. πρός mit Gen. in der gleichen Bedeutung!). Auffallend, aber nach παρά = εἰς (cf. oben p. 161!) zu erklären ist noch die Verwendung des παρά = ἐν 138. 724. 22 συνόντι δὲ τῷ παρὰ σοὶ κρείττονι τοῖς ἐν ἡμῖν κρείττοσι (Hiatus?). — Παρά mit Gen. wird unter den 104 Fällen, in denen es von Synesius so gebraucht ist, nur dreimal mit einem nichtpersönlichen Nomen verbunden; davon ist 102. 699. 48 τὰ παρὰ τῆς τύχης und 137. 723. 42 παρὰ τῆς φύσεως durch Personifikation unschwer zu erklären; nur 75. 685. 48 liegt in den Worten παρὰ τοῦ στίχου μαθών wirklich ein Verstofs gegen den attischen Gebrauch vor. Am häufigsten wird dieses παρά mit Verben des Verlangens, Bittens, Nehmens, Empfangens und Kaufens verknüpft, z. B. κομίσασθαι 5. 646. 30 und 146. 730. 11; ὀνήσασθαι 32. 653. 29 und 52. 662. 2; αἰτεῖν 61. 672. 31; 73. 684. 38; 138. 723. 22; ἀπαιτεῖν 57. 668. 35; δέχεσθαι 129. 716. 20 und 134. 721. 43; εὑρίσκεσθαι 44. 657. 43; 94. 693. 33 und 110. 708. 15; dazu kommen noch ἐλπίζειν 130. 716. 42 und εὐτυχεῖν 149. 734. 14. Danach folgen an Häufigkeit die Verba des Kommens und Schickens: ἥκειν 3. 639. 35 und 67. 681. 45; ἀφικνεῖσθαι 153. 735. 12; στέλλειν 5. 645. 40 und πέμπειν 97. 696. 37. Sehr schwach vertreten ist παρά bei den Verben des Erfahrens, Hörens und Lernens: μανθάνειν 4. 642. 15; 644. 51; 75. 685. 48 (s. o.!); 105. 705. 22; εἰδέναι 7. 647. 11 und 148. 731. 34; πυνθάνεσθαι 8. 647. 29. Mit dem Charakter der uns beschäftigenden Litteraturgattung hängt es zusammen, dafs Verba des Grüfsens mit παρά so stark vertreten sind: ἀσπάζεσθαι 16. 650. 11; χαίρειν κελεύειν 101. 699. 44; προσειπεῖν 101. 699. 31; 119. 711. 7; 134. 721. 28 und 140. 726. 12; χαῖρε 66. 672. 25. Als Beispiele von παρά bei einem Substantiv führe ich an 10. 648. 5 und 67. 677. 39 τῆς παρὰ πάντων εὐνοίας; 29. 652. 26 τοῦ παρ᾽ ἡμῶν ὄχλου; 102. 699. 48 τὰ παρὰ τῆς τύχης; 103. 701. 15 τὸν παρὰ σοῦ λόγον und 145. 729. 32 ἐπικουρίαν ὑποσχόμενος τὴν παρὰ σοῦ. Die Verwendung von παρά beim Pass. statt eines gebräuchlicheren ὑπό kommt an vielen Stellen vor und ist nicht mehr nach der attischen Norm (cf. Lutz, Präpositionen bei den attischen Rednern p. 141 ff. und p. 145) zu beurteilen, z. B. 18. 650. 27 ἀμελεῖσθαι ἀξίω παρὰ τῶν τῇδε τὰ πρῶτα ἐχόντων; 57. 664. 46 ἤδη τις ᾔρηται παρ᾽ αὐτοῦ στρατηγός; 58. 670. 31 παρὰ τῶν κακῶς περισωθέντων ἐμακαρίσθησαν; 67. 676. 32 ἐλέγετο τοίνυν καὶ ἐν συνεδρίῳ παρὰ τῶν πρεσβυτέρων καὶ

δημοσίᾳ παρὰ τοῦ πλήθους; 75. 685. 47 ἐποιήθη παρ' ἐμοῦ; 91. 692.
40 ὁρῴμην ἡδέως παρὰ τῶν — σύμπλων τοῦ βίου; 95. 694. 14 ἀγνο-
εῖσθαι παρὰ σοῦ; 99. 697. 21 καινὸς οὗτος τρόπος ἐπιτηδεύεται παρ'
ἐμοῦ χρείας ἐπιστολῶν. — Πρός mit Akk. (225 [224] Fälle) streitet
mit ἐν um die erste Stelle unter den Präpositionen hinsichtlich der
Häufigkeit seines Vorkommens; seine Bedeutung ist dagegen eine
ungleich einfachere und beschränktere. Aus der grofsen Zahl von
Stellen, an denen πρός mit Akk. auf die Frage: wohin? im eigentlich und übertragen lokalen Sinne gebraucht wird, führe ich
nur einige Verbalverbindungen an. Verba des Gehens und
Kommens: ἐπιστρέφομαι 57. 668. 44; ἔρχομαι 57. 669. 45; θέω 104.
702. 53; πρόσειμι 44. 659. 19 und 128. 715. 43; ἥκω 134. 721. 10;
τρέχω 104. 702. 41; Verba des Bewegens, Führens, Schickens:
ἀνθέλκω 37. 667. 14 und 79. 689. 28; ἀπευθύνω 57. 669. 45; διαπέμ-
πομαι und ἐπιστέλλω 61. 673. 24 und 67. 682. 6; παραπέμπω 18. 650.
31; ἐνατενίζω 105. 705. 42; πέμπω 67. 676. 28; Verba des Sagens,
Schreibens: ἀποκρίνομαι 66. 675. 21; besonders häufig διαλέγομαι
44. 656. 22; 67. 682. 2; 105. 704. 12 und 13; 141. 726. 20; 143. 728.
8 und 9; εἰπεῖν 5. 646. 3; 44. 657. 8; 73. 684. 43; 95. 695. 51; κέ-
κραγα 128. 715. 38; λαλέω 138. 724. 7; λέγω 4. 645. 2; 61. 673. 21
und 22; 79. 688. 25; 138. 724. 15; φθέγγομαι 67. 682. 10. Ebenso
steht πρός mit Akk. nach Substantiven, denen die Bedeutung
eines dieser Verba innewohnt: γράμμα 4. 645. 12; 67. 681. 21;
98. 697. 14; 133. 720. 9; 144. 728. 42; ἐπιστολή 57. 668. 12; 86. 691.
27; 113. 709. 21; 145. 727. 24; ἔντευξις 91. 692. 32; πρόσρημα 140.
725. 34; προσόρμισις 137. 722. 36 und 37. Nach manchen Verben
wird das im griechischen πρός mit Akk. liegende Verhältnis der
Richtung im Deutschen als ein Zustand der Ruhe aufgefafst
und dann πρός mit: „vor, gegenüber" übersetzt. Es geschieht
dies bei den Ausdrücken des Sprechens: ἀπολογεῖσθαι 61. 672. 47;
προφασίζεσθαι 93. 693. 25; διαβάλλειν 103. 701. 21; σιωπή 138. 724.
20; ὁμολογεῖσθαι = „versprechen" 143. 727. 15 und μεταποιεῖσθαι
143. 727. 20. Additiv steht πρός 40. 655. 24 πρὸς ἐκείνας αὐτῷ
τὰς ἀρετὰς συντελεῖ; 67. 677. 19 und 95. 695. 35. Die Himmels-
richtung bezeichnet πρός mit Akk. (klassisch πρός mit Genetiv)
148. 731. 13 und 24 (bis). Dazu kommen ferner die zahlreichen Beispiele, in denen mit πρός ein freundliches oder feindliches Verhältnis zum Ausdruck kommt a) freundlich oder neutral: διαλ-
λάττομαι 43. 656. 7; λόγον ἔχω 44. 657. 27 und 28; οὐδέν (ἐστιν) 50.
661. 23 und 105. 705. 50; ἔχειν 94. 693. 47; ὁμοίως ἔχειν 131. 718.
24 und 25; οἰκείως ἔχειν 95. 695. 8; Substantiva: ἐκεχειρία 4. 644. 34;
συμβόλαιον 4. 644. 52 und 50. 661. 23 τὰ πρὸς ἅπαντας „der Verkehr
mit allen Menschen"; κοινωνία 143. 727. 51; εὔνοια 144. 728. 33; Adjektiva: ἐπιρρεπής 105. 704. 29; ἀνάλογος 105. 705. 38; b) feindlich:

ἀγωνίσασθαι 122. 713. 2; ἀμφισβητεῖν 57. 666. 7; ἀντικειμένως ἔχειν 95. 695. 7; ἀποπεφυκώς 144. 728. 47; δυσκόλως ἔχειν 37. 654. 41; μηνίω 3. 639. 2; νεμεσάω 47. 660. 10; παραβάλλεσθαι 61. 672. 34; προσ-κόπτω 66. 674. 38; Substantiva: δίκη 75. 686. 7 und 131. 718. 34; δυσμέ-νεια 60. 672. 14; φθόνος 72. 683. 45; Adjektiva: ἄτεγκτος 132. 719. 44; ἀμείλικτος 105. 704. 32; ἀνένδοτος 105. 704. 35. — Zur Angabe des Zwecks gebraucht Synesius πρός mit Akk. 23. 651. 29 und 30 οὐ μόνον πρὸς χρείαν, ἀλλὰ καὶ πρὸς ἔνδειξιν καὶ φιλοτιμίαν ὑπαγορεύειν ἐπιστολάς; 25. 652. 4 ὅσον ἀρκέσαι πρὸς μέτρον ἐπιστολῆς; 34. 654. 25; 40. 655. 26; 49. 660. 44 πρὸς ἀργύριον διαλέγεσθαι, „um Geld"; 57. 664. 8 und 10; 58. 671. 23; 67. 675. 28; 104. 703. 49 πρὸς σω-τηρίαν; dazu noch πρός mit Inf. 57. 667. 41 οὔτε ἰσχυρός εἰμι πρὸς τὸ τείχεσιν ἐρυμνοῖς προσβαλεῖν; 130. 716. 48 οὐδὲ γὰρ ἐδεήθη χρόνου πρὸς τὸ πάντα ἀνατρέψαι τε καὶ συγχέαι. Die Gemäfsheit drückt πρός aus bei κρίνειν 57. 664. 14 κρίνεται γὰρ ἑκάτερον πρὸς ἥντινα τὴν χρείαν παρέχεται und ähnlich 57. 666. 38; πρὸς παράδειγμα 57. 667. 44 und 670. 5; 96. 696. 21 mit ἐξετάζειν; 109. 707. 44 πρὸς δό-ξαν τὴν ἔξω ζῆν; der Gedanke der Gemäfsheit liegt auch 148. 731. 44 vor in dem Satze καὶ ἀνήγετο πρὸς οὖρον αὕτη, κώπαις ἐκείνη, wo man allerdings dem parallelen κώπαις nach dem πρός am liebsten eine instrumentale Bedeutung unterlegen möchte, die es aber wohl nie hat. Dem eben besprochenen Gebrauche nahe steht die Ver-wendung von πρός im Sinne: „zufolge" 4. 641. 48 πρὸς τοῦτο; 58. 671. 19 λυττᾷ πρὸς τὴν ἀκοήν „auf die Kunde hin"; 67. 678. 17; 79. 689. 48; 121. 711. 38; 127. 715. 14 πρὸς ταῦτα „daraufhin"; 104. 702. 39 πρὸς τὴν φήμην τῆς Ἰωάννου παρουσίας. Die Beziehung auf einen Gegenstand, die Rücksicht auf eine Person: 44. 658. 35 πρὸς ἄλλα πολλὰ σοφισταὶ γίνονται; 44. 659. 5; 47. 660. 27; 57. 665. 9 und 18; 62. 673. 38 τὰ πρὸς θεὸν εὐσεβής, τὰ πρὸς πολιτευομένους δίκαιος, τὰ πρὸς δεομένους φιλάνθρωπος; 72. 683. 23 und 24; 106. 706. 45 πρὸς τὰς ὠδῖνας ἀπαγορεύσειαν; 128. 715. 45 ταὐτὰ πεπον-θέναι πάθη πρὸς σέ; 133. 720. 34 ἐνδίδωμι — πρὸς τὸ πέμπειν und 148. 732. 2 ἀνανεύουσι πρὸς τὰ περὶ τῶν ἰχθύων. Manche der hier angeführten Fälle finden auch final eine entsprechende Erklärung. 104. 703. 31 steht in meinen Handschriften Par. 1039 Mon. 481 statt ἐπιδοξότατος πρὸς τὸ παραδώσειν ἡμᾶς: ἐπιδοξότατος πρῶτος παραδ. ἡμᾶς. Zum Ausdruck der Vergleichung dient πρός: 57. 667. 49 τίς ἦν πρὸς ἐμέ; 72. 683. 42 μικρὰ ταῦτα πρὸς τὸν — Μάγνον; 105. 705. 26 μικρὰ πρὸς ἓν — τοῦτο; 706. 21; 141. 726. 23 μηδὲν πρὸς ἐκεῖνο; auffallend ist 148. 732. 53 τὸ δεῦρο μέλι χεῖρον — πρὸς τὸ Ὑμήττιον. Zur Adverbbildung wird πρός verwertet nur in den Ausdrücken πρὸς βραχύ 121. 711. 24 und πρὸς βραχύτατον 130. 716. 47. Dafs πρός mit Akk. den in der späteren Gräzität allmählich absterbenden Dat. auch bei Synesius vertrete, kann wohl nicht

behauptet werden; dazu sind die allenfalls einschlägigen Beispiele
(3. 639. 2; 58. 671. 35; 66. 675. 16; 87. 691. 35 und 105. 705. 38)
meines Erachtens doch nicht zwingend genug. — *Πρός* mit Dat.
(im ganzen nur 20 mal angewendet) ist bei Synesius im lokalen
Sinne = „bei, an" von der nächsten Nähe an nur 6 Stellen gebraucht: 4. 639. 48 *πρὸς ἐρήμοις ἀκταῖς*; 641. 46 *πρὸς τῇ καθέδρᾳ
γενέσθαι*; 73. 684. 26 *τὴν πρὸς Κυρήνῃ Πεντάπολιν*; 147. 731. 4 *πρὸς
τοῖς βιβλίοις* und 148. 731. 42 *πρὸς Φάρῳ, πρὸς Κανώβῳ*. Im N. T.,
wo *πρός* auf die lokale Bedeutung beschränkt ist, werden ebenfalls
nur 6 Beispiele gezählt. Synesius, der sich hier wieder dem Sprachgebrauch der Koine nähert, steht damit im schroffen Gegensatz zur
attizistischen Tradition, in der das lokale *πρός* mit Dat. eine viel be-
deutendere Stellung eingenommen hat (Schm. II 242 und IV 465);
nur Aelian (Schm. III 288) läfst sich in seinem Gebrauch des *πρός*
mit Synesius vergleichen. Übrigens ist dieses *πρός* nach Schm. III 288
nicht ausschliefslich in der Übung der Attizisten gewesen, wie sein
„ungemein häufiges" Vorkommen im alexandrinischen Griechisch beweist. An eine bewufste Opposition gegen diese Verwendung wird
bei Synesius wohl nicht gedacht werden dürfen. Von der Beschäftigung steht *πρός* mit Dat. in der alten klassischen Verbindung mit
*εἶναι* 4. 642. 27 *ἦσαν πρὸς τούτοις* (Par. 1039 *ἐν τούτοις*); 57. 668. 33
*πρὸς τοῖς πράγμασιν* (*εἶναι*), daselbst Wechsel mit *ἐν*; 61. 672. 39
*πρὸς ἱκετηρίαις ἦσαν οἱ ἄνθρωποι*, ebenso in der Redensart *ἔχειν τὸν
νοῦν* 57. 667. 11 und 79. 689. 26 *πρὸς ταῖς κοιναῖς συμφοραῖς ἔχειν
τὸν νοῦν*; 133. 720. 31 *πρός τινι μηχανῇ τὸν νοῦν ἔχοντι*. In freier
Weise ist das gleiche *πρός* angewendet 73. 685. 1 *μεγαλοπρεπὴς ἡ
πρόνοια, πρὸς ᾗ δαπανᾶται φροντὶς εἰς ἐκλογὴν ἀνδρὸς ἀγαθοῦ*. Zu
approximativen Zahlenangaben dient *πρός* 4. 642. 49 *ἑκατόν
που πρὸς τοῖς τριάκοντα* und 67. 681. 1 *πρὸς τοῖς ἑκατόν*. Additiv
ist seine Bedeutung 32. 654. 10 *πρὸς τοῖς ἄλλοις*; 57. 665. 3 *πρὸς γὰρ
ταῖς κοιναῖς συμφοραῖς*; 67. 680. 5; 101. 698. 32; 106. 706. 41. —
*Πρός* mit Gen., auch bei den attischen Rednern aufser in der
Schwurformel *πρὸς θεῶν* selten (Lutz p. 154 bei Schm. IV 465), ist
im nachklassischen Griechisch, auch im Attizismus, eine sehr seltne
Verbindung; das N. T. hat es nur einmal. Unter den 13 bei Synesius zu besprechenden Fällen hat es 5 mal die Funktion, die Person
oder Sache zu bezeichnen, der etwas eigentümlich ist, aus
deren Wesen etwas hervorgeht: 44. 658. 14 *τὸ ἀκόλαστον εἶναι
πρὸς κακοῦ λέγεται καὶ ἀκούεται. οὐκοῦν τὸ κεκολάσθαι πρὸς ἀγαθοῦ*;
50. 661. 13 *πρὸς αὐτῶν τὸ ἐγχείρημα* (*ἐστίν*); 67. 680. 21 *πάνυ μοι —
πρὸς τρόπου* (*ἐστὶν ὁ ἀνήρ*); Par. 1039 *τρόπων*, Mon. 481 *τρόπου, που*
auf einer Rasur; 143. 728. 6 *πρὸς τρόπου φιλοσοφίας*. Beim Schwur
steht *πρός* mit Gen. 73. 684. 43 *πρὸς τῶν λόγων*; 141. 726. 27 *πρὸς
αὐτῆς τῆς ψυχῆς*. — Von einer Person, nach deren Urteil etwas

betrachtet wird (Kühner II 1.447.2 b), steht πρός zweimal (95. 695.
14 und 15; 105. 705. 11) in dem Ausdrucke πρὸς θεῶν καὶ πρὸς ἀνθρώπων (ἐν τῷ καλλίστῳ μοι κείσεται τοῦτο und ἀναίτιος ὦ) und
noch einmal in Nachbildung dieser Verbindung in den Worten πρὸς
τοῦ πατρὸς Θεοφίλου (105. 705. 12). Bei der Phrase ἐν καλῷ κεί-
σθαι hat Synesius oben p. 163 im gleichen Sinne, wie hier πρός mit
Gen., παρά mit Dat. verwendet. In seltner Weise bezeichnet schliefslich πρός mit Gen. noch den Urheber 57. 663. 49 κακῶν ἐπινοη-
θέντων πρός τινων, so oft Lukian, Schm. I 400. — Ὑπό mit Akk.
bringt Schm. IV 468 erst bei Philostratus zur Besprechung; dort
findet es sich in lokaler (wo? und wohin?), in temporaler Bedeutung
und übertragen = „hinter“, „zunächst“ an zusammen 7 Stellen. Diese
Verbindung ist im nachklassischen Griechisch sonst wohl nicht so
wenig, wenn auch nicht besonders häufig, gebraucht gewesen; das
N. T. weist immerhin noch eine ziemliche Anzahl von Stellen auf;
dort sind die Bedeutungen von ὑπό τινος und ὑπό τινί im lokalen
Sinn von ὑπό τι absorbiert. Bei Synesius sind von den ganzen vier
Beispielen zwei im lokalen Sinn auf die Frage: wohin? (47.
660. 6 ὑφ᾽ ἑαυτὸν ποιησάμενος und 95. 695. 48 ὑπὸ τὸν Αἰγυπτίων
ἄρχοντα καὶ τὰς Λιβύων [Par. 1039 Mon. 481 Λιβύας] τετάχθαι) und
ebenso zwei temporal (127. 715. 3 ὑπὸ τοὺς αὐτοὺς — χρόνους und
8 ὑπὸ τοὺς Ῥουφίνου καιρούς) verwendet. — Ὑπό mit Dat. wird
vom Schol. zu Thuk. I 32. 5 und bei Villoison Anecd. II 84 (Schm.
III 291) für einen Attizismus erklärt; dem entsprechen die Thatsachen, dafs diese Präpositionsverbindung einerseits sich durch den
ganzen Attizismus hindurch verfolgen läfst, und dafs andrerseits das
N. T. von derselben keinen Gebrauch macht. Synesius hat sie im
ganzen 10 mal. Das ruhige Verweilen unter einem Gegenstand
bezeichnet ὑπό mit Dat. im eigentlichen Sinn 130. 717. 23 ὑπὸ
τῷ μεσοπυργίῳ τεταγμένος und 148. 733. 50 ὑπὸ τῷ κριῷ; meta-
phorisch 154. 736. 46 ὑπὸ φαυλοτέρῳ κρυπτόμενον σχήματι und 736.
17 und 51 in dem Ausdrucke ὑπὸ τῇ προσποιήσει „unter dem Scheine“,
diese drei Stellen auffallenderweise in einem und demselben Briefe.
Das Mittel (Kühner II 1. 452 II 2 b) wird ausgedrückt 58. 671. 14
(ἐπειδὴ οὖν) ὑπ᾽ αὐτοῖς (τοῖς κολαστηρίοις) κατετείνετο, ebenso die
Unterordnung 155. 737. 51 τεθραμμένην ὑπὸ μητρὶ κοσμία, zur
Bezeichnung der begleitenden Umstände wird (Schm. III 291)
58. 671. 15 ὑπὸ μόνοις μάρτυσι zu ziehen sein. Der Begriff der
Kausalität tritt dazu noch 3. 639. 28 ἧς (τῆς τέχνης) ἐπειδὴ τὴν
ἐργασίαν ὑπὸ χαλαρᾷ ῥυτίδι κατέλυσε und 58. 670. 49 ὑπὸ τῷ Πιλά-
του φρονήματι. — Ὑπό mit Gen. gebraucht Synesius in Summa 60
(58) mal. Die weitaus gröfste Zahl hiervon (42 [40]) fällt auf die
Verwendung von ὑπό mit einem passiven Verbum, es sind also
mehr Fälle mit ὑπό als mit παρά (28) zu konstatieren. Auch mit

einem Adjektiv passiven Sinnes verbindet sich dieses ὑπό 44. 656. 35 und 56. 663. 11 ὑπὸ συνηθείας ἁλώσιμος und 130. 717. 14 γινόμενος ὑπὸ τοῦ πάθους ἔκφορος. Aufserdem steht noch ὑπό zur Bezeichnung der Ursache und des Grundes, der Veranlassung, der thätigen Einwirkung (Kühn. II 1. 452 b) und zwar von der äufseren Einwirkung z. B. 4. 640. 37 (νότος) ὑφ' οὗ ταχὺ μὲν τὴν γῆν ἀπεκρύπτομεν; 6. 646. 35 und 132. 719. 29 ὑπ' ἀνάγκης; 25. 652. 2 οὐκ ἄγεις σχολὴν ὑπὸ τοῦ τῶν πραγμάτων ὄχλου; 57. 666. 12 τὴν ἀτυχίαν ᾐτιασάμην, — ἀλλ' οὐχ ὑπὸ φθόνου δαίμονος, dieses in freier Weise; 104. 703. 5 ὑπὸ λιμοῦ στρατηγούμενα; 122. 712. 32 ὑπὸ τοῦ μηδὲν τοῖς βαρβάροις ὅπλον πολέμιον ἀπηντηκέναι; von dem innern Grunde: 121. 711. 41 ὑπὸ χαρμοσύνης οὐκ ἔχειν ὅ, τι ἑαυτῷ χρήσαιτο („vor Freude", hindernder Grund), sowie 148. 733. 9 ὑπ' οὐδενείας ἀσθενεῖ und 10 ὑπὸ γενναιότητος πυρκαιὰν ὅλην ἀνίστησι. Zum Schlufs sei noch bemerkt, dafs 44. 658. 48 statt σπάταλον οἶμαί τινά φασι ὑπὸ σοῦ κάθετον, wo übrigens Par. 1039 Mon. 481 φασίν überliefern, Mon. 490 statt ὑπό: παρά hat; 58. 670. 46 schreiben meine drei Handschriften statt ὑφ' οὗ: ἀφ' οὗ; 4. 643. 4 endlich lesen meine drei Handschriften προσεθήκαμεν — τὴν ἔναγχος τύχην, ἀφ' ἧς (nicht ὑφ' ἧς) παρὰ δόξαν (παραδόξαν) ἐσώθημεν.

## F. Partikeln.

Ἀλλά am Anfang eines Briefes steht nur 26. 652. 9. Diese Eigentümlichkeit, die auf Xenophon zurückgehen soll, ist im ganzen Attizismus mit Ausnahme des Aelian, wie es scheint, gebräuchlich und hatte auf jeden Fall im Briefstil lange nicht das Ungewöhnliche an sich, das ihr bei Beginn einer Rede zukam. ἀλλά leitet den Nachsatz ein 48. 660. 31; 79. 688. 39; 88. 692. 4; 121. 712. 2 und 148. 733. 1, an sämtlichen Stellen so, wie es auch bei Aristides und bei Philostratus geschieht, nach einem Vordersatz mit εἰ. Steigerndes ἀλλά mitten im Satze steht 67. 678. 30 οἰκίαι δὲ ὅσαι — εὐχὰς ἐδέξαντο καὶ μυστήρια, ἀλλ' οὐδὲν ἧττόν εἰσιν ἰδιώτιδες, wo vor ἀλλ' οὐδὲν ἧττον zur Erklärung aus dem Vorangehenden ein καθιερωμέναι οὐκ εἰσιν zu ergänzen ist. — Ἀλλὰ-ἄρα, eine seltne Verbindung, die Schm. III 328 nur aus Ael. Fr. 253. 16 nachweist, steht 11. 648. 11 und 67. 679. 36 in konklusiv-korrektivem Sinne. — Ἀλλὰ γάρ (ἀλλὰ-γάρ) steht in der üblichen Bedeutung („doch — eben", „doch — ja", „aber freilich") 8. 647. 25; 46. 659. 47; 67. 677. 8; 72. 683. 25 und 131. 718. 24.) Einem einfachen ἀλλά entspricht ἀλλὰ γάρ, wenn man den Sinn der Stelle nicht prefst, 44. 657. 31; 67. 677. 5 und 148. 731. 33. Wenn Bekker Anecd. 377. 8 ἀλλὰ γάρ mit δέ paraphrasiert wird, so ist das gewifs ein Zeichen für die genannte Gleichstellung, die ja (Schm. III 329) auch bei Arrian von Grundmann (quid in eloc. Arrian. p. 43 f. 88) beobachtet worden ist. Auch Aelian hat sich diesen Gebrauch gestattet. Umgekehrt überwiegt bei Synesius in *ἀλλὰ γάρ* der Begriff des *γάρ* den des *ἀλλά* 67. 678. 39 und 73. 685. 2. Parallelen für diese Erscheinung fehlen mir. — Die Verbindung *ἀλλὰ-γάρ τοι* (113. 709. 15), die Schm. in der Geschichte des Attizismus nicht aufführt, ist wohl auch einem einfachen *γάρ τοι* gleichzuachten. Soph. Philokt. 81, wo man sonst *ἀλλ' ἡδὺ γάρ τοι* las, hat die Teubnersche Textausgabe *ἀλλ' ἡδὺ γάρ τι*. — *Ἀλλὰ-γέ* steht im Nachsatz 50. 661. 20 nach einem Vordersatz mit *εἰ*, sonst noch 34. 654. 24 und 148. 731. 49. — *Ἀλλ' οὖν γε* „aber jedenfalls" steht nach einem konzessiven Nebensatz zur Einleitung des Hauptsatzes 4. 645. 31. — *Ἀλλὰ-μέν* lesen wir 1. 638 9; 44. 658. 24; 49. 666. 43 und 661. 1. — *Ἀλλὰ μήν*, nur 113. 709. 16. — *Ἀλλὰ-τοί* „at certe" 121. 711. 22. — *Ἀμέλει* 105. 705. 31; 136. 722. 14; 143. 733. 8 und 47. — *Ἄρα* in konfirmativem Sinn steht nach *εἴπερ* 44. 659. 45, sowie nach *ἐάν* 72. 684. 6; nach *ὡς* 101. 699. 18; in indirekter Frage 57. 667. 16 und 139. 724. 37, ohne eine solche Verbindung 121. 711. 47 und 105. 703. 41. Ironische Bedeutung hat es 57. 666. 26. Konjunktionell-konklusiv 4. 642. 8; 113. 709. 11; 136. 722. 30 (?) und 146. 730. 26. — *Ἆρα*, nur in direkter Frage, steht 123. 713. 20, 21, 22; 140. 726. 7; 146. 729. 40 und 151. 734. 31 (bis); 57. 663. 35 ist *ἆρα* nicht gesichert. — *Ἀτάρ*, bei Plato sehr häufig, habe ich nur 121. 711. 31 und 143. 727. 31 gefunden, *αὐτάρ*, das Herodian Hort. Adon. 205 b bei Mullach p. 257 für die äolische Form erklärt, kommt nicht vor. — *Γάρ* hat in der V. Hypat. von Callinicus (index p. 130) und ebenso auch in Mc. Diacon. Leben des Bischofs Porphyrius (indic. p. 136) an mehreren Stellen seine kausale Kraft eingebüfst. Auch in den Briefen des Synesius ist diese Erscheinung zu beobachten 4. 640. 7 und 15. 649. 36. — *Γὰρ ἄρα* findet sich 70. 682. 40 und 94. 693. 32. — *Γὰρ δή* („denn offenbar"), im ganzen an 18 Stellen, z. B. 4. 640. 44 *οὐ γὰρ δή* in der Antwort; 4. 641. 13; 44. 658. 52; 67. 676. 53; 78. 687. 5; 105. 705. 50; 114. 709. 33; 154. 737. 30. — *Γάρ τοι* ist zu lesen 137. 722. 41 und 723. 31, dann 148. 732. 41; an der ersten Stelle hat Par. 1039 *γάρ* ohne *τοί* und an der zweiten Stelle dieselbe Handschrift statt *τοί* die Lesart *τί*. — *Γέ* gehört bei Synesius zu den häufigst gebrauchten Partikeln; die 70 Fälle bieten nichts Bemerkenswertes. — *Γέ τοι* bei Plato und Xenoph. beliebt, findet sich bei Synesius 40. 655. 26; 57. 666. 51; 667. 6; 104. 702. 35; 124. 713. 29; 131. 718. 18; 132. 719. 8; 133. 720. 17; 139. 724. 29. — *Γοῦν* 4. 642. 6; 644. 22 mit der Variante *δ' οὖν*; 107. 707. 6; 110. 708. 19 (Par. 1039 Mon. 481 *γὰρ οὖν*; 490 —); 148. 731. 45; 732. 9; 150. 734. 21; 153. 735. 17. — *Δέ* am Anfang eines Briefes begegnet 6. 646. 30 und 27. 652. 16. Es ist mit dem oben besprochenen am Anfang eines Briefes stehenden *ἀλλά* zusammenzustellen. Im Nachsatz findet sich δέ 2. 638. 26; 97. 696. 45 und 132. 719. 45 nach einem Vordersatz mit εἰ und κἄν; 93. 693. 15 und 95. 694. 17 nach einem solchen mit ὅτι. — Δὲ ἀλλά kommt nur in Verbindung mit einem imperativischen Inf. σὺ δὲ ἀλλὰ μηδὲ γράφειν (50. 661. 28) und mit einem imperativischen Fut. σὺ δὲ ἀλλὰ Μάρκον ζητήσεις (61. 673. 15) vor, an letzterer Stelle im Nachsatz. — Δέ γε ist ganz selten. Es findet sich nur 105. 704. 36 τὰ δέ γε πρὸς θεόν; Aelian und Philostratus scheinen es nicht mehr in Anwendung zu bringen. — Δὲ δή ist ebenfalls nur zweimal (58. 671. 5 und 148. 732. 52) gebraucht, auch mit seiner Frequenz scheint es ähnlich wie bei δέ γε zu stehen. — Δ' οὖν 4. 641. 4 und 37; 57. 663. 44 (epanaleptisch), 104. 703. 6 und 27; 132. 719. 22; 137. 723. 15; 151. 734. 39. Statt δ' οὖν bietet Mon. 490 und Par. 1039 von späterer Hand 3. 639. 3 blofses οὖν. — Δή dient zunächst adverbial zur Hervorhebung eines einzelnen Wortes und zwar eines Adjektivs 71. 682. 45 und 129. 716. 34; ebenso eines Pronomens und zwar eines demonstrativen 4. 643. 26 αὐτὸ δὴ τοῦτο; 15. 649. 38 ebenso; 66. 675. 20; 67. 677. 21 und 54; 67. 680. 46 τοῦτο δὴ τὸ λεγόμενον; 146. 730. 17; 154. 737. 7; 155. 737. 39 und 40 τοῦτο δὴ τοῦ λόγου; ein indefinites τὶς wird nur 67. 681. 49 durch δή verallgemeinert, häufiger das relative Pronomen hervorgehoben 4. 640. 51 οἷα δή; 57. 669. 50 ὅστις δή; 103. 701. 19 ὃ δή; 129. 717. 34; 134. 721. 16; 148. 733. 34. Dem gleichen Zweck dient δή bei εἰ 44. 659. 24; 95. 694. 11; 102. 700. 2; 129. 717. 43; 139. 724. 48, bei μέχρι 67. 676. 28 (δή ist wohl zu μέχρι zu ziehen), τότε 57. 663. 39 und ὡς 103. 701. 1; 154. 735. 24. Konjunktional verwendet steht δή beim Übergang vom Allgemeinen zum Speziellen 1. 638. 6 ὁ δὴ παρὼν οὗτος λόγος; 90. 692. 20 und 120. 711. 15. Die Rückkehr zum Thema nach einer Abschweifung wird durch δή eingeleitet 4. 644. 26; 4. 644. 51; 57. 665. 33 und 67. 678. 42. Am häufigsten steht δή im konklusiven Sinn 34. 654. 26; 43. 656. 8 und 12; 76. 686. 12; 79. 689. 15; 130. 718. 5 und 38; 132. 719. 30; 143. 727. 20; 156. 738. 3. In Verbindung mit einem Imperat. oder Opt. steht δή so 19. 650. 38; 60. 672. 25; 70. 682. 42; 105. 706. 36; 121. 712. 23 und 149. 734. 13. Zweifelhaft ist δή 57. 667. 15, wo Par. 1039 von zweiter Hand und Mon. 481 δέ, und 102. 699. 49, wo Par. 1039 von zweiter Hand δέ bietet. — Δήποτ' οὖν steht 66. 675. 15 in einem Fragesatz: τί δήποτ' οὖν ἀσύμφωνός εἰμι πρὸς ἐμαυτόν; — Δήπου in dem die Schärfe einer Behauptung mildernden und an das Wissen des Hörers appellierenden Sinne („doch wohl ja") steht bei Synesius 4. 640. 51; 57. 664. 23; 74. 685. 43; 103. 700. 23; 134. 721. 46; 140. 734. 23 und 154. 737. 12. Dem klassischen Gebrauch dieses δήπου entspricht kaum seine Verwendung 131. 718. 1; hier ist der Ton auf das δή zu legen, das που tritt ganz zurück. — Das stärkere δήπουθεν, sonst eine attizistische Lieblingspartikel (Moer. p. 195. 5) gegenüber dem helle-

nistischen δῆλον ὅτι gebraucht Synesius nur 52. 662. 9 und 79. 688.
21. — Δῆτα hat an der einzigen Stelle, an der es gebraucht wird,
140. 726. 9, seine Stelle bei einem verneinten Imperativ. — Εἶτα
(κᾆτα), stets ohne δέ, wird im temporalen Sinne 4. 642. 19; 643. 25;
644. 35; 5. 646. 24; 16. 650. 3; 44. 658. 46; 57. 668. 29; 89. 692. 9;
104. 702. 5 und 703. 39 gesetzt. Im ruhigen Verlauf der Rede fügt
es einem schon genannten Momente ein neues an 103. 700. 15; 141.
726. 18 und 155. 737. 44. Antithetisch dient es zum Ausdruck des
Unwillen Erregenden 57. 669. 22; 79. 689. 1; 107. 707. 2 (unwillige
Frage). In drastischer Weise leitet es so auch den 113. und 114.
Brief ein. 148. 733. 11 ist die Lesart κᾆτ' ἐπειδὰν λύχνου δέῃ im
Par. 1039 Mon. 481 in der Form κᾆν ἐπειδὴ λύχνου δέοι überliefert.
— Ἔπειτα (κἄπειτα) hat 3. 639. 25 (mit μέντοι), 4. 640. 36 (mit
δέ), 4. 643. 20; 7. 647. 3; 37. 654. 27; 44. 657. 54; 46. 659. 40; 47. 660.
6; 54. 662. 41 und 95. 695. 30 (mit μέντοι) rein temporalen Sinn;
nur 132. 719. 7 dient es in den Worten πῶς ἔτι ταῦτα οἰστὰ — ἐμὸν
ἀδελφὸν ὄντα ἔπειτα δειλὸν εἶναι nach einem konzessiven Partizip
zum Ausdruck eines logischen Gegensatzes. — Καὶ γάρ (καὶ — γάρ),
im Sinne des lateinischen etenim (Kühner II 2. 855) findet sich 4.
643. 54; 67. 678. 50 καὶ συνέτυχε γὰρ οὕτως, ὥστε —; 103. 700. 21;
104. 703. 28 und 49 und 105. 705. 8. An den übrigen Stellen dagegen (73. 684. 35; 79. 688. 38; 104. 703. 33) stehen καί und γάρ
nicht mit einander in Verbindung, sondern καί bezieht sich in der
Bedeutung „auch" auf ein einzelnes Wort oder auf mehrere Wörter
des beginnenden Satzes; 4. 644. 43 lesen meine drei Handschriften
statt καὶ γὰρ ὑπερμαζῶσιν: αὗται γὰρ ὑπ.; 104. 703. 33 fehlt γάρ im
Mon. 481. — Καὶ γὰρ δὴ καί steht 4. 641. 26 und 81. 690. 40. —
Καὶ-γε, das nach Kühner II 2. 737 b erst in der späteren Gräzität
häufig vorkommt, hat Synesius 4. 640. 4 καὶ πρῶτόν γε = atque —
quidem, 4. 643. 19 und 148. 732. 12. — Καὶ-δέ nur 148. 731. 10
καὶ σὲ δὲ ἀφίημι τῆς συντάξεως („auch — aber"). — Καὶ δή 104.
702. 50 καὶ δὴ πρόσω τῆς ὀρεινῆς καταβαίνοντες ἐγενόμεθα; 104. 703.
3 und 134. 721. 24 im temporalen Sinne: „auch schon, sogar schon".
— Καὶ δὴ καί ist ohne vorangehendes τέ oder καί in dem Sinne
eines Überganges vom Minderwichtigen zum Wichtigeren gebraucht
152. 735. 7. — Καὶ δῆτα „ac profecto" hat Synesius 101. 698. 21;
103. 701. 40; 105. 704. 12; 106. 706. 40. — Καὶ μέντοι in dem
gleichen Sinne von: „ac profecto" 143. 727. 35. — Καὶ μήν in dem
Satze καὶ μήν ἐστιν ἡμῖν καὶ πύρινα πέμματα καὶ τρωκτά (148. 732.
30) entspricht steigernd dem deutschen „und sogar", „ja sogar". —
Μὲν ἄρα 44. 656. 32. — Μὲν γάρ 5. 646. 16; 32. 653. 35; 44. 656.
27; 657. 11; 104. 702. 3; 148. 733. 4; 154. 736. 54. — Μὲν γε 4. 642.
32. — Μὲν δή steht 61. 673. 6 und 66. 674. 27. — Μὲν οὖν ist bei
Synesius die häufigste Partikelverbindung (63 Beispiele); ohne nach-

folgende Adversativpartikel habe ich dieses μὲν οὖν nirgends gefunden.
Am häufigsten dient μὲν οὖν der Fortspinnung des Gedankenfadens,
wie 4. 642. 43; 20. 651. 6; 113. 709. 11; 136. 722. 26; 153. 735. 13;
abschliefsend steht es 4. 642. 50; 61. 673. 1; 67. 676. 3; 680. 28; 109.
708. 5; 121. 711. 46; in der Antwort auf eine rhetorische Frage
22. 651. 20 und 44. 657. 45. Zweifelhaft ist die Lesart an folgenden
Stellen: 4. 641. 15 haben meine drei Handschriften ἡμέρα μὲν οὖν ἦν,
und 146. 729. 43 lesen Par. 1039 und Mon. 481 statt ἐγὼ μὲν οὖν
οὔ: ἐγὼ μὲν οὔ. — Μέντοι ist in den Briefen nicht sonderlich häufig
(ungefähr 25 Fälle); seine Verwendung ist teils eine konfirmative
(4. 644. 21; 24. 651. 34; 50. 661. 32; 95. 695. 34; 105. 705. 46), teils
und zwar häufiger eine adversative (3. 639. 25; 57. 664. 19; 94. 694.
50; 104. 703. 39; 133. 720. 35). — Μήν. Mit Ausnahme einer einzigen Stelle (103. 701. 7 ἀλλὰ μόλις μὲν ἂν ἐν τῇ θνητῇ φύσει συν-
έλθοιεν ἰσχύς τε καὶ φρόνησις, ἔστι μὴν ὅτε συνήγαγεν αὐτὰς ὁ θεός)
steht μήν nur nach den Negationen οὐ (19. 650. 42; 57. 665. 21; 669. 14;
103. 700. 28; 104. 703. 24; 109. 707. 39; 116. 710. 5; 134. 721. 48; 137.
723. 26; 139. 724. 30; 141. 726. 25) und μηδέ 148. 731. 21. — Οὐ
μὴν ἀλλά steht 104. 703. 32; 133. 720. 51; 150. 734. 24; 154. 736.
26. — Οὔκουν, das im N. T. nur mehr einmal und da in nicht ge-
sicherter Form vorkommt, tritt bei Synesius im Behauptungsatz an
acht Stellen auf: 44. 656. 38; 658. 15; 57. 664. 33; 670. 13; 69. 682.
20; 73. 684. 28; 116. 710. 15 und 150. 734. 25. — Οὔκουν im Sinne
eines „jedenfalls nicht" (nequaquam), auch eines blofsen „nicht" steht
4. 640. 53; 54. 662. 35; 134. 721. 38, in Verbindung mit ὥστε mit Inf.
104. 702. 9 und 133. 720. 41. Unter Vorwiegen des Bestandteils οὖν
geht οὔκουν in die folgernde Bedeutung „non igitur" über 29. 653. 3;
57. 667. 9; 67. 679. 4; 101. 698. 34. — Οὖν ist nach μέν, δέ und καί
bei Synesius am häufigsten gebraucht, und unter sämtlichen Fällen
ist es wieder die syllogistische Verwendung, in der οὖν am öftesten
erscheint, z. B. 1. 638. 19; 12. 648. 40; 18. 650. 23; 42. 655. 35; 54.
662. 29; 57. 670. 9; 94. 693. 40; 103. 701. 8; 108. 707. 16; 123. 713.
18; 146. 730. 16. οὖν leitet auch nach einer Digression zum Thema
zurück 3. 638. 35 (Mon. 481 ⊬ γοῦν); 4. 641. 34; 6. 646. 46; 58. 671.
13; 67. 676. 48. Zur Markierung eines einzelnen Wortes dient οὖν bei
οὗτος 144. 729. 7; bei ἐκεῖνος 4. 645. 27; bei οὐδείς 73. 685. 33; bei
τοσοῦτος 67. 680. 37; bei τοιοῦτος 142. 727. 13; bei εἷς 76. 686. 26; bei
dem adverbialen ταῦτα 138. 724. 4; bei ταύτῃ 99. 697. 34; bei οὕτως
4. 643. 29; 67. 680. 31; bei τότε 29. 652. 35 (Par. 1039, Mon. 481. 490.
τοιοῦτό τε οὖν); bei ὥσπερ 32. 653. 11; 67. 678. 24; 133. 720. 7. —
Τὲ-καί, ebenso wie τὲ καί steht bei Synesius aufserordentlich stark
im Gebrauch; doch überwiegt τὲ καί mit 108 Fällen τὲ-καί mit 84
um ein Bedeutendes. τὲ-καί dient nun nur in verschwindend wenigen
Fällen zur Verbindung von Wörtern mit einander, wie z. B. 4. 644.

23 ἀήρ τε τρέφει καὶ γῆ; 44. 658. 25 σοῦ τε εἴνεκα καὶ τῆς πόλεως;
95. 696. 7 εἱμαρμένη τῆς πατρίδος τε οὖν καὶ σαυτοῦ, so auch ἅμα
τε-καί (nur in dieser Stellung) 101. 698. 19 ἡδέως τε ἅμα καὶ ἀγαμένως und 123. 713. 17 φίλου τε ἅμα καὶ πατρός. An einer Stelle
57. 666. 17 ἀλλ' ἅμα τε παρῆν ἐνθάδε καὶ τὰ δεινὰ πάντα παρῆν
dient ἅμα τε-καί zur Verbindung von Sätzen. Dazu und zur Verbindung von Satzteilen dient sonst τὲ-καί fast ausschließlich, z. B.
4. 639. 45; 641. 12; 18. 650. 25; 29. 652. 34; 55. 662. 45; 67. 675. 32;
99. 697. 34; 110. 708. 28; 133. 720. 45; 137. 723. 46. Im Gegensatz
hierzu wird τὲ καί von Synesius lediglich zur Verbindung streng
paralleler Wörter gebraucht 3. 638. 34; 4. 640. 12; 15. 649. 32; 29.
653. 2; 44. 656. 20; 53. 662. 24; 67. 675. 30; 78. 687. 8; 96. 696. 28;
105. 705. 20; 112. 709. 4; 122. 712. 32; 132. 719. 26; 137. 723. 13;
148. 731. 22; 154. 736. 25 und 737. 34. Stets sind die mit τὲ καί
verknüpften Wörter aufs engste zusammengeschlossen, nur 95. 696.
20; 103. 700. 39 und 148. 731. 29 hat sich Synesius eine Einschiebung
zwischen die parallel gedachten Begriffe gestattet. Ganz selten findet
sich τέ allein: 72. 684. 5 ἐὰν ἄρα δυνώμεθα μένειν εἴσω τῶν περιβόλων τῶν ἱερῶν ἀποκλείειν τε τοῖς ἐναγέσι τὰ πανάγιστατα; 75. 686.
5; 110. 708. 24; 148. 733. 26 und 30; 154. 736. 12. Hier sind übrigens
drei aufeinanderfolgende Sätze durch τὲ-καὶ-τέ verknüpft. Sätze und
Satzglieder verbindend ist dieses τέ bei Philostratus äußerst häufig
(Schm. IV 459), wortverbindend seltner (a. a. O. 560), auch Aelian
(Schm. III 343) hat τέ in der erstgenannten Funktion öfters. Das
auch im Klassischen nicht allgemein gebräuchliche, aber bei Philostratus (Schm. IV 561) sehr häufige, bei Aelian dagegen nur ein einziges Mal (Schm. III 344) begegnende τὲ-τέ hat auch Synesius nur
einmal in der Form τὲ-τὲ-τέ gebraucht 105. 705. 14 ἐμοὶ τοιγαροῦν
ὅ τε θεὸς ὅ τε νόμος ἥ τε ἱερὰ Θεοφίλου χεὶρ γυναῖκα ἐπιδέδωκε.
τὲ-τέ ist in der Volkssprache nicht mehr geläufig gewesen (im N. T.
nur Act. 26. 16; hierzu Blass p. 258. 9); auf den attischen Inschriften
erst im II. scl. p. C.; οὔτε-τέ steht 156. 738. 6. — Τοί geht am häufigsten
(66. 674. 24; 103. 701. 20; 140. 725. 39; 143. 727. 30) eine enge Verbindung mit ἐπεί = ἐπεί τοι ein; sonst steht es noch 104. 701. 52,
sowie 143. 727. 31 ἀτάρ τοι und 46 ταῦτα τοι. — Τοιγαροῦν steht
4 mal (2. 638. 24; 4. 640. 13; 71. 682. 45; 151. 734. 41) an der Spitze
des Satzes, zweimal (105. 705. 14 und 131. 718. 6) nimmt es die zweite
Stelle ein. — Τοίνυν stellt Synesius besonders gerne mit einem
Imperativ zusammen: 42. 655. 36; 44. 656. 22; 101. 699. 7; 104. 704.
18; 148. 731. 34; 152. 735. 9; 155. 737. 47; dann auch mit εἰ 57. 666.
49; 91. 692. 42; 101. 699. 23; außerdem noch 5. 645. 43; 39. 655.
13; 44. 657. 44; 57. 664. 27 und 39; 67. 676. 31; 100. 698. 13; 105.
705. 16. Überall ist τοίνυν an die zweite Stelle des Satzes gestellt.

Sollen wir zum Schlusse unserer sprachlichen Beobachtungen aus
denselben die Resultate ziehen, so lassen sich die Ergebnisse in folgenden Sätzen zusammenfassen. Was die Stellung der Briefe des Synesius im
Attizismus anlangt, so hat sich öfters ein Zusammengehen unseres
Autors mit Aristides ergeben, doch sind auch Anklänge an Aelian und
Philostratus nicht ganz selten gewesen. Wenn Lukian und vor allem
der von Synesius so hochgehaltene Dio hierbei fast nie in Betracht gekommen sind, so mag dieses Zurücktreten des Dio insbesondere wohl
auch darauf zurückzuführen sein, dafs bei der unverkennbar von Band
zu Band sich steigernden Vollständigkeit der von W. Schmid angestellten Untersuchungen eben die am Anfange seines Werkes stehenden Autoren nicht diejenige Fülle von Parallelen darboten, wie dies
in den späteren Partieen der Fall ist; Lukian scheint überhaupt im
Attizismus keinen lange nachwirkenden Einflufs ausgeübt zu haben.
Ein Mangel des an sich ja höchst verdienstlichen Werkes von Schmid
bleibt aber der, dafs in wichtigen Fragen auf eine handschriftliche
Kritik vollständig verzichtet worden ist. Zur Korrektur des Dindorfschen
Dio liegt jetzt allerdings die Ausgabe von Arnim vor, aber bei Aristides ist W. Dindorfs Textgestaltung noch mafsgebend, und bei
Aelian stand zum Vergleich nur der Herchersche Text zu Gebote.
Im letzteren Falle ist also gar, wenn Synesius mit Aelian in Parallele
gesetzt werden sollte, Hercher als letzter Herausgeber beider Autoren
sozusagen Beklagter und Richter in einer Person. Soviel läfst sich
übrigens trotz alledem absolut behaupten, dafs im Einklang mit den
im Eingang dieses Kapitels angeführten Stimmen aus dem byzantinischen Mittelalter die Briefe unseres Autors eine recht respektable
Erscheinung sprachlicher Reinheit und stilistischen Geschmackes darstellen. Es läfst sich in denselben thatsächlich ein Abglanz alt-
attischer Formenschönheit und ein weises Mafshalten beobachten, das
den Synesius im Gegensatze zu den Asianern τὴν ὀρθὴν καὶ γενναίαν
(ῥητορικήν), ἣν οὐδὲ Πλάτων — διαγράφειν πειρᾶται (103. 700. 37),
als sein Ideal betrachten liefs. In dem Kapitel von den Negationen z. B.
hat sich Synesius aufs vorteilhafteste selbst von seinen attizistischen
Vorbildern unterschieden, während es andrerseits nur natürlich ist,
dafs er in seiner Syntax mehr nachklassische Wendungen zugelassen
hat als in dem leichter zu kontrollierenden und auch von den Grammatikern genauer fixierten Gebiete der Formenlehre. Am meisten gravi-
tieren bei Synesius die Präpositionen, diese lange — wohl auch von
den Attizisten selbst — für Imponderabilien gehaltenen Elemente des
sprachlichen Ausdruckes, den Gewöhnungen der Koine zu. Sonst
sind nur sehr wenige Ansätze für die Entwicklung des Neugriechischen
in den Briefen des Synesius zu entdecken; die Zeit, die ich auf
Erlernung des Neugriechischen verwendet habe, hat in dieser Beziehung nur wenige Früchte getragen.

## Über den Hiatus bei Synesius.

Es war zunächst nur folgerichtig, dafs auch der nachklassische Attizismus die seit Isokrates zu einem Erfordernis guten Stiles gestempelte Vermeidung harter Vokalzusammenstöfse sich zu eigen machte. Und so haben denn auch unter den Attizisten Dio und Lukian, besonders aber Aristides, ebenso die meisten der aufserhalb dieses Kreises stehenden Autoren, selbst wenn ihre λέξις sonst nicht durchaus dem attischen Gesetze entsprach, sich diese Fessel auferlegt. Schm. II 249 und III 292 gibt eine Übersicht von Autoren, aus der sich sogar die „Allgemeingiltigkeit" des Hiatusgesetzes bis in das II. scl. p. C. ergibt. Aber um die genannte Zeit trat auf dem Gebiete des Attizismus in dieser Hinsicht ein Rückschlag ein: Aelian verhält sich gegen die Hiatusvermeidung völlig indifferent, und Philostratus ist ihm im allgemeinen in diesem Indifferentismus gefolgt. Nach Norden (Kunstprosa I p. 361) ist diese Nichtachtung der Hiatusrücksichten eine Folge des um Hadrians Zeit sich geltend machenden energischen Zurückgreifens auf die alte vorsokratische Atthis, einer Tendenz, der sich wohl kein Zweig der sozusagen offiziellen rhetorischen Kunstproduktion entziehen konnte. Mit einem solchen aber haben wir es hier bei unserem Autor zum Teil wenigstens zu thun; denn seine Briefe waren teilweise sicherlich auf Vorlesung in einem Kreise von Litteraturfreunden — so verstehe ich das 101. 699. 38 erwähnte Panhellenium — berechnet (cf. auch 101. 698. 21; 699. 37). War nun einerseits die Erwägung, dafs auch die Briefe als unbestritten anerkannter Zweig der Kunstlitteratur sich der seit dem II. scl. emporgekommenen Gleichgiltigkeit gegen den Hiatus würden angeschlossen haben, einer Untersuchung der Hiatusfrage nicht gerade günstig, so habe ich andrerseits lange vergebens nach einem Beweis dafür gesucht, dafs das alte attische Vokalgesetz damals — wir stehen im IV. und V. scl. p. C. — überhaupt noch in Geltung gestanden hätte. Die Untersuchungen über diese Frage auf dem Gebiete des Polybius, Plutarch, Diodorus Siculus, Dionysius von Halikarnass u. s. w. sind mir nicht entgangen, aber bei den nach dieser Zeit lebenden Schriftstellern schien man der Hiatusvermeidung keine eingehende Beachtung mehr zugewendet zu haben. Als meine Arbeiten schon nahezu abgeschlossen waren, wurde ich durch die Freundlichkeit des H. Prof. Krumbacher auf eine Veröffentlichung von Curtius Kirsten hingewiesen, der in seinen Quaestiones Choricianae (Breslauer phil. Abhandlgn. VII. Bd. 2. Heft) p. 25—35 auch über den Hiatus bei diesem Autor ausführlicher gehandelt und demselben ein, wenn auch sehr weitherziges, Streben nach Hiatusvermeidung zugesprochen hat. Damit war mir das Fortleben der

dem Hiatus abholden Bestrebungen selbst für die Zeit nach Synesius
bewiesen.

Wie steht es nun aber mit den Briefen des Synesius? Unser Autor
gibt uns selbst einen Fingerzeig. In dem 101. Briefe, den Synesius an
seinen Freund Pylaemenes schreibt, entbietet er seinen Gruſs unter
andern Freunden auch einem gewissen Markianus, einem Manne, der
sich anscheinend durch glänzende Beredsamkeit groſsen Ruhm verschafft hatte. Als Grund dafür nun, daſs Synesius an diesen Freund
nicht selbst schreiben will, führt er die Furcht vor der ihm dadurch
erwachsenden Verantwortung den *πανδέκται* gegenüber an, die, wie
er sagt (p. 699. 37), die Wörter abschnitzeln (*ἀποσμιλεύουσι τὰ ὀνόματα*). Unter diesem, wie es scheint, von Themistius zuerst geprägten
und die Stelle des alten *ἀποτορεύειν* (z. B. Plato Phaedr. 234 E) ver-
tretenden Ausdrucke begreift Synesius wohl (cf. Dio p. 47 D) die Ge-
samtheit der Mittel sprachlich-stilistischer Feilung und die harmonische
Ausarbeitung, ohne die gewiſs kein Elaborat dem feingebildeten Kreise
des Panhelleniums vorgelegt werden durfte. Daſs aber Synesius nicht
in Wirklichkeit soweit hinter den Anforderungen feiner Stilisten
zurückstand, daſs er das Urteil jenes Litteraturkreises im Ernste hätte
zu scheuen gehabt, bezeugt uns nicht nur das einstimmige Urteil
seiner byzantinischen Bewunderer, sondern Synesius selbst hat auch
an einer andern Stelle, wo er sich nicht durch die konventionelle Urbani-
tät des Briefstiles zur Selbstgeringschätzung veranlaſst fühlte, in der
Polemik (Ep. 154 init.), von seiner stilistischen Arbeit in ganz anderen
Ausdrücken gesprochen. Überdies ist uns ja selbst durch die Lektüre einer jeden Seite unserer Briefsammlung eine vollwichtige Anerkennung des Stiles unseres Autors ermöglicht. Hat nun aber
Synesius als notwendigen Bestandteil stilistischer Vollkommenheit
auch die Vermeidung des Hiatus angesehen? Auf diese Frage wird
uns eine Untersuchung über die Wortzusammensetzung in eben dem
genannten 101. Briefe die bündigste Antwort erteilen.

Ich will zunächst die in diesem Briefe vorkommenden
Hiate sämtlich aufzählen. Von den Hiaten mit *καί* (698. 20, 29, 34,
37, 41 [v. l.]; 699. 9, 19, 27, 28, 29), mit *δέ* (698. 32, 46; 699. 7, 21,
26, 28, 35), mit *οὐδέ* 699. 17 und mit *μηδέ* 699. 1 als solchen, die
bei den Griechen nicht als Hiate gefühlt zu werden pflegten oder
wegen des gerade hier stattfindenden groſsen Schwankens der Handschriften nicht wohl beigezogen werden können, soll nicht lange gesprochen werden. Auſser den genannten finden sich noch andere
Vokalzusammenstöſse. Von den Formen des Artikels bildet einmal *τό*
(699. 27 *τὸ ἕρμαιον*) und zweimal *τά* (699. 10 *τὰ ἔσω*; 699. 37 *τὰ
ὀνόματα*) einen Hiatus; zweimal trifft auch *τέ* mit einem vokalisch
anlautenden Worte zusammen (698. 19 und 33), *ἵνα* elidiert nicht
698. 35, ebenso *δεῦρο* (698. 40 *δεῦρο ἀφικνουμένοις*), *ποτέ* 698. 47

und ἄρα (699. 18 ἄρα ἐκστήσῃ); μή mit nachfolgendem Vokal, wie es 699. 36 begegnet, ist nie streng gemieden worden. Wortschliefsendes o im Konflikt mit einem nachfolgenden Vokal findet sich 698. 26 τοῦτο ἄτοπον; ebensolches ε findet sich so 698. 36 γράφε οὖν mit der zu beachtenden Variante γράφειν οὖν (s. u. p. 188 f.!); wortschliefsendes ἄ habe ich gefunden 698. 44 (τἀμὰ εἰδέναι), 699. 3 (σπέρμα ὁ) und 699. 8 κακοδαίμονα ἀγοράν. Die durch Sinnespausen (Komma, Semikolon und Kolon) entschuldigten Hiate führe ich nicht an. Die aufgezählten Hiate sind sämtlich zum Teil derart, dafs sie sich bei den meisten den Hiatus notorisch vermeidenden Schriftstellern ebenfalls finden, wie z. B. Polybius ohne Bedenken τά und τό mit einem vokalisch anlautenden Worte zusammenstellt oder ἄρα auch bei Dionysius Hal. nicht apostrophiert wird; zum Teil sind die genannten Hiate so beschaffen, dafs sie durch eine leichte und nicht ungewöhnliche Elision beseitigt werden können; bei Dion. Hal., Polyb. und Diodorus Sic. finden sich in den Handschriften an mehreren Stellen Hiate mit einem auf ἄ, auch mit einem auf ε und o schliefsenden Worte; dort wird ausnahmslos die Elision durchgeführt. Schwere Hiate finden sich in dem Briefe nirgends. Auch von der Elision hat Synesius in diesem Briefe Gebrauch gemacht. Unangeführt lasse ich hiebei die zahlreichen, aber auch sonst oft strittigen Elisionen von δέ, οὐδέ und μηδέ; dagegen sollen aus unserm Briefe hervorgehoben werden die Elisionen ἀλλ' (698. 35; 699. 3), ἀντ' (699. 23), κατ' (699. 16 und 21) und παῤ (698. 24; 699. 31 und 44). Als ein weiteres dem Autor in seinem Streben nach Euphonie dienendes Mittel ist im 101. Briefe noch die Krasis angewendet, und zwar mit καί: κἀγώ 698. 49 und 699. 11, κἄν = καὶ ἐάν 699. 24, κἀνθρώπινα 699. 22, dieses allerdings mit der Variante καὶ ἀνθρώπινα. Schliefslich sei noch auf ein Beispiel von Aphäresis hingewiesen in 698. 45 ὦ 'γαθέ (Mon. 490 ὦ ἀγαθέ). Fassen wir die Resultate, die wir aus der Untersuchung dieses einen Briefes gewonnen haben, zusammen, so sind uns auf einem Raume von c. 3 Teubnerseiten einerseits keine anstöfsigen Hiate begegnet, andrerseits ist uns die Wahrnehmung einer nicht spärlichen Anwendung von Elision, Krasis und Aphäresis entgegengetreten. Synesius hatte zu der Zeit, in der dieser Brief geschrieben wurde, gewifs auch die Vermeidung des Hiats unter seine stilistischen Kunstmittel aufgenommen.

Es schien nicht rätlich, die Subsidien zur Entscheidung der uns vorgelegten Frage aus der Gesamtzahl der Briefe zu entnehmen; denn es ist nicht ausgeschlossen, dafs Synesius im Laufe seines Lebens seine Ansichten über die Hiatusvermeidung nach dieser oder jener Seite hin modifiziert habe. Wir gehen nunmehr erst zur Betrachtung der grofsen Masse der Briefe über und wollen hier zunächst das Bestreben des Synesius, seine Rede hiatusfrei zu erhalten, an der Hand

äufserer Kennzeichen nachzuweisen suchen, um daran die Betrachtung
zu knüpfen, inwieweit Synesius individuell dieses Ziel zu erreichen
sich bestrebte, immer im Hinblick darauf, ob sich nicht eine vor-
oder rückwärtsschreitende Entwicklung nachweisen läfst. Die Beweise
für die diesbezüglichen Bestrebungen des Synesius fliefsen uns hier
entsprechend der Gröfse des uns zu Gébote stehenden Gebietes reich-
lich zu. Freilich sind es nicht alle die landläufigen, von weitem schon
ins Auge fallenden Anzeichen, an denen man sonst die Hiatusgegner
zu erkennen vermag. Dafs sich Synesius nicht zu polybianischen
Mitteln, wie willkürliche Anwendung von *εἶπον* und *εἶπα*, *εἶποι* und
*εἶπειεν*, *δεικνύναι* und *δεικνύειν* (so auch Diod. Sic. Külker p. 309),
*ἱστάναι* und *ἱστάνειν*, oder zu Willkürlichkeiten wie *αἶγας ἀγρίας* und
*αἶξ ἄγριος ἤ* herabwürdigte, ist bei seinem sonstigen Streben nach
sprachlicher Reinheit schon im voraus zu vermuten. Doch hat er auch
sonst vielfach die gebräuchlichen Kunstmittel verschmäht: er schreibt
nur *ἄρτι*, nie *ἀρτίως*, ohne dadurch einem Hiat Zugang zu gewähren,
auffallenderweise stets *ἤ*, niemals *ἤπερ* (*ἤπερ* ist jonisch, Hartung
Part. I 344), auch auf die Gefahr hin, einen Hiat zu erzeugen, an nicht
weniger als 21 Stellen (4. 640. 32; 29. 652. 34; 57. 664. 25; 669. 39;
67. 676. 13; 681. 41; 72. 683. 21; 79. 689. 52; 80. 690. 20; 103. 700.
46; 105. 704. 11; 108. 707. 24; 116. 710. 4; 123. 713. 7; 125. 714. 1;
132. 719. 27; 143. 727. 23; 146. 729. 45; 148. 732. 43; 153. 735. 14;
154. 736. 28); er gleicht hierin z. B. dem Dionysius Hal. Ebenso verschmäht er die Variierung zwischen *ἡσυχίαν ἄγειν* und *τὴν ἡσυχίαν
ἄγειν*, die Abwechslung zwischen *λάθρα* und *λαθραίως* (*λάθρα* findet
sich 1. 638. 12, 3. 639. 26 und 105. 705. 18, jedesmal ohne Hiatus),
auch ist nur die Form *ταχύ*, nicht auch *ταχέως* in seinem Gebrauche,
ohne dafs dadurch Hiatus entstünde. Auch bei Synesius finden sich
wie bei andern Autoren die beiden Formen *τέως* und *ἕως*; aber
während z. B. Demosthenes (Rehdantz-Blass Ind. p. 136) *ἕως* mit *τέως*
identifiziert und Dion. Hal. (Jacoby p. 12) die konsonantisch anlautende Form zur Fernhaltung des Vokalzusammenstofses in Gebrauch
nimmt, sind bei Synesius *ἕως* und *τέως* in der Weise geschieden, dafs
*τέως* nur als Adverb verwendet wird (4. 640. 35; 67. 678. 5; 679. 27
und 47; 89. 692. 9; 96. 696. 17; 103. 700. 48; 104. 702. 9; 134. 721.
14; 137. 723. 16 und 154. 737. 31). *ἕως* allein hat die Funktion einer
Konjunktion zu erfüllen, auch wenn der übergeordnete Satz mit einem
Vokal schliefst: 96. 696. 25 *ἱεράσομαι*, *ἕως ἄν*; 95. 696. 4 *αὐξηθῇ*,
*ἕως*. Synesius benutzt die Pause in ausgiebiger Weise zur Milderung
der Hiatusvorschriften. Dagegen hat Synesius zur Umgehung eines Hiats
von dem beliebten Mittel, die Silbe *περ* einem vokalisch auslautenden Worte anzuhängen — abgesehen von dem bei ihm
nicht üblichen *ἤπερ* — uneingeschränkten Gebrauch gemacht. So
finden wir *ὅπερ* an 19 Stellen (4. 643. 44; 644. 16 und 43; 5. 646. 8;

11. 648. 15; 18. 650. 33; 44. 657. 12; 57. 669. 48; 67. 676. 9; 679. 8;
75. 685. 45; 95. 695. 45; 96. 696. 13 und 14; 128. 715. 35; 139. 724.
40; 143. 727. 33; 147. 731. 1; 154. 735. 35), ἄπερ lesen wir 1. 638. 19;
67. 676. 31; 679. 39; 76. 686. 23; 79. 688. 17; 98. 697. 19; 105. 706.
26; 129. 716. 34; 130. 717. 43; 143. 728. 8, zusammen an 10 Stellen,
jedesmal mit nachfolgendem Vokal; nur einmal findet sich ὅπερ vor
einem Konsonanten 133. 720. 46 ὅπερ τὸ πᾶν; hier ist ὅπερ durch
den Sinn motiviert, wie dies auch an mehreren anderen der angeführten Stellen der Fall ist. Hiatusbildendes ὅ und ἄ aber findet
sich nirgends. Ebenso fügt Synesius der Partikel διό ein περ an,
wenn dieselbe vor ein vokalisch anlautendes Wort zu stehen kommt
57. 668. 8 und 67. 677. 36; διό (ohne περ) findet sich nur vor folgendem Konsonanten (67. 677. 43; 681. 9; 90. 692. 21 und 142. 726. 46).
Dafs die Formen εἴπερ und ἐπείπερ dem gleichen euphonischen
Grund ihre Existenz zu verdanken hätten, wage ich nicht zu behaupten,
da sämtliche vorkommende Formen sich wohl durch eine vom Autor
gewollte Schattierung des Ausdruckes erklären lassen (εἴπερ vor
Vokalen 10. 647. 45; 46. 659. 44; 137. 723. 3; 143. 727. 49; 148. 733.
7; vor Konsonanten 67. 681. 13; 107. 707. 4; 132. 718. 14; ἐπείπερ
vor einem Vokal 8. 647. 19). Ähnlich wie περ wurde auch τίς
verwendet, indem man es an die vokalisch auslautenden Formen
des Relativpronomens ἥ, οἵ und αἵ anzuhängen pflegte. Für ἥτις
finden sich die Beispiele 57. 666. 13 ἀρετήν, ἥτις ἂν τοὺς βασκάνους
ἐκίνησεν und 61. 673. 12 (βασιλικὴν οἰκίαν,) ἥτις Ἀβλαβίου μὲν πρότερον ἦν; οἵτινες statt οἵ lesen wir 57. 667. 44 εἰσὶν οἵτινές εἰσιν,
dann noch 79. 688. 49 und 136. 722. 31. Dafs diesen Zusammensetzungen nicht blinder Zufall, sondern eine bestimmte Absicht zu
grunde liegt, erhellt daraus, dafs nirgends sonst relativisches οἵ und
ἥ, auch nicht αἵ einen Hiatus bildet, andrerseits aber ἥτις, οἵτινες und
αἵτινες sich nie vor einem Konsonanten finden lassen. Deutlich läfst
sich auch das Streben nach Hiatusvermeidung in der Bildung des
Nom. und des Akk. Sing. Neutr. des Pron. ὁ αὐτός, τοιοῦτος
und τοσοῦτος erkennen. ταὐτό findet sich nur vor Konsonanten,
und zwar 4. 643. 14; 57. 669. 5; 129. 715. 45, ebenso lesen wir ταὐτόν vor Vokalen an 7 Stellen (44. 656. 40; 57. 669. 27; 114. 709.
30; 121. 712. 21; 132. 719. 3 [mit v. l. ταὐτά]; 142. 727. 9 und 154.
735. 42); 104. 703. 32 bietet H. ταὐτὸν ἴσως, Par. ταὐτό, Mon. 481
ebenso, aber darüber ⊦ ταὐτόν; es wird an der Notwendigkeit, ταὐτόν herzustellen, nicht gezweifelt werden dürfen. Gleicherweise lesen
wir vor Kons. τοιοῦτο sicher an zwei Stellen (67. 681. 10 und 133.
720. 54); 116. 710. 10 dagegen bieten Par. 1039 und Mon. 481 (490 fehlt)
die Form τοιοῦτον. Vor Vokalen lautet das Neutr. nur τοιοῦτον an 12 Stellen (4. 641. 5 und 28; 644. 53; 23. 651. 26; 44. 657. 3;
57. 668. 13; 60. 672. 28; 69. 682. 33; 122. 711. 31; 132. 719. 12; 146.

12*

730. 17; 148. 733. 1); 4. 640. 17 bieten meine Handschriften statt
τοιοῦτον οὐ μετρίαν sämtlich τοιοῦτο μετρίαν; 95. 695. 10 liest H.
ἐγὼ μὲν οὖν οὐδὲν ἂν ἐμαυτῷ συνειδείην τοιοῦτον. ἐκεῖνος δέ φησιν,
Par. 1039 Mon. 481 (490-) lesen τοιοῦτο, eine Variante, die an der
Pause eine Stütze findet. Es erübrigt noch τοσοῦτο und τοσοῦτον
zu betrachten. τοσοῦτο hat nie eine Stelle vor Vokalen; ob
61. 673. 26 τοσοῦτο δυνηθείη mit H. oder mit Par. 1039 Mon. 481
(490 —) τοσοῦτον δυνηθ. zu schreiben ist, läfst sich noch nicht entscheiden; 4. 640. 42 lesen wir τοσοῦτον τῆς γῆς, wo von meinen
Handschriften nur Mon. 481 die radierte Endung -το bietet. τοσοῦτον ist die einem vokalisch anlautenden Worte regelmäfsig
vorangehende Form an 6 Stellen (11. 648. 19; 57. 669. 30; 67.
680. 37; 139. 724. 25 und 26; 146. 730. 10). Aus dem teilweisen
Schwanken der Handschriften geht mit Sicherheit so viel hervor, dafs
Synesius, wo nicht Sinnespause eintrat, stets vor einem Vokal die
mit ῦ schliefsende Form ταὐτόν, τοιοῦτον und τοσοῦτον anzuwenden
sich zur Regel gemacht hat. Auf dem Gebiet der Pronomina ist
noch τὶς in doppelter Funktion zu erwähnen. Das Pron. τὶς, das
übrigens auch ohne Rücksicht auf den Hiatus ein Lieblingswort der
Attizisten gewesen ist, durch dessen Anwendung sie ihrem Stile
rhetorischen Putz verliehen, bietet wegen seines konsonantischen An-
und Auslautes einen bequemen Puffer zwischen zwei vokalisch aus-
resp. anlautenden Wörtern. So verwendete man diese Pronominal-
form einmal oft, wo ein sprachliches Bedürfnis nicht anzuerkennen
ist, zweitens bediente man sich auch gern der übrigens schon bei
den attischen Klassikern (s. Bernhardy p. 442 Zus.!) üblichen Freiheit,
dieses Pron. nicht direkt zu dem zugehörigen Wort zu stellen, sondern
an eine andere dem Zwecke der Hiatusvermeidung dienliche Stelle
zu versetzen. Von dem ersteren Standpunkte aus sind wohl Stellen
zu beurteilen, wie 99. 697. 38 προσκείσθω δὲ τρίτη τις αἰτία; 137.
723. 18 οὐ γὰρ ἄλλη τις ἦν ἢ συνεῖναι; 149. 734. 12 ποίου τινὸς
ἑταίρου — στεροίμεθα; in der an zweiter Stelle genannten Rolle erscheint τὶς in den Stellen 3. 639. 21 ἔφη τις ἤδη λογογράφος; 4. 644.
29 ἥκει τις ἄλλος ἐπ' ἄλλῳ; 44. 658. 33 λέγεταί τις αὐτοῖς μοῖρα κι-
ναίδων προσκεῖσθαι; 103. 700. 9 οὐχ οὕτως ἄπολίς εἰμί τις οὐδὲ ἀνέ-
στιος und 148. 732. 7 ἔφη τις ὁ γεραίτατος. Aus der Zahl der Präpositionen eigneten sich in ihrer Wechselwirkung für die Dienste der
Hiatusvermeidung vor allem die Wörter ὑπέρ und περί, und zwar so,
dafs, da περί trotz seines vokalischen Auslautes einen durch Überein-
kommen statuierten Freibrief besafs, an allen den Stellen περί statt
ὑπέρ eintreten konnte, wo letzteres infolge seines vokalischen An-
lautes einen starken Hiatus verursacht hätte. Auch Synesius hat
diesem Brauche gehuldigt. Nur ein einziges Mal auf einem Raume
von 100 Firmin-Didotseiten finden wir ὑπέρ im Konflikt mit voraus-

gehendem Vokal 5. 646. 3 ἡ ὑπὲρ κέρδους ἔρις. Hier ist aber zu beachten, daſs bei Synesius ein Hiatus nach ἡ nicht verpönt war (cf. u. p. 190!). Recht bezeichnend für die gegenseitige Stellvertretung beider Präpositionen ist 80. 690. 11 οὐκ ἂν οἶμαι κάλλιον Ἀμπέλιος ἐσκέ-ψατο περὶ τῶν ἑαυτῷ λυσιτελούντων ἢ Νίκαιος ὑπὲρ τοῦ πῶς ἀλλο-τριωθείη τῶν ἑαυτοῦ. Übrigens ist ὑπέρ vor dem handlicheren περί bei Synesius bereits sehr weit zurückgewichen; ich habe ὑπέρ 27 mal notiert, wogegen sich περί c. 90 mal in meinen Notizen findet. Es ist also gerade das umgekehrte Verhältnis, das Böhner p. 46 bei dem den Hiatus nicht vermeidenden Arrian mit 98 ὑπέρ gegen 24 περί fest-stellt. Ohne den Zwang eines der Präpos. vorausgehenden Vokals hat Synesius die der Präpos. περί verliehene Hiatusfreiheit nur 5 mal (67. 675. 37; 677. 44; 137. 723. 6; 148. 732. 9; 733. 48) be-nützt. In der Praefatio zu seiner Ausgabe von Galens Institutio log. sagt Kalbfleisch p. VIII annot. 2: saepe tamen maluit (pro περί) ὑπέρ dicere, nisi praecedit vocabulum in vocalem desinens. Sehe ich recht, so liegt eine ähnliche Wechselwirkung auch zwischen den Präpos. παρά und ὑπό vor; beide können apostrophiert werden und verlieren auch thatsächlich bei Synesius in jedem nötigen Falle ihren Schluſsvokal. Aber παρά statt ὑπό zu gebrauchen muſste in allen den Fällen empfohlen sein, in denen ein vokalisch auslautendes Wort der Präposition voranging. So ist denn παρά an Stelle eines ὑπό in passivischen Wendungen, wo der Gedanke des Gebens und Empfangens zum mindesten sehr fern liegt, nach einem Vokal 23 mal angewendet; 4 Fälle (5. 645. 40; 646. 28; 97. 696. 37; 131. 718. 33) habe ich aus dem eben angedeuteten Grund nicht eingerechnet. Diesen 23 Bei-spielen stehen 5 Stellen gegenüber, in denen ὑπό einem vokalisch auslautenden Worte folgt, und zwar ist dies Wort 57. 669. 42; 62. 673. 31; 154. 735. 20 ein δέ, 140. 725. 21 ein μή und 146. 730. 3 das durch ein Komma getrennte Wort ἡδοναί. Ohne vokalischen Zwang finden wir παρά statt ὑπό an fünf Stellen 66. 674. 14; 91. 692. 41; 105. 704. 22 (-αι macht keinen Hiatus, s. u. p. 188!); 140. 726. 12; 143. 727. 19. Das gleiche Verhältnis wie zwischen ὑπέρ und περί, ὑπό und παρά waltet zwischen dem vokalisch anlautenden Adv. ὥσπερ und seinem konsonantisch anlautenden Synonymum καθάπερ ob (καθά kommt nicht vor). Allerdings ist ὥσπερ bei Synesius die weitaus gebräuchlichere Partikel (14 καθάπερ gegen 57 ὥσπερ). Von diesen 14 καθάπερ folgen 12 auf einen Vokal, zwei (3. 639. 10 und 5. 646. 22) stehen nach einem Konsonanten. Die weitaus überwiegende Mehrzahl der Fälle, in denen ὥσπερ steht, hat vor ὥσπερ einen Kons. (es sind im ganzen 44); von den 13 Fällen, in denen dem ὥσπερ ein Vokal vorangeht, sind 9 durch Sinnespausen, Komma und Kolon, vollauf entschuldigt: 7. 647. 12; 55. 663. 6 (hier ist zu interpungieren: σὺ δέ, ὥσπερ αὐτῶν ἐδεήθης - πορθμευῶν,

δεήθητι κἀκεῖθεν ἐνθάδε); 58. 671. 10; 67. 678. 23; 96. 696. 17; 100.
698. 2; 130. 716. 49; 153. 735. 13; 154. 736. 47; zwei ὥσπερ (66. 675.
22 und 135. 722. 9) folgen auf καί, an den übrigen zwei Stellen (129.
715. 44 und 132. 718. 49) haben wir Citate, doch läfst sich nur bei
dem ersten mit φησί als wörtlich bezeichneten Citate aus Plato die
Zusammenstellung εἰ ὥσπερ durch den Zwang der Citierung entschuldigen, das zweite seiner ganzen Fassung nach freie Citat (Plato
Legg. VII 814 B) dürfte schwerlich mit seinem μηδὲ ὥσπερ auf den
platonischen Wortlaut zurückzuführen sein; es hat ja aber auch ohne-
dies δέ vor ὥσπερ nicht das Mindeste auf sich. Es bildet also ὥσπερ
mit seinem vorangehenden vokalischen Auslauter nie einen anstöfsigen
Hiatus. Um den Zusammenstofs mit folgendem οὐ, οὐδέ, οὔτε,
οὐδείς u. s. w. zu vermeiden, hatte man den Ausweg gefunden,
allerdings oft mit völliger Nichtachtung der sprachlichen Gesetze ein
μή, μηδέ, μήτε und μηδείς zu Hilfe zu nehmen. Man machte
sich dabei, äufserlichem Wohlklang sprachliche Korrektheit opfernd,
zum Handlanger einer an sich übermächtig um sich greifenden Bewegung, die auf eine vollständige Konfusion der beiden Partikeln οὐ
und μή hinzielte. Das Ende dieses Entwicklungsganges brachte die
völlige Vernichtung von οὐ und den fortan alleinigen Gebrauch von
μή (Mullach p. 390). Wie hat sich Synesius, sonst ein Verfechter
alter Reinheit auf dem Gebiete der Sprache — in seinem Streben nach
Hiatusvermeidung — zu dieser Zeitströmung gestellt? Nachdem bereits
oben im syntaktischen Teile der sprachlichen Untersuchungen (p. 131 f.)
über den Gebrauch von μή gehandelt ist kann es hier nur noch unsere
Aufgabe sein, von den Fällen zu reden, in denen sich der Gebrauch
von μή nicht in Einklang mit den Gesetzen des guten Griechisch
bringen läfst; denn allein hier haben wir das Recht zu vermuten,
dafs lediglich die Rücksicht auf Hiatusvermeidung den Grund zur Wahl
des μή statt οὐ gegeben habe. μή im unabhängigen Behauptungssatze steht zum Zwecke des Wohllautes 57. 670. 6 πρὶν γενέσθαι
μήπω γενόμενον ἦν; 67. 681. 42 haben wir oben als einen Wunschsatz aufgefafst. In einem abhängigen durch ὅτι eingeleiteten
Behauptungssatz ist μή statt οὐ zu konstatieren 4. 644. 51 μαν-
θάνουσαι-ὅτι μὴ πᾶν τὸ θῆλυ τοιοῦτόν ἐστιν und 122. 712. 45 δεῖξαι
τοῖς καταπεπληγμένοις, ὅτι μὴ κορύβαντές εἰσι μηδέ —; von den vielen
Beispielen, die uns μή in einem Relativsatz angewendet zeigen, ist
nur eines, glaube ich, in Widerspruch zur attischen Norm 57. 665. 7
οἷς ἴστε προσθεὶς ἃ μὴ πάντες γινώσκετε; es ist also hier an eine durch
Euphonie beeinflufste Wortwahl zu glauben. Im nichthypotheti-
schen Partizipialsatz ist mir ein grammatisch nicht zu schützendes
und durch Rücksicht auf die Hiatusvermeidung zu motivierendes μή nur
an einer einzigen Stelle (123. 713. 24) entgegengetreten. In einem mit
ἐπειδή eingeleiteten Kausalsatz lesen wir μή unter dem Zwange

der Hiatusvermeidung nirgends; 133. 721. 1 geht dem μή ein δέ voraus. Es sind also im ganzen 5 Stellen, für die Größe des beobachteten Gebietes gewiß eine verschwindend kleine Zahl. Einen (leichten) Hiatus bildet οὐ mit seinem vokalisch auslautenden Vorgänger nur 44. 659. 18 σὺ δὲ οὐ ποιήσεις und 100. 698. 15 καὶ οὐδείς. Als besonders störender Stein des Anstoßes mußte sich für das Streben nach glattem Lauf der Rede die Konjunktion ὅτι erweisen, um so störender, als sich die Notwendigkeit, einen Satz mit ὅτι = „daß" einzuleiten, so außerordentlich häufig ergab. Zwar das anlautende ο machte keine Schwierigkeiten wegen der zwischen Haupt- und Nebensatz eintretenden Pause, aber der Anstoß des auslautenden ι blieb bestehen, zumal da nach den allgemein vereinbarten Regeln hier eine Elision unstatthaft war. Ein Auskunftsmittel hiegegen fand man in der Konjunktion ὡς. Statt eines wegen Hiats nicht brauchbaren ὅτι verwendet so Synesius ὡς in folgenden 19 Fällen: 3. 639. 1; 8. 647. 14; 44. 657. 9 (und 46); 53. 662. 19 (bis); 57. 663. 28; 666. 6 u. 39; 72. 683. 19; 94. 693. 31; 102. 699. 49; 105. 704. 28; 705. 16; 706. 14; 107. 707. 3; 116. 710. 13; 125. 714. 12; 143. 728. 17. Einen Hiatus bildet ὅτι = „daß" mit dem folgenden Wort 29. 653. 2 (ὅτι οὐκ); 44. 659. 25 (ὅτι εἰ καί; Par. 1039 ὅτι καί ohne εἰ, Mon. 481 ὅτι καὶ τυχόν) und 61. 672. 45 ὅτι οἰχήσομαι. Recht lehrreich ist es zu sehen, wie Synesius mit οἶδα dreimal (44. 657. 46; 105. 704. 28; 143. 728. 17) ὡς verbindet wegen nachfolgenden Vokales, wie dagegen bei folgendem Kons. 92. 693. 2 das gewöhnlichere ὅτι steht. Sintenis führt aus Plutarch p. 331 5 sichere Fälle eines solchen Hiatus mit ὅτι an, nach Hultsch p. 291, der diesen Hiatus dem Polybius ganz abspricht, findet sich ὅτι mit folgendem Vok. selbst bei Isokrates; ὅτι εἰ hält er für entschuldigt durch Pause; Kälker p. 311 konstatiert bei Diodor im allgemeinen die Ersetzung von ὅτι durch ὡς, hat aber auch da einige ὅτι gefunden, deren Existenz er den Handschriftenschreibern aufzubürden geneigt ist. ὅτι = „weil" bildet bei Synesius einen Hiatus 67. 682. 11 und 148. 733. 23. Das bewegliche ν ist an allen Stellen ebenso wie οὕτως nach byzantinischer Weise verwendet; unterlassen ist die Setzung des ν 95. 696. 10 εἰκός ἐστι εὐτυχεῖν mit Zustimmung meiner Handschriften (cf. u. p. 191 f.!). Unter den kleinen Mitteln, die man noch außer den angeführten durchgreifenden Maßregeln zur Erreichung des in Rede stehenden Zieles anzuwenden pflegte, ist die Wahl von konsonantisch anlautenden Kompositen statt vokalisch anlautender Simplicia zu erwähnen. Beispiele hiefür habe ich bis jetzt nur zwei gefunden: 3. 639. 34 τοῦτο πᾶν ἥκειν ἔδει mit 49. 661. 4 ἧς (ποιήσεως) τὸ καλὸν εἰς σὲ περιήκει und 2. 638. 27 οὐδὲν ἧττον εὐλαβητέον mit 57. 669. 12 παραίτησις γίνεται διευλαβουμένῳ. Besondere Wortstellungen habe ich mit οὔπω und ἔτι beobachtet: 4. 640. 11 πέρυσιν οὔπω κώπης ἡμμένοι und 72. 683. 27 τὸν οὔπω πέρυ-

σιν ἠμμένον; dann mit ἔτι 4. 642. 15 ἐπὶ τοῦ καταστρώματος ὄντας ἔτι
und 67. 677. 11 τὸν ἐνόντα σμικρὸν ἔτι τῆς ὀρθοδοξίας σπινθῆρα. Die
Stellung von αὐτοῦ, αὐτῶν ist mir aufgefallen 57. 669. 52 αὐτοῦ
τῇ φύσει und 146. 730. 1 αὐτῶν τῷ προσηνεῖ. Beweiskräftig für die
Bestrebungen des Synesius auf dem Gebiet der Hiatusvermeidung ist
auch die meines Wissens noch nicht beobachtete Abwechslung zwischen
ἐμοὶ δοκεῖ und (ὡς) ἐμοὶ δοκεῖν: 57. 668. 29 ἐπειδή μοι δοκεῖ τὸ
θεῖον ἔργον ἀνθρωπίνως ἐπράττετο und 27. 652. 18 ὁ θεσπέσιος Ἀμυντιανὸς — ἐμοὶ δοκεῖ (Par. 1039 δοκεῖν mit von junger Hand zuge-
setztem ν̄) πάρεστι; dagegen 66. 674. 25 πρὸς τὸν μακάριον ἐμοὶ δοκεῖν
Ἀττικόν; 79. 690. 7 οὓς ἐμοὶ δοκεῖν ἄν καὶ ὅστις-ἠλέησεν und 104. 703. 4
ἀνδράρια πονηρὰ καὶ ὡς ἐμοὶ δοκεῖν ὑπὸ λιμοῦ στρατηγούμενα. Bei
einem Schriftsteller, der den Hiatus zu umgehen sucht, wird sich auch
die Wahl unter den Pronominibus ἅπας und πᾶς nach Grundsätzen
des Wohllauts entschieden haben; auch Galen in der Inst. log. (cf. Kalbfleisch praef. p. VII) wechselt so zwischen ἅπας und πᾶς, cf. auch Diels
in Göttg. gel. Anz. 1894 p. 297 ff. Ich habe sämtliche Fälle, in denen
sich Formen von ἅπας und πᾶς bei Synesius finden, aufgezeichnet
und meine Vermutung bestätigt gefunden. Als Beispiel des Wechsels
mögen die Stellen 104. 702. 33 und 43 dienen; mit einer Aufzählung
sämtlicher Stellen wäre nicht viel gedient; es soll nur das Bedeut-
same hervorgehoben werden. Synesius scheut sich nicht, nach vorausgehendem δέ die Form ἅπας zu gebrauchen (56. 663. 15; 61. 673. 8;
122. 712. 42; 154. 736. 41); einmal 16. 649. 44 folgt (nach meinen
Handschriften wenigstens) auch auf καί ein ἅπαν; sonst läfst Synesius
einem καί nur die Formen von πᾶς nachfolgen. Die ohne α beginnenden Formen von πᾶς habe ich hinter δέ gelesen nur 73. 684.
20 δὲ πάσης; 103. 701. 9 δὲ πᾶσα; 148. 732. 22 δὲ πᾶσαι, merkwürdigerweise lauter Femininformen.. Auch nach einem Punkt (4. 641.
50; 58. 671. 38; 140. 726. 10) und nach einem Komma (5. 646. 4 und
72. 683. 44) werden durch vokalischen Auslaut die mit α anlautenden
Formen nicht verdrängt. Dafs umgekehrt Synesius nach einem konsonantisch schliefsenden Worte auch immer mit ἅπας seine Rede
fortgesetzt haben sollte, ist nicht die notwendige Folge des Gesagten,
wenn es auch mit wenigen Ausnahmen (im ganzen 13 Stellen) die
Regel ist. 11. 648. 24 hat H. gegen seine Handschriften, wie er
sagt, hergestellt: ἧς χωρὶς ἐμοὶ καὶ τοῖς ὁμοίοις ἐμοὶ πᾶς ὁ βίος ἀβίω-
τος statt des auch in meinen Handschriften überlieferten ἅπας. Daran
ist nichts zu ändern; denn es liegt vor ἅπας Pause vor, die überdies
Mon. 481 durch ein Komma deutlich bezeichnet. 83. 691. 12 σὲ εἶναι
πάσης ἀρετῆς εἴσω haben ebenfalls Par. 1039, Mon. 481 (490 —)
ἀπάσης, was sich durch den Eintritt einer Pause wohl schwerlich
rechtfertigen lassen wird. Was die Verbindung von πᾶς-ἅπας
mit konsonantisch auslautenden Präpositionen anlangt, so

habe ich zweimal (99. 697. 43; 105. 705. 13) *ἐξ ἁπάντων* und einmal
(67. 680. 15) *ἐκ πάντων, εἰς* (20. 651. 3; 34. 654. 23; 40. 655. 14; 72.
683. 34) und ebenso *πρός* (50. 661. 23; 105. 704. 30 und 35; 132.
718. 22) immer mit *ἅπας* verbunden getroffen. In der Stellung des
attribut. Genetivs hat sich Synesius von Fall zu Fall freie Hand
gelassen; es ist weder die Einschiebung noch die Herausstellung
desselben ausschliefslich in den Dienst euphonischer Bestrebungen
gestellt. Es genügt zu konstatieren, dafs nur 128. 715. 40 *τῇ γῇ
Αἰγύπτου* das Attribut einen Hiatus veranlafst; hier liegt aber ein
Citat vor.

Durch diese Ergebnisse ist die Thatsache als erwiesen zu betrachten, dafs Synesius das Bestreben gehabt hat, seine Diktion
hiatusfrei zu erhalten. Wie weit er nun in diesen Bestrebungen gegangen ist, soll eine Untersuchung über die Anwendung der Elision,
der Krasis und der Aphäresis bei unserm Autor klarlegen.

Hiatus der mit *ᾰ* schliefsenden Wörter. Im Nom. und
Akk. Sing. und Plur. der III. Dekl. hat Synesius nach dem
Zeugnis der Handschriften niemals Elision eintreten lassen. Ich
führe von den vielen Beispielen nur folgende wenige an: 91. 692. 34;
101. 699. 3; 121. 712. 16; 129. 716. 2; 132. 719. 7; 137. 723. 30; 143.
727. 21; 144. 728. 30. Auch in der II. Dekl. sind die Kasusendungen
auf *ᾰ* in den Handschriften (mit verschwindenden Ausnahmen) unelidiert geblieben, gerade wie bei Chorikius, der ebenfalls diese
Endungen, selbst akzentuiert, vor Vokalen ohne Bedenken zuläfst
(Kirsten p. 28). Nur *ταῦτα* macht 4mal eine Ausnahme (4. 642. 8;
57. 670. 12; 136. 722. 30; 138. 724. 4 (Mon. 481 *ταῦτα*). An der
ersten, dritten und vierten Stelle hat *ταῦτα* die Bedeutung „deshalb",
in der es sich vor einem Vokal unelidiert niemals findet; es ist also
wohl die Elision nur dem adverbiellen *ταῦτα* zuzuschreiben und dem-
gemäfs 57. 670. 12 *ταῦτα ἀνθρώπια* zu lesen. Statt des von H. 113.
709. 6 aufgenommenen *ἅττ᾽ ἄν* bieten meine 3 Handschriften *ἅττα ἄν*,
gewifs mit Recht; 154. 737. 18 liest H. *ἕτερ᾽ ἄττα* (Par. 1039 Mon. 481
lesen *ἕτερά τα?* 490 —); 122. 712. 43 hat Mon. 481 *ἥδιστα ἄν*. In
diesen letzteren Fällen werden noch mehr Handschriften zu verhören
sein. In einem Numerale steht auslautendes *α* vor Vok. 57. 699. 7
*τριάκοντα ἐνιαυτούς*. Auslautendes *α* in Verbalformen ist nicht
elidiert 4. 642. 38; 99. 697. 46; 122. 712. 48; 129. 716. 3; 137. 723. 14;
145. 729. 23. Eine eigene Besprechung erfordert das Schwanken der
Handschriften in Betreff von *οἶδα* und *οἶσθα*. Einstimmig — nach
dem jetzigen Stand unserer Handschriftenkenntnis — bleibt *οἶδα* und
*οἶσθα* unelidiert 19. 650. 43; 40. 655. 18; 79. 689. 30; 690. 3; 105. 704.
49; 123. 713. 6. Hier ist überall *οἶδα* Verbum des übergeordneten
Satzes, an den — mit kleiner Pause — der abhängige Satz angeschlossen ist; anders in mehreren der Fälle, in denen einstimmig

οἶδ’ (nicht οἶσθ’) überliefert ist: 4. 642. 40; 645. 26; 133. 720. 21;
134. 721. 24. Hier ist οἶδ’ ὅτι, οἶδ’ εἰ, adverbial erstarrt ähnlich
dem lateinischen nescio quo pacto, in die Sätze eingeschoben und
bildet mit den folgenden Wörtern ein eng zusammengehöriges Ganzes.
Ähnlich verhält es sich mit οἶσθ’ οὖν ὅπως 29. 652. 29 und 66. 674.
43. οἶδ’ in Zusammensetzung mit εὖ (εὖ οἶδ’) findet sich in dieser
Form unbestritten 29. 653. 2 und 105. 704. 45 εὖ οἶδ’ ὅτι οὐκ und
εὖ οἶδ’ ὅτι; es wäre nach dem oben Gesagten εὖ οἶδα ὅτι (οὐκ) zu
erwarten, aber ich glaube, daſs der Grund zur Apostrophierung —
trotz der Sinnespause — hier die zu lästige Häufung der Hiate gewesen
ist, und bin so geneigt, auch 105. 705. 45 das von H. gedruckte οἶδ’
gegen einen Teil meiner Handschriften (Par. 1039 Mon. 481 οἶδα) als
richtig anzuerkennen. 105. 706. 22 ist ebenfalls nur εὖ οἶδ’ ὅτι (Par.
1039 Mon. 481 οἶδα) zu billigen, da es nach Art der obigen Beispiele
wie ein adverb. Ausdruck eingeschoben ist. 104. 702. 36 liest Par.
1039 Mon. 481 οἶδα ὅθεν oder, wenn wir diese Fassung annehmen,
wohl besser οἶδ’ ὅθεν; 130. 717. 27 ist nach dem Gesagten mit Mon.
481 wohl οἶδα εἰ zu lesen. Die Form des Artikels τά hat Synesius
ebenso wie andere hiatusvermeidende Schriftsteller unbedenklich mit
einem folgenden Vokal zusammenstoſsen lassen (z. B. 11. 648. 26; 57.
664. 21; 101. 699. 10 uud 37; 108. 707. 30; 116. 710. 2; 137. 723. 14).
Die Präpositionen διά, κατά, μετά und παρά sind nahezu ausnahmslos apostrophiert; nur ἅμα elidiert an den 2 Stellen, an denen es mit
einem vokalisch auslautenden Wort zusammentrifft, seinen Endvokal
nicht 123. 713. 13 und 148. 731. 41. Bei andern Autoren scheint ἅμα
dagegen apostrophiert zu werden (cf. Külker p. 313!), über Chorikius
habe ich bei Kirsten nichts erwähnt gefunden. κατά steht nur in
der Überschrift zum 57. Briefe κατὰ ’Ανδρονίκου ohne Elision,
während 79. 688. 14 κατ’ ’Ανδρονίκου zu lesen ist; 44. 656. 42 ist die
Lesart μετὰ ἀθρόων zu korrigieren; 58. 671. 53 ist wohl mit Par.
1039 μετ’ ’Ανδρονίκου (cf. 154. 737. 12 μετ’ ’Αριστοτέλους) zu schreiben;
dagegen glaube ich, daſs 58. 670. 24 mit den Handschriften μετὰ
ἀκρίδα im Interesse des durch das fünfmalige μετά beabsichtigten
emphatischen Gleichklangs zu erhalten ist; παρὰ ’Ιουλίου (134. 721.
43) ist ebenfalls nicht anzutasten, weil die mit I anfangenden
lateinischen Eigennamen gewöhnlich keinen Hiatus verursachen (Sintenis p. 348 mit Beispielen aus Plutarch). Die Konjunktion ἵνα wird
an 7 (4. 640. 50; 44. 658. 24; 91. 692. 40; 105. 705. 10; 106. 706. 45;
139. 724. 39; 154. 736. 29) von hier einschlägigen 14 Stellen in den
Handschriften einstimmig apostrophiert, an dreien behält sie ebenso
einstimmig ihren Vokal (67. 682. 4; 101. 698: 35; 126. 714. 39); 6.
646. 37 bietet Mon. 481, 57. 665. 7 Mon. 490, 58. 671. 15 Par. 1039
und Mon. 481, dieser an radierter Stelle, 146. 730. 6 Par. 1039 und
Mon. 481 die volle Form. Ein abschlieſsendes Urteil zu fällen, wird noch

nicht statthaft sein; Kirsten p. 28 führt ἵνα zweimal unapostrophiert
an. ἀλλά ist stets zu apostrophieren. Mit εἶτα (κᾆτα) und ἔπειτα
verhält es sich so, dafs ἔπειτα in den beiden Fällen, in denen es vor
einem Vokal vorkommt (4. 643. 20; 54. 662. 41) seinen Vokal behält
(ebenso bei Chorik. p. 27), κᾆτα (4. 644. 35) ist an der einzigen vorkommenden Stelle in den Handschriften ebenfalls nicht apostrophiert,
148. 733. 11 steht in den Handschriften κἂν ἐπειδή statt κᾆτ' ἐπειδάν.
Das einfach fortsetzende εἶτα ist 22. 651. 23 und 57. 668. 29 apostrophiert, dagegen 16. 650. 3 und 89. 692. 9 (hier nur im Mon. 481) intakt,
vielleicht wegen der dem beidemal folgenden Vergleich nicht unpassend
vorausgeschickt zu denkenden Pause. Das logische εἶτα ist stets unapostrophiert (57. 669. 22 und 79. 689. 1). Auch mit εἶτα führt Kirsten
p. 27 mehrere Hiate aus Chorik. an. σφόδρα verliert seinen Auslaut nicht, anders als bei Chorik. (p. 27), ebenso nicht μάλα und
μάλιστα; ἐνταῦθα dagegen büfst 57. 668. 41, anders als bei Chorik.
p. 27, sein α ein. Bei den meisten Schriftstellern, die sich um Vermeidung des Hiats bemühen, wird diesem Streben zu liebe neben
der Form ἕνεκα auch die Form ἕνεκεν in Anwendung gebracht. Bei Dion. Hal. konstatiert indes Jacoby p. 5 eine Vorliebe
für ἕνεκα selbst auf Kosten der euphonischen Glätte. Synesius zeigt
sich hier mit Dion. Hal. verwandt, indem auch bei unserem Schriftsteller ἕνεκα die vorwiegende, wenn nicht sogar allein gebrauchte
Partikel ist. Stellen, wie 44. 658. 25 σοῦ τε ἕνεκα (Par. 1039 Mon.
481 εἵνεκα 490—) καὶ τῆς πόλεως; 67. 679. 20; 103. 701. 16 und 144.
728. 49 geben in der uns jetzt beschäftigenden Frage keinen Anlafs
zu Bemerkungen. 75. 686. 3 ist im Par. 1039 geschrieben ἕνεκεν μὲν
τοῦ χρόνου. ἕνεκεν ist dem Attischen ursprünglich fremd und erst
im IV. scl. in die attische Schriftsprache eingedrungen (Msths. 177.
26; Wecklein Cur. epigr. p. 36). Hiernach ist das Vorherrschen des
ἕνεκα bei Synesius zu beurteilen. Aus diesem Grunde ist auch vor
dem 99. 697. 41 πάντων ἕνεκα ἐμοὶ τίμιε stehenden ἕνεκα nicht zurück-
zuschrecken. Die von Jacoby p. 9 für Dion. Hal. beobachtete Verschiedenheit zwischen ἄρα und ἄρ' vor Vokalen trifft auch für
Synesius zu: 4. 642. 1 (Par. 1039 ἄρ' Mon. 481 ἄρα); 11. 648. 11;
101. 699. 18; 139. 724. 37; 146. 730. 26 einerseits, andrerseits 140.
726. 7; 146. 729. 40. Das 151. 734. 31 stehende ἄρα ἐκεῖνος ist
vielleicht wegen der Anadiplosis zu halten. Über ἄρα und ἄρα bei
Chorik. s. Kirsten p. 37! Hiatus bei einem mit ᾱ schliefsenden
Worte findet sich nicht.

Hiatus der mit -αι endigenden Wörter. Hultsch p. 310 ff. läfst
Polyb. auch hier allenthalben elidieren, und Kälker p. 317 folgt seinem
Beispiel, allerdings mit einiger Reserve; vorsichtiger ist Jacoby, der
p. 11 sich damit bescheidet, eine derartige Elision bei Dion. Hal. nicht
nachweisen zu können. Kaibel, Stil und Text p. 13 lehrt uns, dafs

im zweiten, systematischen Teil von Aristot. Polit. Athen. Hiatus eines
wortschliefsenden -αι der häufigste ist, in Verbal- und Nominalformen;
auch in den auf Hiatusvermeidung einigermafsen Bedacht nehmenden
Partien anderer aristotel. Schriften hat Kaibel das gleiche Verhältnis
beobachtet; man vergleiche auch, was er p. 12. Anm. 2 über die pergamenischen Inschriften sagt. Bei Synesius findet sich Hiatus bildendes -αι
nur in Verbalformen und ist niemals elidiert; die Stellen sind 9.
647. 35; 44. 656. 38; 57. 669. 36; 79. 689. 49; 81. 690. 27; 99. 697. 45;
121. 711. 19; 123. 713. 7. An der ersten Stelle hat Mon. 481 zwischen
γίνεται und ὁ ein Komma zum Zeichen der Pause, auch ohne dies
Zeichen ist Pause an der 4., 5., 6. und 8. Stelle anzunehmen, 57. 669.
36 schreiben meine 3 Handschriften οὐκ ἀχρήστους ποιεῖσθαι. Das 98.
697. 8 und 140. 725. 11 stehende χαμαὶ ἐρχομένων (ἐρχομένας) hat als
homerische Wendung keinen Anstofs. Zu den Hiaten der mit -αι
schliefsenden Verbalformen kommen bei Chorik. p. 32 auch noch solche
in plural. Nominalformen der I. Dekl. Der Artikel αἱ bildet, ebenso
wie bei Polyb., keinen Hiatus. Hiatus mit καί, selbst von Isokr. nicht
gemieden, findet sich an zahlreichen Stellen.

Hiatus mit ε. Wortschliefsendes ε in Nominalformen finde ich
in meinen Handschriften nur einmal, und da nur in einer derselben
elidiert; H. hat im Dual der III. Dekl. die Elision einmal eintreten
lassen 4. 643. 37 τὼ χεῖρ' ἐπικροτούντων, wo Par. 1039 und Mon. 481
χεῖρε lesen, was wohl für richtig zu halten ist im Hinblick auf das 121.
711. 40 einstimmig überlieferte τὼ χεῖρε ἐκρότησε. Ebenso ist auch im
Vok. Sing. der II. Dekl. nach den Handschriften bei Synesius nie Elision
eingetreten; wir lesen 4. 640. 47 ὦ λῷστε Ἀμάραντε; 44. 656. 48 ἑταῖρε
Ἰωάννη; 79. 689. 50 ἀδελφὲ Ἀναστάσιε, in welchen drei Fällen nötigen-
falls die Eigennamen eine Entschuldigung des Vokalzusammenstofses
enthalten mögen; ohne diesen mildernden Grund lesen wir 134. 721.
8 ὦ φίλτατε ἑταίρων und 138. 724. 23 τριπόθητε ὄντως. Es wird
der eisernen Konsequenz der Handschriften gegenüber nicht erlaubt
sein, hier an Elision zu denken; Chorik. bietet nach Kirsten p. 29 f.
kein Beispiel eines solchen Hiats. Von dem beim Vokativ beobachteten
Gesetze hat Synesius auch den Pronominal-Akkusativen ἐμέ und
μέ sowie σέ keine Ausnahme gestattet. Dies beweist die einstimmige
Überlieferung an den Stellen 81. 690. 36 σύ με ἐκάλεις; 83. 691. 12 σὲ
εἶναι; 121. 712. 19 τό γε εἰς ἐμὲ ἧκον, wo Synesius leicht durch Anwendung des oben genannten περιήκω hätte helfen können, wenn er
gewollt hätte. Ferner 132. 718. 12; 134. 721. 38; 140. 726. 11; 143.
728. 17; 146. 730. 22 und 25. Auch τάδε, τοσάδε und τῇδε ist
nicht elidiert 110. 708. 25; 134. 721. 39; 140. 725. 51 (Mon. 490 ἐν
δίκῃ τῶν τῇδε). Für Chorik. finden sich Hiate mit μέ u. s. w. und
τάδε u. s. w. p. 29f. bei Kirsten aufgezeichnet. Von Verbalformen,
die hierher gehörten, habe ich nur 101. 698. 36 γράφε οὖν gefunden;

ich glaube dies mit Par. 1039 und Mon. 481 in γράφειν οὖν ändern
zu sollen und verweise für die Verwendung des Inf. Präs. im imperat.
Sinne auf meine obigen Ausführungen (p. 108), wo sich ebenfalls (wohl
zur Hiatusvermeidung) 50. 661. 28 σὺ δὲ ἀλλὰ μηδὲ γράφειν ἔτι μοι erwähnt findet. γε' ist in meinen Handschriften einstimmig nur an zwei
Stellen (104. 703. 25 und 148. 732. 43) apostrophiert, wogegen es mit
gleicher Konsequenz an 21 Stellen nicht apostrophiert wird; schwankend
sind drei Stellen. 34. 654. 29 findet sich unapostrophiert ὁμόσε
ἰτέον. Die hier noch zu behandelnden Konjunktionen und
Adverbien lassen sich nach ihren Bestandteilen samt und sonders in
zwei Klassen einteilen, nämlich in die mit δέ und die mit τέ zusammengesetzten Partikeln. Wir wollen zuerst die Stellung dieser
beiden Simplicia zum Hiat untersuchen und hoffen, dabei einen
Maßstab zu finden, nach dem wir die Frage auch bei den Kompositen entscheiden können. Wenn wir mit Kaibel (p. 10 Anm. 2) uns
der Mühe einer Entscheidung zwischen den herüber- und hinüber-
schwankenden Formen δέ und δ' entheben dürfen, so wird uns diese
Freiheit auch bei οὐδέ und μηδέ zugestanden werden müssen. Wir
gehen sofort zu τέ über. τέ als Kopulativpartikel findet sich in
keiner der von mir aufgezeichneten 51 Stellen auch nur einmal oder
in einer Handschrift apostrophiert; man wird sich der daraus zu
entnehmenden Folgerung nicht verschließen können. Nur in der Verbindung οἷός τ' εἰμί 105. 705. 2 findet sich bei τέ eine Elision im
Par. 1039 und Mon. 481, Mon. 490 liest auch da τέ. ἄτε finde ich
einmal mit (103. 700. 26), einmal ohne Elision (137. 723. 33); was
εἴτε anlangt, so lesen wir 44. 657. 53 εἴθ' ὑπὸ βιαίας δίκης εἴτε ἕτε-
ρον τρόπον; 58. 671. 49 steht εἴτε ἐπίσκοπος; ἑκάστοτε steht ohne
Elision 44. 656. 16; ἔστε elidiert 4. 645. 1 und 49. 660. 47; ὁπότε
steht 4. 640. 26 unapostrophiert. Die Handschriften elidieren nicht
15. 649. 31; 44. 658. 36; ὅτε behält seinen Auslautvokal 143. 728. 6.
Bei οὔτε und μήτε wechselt nach den Handschriften Synesius sogar
innerhalb zweier korrespondierender Glieder, z. B. 57. 667. 40 ἐγὼ δὲ
οὔτε ἰσχυρός εἰμι-οὔτ' εὐμήχανος; 105. 705. 17 οὔτε (Par. 1039 οὔτ')
ἀλλοτριώσομαι καθάπαξ οὔθ' (Mon. 481 οὔτε) ὡς μοιχὸς αὐτῇ λάθρᾳ
συνέσομαι. Dem Schwanken in diesem Fall entspricht auch die
Haltung der Handschriften. Klarer liegen die handschriftlichen Verhältnisse bei ποτέ. Elision hat statt nur an einer einzigen Stelle
66. 675. 15 τί δήποτ' οὖν, an allen übrigen 11 Stellen ist nicht elidiert;
in diesem Falle werden wir uns auch jetzt schon auf unsere drei Handschriften verlassen dürfen und dem ποτέ die Elision abzusprechen ein
Recht haben. τότε steht einmal vor Vok. und zwar ohne Elision 29.
652. 35; ὥστε elidiert 44. 659. 14; 67. 677. 34 und 50. 661. 10.

Der Diphtong ει bildet bei Synesius weder in Nominal- noch
in Verbalformen mit folgendem Vokal einen Zusammenstoß; Chorik.

(Kirst. p. 33) bietet dafür mehrere Beispiele. Nur εἰ und ἐπεί sind bei unserm Autor zu erwähnen. εἰ bildet nach Kaibel p. 11 im ersten Teile der Pol. Ath. noch seltner einen Hiatus als das dort seltene μή, ist aber nicht völlig ausgeschlossen; Polybius dagegen (Hultsch p. 294) hat keinen Hiatus mit εἰ; Appian (Zerdik p. 57) scheint denselben nicht durchaus gemieden zu haben. Synesius hat εἰ mit folgendem Vok. 4. 642. 30; 123. 713. 6 und 132. 718. 13, also im ganzen nur drei Fälle. 114. 709. 26 liest H. εἰ ἔτι, Par. 1039 Mon. 481. 490 dagegen εἰ τι. ἐπεί mit Hiat steht 143. 728. 17 ἐπεὶ οὖν.

εὖ steht neunmal vor οἶδα und ἴσθι; so hat es selbst Isokr. (Benseler p. 40, Hultsch p. 291) einmal; ob auch das bei Synesius einmal (98. 697. 6) vor der Form ἐποίησας stehende εὖ zu verteidigen und nicht vielmehr hier statt zwei Zeilen weiter unten das von Par. 1039 Mon. 481. 490 gebotene πεποίηκας einzusetzen ist, wenn selbst der in solchen Dingen weniger skrupulöse Chorik. (Kirsten p. 33) sich hiatusbildendes εὖ nur in Verbindung mit οἶδα und ἔχειν erlaubt hat?

Hiatus der mit η auslautenden Wörter. Wir betrachten hier zunächst den Artikel ἡ, der infolge seiner engen Zusammengehörigkeit mit seinem Subst. eine böse Klippe bilden mußste. Polyb. hat diese Klippe vermieden (Hultsch p. 294); wieviel er dabei von altem echt attischem Sprachgut und von Korrektheit über Bord geworfen, ist nicht bekannt. Wie sich andere auf glatten Wohllaut der Rede Bedacht nehmende Autoren hier gestellt, habe ich vergebens erwähnt gesucht. Nach dem Stillschweigen Kirstens zu schließen, hat Chor. ebenfalls ἡ mit folgendem Vokal ferngehalten. Bei Synesius schreibt H. 4. 642. 52 ἡ ἑτέρα (Par. 1039 ἑτέρα, ebenso Mon. 481; 490 ἀτέρα); ferner lesen wir 5. 646. 3 ἡ ὑπὲρ κέρδους ἔρις; 48. 660. 30 ἡ ἀγαθή; 115. 709. 43 ἡ ὀλιγοσιτία; 140. 726. 11 und 146. 730. 22 ἡ οἰκία in den Schlußpartien beider Briefe; 147. 730. 39 ἡ εὔνοια. In Verbal- oder Nominalformen findet sich, im Gegensatz zu Chorik. (Kirst. p. 31), η vor folgendem Vokal bei Synesius sonst nicht. Wenn er neben zwölfmal gebrauchtem und dabei stets vor einem Konsonanten oder einer Sinnespause stehendem ἔφη 137. 722. 34 ἔφησεν Ὅμηρος schreibt, so ist darin die Absicht der Hiatusvermeidung evident. 105. 705. 38 lautet H.s Text ἦ οὖν, Par. 1039 Mon. 481 haben einfaches οὖ, die Stelle ist stark verderbt. Zu η am Schlusse einer Nominalform ist noch zu vergleichen, was oben p. 33 über den Akk. Sing. der Eigenamen auf -μένης beobachtet worden ist. ἤδη bildet nie einen Hiatus, dagegen findet sich derselbe mit δή resp. ἐπειδή an drei Stellen (4. 645. 16; 58. 671. 13; 121. 712. 24). In Bezug auf μή sagt Külker p. 312, „ut apud Polybium, ita apud Diodorum post μή vocalis legitur sine offensione". Dies gilt auch für Synesius. Von den vielen Beispielen führe ich an 4. 642. 25; 6. 646. 41; 8. 647. 14; 44. 656. 44; 64. 674. 3; 95. 694. 50; 121. 712. 2; 134. 721. 18; 140.

725. 21. Die Form τῇ des Artikels steht vor einem Vokal 102.
700. 5 τῇ ἀγαϑῇ τύχῃ.
Hiatus der mit ι auslautenden Wörter. ι als Flexionsendung eines Subst. bildet bei Synesius keinen Hiatus; eine Ausnahme macht der Eigenname Μεσωρί 143. 728. 25. Von Verbalformen ist das auslautende ι in der I. Pers. Sing. des akt. Opt.
zu nennen, das sich nur elidiert findet 4. 645. 19 ἔχοιμ᾽ ἄν; 67. 677.
39; 132. 718. 11; unelidiert findet sich das eine Verbalform schliefsende
ι zweimal bei ἴσϑι 92. 693. 2 und 143. 728. 17, wo aber die Pause
entschuldigend eintritt. Hiatus nach dem fragenden Neutrum τί ist
von Isokr. als legitim nicht umgangen worden, auch für Diod. Sic.
wird von Kälker p. 313 das Gleiche konstatiert; Polybius dagegen,
in solchen Dingen isokrateischer als Isokrates, hat diesen Hiatus nur
selten zugelassen (Hultsch p. 291 ff.). Wie vorauszusehen, schliefst sich
Synesius der milderen Richtung an: er scheut sich nicht, mit τί ein
vokalisch anlautendes Wort zusammenzustellen: τί ἄν 44. 657. 18; 107.
702. 18; 110. 708. 22; 132. 719. 28; 154. 737. 20; τί οὖν 57. 668. 35;
103. 700. 39; 104. 703. 12; 109. 707. 47; 127. 715. 14; 140. 725. 22;
146. 730. 2; τί ἔδει 57. 669. 9 (Par. 1039, Mon. 481. 490 τί δεῖ); τί
ἐκώλυεν 4. 644. 36; 129. 716. 28; 132. 719. 25. Ebenso ist auch entsprechend isokrateischem Gebrauche τί und ὅ, τι nicht unbedingt von
einem nachfolgenden vokalischen Anlauter ferngehalten worden; es
findet sich bei beiden Pronomina einige Male Vokalzusammenstofs, und
zwar bei τί 4. 640. 16; 644. 32; 57. 667. 8; 73. 684. 38; 148. 732. 9; bei
ὅ, τι findet sich Hiatus 4. 642. 20 u. 152. 735. 7. Am häufigsten findet
sich bei Synesius ὅ, τι mit nachfolgendem ἄν, so z. B. 1. 638. 12; 35.
654. 30; 44. 659. 14; 52. 662. 11; 67. 675. 26; 677. 31 und 34; 95. 695.
13; 105. 705. 10; 119. 710. 43; 132. 718. 44. Es ist nur die Erfüllung
einer Pflicht gegen den Charakter der Sprache gewesen, wenn einsichtige Gegner des Hiats solche Zusammenstöfse zuliefsen, um
nicht grammatisch Zusammengehöriges auseinanderzureifsen. Kaibel
p. 11 konstatiert diese vernünftige Hiatuslizenz auch für Aristot.
Pol. Ath.; nach Hultsch p. 291 hätte auch hier Polybius seinen
Rigorismus geltend gemacht; Jacoby p. 18 spricht auch dem Dion.
Hal. ὅ, τι ἄν als rechtsgiltige Verbindung zu, weist aber mit Recht
ein ὅ ἄν als unerlaubt zurück. Ein Schmerzenskind scheint auch
bei andern Autoren in der Behandlung der Hiatusfrage das Wort
μέχρι-μέχρις zu sein. Der Streit um die Legitimität der Form
μέχρις ist nicht von gestern und heute; Phrynichus p. 14 Lob.; p. 64 f.
Ruth. sagt: μέχρις καὶ ἄχρις σὺν τῷ σ ἀδόκιμα· μέχρι δὲ καὶ ἄχρι
λέγε. Lob. läfst die Frage unentschieden; Ruth. will nur die Form
μέχρι als richtig gelten lassen. Seine Stütze ist das Metrum und der
Appell an die Inschriften, cf. Msths. p. 180. 40, Wecklein Cur. epigr.
p. 51 f. Bei Msths. ist das einzige für μέχρι vor einem Vokal an-

geführte Beispiel aus alter Zeit (500—456); sämtliche übrigen dort
angeführten σ-losen Formen gehen einem Konsonanten voraus. Lediglich die Scheu vor einem Vokalzusammenstoſs ist als die Ursache der
Entstehung der sigmatischen Form anzusehen. Wo also bei den
Grammatikern nicht auf diese Entstehung der Form mit σ einge-
gangen wird, ist meines Erachtens gegen das Urteil derselben ernst-
liches Miſstrauen berechtigt; denn sie haben den Kern der Streit-
frage nicht erfaſst. Es handelt sich nicht um Attiker und Nichtattiker, wenigstens nicht um sie als Attiker und Nichtattiker, sondern
es handelt sich um den Hiatus vermeidende und den Hiatus zulassende
Schriftsteller resp. Attiker. Dieser Forderung in der Fragestellung
wird, soviel ich sehe, nur Thom. Mag. gerecht, wenn er p. 13 R.
schreibt: οἱ δ' ἄλλοι (es war von Thukydides die Rede) ἐπαγομένου
μόνον φωνήεντος καὶ μετὰ τοῦ σ̄ καὶ χωρὶς τοῦ σ̄ γράφουσιν· οἷον
ἄχρις οὗ καὶ ἄχρι οὗ. Die Textgestaltung Weckleins a. a. O.[1]) macht
die in der Überlieferung nicht ganz klare Stelle erst verständlich.
Wenn wir uns dem Urteile des Thom. anschlieſsen, ist soviel gewonnen, daſs uns nicht mehr die starre Formel „attisch und unattisch" entgegengehalten wird, sondern daſs μέχρι und μέχρις in den
Bereich des Attizismus eingelassen werden; μέχρι und μέχρις unter-
scheiden sich aber dann im Gebrauche so, daſs ersteres von den auf
den Hiatus nicht Bedacht nehmenden (καὶ χωρὶς τοῦ σ̄), letzteres von
den den Hiatus zu bannen suchenden Attizisten (καὶ μετὰ τοῦ σ̄) in ihre
Diktion aufgenommen wurde. In den mir zugänglich gewordenen
Hiatusuntersuchungen habe ich folgendes Resultat gefunden. Im
Polybius hat Benseler den Hiatus mit μέχρι beseitigt, bei Dion. Hal.
stellt Jacoby p. 4 f. ebenfalls überall die Form μέχρις her, wo diese
Form vor Vokalen nicht schon von den Handschriften überliefert ist,
Kaibel p. 11 hat in Aristot. Pol. Ath. einen Hiatus mit μέχρι nur zweimal gefunden und unverändert gelassen. Kälker erklärt p. 313 Abs. 3
für Diodor den Hiatus mit μέχρι für unanstöſsig; ob sich K. dabei auf
eine irgendwo ausgesprochene derartige Festsetzung berufen kann oder
ob er dieses Urteil nur von den Vorschriften aus Phryn., Herodian
(Philet. 451 ἄχρι καὶ μέχρι ἄνευ τοῦ σ̄. τὸ δὲ σὺν τῷ σ̄ Ἰωνικόν) her-
leitet, kann ich nicht entscheiden; in der Anmerkung allerdings neigt
dann Külker stark zu der Annahme, daſs Diodor μέχρις vor Vokalen
geschrieben habe. Auch der Verfasser der Quaest. Appiancae, Zerdik,
hat p. 54 sich mit μέχρι(ς) beschäftigt und gegen seine Handschriften
dem App. die Form μέχρις abgesprochen, mit nicht zu billigender
Berufung auf Schweighäuser 3 p. 112. Kirsten erwähnt aus Chorik.

---

1) οἱ δ' ἄλλοι ἐπαγομένου μόνον συμφωνήεντος ἀεὶ λέγουσιν ἄχρι καὶ μέχρι,
ἐπαγομένου δὲ φωνήεντος καὶ μετὰ τοῦ σ̄ καὶ χωρὶς τοῦ σ̄ γράφουσιν, οἷον ἄχρις
οὗ καὶ ἄχρι οὗ. Wie soll aber μόνον an dieser Stelle zu verstehen sein? (λέγουσι μόνον ἄχρι καὶ μέχρι?).

keinen Hiatus mit μέχρι; ob Chor. die Form μέχρις angewendet hat, ist aus seiner nur die Hiate einseitig aufzählenden Darstellung leider nicht zu entnehmen. Bei Synesius nun liegt die Sache sehr einfach: μέχρι vor einem Kons. steht als Konjunktion und als Präposition 32. 654. 8; 57. 664. 42; 665. 34 und 44; 666. 34; 667. 51; 668. 3; 66. 674. 27; 67. 682. 1; 79. 688. 41; 90. 692. 21; 93. 693. 20; 110. 708. 36; 95. 696. 8; 105. 704. 20; 144. 729. 7; 148. 733. 41. An vier Stellen findet sich μέχρι fünfmal vor einem Vokal: 16. 650. 2 liest H. μέχρις ἐκείνου ζῆν ἄξιον ἦν Συνέσιον, μέχρις ἦν ἄπειρος τῶν τοῦ βίου κακῶν, und meine drei Handschriften stimmen ihm darin bei; 67. 676. 27 lesen wir bei H. auffallenderweise ἀναθέσθαι τὸ σκέμμα, μέχρι ἂν αὐτοῖς — γένηται, Par. 1039, Mon. 481 haben aber μέχρις (Mon. 490 fehlt); 69. 682. 27 steht im Texte τὸ μέχρι οὗ γράφω (Mon. 481 μέχρις οὗ γράφω, Mon. 490 —); 148. 731. 20 bietet H.s Rezension μέχρις ἀλῶν, meine Handschriften (Par. 1039, Mon. 481. 490 —) stimmen ihm auch hier zu. Synesius hat vor Vokalen μέχρις geschrieben. Das Adverb ἔτι und οὐκέτι wird bei Synesius stets mit Elision angetroffen: 54. 662. 39 und 136. 722. 24 νῦν οὐκέτ' οὖσαν Ποικίλην (Vers?); 95. 694. 17 οὐκέτ' ἄξιον ἀποδέχεσθαι und 145. 727. 22 οὐκέθ' ἡμετέρας; ἔτι findet sich nur 4. 639. 43 dem Metrum zu liebe in einem halb zitierten, halb imitierten Homerverse (H 217). Es erübrigt noch die Behandlung der mit ι schließenden Präpositionen ἀντί, ἐπί und περί (ἀμφί steht nie vor einem Vokal). ἀντί ist stets apostrophiert (ich habe 9 Fälle aufgeschrieben), ebenso ἐπί 59 mal; 123. 713. 24 lesen wir ἐπὶ Αἴσονι bei H.; auch hier wird wohl zu elidieren sein, nachdem 79. 689. 20 ἐπ' Ἀλεξανδρείας steht. Von περί mit Gen. ist schon oben p. 180 f. gesprochen worden; wie περί mit Gen., so ist auch περί mit Akk. vor Vokalen zugelassen worden; wir lesen es so 4. 645. 17; 57. 665. 8; 73. 685. 8; 88. 692. 7; 125. 714. 19; 154. 737. 28.

Hiatus der mit ο schließenden Wörter. Von Nominalformen kommt hier zunächst das Neutr. ἄλλο in Betracht. Dasselbe wird nach H.s Text nicht apostrophiert. Meine Handschriften stellen sich an den beiden in Betracht zu ziehenden Stellen folgendermaßen: 79. 687. 40 ἄλλο ὁτιοῦν (Par. 1039, Mon. 481 ἄλλων, 490 ἄλλο); 96. 696. 29 τί ἄλλο ἤ (Mon. 490 ἄλλο γε ἤ; Mon. 481 setzt nach ἄλλο ein Komma); eine Apostrophierung von ἄλλο ist demnach ebenso wie von Chor. (Kirsten p. 31), auch von Synesius nicht gewollt. Mehr schwanken die Handschriften bei τοῦτο. In der Mehrzahl der Fälle ist apostrophiert; einstimmig sind die Handschriften in den Fällen, in denen τοῦτ' ἔστιν dem lateinischen id est entspricht, und hier ist ja die Elision stets gäng und gäbe gewesen (57. 669. 16; 79. 688. 24; 95. 695. 47; 103. 700. 44; 104. 701. 45); 4. 639. 42 ist an der Form τοῦτο nicht zu zweifeln, da zwischen diesem Wort und dem folgenden Homercitat notwendig eine Pause anzunehmen ist; Mon. 481 hat

ein Komma. In den sämtlichen übrigen Fällen dürfte es bei dem
jetzigen Stande unsrer Handschriftenkenntnis geboten sein, eine Entscheidung noch nicht zu treffen. Ich lasse übrigens noch sämtliche
Stellen folgen. H. bietet τοῦτο 4. 640. 22; 641. 49; 644. 8; 645. 6;
12. 648. 46; 15. 649. 38; 23. 651. 32 (Mon. 481 setzt nach τοῦτο
ein Komma); 36. 654. 34; 44. 658. 36; 57. 665. 21; 66. 675. 20; 94.
693. 45; 101. 698. 26 und 148. 733. 18; τοῦτ' steht zu lesen 12. 648.
37; 19. 650. 37 (Par. 1039, Mon. 481 τοῦτο ἄν Mon. 490 τοῦτ' ἄν);
44. 658. 34; 659. 5 (cf. oben 44. 651. 32!); 659. 15; 57. 664. 28; 665.
12 und 13; 88. 692. 7; 103. 700. 18; 126. 714. 30 (Par. 1039, Mon. 481
τοῦτο; Mon. 490 τοῦθ'); 138. 723. 49; 145. 729. 21 (Par. 1039
τοῦτο Mon. 481 τοῦθ', aber θ' auf Rasur, 490 fehlt); 148. 732. 50
und 733. 38. Nach dem Zeugnis Kirstens p. 30 findet sich unapo-
strophiertes τοῦτο bei Chor. häufig. 4. 643. 5 steht δύο ἑξῆς ἡμέρας,
und daran ist nichts zu ändern. Numeralia geniefsen stets besondere
Freiheit. Über τριάκοντα s. oben p. 185; andere Fälle von einen Hiatus
verursachenden Zahlwörtern sind mir nicht bekannt. Das Verbum
bietet hier am häufigsten die III. Pers. Sing. des Opt. Aor. und Präs.
Med., und diese Form ist elidiert 5. 645. 48 δέξαιντ' ἄν; 57. 664. 36
γένοιτ' ἄν, ebenso 57. 664. 54; 668. 37; 76. 686. 24; 78. 687. 15; 122.
712. 49 (Mon. 481 γένοιτο ἄν, gewifs mit Unrecht); γίγνοιντ' ἄν
steht 156. 738. 1, dazu kommt noch δύναιντ' ἄν 57. 669. 3 (Par. 1039
δύναιντο ἄν) und δύναιτ' ἄν 67. 678. 8. An sämtlichen Stellen, wo-
fern nicht ein Vermerk angegeben, besteht Einhelligkeit meiner Handschriften. 61. 673. 9 ist verderbt: H. liest οὐδὲ γένοιτ' ἄν; Par. 1039
hat die Lesart ἀλλὰ γένοιτ' ἄν, aber τ' ἄν auf einer Rasur, Mon. 481
ἀλλὰ γένοιτο γάρ, 490 —; ob auch 84. 691. 17 διηγήσαιτο ἄν apostrophiert werden darf, ist fraglich. Jacoby p. 11 hat unter den in den
Handschriften bereits apostrophierten Stellen aus Dion. Hal. nur zwei
Imperfektformen ᾤχετ' ἄν (II 17) und ἀπελύετ' ἄν (VII 64) angeführt.
Aufgefallen ist mir, dafs bei Kälker p. 317 die aus Diodor als in den
Handschriften nicht apostrophiert angeführten Stellen samt und sonders
indikativische Verbalformen sind. Unapostrophiert steht bei Synesius
140. 726. 12 προσείρησο οὖν; 152. 735. 2 ist der Hiatus ἐκχέοιτο ὅσον
durch Pause genügend gerechtfertigt. Der Artikel ὁ bildet den
nicht wohl zu umgehenden Hiatus bei Synesius an 21 Stellen; ich
führe als Beispiele an 4. 640. 16; 4. 640. 42; 55. 662. 44; 58. 670. 38;
67. 678. 18; 136. 722. 26; 144. 729. 2; 152. 735. 6. Polybius (Hultsch
p. 294) hat sich diesen Hiatus nur 4 mal erlaubt. Bei Synesius ist
vielleicht ὁ ἀνήρ 95. 695. 3; 142. 727. 7 und ὁ ἐμός 117. 710. 24 durch
die noch unten zu besprechende Krasis zu beseitigen; 95. 695. 3
wenigstens hat Par. 1039 ἀνήρ id est ἁνήρ, Mon. 481 ebenso auf
radiertem Grunde. Häufiger als ὁ bildet die Form τό bei unserm
Autor Hiatus. Die Zahl der von mir aufgezeichneten Fälle beträgt

ungefähr 80; von diesen 80 Fällen wird nur in zweien 57. 668. 45 (τὸ
ὄνομα) und 58. 671. 1 (τὸ ἐπίγραμμα) nach dem Muster der unten an-
zuführenden handschriftlich bezeugten Beispiele an Krasis zu denken
sein; der Hiatus mit τό hatte ja auch durchaus nichts Ungewöhnliches
an sich. Die Präposition ἀπό ist in den Handschriften 15 mal
apostrophiert, nur einmal lesen wir 4. 644. 2 ἀπὸ ᾿Αλεξανδρείας neben
ἀπ᾽ Εὐρυσθένους (57. 667. 50), ἀπ᾽ Αἰγύπτου (146. 730. 28 und 148.
732. 4). Hiatus mit πρό findet sich bei Polybius (Hultsch p. 292),
bei Dion. Hal. (Jacoby p. 7) und bei Diod. Sic. (Kälker p. 313). Synesius gewährt demselben nur selten Einlaß: 125. 714. 18 πρὸ ὁδοῦ;
132. 719. 18 πρὸ αὐτῶν; 143. 727. 44 πρὸ ὥρας; 147. 730. 32 πρὸ
εὐχῆς. — ὑπό sowohl mit Gen. als auch mit Dat. und Akk. verliert
seinen Endvokal an 18 Stellen. 118. 710. 34 wird in den Handschriften übereinstimmend ὑπὸ ἐνδεικτῶν überliefert. Schließlich ist
noch das᾿ Adv. δεῦρο zu erwähnen, das zweimal (101. 698. 40 und
147. 730. 36) vor einem Vokal nicht elidiert. Jacoby p. 10 ist geneigt,
bei Dion. Hal. δεῦρο zu apostrophieren, das in den Handschriften bald
mit bald ohne seinen Endvokal überliefert ist.

Hiatus bei einem mit -οι schließenden Worte kommt nach
der Überlieferung bei Synesius nur ein einziges Mal vor 129. 716. 36
φίλοι ἡμῖν. Synesius hat diesen Vokalzusammenstoß im allgemeinen
zu meiden gesucht, an obiger Stelle aber war er, wenn nicht die ganze
Ausdrucksweise umgemodelt werden sollte, nicht zu umgehen. An der
gleichen Stelle (129. 716. 36) bildet auch der Artikel οἱ einen bei Synesius sonst nicht häufigen Hiatus οἱ ἄρξοντες. Bei Polybius, sagt Hultsch
p. 294, kommt dieser Hiatus nur einmal sicher vor. Die andern Stellen bei
Synesius sind 61. 672. 39 οἱ ἄνθρωποι und 120. 711. 13 οἱ ᾿Ασκληπιάδαι.

Hiatus bei den mit -ου schließenden Wörtern scheint bei
den Gegnern des Hiats vor Synesius gemieden worden zu sein; bei
Chorik. (Kirsten p. 34) findet derselbe im Gen. Sing. von Subst. und Pronomina des öftern, einmal auch mit (ὅ)που statt. 140. 726. 11 und
144. 729. 2 lesen wir ἅπασα μου ἡ οἰκία und πᾶς μου ὁ οἶκος, wo sich
allenfalls der Zusammenstoß des unbetonten enklitischen μου mit dem
folgenden Vokal noch annehmen läßt. Es ist aber überhaupt fraglich, ob
die am Schlusse der Briefe stehenden, fast möchte ich sagen, geschäft-
lichen Mitteilungen und Aufträge noch auf die gleiche Stufe mit dem
übrigen Ganzen der stilistisch fein ausgearbeiteten Briefe zu stellen
sind (cf. oben im sprachlichen Teil p. 37!). Immerhin bleibt es auffallend, daß allein von den wenigen hier zu besprechenden Hiaten
mit ου vier sich in den Schlußpartieen von Briefen finden; zu den
genannten Zusammenstößen kommt nämlich noch hinzu 16. 650. 7
ἀδελφοῦ ᾿Αθανασίου ἀρξαμένη und 143. 728. 26 ὁδοῦ ἔξομαι, geradezu unerträgliche Hiate, die allerdings nicht leicht zu umgehen waren,
beide ebenfalls am Schlusse des betreffenden Briefes. 104. 702. 48,

wo wir ἀπὸ τούτου ἔδοξε lesen, hat Par. 1039 von zweiter Hand ein
δέ eingeschoben. 144. 729. 2 ist mit Leichtigkeit durch Umstellung
προσγενομένου νῦν αὐτῷ zu helfen. Der Hiatus θεοῦ ἐξερημωθῆναι
57. 663. 33 mag durch die Sinnespause gemildert erscheinen. τοῦ mit
nachfolgendem Vokal bereitet keine Schwiergkeiten; es findet
sich auch bei Polybius; trotzdem gehört dieser Hiatus bei Synesius
wenigstens zu den nicht gerne zugelassenen, wie die verhältnismäfsige
Seltenheit seines Eintritts uns lehrt. Wir finden τοῦ ἀδελφοῦ 16. 650. 7
in den Schlufssätzen dieses Briefes; τοῦ ἀδικεῖσθαι 30. 653. 7 und 67.
681. 15; τοῦ ἄστεος 61. 672. 38; τοῦ ἔτους 52. 662. 6 und 79. 689. 31;
τοῦ ἥρωος 142. 726. 35; τοῦ ἐπί 121. 712. 3 und τοῦ υἱοῦ 53. 662.
19; 129. 716. 35 steht τοῦ Ἀφροδισίως Ἀλεξάνδρου.

   υ bildet nie einen Hiatus. Chorik. läfst denselben nach
πολύ, πάνυ und einmal auch nach μεταξύ zu (Kirsten p. 31).

   Hiatus mit ω. In Nominalformen findet sich ω vor einem
Vokal unbestritten 122. 712. 43 ἐγὼ δὲ ἅπαντας τοὺς παραγενομένους
τῷ ἔργῳ ἥδιστ' ἂν στεφανώσαιμι καὶ ἀνακηρύξαιμι, wo nach ἔργῳ
sicher Pause anzunehmen ist. Ebenso steht es 134. 721. 9, wo Mon. 481
ausdrücklich nach τοιούτῳ ein Komma setzt. 150. 734. 29 τοσαῦτα
αὐτῷ ὅσα ἡμῖν ist ebenfalls vor dem Relativpronomen zu pausieren.
Auch 110. 708. 13 πρέπον ᾠήθη τοῖς προβεβιωμένοις αὐτῷ ἐν γήρα
στρατιωτικαῖς ἐλλαμπρύνεσθαι πράξεσιν besteht zwischen αὐτῷ und ἐν
γήρα Pause. Es bleibt nur noch 154. 735. 43 ᾧ οὗτοί γε; hier bietet
Par. 1039 ὡς οιτοιγε (sic!), Mon. 481 ὡς οὗτοί γε. Die Stelle ist verderbt: Hiatus mit ω am Schlusse einer Nominalform ist mithin dem
Synesius wohl abzusprechen; Chorik. scheut denselben an einigen
Stellen nicht (Kirst. p. 32). — Die Form τῷ stöfst nur an drei
Stellen mit folgendem Vokal zusammen 67. 679. 49 τῷ εὐλαβεστάτῳ
Παύλῳ; 98. 697. 14 τῷ ἀδελφῷ und 122. 712. 43 τῷ ἔργῳ. Von dem
zweimal zu lesenden τῷ αὐτῷ statt sonstigem ταὐτῷ wird unten bei
der Krasis zu reden sein. Die Partikel ὦ bildet mit ihrem Vokale
einen Hiatus 121. 711. 43 ὦ Οὖτι und 132. 719. 47 ὦ ἐλευθέριε.

   Von den Sinnespausen, die auch wir durch eine Interpunktion,
Punkt, Komma und Strichpunkt, bezeichnen, hat Synesius in seinen
Briefen zur Milderung eines Hiats sehr ausgiebigen Gebrauch gemacht; es ist durch dieselben auch ein sonst ganz schwerer Zusammenstofs zweier Vokale zulässig gemacht worden. Das lehrt die
Lektüre einer jeden Seite aus den Briefen. Obwohl ich die sämtlichen derartigen Beispiele aufgezeichnet habe, verzichte ich darauf,
dieselben auch nur teilweise anzuführen. Es soll nur noch einmal
daran erinnert werden, in welchen Fällen wir oben die zwischen zwei
Sätzen eintretende Pause in Betracht gezogen haben; es geschah dies bei
ἕως (p. 178), bei einem mit ὑπό beginnenden Relativsatze; die Formen
οἶδα und οἶδ', οἶσθα und οἶσθ' haben wir durch diese Erwägung

gestützt (p. 185 f.), ebenso blieb ἴσθι vor seinem nachfolgenden abhängigen Satze unapostrophiert (p. 191). An mehreren Stellen haben wir allein durch Aufdeckung der zwar nicht durch Interpunktion gekennzeichneten, aber sicher als vorhanden zu statuierenden Lesepausen einen (scheinbar schlimmen) Hiatus als völlig belanglos aufzeigen können (z. B. 95. 695. 10 τοιοῦτο, ἐκεῖνος p. 180, 11. 648. 24 ἐμοὶ ἅπας p. 184; 122. 712. 43 und 110. 708. 13 p. 196 u. s. w.).

Es erübrigt noch die Behandlung der Frage, ob auch Synesius nach vokalem Schlusse des übergeordneten Satzes statt ὅτι = „weil" διότι angewendet habe. Nach dem über die Kraft der Pausen eben Bemerkten ist es nicht wahrscheinlich, dafs wir ὅτι und διότι nur um des Hiates willen bei unserm Autor die Rollen werden tauschen sehen. Thatsächlich findet sich auch an drei Stellen ein solches ὅτι nach Vokal 57. 663. 26 ἐπεξελεύσεσθαι, ὅτι; 126. 714. 35 συνδιημέρευσα, ὅτι; 148. 733. 22 τυγχάνει, ὅτι. Es ist dies allerdings eine verschwindend kleine Anzahl von Beispielen für die Gröfse des unserer Beobachtung unterstellten Gebietes, und es ist gerechtfertigt anzunehmen, Synesius möchte sich immerhin die Anwendung des ὅτι in solchen Fällen nicht gerne gestattet haben. Wie steht es aber mit dem dessen ungeachtet bei Synesius doch zu lesenden διότι? Es steht dreimal nach Vokal (16. 650. 10 αὐτῷ, διότι; 54. 662. 37 ἡμίθεοι, διότι; 67. 678. 8 καιροί, διότι), dreimal nach einem Kons. (44. 658. 52 ἐρεῖς, διότι; 143. 728. 27 αὐτόν, διότι; 154. 735. 27 οὐ θέμις, διότι), stets ohne Schwanken in der handschriftlichen Überlieferung. Die Beispiele für beide Anwendungsarten des διότι halten sich also die Wage. Eine Entscheidung ist aber leicht zu treffen, wenn wir die Bedeutung der hier stehenden διότι scharf zu fassen suchen: διότι hat an allen 6 Stellen nicht den Sinn eines einfachen ὅτι, sondern die Bedeutung eines nachdrücklichen „deswegen weil", ist also aus syntaktischen, nicht aus äufserlich euphonischen Gründen gewählt. So ist 54. 662. 37 und 154. 735. 27 διότι durch die von Synesius in diese Stellen gelegte Ironie veranlafst; 44. 658. 52 ist die Pointe des διότι eigens im Hauptsatze durch παρὰ τοῦτο noch einmal nachdrücklich wiederholt. Übrigens ist noch zu bemerken, dafs auch hier Synesius wieder dem Dion. Hal. nahesteht, der ebenfalls nach Jacoby p. 13 διότι um äufserer Euphonie willen nur selten gebraucht hat. Das 57. 664. 10; 670. 2 und 58. 670. 23 zu findende καὶ διότι und οὐ διότι hat nicht mit dem auf eine Satzpause folgenden διότι auf gleiche Stufe gestellt werden dürfen, ist aber seinem Gebrauche nach ebenso wie in den andern Fällen syntaktisch zu erklären.

Wir gehen nunmehr zur Betrachtung der Krasis über und beginnen zuerst bei der Krasis von καί mit ἄν: κἄν = καί + ἄν findet sich sehr häufig, im ganzen 16 mal, so z. B. 4. 640. 25; 46. 659. 38; 57. 667. 5; 58. 670. 38 und 39; 75. 686. 4; 132. 719. 29.

Noch häufiger findet sich *κᾶν* = *καὶ* + *ἐάν*, im ganzen 44 mal, z. B.
2. 638. 26; 44. 658. 37; 71. 683. 4 und 5; 90. 692. 28; 101. 699. 24;
114. 709. 34; 124. 713. 39; 140. 725. 48; 148. 731. 49; 154. 737. 5 u. 8.
*κᾶτα* = *καί* + *εἶτα* steht 4. 644. 35; 5. 646. 24; 44. 658. 46; 148.
733. 11 (Par. 1039, Mon. 481 *κᾶν ἐπειδή*, 490 —). *κἀκεῖνος* ist
nicht selten angewendet: 4. 640. 12; 16. 650. 10; 34. 654. 27 (Par. 1039,
Mon. 481 *ἐκείνης* Mon. 490 —); 44. 656. 36 *κἀκείνως*; 656. 43; 658.
29; 57. 663. 48; 67. 678. 32; 680. 31; 80. 690. 21; 95. 695. 22; 105.
704. 47; 705. 6; 154. 736. 26.   An *κἀκεῖνος* schliefse ich gleich die
Krasis *κἀκεῖ* an 67. 677. 45 und *κἀκεῖθεν* 55. 663. 8 und 118. 710.
32.   *καί* und *ἐπί* habe ich zu *κἀπί* verschmolzen nur einmal (4.
645. 4) angetroffen; meine drei Handschriften bieten auch hier *καὶ ἐπί*,
was im Texte wiederherzustellen ist. Sonst habe ich noch folgende
einzelne Fälle einer Krasis von *καί* mit dem folgenden Worte notiert:
*καλὸς κἀγαθός* 81. 690. 43; 95. 694. 24; 132. 718. 30; 148. 733. 43;
*πολλὰ κἀγαθά* 17. 650. 14; 80. 690. 24; 95. 694. 10; 122. 712. 26;
133. 720. 11; *κἀνθρώπινα* 101. 699. 22, wo meine Handschriften
*καὶ ἀνθρώπινα*, wohl mit Recht, bieten; *καί + ἐγώ* = *κἀγώ* 44.
658. 4; 53. 662. 15; 55. 662. 42; 60. 672. 18; 67. 677. 38; 680. 20;
686. 24; 81. 690. 36; 84. 691. 17; 94. 693. 29; 101. 698. 49; 699. 11;
110. 708. 23; 120. 711. 15; 127. 715. 31; 145. 729. 22; 155. 737. 49.
*καί + ἐμοῦ* = *κἀμοῦ* 44. 659. 4; 67. 679. 25; *καί + ἐμοί* = *κἀμοί*
42. 655. 36; 57. 669. 29; 104. 702. 4; 106. 706. 40; 134. 721. 12; *καί*
+ *ἐμέ* = *κἀμέ* 29. 652. 30; 76. 686. 12; 89. 692. 11; *καὶ + ἐνταῦθα*
= *κἀνταῦθα* 104. 702. 51; *καί + ἐν* = *κἂν* 48. 660. 30; 75. 686. 6
(*κᾶν* zu schreiben); *καί + ἔπειτα* = *κἄπειτα* 44. 657. 54.   Der
Artikel ὁ bildet Krasis mit nachfolgendem α 79. 687. 40 und 99.
697. 28 ὁ *ἀνήρ* = *ἁνήρ*, an beiden Stellen lesen Par. 1039, Mon. 481
und 490 resp. nur 481 *ἀνήρ*. ὁ und *ἐμός* werden 66. 675. 1 zu
*οὑμός*, ὁ und *ἕτερος* 133. 719. 48 zu *ἅτερος* zusammengezogen.
Die Präposition *πρό* bildet mit dem syllab. Augment des
Stammverbums Krasis in den Formen *προὔδωκεν* 95. 696. 9; *προὔ-
λαβεν* 46. 659. 38; *προὔλεγον* 72. 683. 19; *προὔπεμψα* 55. 662. 45;
*προὔστη* 3. 639. 27; *προὐτίμησε* 104. 703. 49; *προὐχώρει* 132. 718. 34
und *προὐχώρησεν* 47. 660. 14.   Unterlassen ist die Krasis mit Recht
in der Form *προεληλύθαμεν* 104. 702. 30, cf. Kühner-Blass I 1.
p. 222 h, mit Unrecht wohl in der Form *προετρεψάμην* 94. 693. 42.
*τά* bildet mit nachfolgendem ε Krasis in den Zusammensetzungen *τἀναντία* 67. 676. 8; 678. 36; 95. 694. 21; 695. 10, 26 und
53; *τἀπιτίμια* 73. 684. 24; *τἀμά* 91. 692. 44; 101. 698. 44; 105. 704.
18; 705. 13; 126. 714. 30; *τἄνδον* 105. 705. 1; 118. 710. 31; — 105.
705. 1 überliefern Par. 1039, Mon. 481. 490 *τἄτε ἔνδον*; *τἄνδοθεν*
154. 736. 17; *τἀπί* 43. 656. 6; 61. 673. 2, beidemal in der Verbindung *τἀπὶ Θρᾴκης χωρία*; *τἀν μέσῳ* 67. 680. 13. — *τά* und ein

mit α beginnendes Wort gehen folgende Verbindungen ein τἀλλότρια 50. 661. 35; τἀμοιβαῖα 67. 682. 7; τἄλλα 90. 692. 27; 105. 705.
26 und 33; τἀλλήλων 137. 722. 45; ταὐτά 154. 736. 20 und 737. 29;
das 93. 693. 18 und 19, sowie 132. 718. 2 und 3 ohne Krasis ü███
lieferte τὰ αὐτά ist nicht auf Rechnung des Synesius zu setzen,
sondern Citat aus einem uns unbekannten Mathematiker; der Kom-
parationsgrundsatz ist nach Cantor, Gesch. der Mathem. I p. 224 nur
bei Euklides überliefert; er steht dort in der Ausgabe von Heiberg
Lips. 1883 p. 10. 1 in der Form τὰ τῷ αὐτῷ ἴσα καὶ ἀλλήλοις ἔστιν
ἴσα; die synesianische Fassung geht vielleicht auf Theon zurück.
τὰ ὀνόματα wird im Unterschied von τοὔνομα bei Synesius 101.
699. 37 nicht verschmolzen, ebenso bei Dion. Hal. Jacoby p. 15; für
Diodor vgl. Kälker p. 312! — τό wird mit nachfolgendem α
durch Krasis verschmolzen in den Formen τἀδίκημα 44. 658. 25;
τἀληθές 44. 658. 22; 659. 15 und 67. 678. 23; τἀνθρώπιον 127. 715.
31; τὸ αὐτό (oder αὐτόν) wird mit Ausnahme einer Stelle stets
zusammengezogen 4. 643. 14; 44. 656. 40; 57. 669. 5 und 27; 104.
703. 32; 114. 709. 30; 121. 712. 21; 129. 715. 45; 132. 719. 3 (v. l.
ταὐτά); 142. 727. 9; 154. 735. 42. Einmal nur (138. 724. 18 τὸ αὐτό)
ist die Krasis unterlassen. τό und das nächste Wort beginnendes ε vermischen sich zum Diphthong ου: τοὐπίγραμμα 75.
685. 44 (cf. beim Hiatus mit τό p. 194 f.!); τοὔλαιον 134. 721. 51
und 148. 733. 7; τοὐναντίον 67. 682. 10; 69. 682. 32; 114. 709. 25;
τοὐμφανές 44. 658. 53; τοὐπίσημον 4. 640. 17 und 44. 658. 2; τοὐμόν
20. 651. 7 und 139. 724. 42. τοὐντεῦθεν 29. 652. 39. τό und ο
verschmelzen nur in der Form τοὔνομα 32. 653. 28; 61. 673. 6;
104. 702. 43; 148. 733. 44; ebenso τό und ι nur einmal (44. 657.
28) in der Verbindung τοἱμάτιον. Zur Verschmelzung von τό und
ο in der Form τοὔνομα cf. oben beim Hiat mit ο p. 195! Krasis
mit οἱ ist mir nirgends begegnet. Das Adv. μέντοι wächst 50.
661. 32 mit folgendem ἄν zu μεντἄν zusammen; 4. 644. 21, wo H. an
Stelle der früheren Lesart eigenmächtig ein μέντ' ἄν rezipiert hat,
bieten meine drei Handschriften μὲν ἄν, allerdings ist im Par. 1039
und Mon. 481 das ἄν von jüngerer Hand auf radierter Stelle erst
aufgetragen. τοῦ und nachfolgendes α wird zu einem τἀ- durch
Krasis verbunden τἀληθοῦς 105. 705. 36 und 118. 710. 36; τἀνδρός
47. 660. 5; die Verbindung τἀδελφοῦ (67. 679. 29) ist nicht gesichert,
denn Par. 1039, Mon. 481 haben τοῦ ἀδελφοῦ, 490—; cf. auch oben
beim Hiatus mit τοῦ p. 196! Was die Krasis τοῦ ἀνθρώπου =
τἀνθρώπου anlangt, so wird diese Form 95. 694. 45 einstimmig von
meinen Handschriften geboten, 79. 688. 21 aber schwanken die Handschriften: Par. 1039 τοῦ ἀνθρ., Mon. 481. 490 haben τἀνθρώπου,
doch ist die Lesart im Mon. 481 erst aus früherem τοῦ ἀνθρώπου
korrigiert. τοῦ und ε vereinigen sich zu ου in τοὐμοῦ πατρός

57. 667. 51; τῷ einem α vorausgehend wird τά in τἀνθρώπῳ 4.
641. 43, wo Mon. 481 ursprünglich τῷ ἀνθρώπῳ gelesen hat, und in
τἀνδρί 134. 721. 31; τῷ und αὐτῷ bildet die Form ταὐτῷ 61.
673. 9. Die Formen τῷ αὐτῷ 93. 693. 18 und 132. 718. 2 gehören in
das schon oben p. 199 bei der Krasis von τά und α genannte mathe-
matische Citat. Zum Schlusse führe ich noch von dem oben p. 198
genannten ἅτερος die mit Krasis vorkommenden obliquen Kasus an:
es findet sich vom Sing. der Gen. θατέρου 15. 649. 36 und 76. 686.
19; der Dat. ist mit Krasis von Synesius nicht gebildet, überhaupt
nicht gebraucht worden; der Akk. Sing. des Neutrums steht 57. 668.
53; 64. 674. 3; 127. 715. 22; 141. 726. 30; 154. 737. 15; der Akk. Plur.
des Neutrums θάτερα wird gelesen 104. 703. 36.

Die Aphäresis ist von Synesius nur zweimal zur Vermeidung
des durch ὦ mit nachfolgendem ἀγαθέ entstehenden Hiats zu Hilfe
genommen worden 101. 698. 45 ὦ 'γαθέ (Mon. 490 ὦ ἀγαθέ) und 134.
721. 11 ὦ 'γαθέ.

Von ungewöhnlichen Hiaten habe ich, soweit dieselben nicht
schon im Vorangehenden besprochen worden sind, nur noch drei
Fälle zu erwähnen. 57. 667. 37 liest H. προσιόντας αὐτῷ ἐπὶ τῇ τῶν
χωρίων ὠνῇ, meine drei Handschriften haben aber — wohl mit
Recht — ohne Hiatus προσιόντας αὐτοῦ τῇ τῶν χωρίων ὠνῇ; 62. 673.
47 befindet sich ein ebenfalls ganz anstöfsiger Hiatus in den Worten
ἐπεὶ δὲ τυγχάνει ὢν ὑπερόριος, ohne dafs ich eine plausible Heilung
oder eine Entschuldigung desselben wüfste; 96. 696. 46 endlich scheint
dagegen in dem Satze βελτίοσι μὲν γὰρ Συνεσίου ἐντεύξῃ πολλοῖς,
φιλοῦσι δὲ μᾶλλον οὐκ ἂν ἄλλοις ἐντύχοις nach dem im Mon. 481
zwischen Συνεσίου und ἐντεύξῃ gesetzten Komma für den Hiatus die
mildernde Pause einzutreten.

Für eine erschöpfende Darstellung der Wandlungen, die Synesius'
Ansichten über die nötige Strenge in der Hiatusvermeidung erfahren
hätten, ist die notwendigste Grundlage, eine biographisch geordnete
Chronologie der Briefe, noch nicht geliefert. Die Tabelle, die Clausen
am Schlufs seiner Arbeit: De Synesio commentatio Hafn. 1831: gibt,
ist nur als Versuch und Vorarbeit zu einer endgiltigen Entscheidung
anzusehen. In allen den Fällen aber, in denen sich nur einige wenige
Beispiele für diesen oder jenen Hiatus (z. B. für ὅτι = „weil" oder =
„dafs" mit nachfolgendem Vokal, für ἐπειδή, für τῇ, für οἱ etc.) gefunden haben, drängt sich von vornherein die Annahme auf, dafs die
dieselben enthaltenden Briefe einer in Hiatussachen weniger sorg-
samen Periode aus dem Leben unseres Autors angehören möchten. Bei
einer Zusammenstellung solcher seltner Hiate konnte der Natur der
Sache gemäfs nur bei den gröfseren Briefen auf eine reiche Ausbeute
diesbezüglicher Beispiele gerechnet werden. Geboten wurde dieselbe
von den Nummern 57, 58, 67 und 148. Die drei ersten Briefe geben

sich durch ihren Inhalt sofort als von dem Bischof Synesius geschrieben zu erkennen, gehören also unzweifelhaft den späteren Lebensjahren desselben an, auch Nummer 148 hatte ich schon früher wegen des darin (734. 1) gebrauchten Ausdruckes τὸν ἐπὶ Νῶε βίον (statt ἐπὶ Κρόνου) dieser Zeit zugewiesen. In den genannten Briefen findet sich ein bedeutender Bruchteil der sonst nur selten auftretenden Hiate vor. Von den oben p. 181 angeführten 5 Stellen, in denen Synesius ohne den Zwang eines voraufgehenden Vokals περί hiatusbildend gebraucht hat, finden sich 4 Fälle in den beiden Briefen 67 und 148 (67. 675. 37 und 677. 44; 148. 732. 9 und 733. 48); die oben p. 183 für ὅτι = „weil" mit folgendem Vokal verzeichneten zwei Fälle finden sich beide in den gleichen Briefen (67. 682. 11 und 148. 733. 23); wenn nach dem oben p. 197 Gesagten Synesius nur dreimal im ganzen vor einem mit ὅτι = „weil" eingeleiteten Nebensatz den übergeordneten Satz mit einem Vokal hat schließen lassen, begegnen uns zwei dieser drei Fälle im 57. und 148. Briefe (57. 663. 26 und 148. 733. 22). An 7 von 14 Stellen wird ἵνα einstimmig apostrophiert (cf. oben p. 186 f.!); von den drei Stellen, an denen es ebenso einhellig nicht elidiert, trifft eine auf unsere fraglichen Briefe (67. 682. 4); an den übrigen vier zweifelhaften Fällen partizipieren diese Briefe mit 2 Stellen: 57. 665. 7 ἵν' οἷς (Mon. 490 ἵνα) und 58. 671. 15 ἵν' ὑπό (Par. 1039, Mon. 481 ἵνα, in letzterem mit einer Lücke von der Größe eines Buchstabens). Auch die Krasis von τό mit nachfolgendem ὄνομα und ἐπίγραμμα, sonst eingetreten, wird nur 57. 668. 45 und 58. 671. 1 unterlassen. An der Hand dieser freilich noch recht unscheinbaren Spuren dürfte sich wohl, wenn die nötigen Vorbedingungen erfüllt sind, ein Weg zu der sicheren Erkenntnis finden lassen, daſs Synesius thatsächlich in seinen späteren gereiften Jahren dem Streben nach Hiatusvermeidung sich nicht mehr in der gleichen Weise wie ehedem zugeneigt hat.

Eine Untersuchung der Briefe in Bezug auf die Geltung der Meyerschen Gesetze „über den accentuierten Satzschluſs" habe ich mir auf eine spätere Zeit versparen müssen. Nur so viel möchte ich schon jetzt bemerkt haben, daſs ein günstigeres und ergiebigeres Feld für eine derartige Beobachtung als die sophistischen Abhandlungen, aus deren einer Meyer (p. 7) seine Probe genommen hat, soweit ich urteilen kann, die Briefe unseres Autors zu sein scheinen.

# Drittes Kapitel.
## Einzelne Stellen.
### Ep. I.

p. 638. 6 ff. ὁ δὴ παρὼν οὗτος λόγος ἥστινος μέν ἐστι μερίδος, ἀπὸ τῆς ὑποσχέσεως αὐτοῦ κατερεῖ. παρ' ἐμοῦ δὲ οὕτως ἠγαπήθη διαφερόντως, ὥστε κτλ.

Synesius übersendet zugleich mit diesem Briefe als dessen Geleitscheine an seinen Freund Nikander in Konstantinopel sein neuestes Werk, nach allgemeiner und alter Annahme seine Schrift φαλάκρας ἐγκώμιον. Seine litterarischen Kinder, sagt er, teilten sich im allgemeinen in zwei Klassen; die einen gehörten der Philosophie und Poesie, die anderen der Rhetorik an. Doch verleugne keines seiner Werke weder in dieser noch in jener Klasse die Abstammung von ihrem gemeinsamen Vater: ἀλλ' ἐπιγνοίη τις ἄν, ὅτι πατρός εἰσιν ἑνὸς ἅπαντες, νῦν μὲν εἰς σπουδὴν νῦν δὲ εἰς ἡδονὴν ἀποκλίναντος. Dann geht Synesius mit den obenstehenden Worten über auf die Frage, welcher Kategorie die gegenwärtige Schrift zuzuteilen sei. Bis auf H. haben alle Herausgeber statt αὑτοῦ die Lesart αὐτοῦ geboten, wie auch αὐτοῦ in meinen drei Handschriften steht. Die Änderung H.s verstöfst gegen den Sprachgebrauch des Synesius, der sonst (cf. oben p. 92!) die prädikative Stellung des reflexiven αὑτοῦ sich nie erlaubt hat. Aber H. scheint zu seiner Korrektur durch das Gefühl geführt worden zu sein, dafs in der überlieferten Fassung mit αὐτοῦ die Stelle keinen befriedigenden Sinn gibt. Und es wäre thatsächlich eine unbeholfene und schiefe Ausdrucksweise, hätte Synesius wirklich gesagt: „welchem Teile das vorliegende Werk angehört, wird es auf grund seiner Einleitung darlegen" (ἀπό in diesem Sinne ist oben p. 142 f. besprochen; ὑπόσχεσις als „Einleitung" verbürgt Eustath. p. 18. 4; die Änderung Nabers in ὑποθέσεως Mnem. N. S. XXII 97 ist also unnötig). Dazu kommt noch, dafs αὐτοῦ in dem reflexiven Sinne, der nach dem überlieferten Wortlaute ihm innewohnen müfste, ebenfalls bei Synesius stets attributiv gestellt gefunden wird (cf. p. 89 f.!). Synesius hat wohl entweder gesagt: „welchem Teile das vorliegende Werk angehört, wird die Einleitung darlegen" oder „welchem Teile das vorliegende Werk angehört, wirst du (Nikander) auf grund der Einleitung entscheiden", wörtlich: „aufschreiben", mit Bezugnahme auf καταλέγω als terminus technicus für die Einreihung in Listen und Register. Ich glaube also nicht fehlzugehen, wenn ich lese: ἀπὸ τῆς ὑποσχέσεως αὐτοῦ κατερεῖς. παρ' ἐμοῦ δέ u. s. w. Jetzt erst gewinnen die mit sichtlichem Nachdruck an die Spitze gestellten Wörter παρ' ἐμοῦ ihre richtige Würdigung, und der so gewonnene Gegensatz fügt sich harmonisch dem folgenden Gedankengang des ganzen Briefes ein, der sich in Betrachtungen über die verschiedene Stellung des Autors und des Lesers zu einem Werke bewegt und verlangt, dafs die Prüfung eines litterarischen Produktes nicht dessen Autor, sondern nur dem unparteiischen Leser anvertraut werde. Ebenso machten es ja auch jene beiden gefeierten Künstler im Altertum, Lysippus und Apelles, die sich wechselseitig die Kritik ihrer Kunstwerke übertrugen.

p. 638. 20 ff.: *αἱ γὰρ εὔνοιαι δειναὶ δεκάσαι τὰς κρίσεις. διὰ τοῦτο Λύσιππος Ἀπελλῆν εἰς τὰς γραφὰς εἰςῆγε καὶ Λύσιππον Ἀπελλῆς.*

Aber Dionys. Petavius hat mit Recht an dieser Fassung der Stelle starken Anstofs genommen: „Lysippus ergo pictor?, sagt er p. 45 seiner Notae in Synesium, insignis, inquam, ille statuarius?" und meint: „falsum haud cunctanter memoria Synesium dixerim, qui Lysippum pro Protogene acceperit." Plinius erzählt nun einerseits an der bekannten Stelle des 35. Buches von dem Urteil des Apelles über den Jalysos des Protogenes, während andrerseits von einem solchen Verhältnis, wie es Synesius zwischen Lysipp und Apelles bestehen lassen will, nirgends berichtet wird. Petavius hat nicht die Absicht gehabt, einfach statt Lysipp den Protogenes einzusetzen, was ja eine unberechtigte Korrektur unseres Schriftstellers in sich schliefsen würde, da wirklich Synesius das von jenen beiden Künstlern bekannte Verhältnis irrtümlich auf Lysipp und Apelles übertragen haben kann, die insofern auch ein oft zusammengenanntes Künstlerpaar gewesen sind, als sie beide von Alexander d. G. mit dem Privileg der Darstellung seiner Person betraut worden waren. Aber dafs Synesius den Lysipp für einen Maler gehalten haben sollte, ist nicht glaublich; die Bildung, die er in dem Mittelpunkte der damaligen Kultur, in Alexandria, genofs, war nicht so mangelhaft, dafs ihm diese Verwechslung zuzutrauen wäre. Dagegen wird Synesius zu verteidigen sein, und es ist dies ohne Schwierigkeiten möglich, wenn wir schreiben: *διὰ τοῦτο Λύσιππον Ἀπελλῆς εἰς τὰς γραφὰς εἰσῆγε καὶ Λύσιππος Ἀπελλῆν*, mit leichter Supplierung eines *εἰς τοὺς ἀνδριάντας*, die um so leichter möglich ist, als das zweite Glied *καὶ Λύσιππος Ἀπελλῆν* nur noch der rhetorischen Abrundung des ganzen Satzes zu dienen hat. Es handelt sich ja nicht darum, dafs auch Synesius Nikanders Werke prüfen sollte, wie auch, was Protogenes und Apelles anlangt, nirgends gesagt wird, dafs die Werke dieses von jenem beurteilt worden seien.

## Ep. II.

*Ἀφοβία μεγίστη τὸ φοβεῖσθαι τοὺς νόμους, σὺ δὲ αὐτοὺς ἠσχύν-θης ἀεὶ φανῆναι φοβούμενος. τοιγαροῦν δέδιθι τοὺς ἐχθροὺς καὶ*

204     Drittes Kapitel: Einzelne Stellen.

μετὰ τούτων τοὺς δικαστάς, ἃν μὴ κλέπτωσι. κἂν κλέπτωσι μέν, μὴ σὺ δὲ ᾖς ὁ τὰ πλείω διδούς, οὐδὲν ἧττον εὐλαβητέον· ὀργίζονται γὰρ ὑπὲρ τῶν νόμων, ὅταν καὶ μισθοδότην προσλάβωσιν.
Dieses kurze Billet ist an einen Johannes gerichtet, gewifs denselben, von dem wir im 44. und 50. Briefe des näheren erfahren, dafs ihm die Ermordung eines gewissen Aemilius zur Last gelegt wurde; ob mit Recht oder nur durch die verleumderische Bosheit seiner Feinde, wagt Synesius im 44. Briefe nicht zu entscheiden. Johannes war militärischer Beamter; er hat nach 44. 656. 26 λοχῖται unter sich und wird wohl mit dem im 104. Briefe wegen seines feigen Benehmens dem Feinde gegenüber mit so vernichtendem Spotte überschütteten Johannes, den man gewöhnlich als Militärgouverneur zu bezeichnen pflegt, identifiziert werden dürfen. — Der Inhalt unseres Briefes ist in den ersten drei Sätzen durchaus klar und wohlverständlich; Synesius nimmt auch hier den im 44. Briefe zu beobachtenden Standpunkt ein, auf dem er stets die Möglichkeit in Betracht zieht, die ganze Anklage gegen Johannes möchte nur das Werk von dessen politischen Feinden sein (50. 661. 6 τοὺς πολιτευομένους ἐχθρούς u. s. w.); die Unbestechlichkeit der Richter ist dem Schreiber des Briefes nicht zweifellos (ἃν μὴ κλέπτωσι; zum Ausdruck cf. Henr. Steph. s. v.: κλέπτειν dicitur etiam iudex, qui per sordes iudicat et καταδωροδοκεῖ); sollten die Richter bestochen sein, so soll die Bestechung aber doch um keinen Preis von seiten des Johannes geschehen (μὴ σὺ δὲ ᾖς ὁ τὰ πλείω διδούς, οὐδὲν ἧττον εὐλαβητέον). Und zur Begründung dieser seiner Forderung führt Synesius fort: ὀργίζονται γὰρ ὑπὲρ τῶν νόμων, ὅταν καὶ μισθοδότην προσλάβωσι, „pro legibus enim irascuntur, cum largitorem insuper nacti fuerint" (So der interpres!). Das ist unmöglich; in dieser Form widerspricht die Stelle nicht nur der Logik, sondern auch dem ganzen Charakter des Synesius. Der Hauptanstofs liegt in der Fassung des μισθοδότης = largitor („Bestecher"); aber diese Fassung ist nicht die einzig mögliche; μισθοδότης heifst im allgemeinen derjenige, welcher den Sold auszahlt, und ist mit σιτοδότης zu vergleichen, das bei Synesius 87. 691. 33 den, der σῖτα verabreicht, den Proviantmeister, bedeutet. Mit μισθοδότης ist also wohl Johannes in seiner amtlichen Eigenschaft gemeint; es hätte also der „Militärgouverneur" an die δικασταί den μισθὸς δικανικός auszuzahlen gehabt. Trotz eifriger Nachforschungen ist es mir nicht gelungen, auf die Frage hiernach eine deutliche Antwort zu finden; auch Herr Gymn.-Prof. Schulthess in Frauenfeld hat mir nur so viel mitzuteilen vermocht, dafs die Richterbesoldung, wie ja von vornherein anzunehmen war, von der Staatskasse ausging (Karlowa, Röm. Rechtsgeschichte I 873 f.); es wäre immerhin möglich, dafs man die Staatskasse den Händen desjenigen anvertraute, der auch die gewaffnete Macht zum Schutze derselben um sich hatte. Wir sind aber mit

unserer Stelle noch nicht völlig ins Reine gekommen. Synesius will, denke ich, bei Johannes dem Vorurteil entgegentreten, als ob die Thätigkeit der Richter ihm, einem sie besoldenden Beamten des Staates, gegenüber nicht wie sonst ein *ὀργίζεσθαι ὑπὲρ τῶν νόμων* wäre. Einen andern Sinn wird die Stelle kaum haben können. Ihn erhalten wir, wenn wir statt *προσλάβωσιν* mit leichter Korrektur unseres Textes *παραλάβωσιν* lesen im Sinne eines „vornehmen" (zur Bestrafung), „in seine Gewalt bekommen", wie *παραλαμβάνω* auch 57. 663. 20 steht *παραλαβόντες ὑμᾶς οὐκ ἠλέησαν οὐδὲ ἀνθρωπίνως ἐχρήσαντο*. Der Sinn ist dann: „denn sie zürnen zum Besten der Gesetze, auch wenn sie einen, der sie besoldet, (zur Bestrafung) vornehmen".

### Ep. XII.

p. 648. 34 ff. *ἴθι παρὰ τὴν μητέρα τὴν ἐκκλησίαν, ἀδελφὲ Κύριλλε, ἧς οὐκ ἀπεκόπης, ἀλλ᾽ εἰς καιρὸν ἐχωρίσθης, ὃς ταῖς τῶν ἁμαρτημάτων ἀξίαις διώρισται.*

Meine drei Handschriften Par. 1039, Mon. 481. 490 lesen statt *ὅς: ὃ καί*. Diese Lesart halte ich für die richtige. Es stehen sich (*εἰς ἀεί*) *ἀπεκόπης* und *εἰς καιρὸν ἐχωρίσθης* gegenüber; das folgende Relativ wird sich so ungezwungener auf eben diesen ganzen zweiten Ausdruck, als auf das einzelne Wort *καιρός* beziehen. Die Variante *ὅς* mag durch ungenaues Lesen von *ὃ* ϛ᾽ entstanden sein. Die Partikel *καί* dient dem Ausdruck des Gedankens, daß der Zeitpunkt, in dem jetzt Synesius seinen Befehl an Kyrill ergehen läßt, ja auch mit dem *εἰς καιρὸν χωρίζειν* zusammenstimmt, das der Größe seiner Verfehlung entsprechend bemessen wurde. Übrigens haben schon die Ausgaben des Turnebus, Morell und Naogeorg *ὃ καί* gelesen, erst Petavius hat *ὅς* in den Text und *ὃ καί* an den Rand gesetzt.

### Ep. XXX.

Die Überschrift dieses Briefes, der in seinem kurzen Inhalt mit Berufung auf Plato Gorg. 475 E vor Begehung eines Unrechts warnt, lautet im Mon. 490, ebenso wie im Texte. bei H. *τῷ αὐτῷ* d. h. *πενταδίῳ αὐγουσταλίῳ*. Im Par. 1039 lautet die Überschrift *ἀννσίῳ*, und Mon. 481 bezeichnet den Brief zunächst kurz mit einem *ἄλλη*, darüber ϝ *τῷ αὐτῷ* und an dem linken Rande steht ϝ *ἀννσίῳ*. Man sieht, daß dem Schreiber die Person des Adressaten nicht klar war, er suchte sich anfangs durch ein neutrales *ἄλλη* zu salvieren, hat aber dann doch noch die beiden strittigen Überschriften *τῷ αὐτῷ* (das in diesem Falle auch *πενταδίῳ αὐγουσταλίῳ* wäre) und *ἀννσίῳ* beigesetzt: auf jeden Fall ein Zeichen für die Treue, mit der, sei es nun der Monacensis 481 selbst oder seine Vorlage, geschrieben wurde. Wir werden uns zwischen den beiden Adressaten zu entscheiden suchen müssen. An Pentadius ist nur noch Ep. 29 gerichtet, und außerdem ist 127. 714.

48 von ihm die Rede. Aus beiden Stellen geht hervor, daſs Pentadius
ein sehr humaner Mann (ἡμερώτατος) gewesen sein muſs; ihm gegenüber dürfte eine Warnung vor Unrechtthun nicht notwendig gewesen
sein. Dagegen wird unter den sieben Briefen, die Synesius dem
Anysius, dem Militärgouverneur der Pentapolis im J. 410 (Volkmann
p. 246), einem sehr energischen Mann, schreibt, im 6. und 8. Briefe
einer Angelegenheit Erwähnung gethan, die recht wohl die in Frage
stehende Mahnung angezeigt erscheinen lassen konnte. Ein Soldat
Karnas hatte dem Synesius ein Roſs gestohlen und weigerte sich
hartnäckig, dasselbe zurückzugeben. Er wurde alsdann gefangen genommen und nach Synesius' Wunsch ihm zur Verantwortung vor-
geführt; dieser entriſs ihn den Händen des mit seinem Transport
Beauftragten und liefs ihn frei mit der an Anysius gerichteten Moti-
vierung: 14. 649. 24 ποῦ γὰρ ἱερέως εἰς ἰδίαν ὑπόθεσιν περιιδεῖν
ἀγώγιμον ἄνθρωπον ἐν νηστίμοις ἡμέραις; das geschah also in der
Quadragesimalzeit des J. 410. Aber Synesius fürchtet da schon,
Anysius möchte den Mann, der den Dieb hatte aus den Händen
der Gerechtigkeit rauben lassen, bestrafen (14. 649. 27 ist also δῷ,
nicht δῶ zu schreiben) und bat ihn, doch ja dadurch ihn, Synesius
selbst, nicht zum Mitschuldigen eines Unrechts zu machen. Diese
Auffassung der Angelegenheit mag dem Anysius gegenüber nicht durch-
geschlagen haben, jetzt muſs Synesius in unserm Briefe den Anysius
abermals ermahnen, nicht selbst ein Unrecht an einem Unschuldigen
zu begehen.

### Ep. XLIV.

p. 658. 5 ff. ἀλλ' ἀνδριστέον, ὦ γενναῖε, γενναῖος γὰρ εἴης, καὶ
τῶν μὲν ἡδονῶν ὑπεροπτέον, ἃς ἀδικοῦντες ἐπορισάμεθα.

Es ist selbstverständlich, daſs Synesius nicht von ἡδοναί gesprochen haben kann, die Johannes, der (angebliche) Mörder des
Aemilius, wenn er sich nach Synesius' eindringendem Rate den
Richtern stellt, um verurteilt zu werden, mit männlichem Mute
(ἀνδριστέον) gering achten soll. Es ist statt ἡδονῶν: ὀδυνῶν zu
lesen. Synesius hat im Vorangehenden die schuldbefleckte Seele in
weit ausgeführtem Vergleiche mit einem schmutzbefleckten Gewande
verglichen und hat oben (p. 657. 17) gesagt: ἀλλ' εἴ τις ἱματίοις αἴ-
σθησις ἦν, τί ἂν οἴει πάσχειν αὐτὰ λακτιζόμενα ἢ νιτρούμενα καὶ
πάντα τρόπον κναπτόμενα; διὰ πόσων δ' ἂν ὀδυνῶν ἐκπεπλύσθαι
κηλῖδας ἀρχαίας καὶ προστετηκότα ὀμόργματα;

p. 659. 20 ff. πάντως ὁ διὰ πάντων ἥκων ὀφθαλμὸς τῆς θεᾶς
(sc. Δίκης) καὶ Λιβύην ἑώρα καὶ φάραγγα ἐκείνην καὶ θροῦν ἐκεῖνον,
εἴτε τὸν ὄντα (Par. 1039 Mon. 481 ὄντως) εἴτε τὸν ἐπιποίητον — καὶ
οἶδεν (Par. 1039 οἶδα), ὅτι εἰ καὶ τύχοις μὲν ἀναίτιος σὺ καὶ καθαρὸς

τῷ θεῷ, μήτε πράξας μήτε βουλεύσας ἔργον ἐξάγιστον, ἀλλ' ἡμῖν γε τοῖς ἀνθρώποις οὔπω καθαρός, ἕως ἂν ἀναπολόγητος ᾖς.

Nachdem Synesius dem des Mordes Verdächtigten für den Fall seiner Unschuld sowohl (p. 656. 43 — p. 658. 27) als auch für den Fall seiner thatsächlichen Schuld (p. 658. 27 — 659. 17) seinen freundschaftlichen Rat gegeben hat, verweist er zum Schlufs auf das göttliche Gericht. Die Wahrheit, die den Menschen noch nicht geoffenbart ist, weifs die Dike, die den ganzen angeblichen Hergang gesehen hat. Sollte aber Johannes, wie es Synesius sichtlich wünscht, auch unschuldig sein, so ist er doch vor den Menschen nicht früher schuldlos, als bis dies auf dem Wege eines ordentlichen Gerichtsverfahrens erwiesen ist. Das wisse er, sagt Synesius; οἶδα steht richtig im Par. 1039; das Wissen der Dike hievon (οἶδεν H.) ist in diesem Falle für Johannes von keiner Bedeutung. Der Sinn der Stelle ist dann klar. Aber auffallend sind die Worte: εἰ καὶ τύχοις μὲν ἀναίτιος σὺ καὶ καθαρὸς τῷ θεῷ; denn das σύ droht den Gegensatz zwischen καθαρὸς τῷ θεῷ und τοῖς ἀνθρώποις οὔπω καθαρός durch sein Gewicht zu verschieben. Nun ist aber oben p. 88 f. von dem unbetonten Gebrauch der Pronomina ἐγώ und ἡμεῖς die Rede gewesen und gezeigt worden, dafs im Gegensatz zu dem häufigen derartigen Gebrauch von ἐγώ das Pron. σύ in dieser abgeschwächten Bedeutung nur in einigen ganz bestimmten Fällen gebraucht wird, darunter auch dann, wenn der Gegensatz fälschlich auf das Personalpronomen verschoben ist. Davon kann aber hier nicht die Rede sein; der Gegensatz τῷ θεῷ — τοῖς ἀνθρώποις liegt deutlich vor und das betonte σύ hat keinen Halt. Es mufs in dem σύ ein Fehler stecken. σύ kann aber leicht durch die Gleichheit der Aussprache aus ursprünglichem σοί entstanden sein und dieses σοί von ἀναίτιος abhängig, parallel mit ἀνθρώποις in Abhängigkeit von καθαρός, heifst dann: „schuldlos vor dir", d. h. vor deinem Gewissen. Diese Lesart wird durch zwei Parallelstellen empfohlen, in denen Synesius ebenfalls ἀναίτιος mit dem Dat. verbindet 67. 680. 44 οὐδὲ γὰρ οὐδ' Ἰάσων πάντα ἀναίτιος ἑαυτῷ und 105. 706. 3. θεῷ, ᾧ διὰ πάντων ἀναίτιος εἶναι βούλομαι. Die Worte ἕως ἂν ἀναπολόγητος ᾖς sind schon p. 126 besprochen und in ἕως ἂν ἀπολογητὸς ᾖς korrigiert worden. Diese Analyse von ἀπολογηθῇς in ἀπολογητὸς ᾖς — um auch diesen etwaigen Anstofs der gemachten Änderung zu heben — ist bei Synesius nicht singulär, sondern hat ebenfalls eine Parallele bei unserm Autor 79. 689. 31 μοὶ μαντευτὸς ἦν θάνατος statt ἐμαντεύθη. Zum Schlufs soll noch ausdrücklich darauf hingewiesen werden, dafs der eben behandelte Passus zu den am schlechtesten überlieferten und den stärksten Verderbnissen ausgesetzten Stellen in den Briefen gehört, wie dies die Aufzählung der Varianten bei F. X. Kraus p. 39 zur Genüge beweist.

## Ep. XLVII.

p. 660. 5 ff. ὅτου γὰρ ἐπιϑυμήσει (Par. 1039 γὰρ ἂν ἐπιϑυμήσῃ,
ἄν) von zweiter Hand übergeschrieben, Mon. 490 ἐπιϑυμήσειε ohne
ἄν) χρήματος, πρῶτον ἁρπάσας καὶ ὑφ' ἑαυτὸν ποιησάμενος, ἔπειτα
πράττει τὴν δίκην κἂν ἁλῷ τῇ ψήφῳ, κρατεῖ τῇ χειρί. οὕτως ἐποίησε.
πρῶτον ἥρπασε κεράμιον. ἐγράψατό τις αὐτόν, ὃ μὲν ἤλεγξεν, ὃ δὲ
οὐκ ἀπέδωκεν, ἀλλὰ καὶ προσηπείλησε τοῖς δημίοις πληγάς.
Inhaltlich scheint unser Brief mit No. 42 und 118 in Verbindung
zu stehen. In No. 42 ist von dem Streite um κεράμια, hier um ein
κεράμιον, vielleicht ein besonders wertvolles Stück aus der Zahl jener,
die Rede. Naber will Mnem. N. S. XXII p. 108 hier und im 42. Briefe
κεραμεῖον gelesen haben, aber dazu wird doch ἁρπάζω kaum mehr
stimmen. Es hat sich um Töpferwaren, nicht um eine Töpferwerkstatt
gehandelt; das geht auch aus den Worten 42. 655. 38 hervor, wo
Synesius schreibt, sein Verwandter Asphalios solle, um zu seinem
Rechte zu kommen, zum Testamente seines Vaters auch das Inventar
(ἀπόφασις) zu Hilfe nehmen und mit diesen Beweisstücken seine
Sache vor Gericht führen. Das geschah. Synesius brachte es dahin,
daſs die Richter das Inventar respektierten und durch ihr Urteil dem
Rechte, oder wie Synesius sich rhetorisch ausdrückt, dem Bestand
des Staates zu Hilfe kamen (παρεσκεύασα λαμπροτάτους ἄνδρας εἴξαν-
τας ἀποφάσει βοηϑῆσαι τῇ καταστάσει τῆς πολιτείας). Der τίς, von
dem es in unserm Briefe heiſst, daſs er den Petrus verklagt habe,
ist Asphalios, aber Petrus, diese ὀργὴ Πενταπόλεως (47. 660. 1), fügte
sich dem Spruche des Gerichtes nicht, sondern griff zur rohen Gewalt und drohte den Exekutoren (τοῖς δημίοις) noch mit Schlägen. Dies
der Sachverhalt, auf den sich die oben angeführten Worte beziehen. —
An ihnen ist nur der Ausdruck πράττει τὴν δίκην unverständlich. πράτ-
τεσθαι δίκην (ohne Art.), das wir in dem schon besprochenen 30. Briefe
passivisch gelesen haben, heiſst wörtlich: „von einem Strafe ein-
treiben", dann: „einen zur Rechenschaft ziehen" (Demosthenes XXIX 2).
Selbst wenn wir also hier die bei unserm Autor sonst nicht beobachtete
(cf. oben p. 97!) Verwendung aktiver statt medialer Formen konstatieren
wollten, wäre damit unserer Stelle nicht geholfen. Ich glaube, daſs
ein ταράττει statt πράττει dem Sinn am besten entsprechen würde,
besser als das von Naber a. a. O. vorgeschlagene ϑράττει, das bei
Synesius den Sinn von „beängstigen, abschrecken" hat (ep. 4. 642. 1;
121. 711. 31 und Aeg. 114 A). Thatsächlich muſste ein Benehmen,
wie es von Petrus erzählt wird, geeignet sein, das Recht oder Rechts-
bewuſstsein aufs empfindlichste zu verwirren. Epistel 118 endlich,
um auch noch auf diese zu kommen, stimmt in der Erwähnung der
Personen, in dem dort besprochenen Stoffe und auch in den daselbst
ausgesprochenen Gedanken so auffallend mit unserm 47. Briefe über-

ein, dafs der dort als tot erwähnte Vater von Synesius' ἐξανέψιος, der „ἥρως" Maximinianus (nach Par. 1039 Maximianus) wohl der Vater unsers Asphalius ist.

## Ep. L.

p. 661. 31 ff. ἀτυχέστατος μεντἂν εἴην, εἰ τῶν μὲν ἀγαθῶν τῆς φιλτάτης πατρίδος στεροίμην, μετέχοιμι δὲ ἀντιλογιῶν καὶ πραγμάτων ἀφελκόντων με τῆς ἐν φιλοσοφίᾳ ῥαστώνης, καὶ πενίαν ἐξ ἀπραξίας ὡς κέρδος ἑλόμενος, τἀλλότρια κακὰ προῖκα περιεργάσομαι. Auch der 50. Brief befafst sich noch einmal mit der Mordklage des Johannes. Aber in der Stellung des Synesius zur Sache ist eine wesentliche Änderung eingetreten. Synesius lebt auf dem Lande, und dort in der Einsamkeit des ländlichen Stilllebens scheinen ihm Gedanken aufgestiegen zu sein, die ihn an die Unschuld des Johannes nicht mehr mit der früheren Zuversicht glauben lassen (661. 10 εἰ καὶ μὴ πεποίηκεν, ἀλλ' ἐποίησεν ἂν καὶ τοῖς ἑαυτοῦ τρόποις πρέπουσαν αἰτίαν ἐδέξατο); es ekelt ihn die ganze Sache an, und er bittet seinen Bruder, ihm von den Vorgängen in Kyrene nicht mehr zu schreiben, auch die in Prozesse Verwickelten nicht mehr an ihn als ihren Helfer zu verweisen: ἀτυχέστατος μεντἂν εἴην, εἰ κτλ. Es wäre ein unglückseliger Tausch, meint er, wenn er das Gute, das ihm sein Aufenthalt in der Vaterstadt Kyrene zu bieten vermochte, lassen und dafür Händel eintauschen sollte, die ihn nur von seiner philosophischen Freude (mit ἡδονή erklärt Thom. Mag. 326. 1 das Wort ῥαστώνη) abzuziehen vermögen, und wenn er sich umsonst mit fremdem Unglück unnütz beschäftigen sollte, so Armut (?) aus seiner jetzigen Mufse als Gewinn ziehend. Inwiefern soll Synesius durch die Beschäftigung mit den Rechtshändeln anderer und durch die Nachrichten aus Kyrene Armut zu gefährden haben? Das gewifs nicht; aber sein Herz dürstet nach Ruhe und Frieden, und statt dessen müfste er sich nur von neuem betrüben. Es mufs in πενίαν ein dementsprechender Begriff liegen; dieser ergiebt sich durch die Änderung von πενίαν in ἀνίαν = „Klage, Qual". ἀνία ist ein Wort, das Synesius nicht ungern anwendet 105. 705. 3 τὴν ἐκ τοῦ συνειδότος ἀνίαν; häufiger noch ist das Verbum ἀνιάω 46. 659. 45; 105. 706. 6; 142. 726. 45; 149. 734. 11. Auch die paläographischen Schwierigkeiten scheinen mir gering.

## Ep. LVII.

Unter den Briefen ist uns auch die öffentliche Ansprache überliefert, die Synesius, jetzt Bischof von Ptolemais, in Sachen seines Streites mit dem Statthalter Andronikus hielt, und die wohl mit der feierlichen Exkommunikation dieses Mannes (Brief 58) zusammengehört. Im Anfang unseres Briefes spricht Synesius von der Notwendigkeit des Bösen in der Welt und von der Stellung Gottes zu demselben: die κακοποιοὶ δυνάμεις dienen zwar dem göttlichen Ratschlusse zu dessen Ausführung, sind aber trotzdem ϑεομισεῖς τε καὶ ἀποτρόπαιοι. Zum Beweis dafür wird die Art und Weise angeführt, in der sich Gott des Babyloniers Nebukadnezar zum Vollzug seines Strafgerichtes an Juda bediente: ὁ Βαβυλώνιος βασιλεὺς Ἱερουσαλὴμ μὲν τὴν πόλιν κατέσκαψε, τὸ δὲ ἔϑνος ἠνδραποδίσατο. ὁ δὲ αὐτὸς οὗτος οὐκ εἰς μακρὰν ἐμεμήνει καὶ γέγονε δίκη ϑεοῦ ἐξερημωϑῆναι τὴν πόλιν, ὡς εἰ καὶ γέγονεν ἐν τῷ τόπῳ πόλις ἀπιστηϑῆναι. Nachdem dann Synesius die Frage der Menschen an Gott gerechtfertigt gefunden hat, warum er denn so mit seinen Werkzeugen verfahre, wenn sie ihm in seinem Weltenplan gedient hätten, führt er fort: ἀλλ᾿ ἢ κεκίνηκεν ἡμᾶς εἰς ἀπόκρισιν ὧν αὐτοῦ πυνϑανόμεϑα; oder, wie es richtig heifst mufs, ἀλλ᾿ ἢ κεκίνηκειν ἡμᾶς εἰς ἀπόκρισιν — πυνϑανόμεϑα d. h. „aber wahrhaftig, Gott hat mich (als euern Bischof) zur Antwort auf unsere Frage berufen." Über den Plur. vom Redenden cf. oben p. 74; κινέω in diesem Sinne steht noch 154. 735. 19 ὑπὸ ϑεοῦ κινηϑείς.

In dem gleichen Gedankengang bewegt sich Synesius noch p. 664. 10 ff. καὶ διότι πρὸς τοῦτο σὺ γέγονας χρήσιμος, αὐτὸ τοῦτ᾿ ἐστίν, ὅ σε παντάπασιν ἀποκόπτει ϑεοῦ. οὕτω καὶ σκεῦος τὸ μὲν ἄτιμον, τὸ δὲ τίμιόν ἐστί τε καὶ νομίζεται. Im letzten Satze liegt ein Anklang an Ep. ad Timoth. II 2. 20 vor: ἐν μεγάλῃ δὲ οἰκίᾳ οὐκ ἔστι μόνον σκεύη χρυσᾶ καὶ ἀργυρᾶ, ἀλλὰ καὶ ξύλινα καὶ ὀστράκινα, καὶ ἃ μὲν εἰς τιμήν, ἃ δὲ εἰς ἀτιμίαν.

### Ep. LIX.

Der Brief beginnt mit den Worten:

ᾧ δέδωκα τὴν ἐπιστολήν, εἰ καὶ φιλόσοφός ἐστι τὴν ψυχήν, ἀλλὰ ῥήτωρ τὴν τέχνην, und aus den folgenden Worten geht hervor, dafs der Überbringer des Briefes die Absicht hatte, seinen Wohnsitz zu verändern. Unter den Freunden des Synesius ist uns nun nur einer bekannt, der Philosophie und Rhetorik zur gleichen Zeit betrieben hätte; das ist Pylaemenes, von dessen Doppelstellung in dem an ihn gerichteten 103. Briefe eingehender geredet wird. Seinem Freunde Synesius war die Beschäftigung des Pylaemenes mit Rhetorik nicht genehm, und so spricht er 71. 683. 4 die Hoffnung aus, dafs doch endlich einmal in ihm noch „der Funke des göttlichen Feuers aufleuchten werde". Dafs Pylämenes auch seinen Wohnsitz zu ändern beabsichtigte, um eben sein Geschäft in Konstantinopel besser als in der Pentapolis ausüben zu können, geht aus Brief 48, 71 und 103 deutlich hervor. Den Briefboten hat also in diesem Falle Pylämenes gemacht.

## Ep. LXII.

In diesem Dankschreiben an den Hegemon Markellinus nach Ablauf von dessen Amtszeit rühmt Synesius die Tugenden dieses Mannes mit folgenden Worten:

p. 673. 36 ff. ὑπερεῖδε κερδῶν, ἃ δοκεῖν εἶναι νόμιμα πεποίηκεν ἡ συνήθεια. οὐκ ἐπεβούλευσε πλούτῳ, πενίαν οὐχ ὕβρισε, τὰ πρὸς θεὸν εὐσεβής, τὰ πρὸς πολιτευομένους δίκαιος, τὰ πρὸς δεομένους φιλάνθρωπος. διὰ τοῦτο φιλόσοφος ἱερεὺς ἐπαινῶν αὐτὸν οὐκ αἰσχύνεται, παρ' ᾧ μηδεὶς εὕρετο (Par. 1039, Mon. 481. 490 εὕρατο) μαρτυρίαν χάριτι δεδεκασμένην. Statt παρ' ᾧ ist παρ' οὗ zu schreiben, wie folgende Stellen zeigen, an denen allen εὑρίσκομαι mit παρά u. Gen. verbunden ist: 44. 657. 43 παρ' αὐτῶν τῶν ἠδικημένων ἔλεον εὑρέσθαι (εὕρασθαι); 94. 693. 33 εὕροιο (εὕραιο) τῆς προθυμίας ἀμοιβὴν παρὰ τοῦ θεοῦ; 115. 708. 15 ἔναγχος οὖν ἥκει παρὰ βασιλέως στρατηγεῖν εὑρόμενος (-άμενος), wo allerdings παρὰ βασιλέως auch von ἥκει abhängig sein kann; einmal (147. 731. 3) ist auch ἀπό mit εὑρίσκομαι verbunden: εὑρέσθαι (εὕρασθαι) τι κέρδος ἀπὸ τῆς ἐν φιλοσοφίᾳ μερίμνης; παρά mit Dat. steht nirgends. Das παρ' ᾧ zu δεδεκασμένην zu ziehen, scheint mir wegen der von Synesius gewählten Wortstellung nicht gut möglich.

Zeile 44 ist nicht Πτολεμαιέων zu lesen, sondern Πτολεμαίων, wie meine drei Handschriften überliefern, was auch die sowohl bei Synesius (105. 704. 1) als auch sonst allein übliche Form ist.

## Ep. LXVII.

p. 677. 46 ff. ἃ δ' οὖν ἐν ταῖς τέτρασιν ἡμέραις διῳκησάμην, ἃς ἐν τοῖς τῇδε τόποις διέτριψα, τούτων οὐκ ἀγνοήσεις, ὅντινα τύπον ἕκαστον εὕρετο (εὕρατο). καὶ μὴ θαυμάσῃς, εἴ ποτε τὸν αὐτὸν εὖ τε καὶ κακῶς εἰπεῖν μοι συμβαίη. οὐ γὰρ ἐπὶ τοῖς αὐτοῖς ἑκάτερα. τὰ πράγματα δὲ ἐπαινεῖται καὶ ψέγεται.

Im 67. Briefe erstattet Synesius dem Patriarchen Theophilus in Alexandria teils Bericht über Entscheidungen, die er in strittigen Angelegenheiten der seinem Amtskreis zugehörigen Gemeinden getroffen, teils erbittet er sich Auskunft von dem Patriarchen über die in andern Fällen noch zu ergreifenden Maßregeln. Innerhalb des ersten Teiles seines Briefes hat Synesius vor den obenstehenden Worten seine Thätigkeit, die eine neue Bischofswahl in Palaebiska und Hydrax, zwei im Süden der Pentapolis an der Grenze der libyschen Wüste gelegenen Ortschaften, bezwecken sollte, eingehend geschildert. Nunmehr geht er zum Berichte über eine andere Angelegenheit über, die ihm besonders unangenehm gewesen sein mag (677. 54 γράμματι καταπεμφθέντι πειθόμενος διαιτᾶν ἠνεσχόμην). Es war zwischen dem Bischof Paulus von Erythra und dem ihm benachbarten Bischof Dioskorus von Dardanis zu einem heftigen Streit um ein auf der Grenzmark beider Gebiete auf einem Hügel liegendes Kastell gekommen. Entsprechend der Wichtigkeit, die dieses Kastell in den damaligen gefährlichen Kriegszeitläuften besitzen mufste, hatten die beiden feindlichen Nachbarn aufs heftigste und hinterlistigste einander befehdet. Derartige persönliche Fälle zu verhandeln war dem Synesius wegen der daraus leicht entstehenden Feindschaften zuwider, und er bemerkt an einer spätern Stelle (681. 3) unseres Briefes, an der er über Priester berichtet, die sich gegenseitig wegen Gesetzwidrigkeit verfolgen, ausdrücklich *ἀλλ' οὔτ' ἐγὼ κατεμήνυσα τίνες εἰσὶ μήτ' αὐτός, εἰ καὶ μάθοις, ἐπ' ὀνόματος ἐξελέγξῃς, ἵνα μὴ ἀπεχθοίμην ἀδελφοῖς.* Der uns hier beschäftigende Fall nahm nun durch die schliefsliche Verträglichkeit und Reumütigkeit des Paulus einen befriedigenden Ausgang; aber Synesius in seiner Ängstlichkeit, ja „Devotion" seinem Vorgesetzten gegenüber scheint zu fürchten, auf den aus der Geschichte ja sattsam bekannten schroffen Charakter des Theophilus möchte seine Recht und Unrecht genau abwägende Berichterstattung keinen günstigen Eindruck machen. Deswegen bittet er den Patriarchen besonders, sich nicht zu wundern, wenn er von einem und demselben Gutes und Böses berichten werde. Die Worte bilden nicht, wie es im Druck der Hercherschen Ausgabe den Anschein erregt, den Schlufs zum Vorangehenden, sondern sind die Einleitung zum Nachfolgenden. Zur Begründung seiner Bitte folgen die Worte: *οὐ γὰρ ἐπὶ τοῖς αὐτοῖς κτλ.* Unmöglich konnte aber Synesius behaupten, dafs seine Worte nicht denselben Personen gälten (*ἐπί* = de cf. p. 159!), der Gegensatz zu dem nachfolgenden *τὰ πράγματα δὲ ἐπαινεῖται καὶ ψέγεται* legt vielmehr den Unterschied zwischen den Personen und ihren Thaten nahe. Ich meine deshalb, es sei statt *αὐτοῖς* zu schreiben *ἀνθρώποις,* und erkläre mir die Korruptel durch falsche Lesung der Abkürzung *ἄνοις.* Auch durch Streichung des Art. *τοῖς* ist zu helfen, doch ist diese Änderung nicht so einfach.

p. 678. 37 ff. liest H. *ὃ μὲν ᾤχετο τὰς κλεῖς ἔχων, ὃ δὲ ἀνοίγνυσι καὶ τράπεζαν εἰσφορήσας καθιεροῖ σμικρὸν οἰκίσκον ἐν λόφῳ πλατεῖ.* Aber meine hier in Betracht kommenden Handschriften Par. 1039 und Mon. 481 bieten *εἰσφρήσας.* Ein Grund zur Änderung, gegen die sich auch Kraus p. 51 erklärt, ist um so weniger ersichtlich, als Harpokration p. 67.6 *εἰσφρήσειν* in seinen *λέξεις ῥητορικαὶ* aus Demosth. und Antiphon aufführt. Synesius hat dieses Wort noch Aegyptii I 18. 115 B; II 3. 121 B (Paris. *A εἰσφορήσοι*); Insomn. 8. 137 B.

Der Streit zwischen den beiden Bischöfen fand ein befriedigendes friedsames Ende. Paulus gestand sein Unrecht ein, und Dioskorus ebnete ihm in edelmütiger Weise die Wege zu einer dauernden Beilegung des Zwistes. Paulus kaufte dem Erythriten den Hügel ab und trat so in den rechtsgiltigen Besitz des Hügels und alles dessen, was sich auf demselben befand: *ἐγένετο πρὸς τῷ λόφῳ καὶ τῶν ἀμ-*

πελώνων καὶ τῶν ἐλαιώνων ἐγκρατής 680. 5 f. Diese Wein- und Ölbaumpflanzungen sind wohl auch p. 679. 54 mit πᾶν—τὸ κτῆμα gemeint, aber Synesius hat dieselben vorher noch nirgends erwähnt. Überhaupt zeichnet sich Synesius' Bericht nicht durch Anschaulichkeit und Klarheit aus; p. 678. 37 und 679. 14 f. z. B. muſs man sich erst bemühen herauszubringen, wer mit dem ὃ μέν—ὃ δέ gemeint sei. Die Art der Berichterstattung macht den Eindruck, als habe Synesius absichtlich die Nennung der Namen umgeben wollen. Ebenso miſslich steht es um die Beschreibung der Lage des Streitobjektes, die, obschon zum Verständnis der ganzen Affäre unumgänglich nötig, doch im Dunkeln bleibt. Synesius sagt nur 678. 2: ἐν Ὕδραχι τῇ κώμῃ χωρίον ἐστὶ τῆς κώμης αὐτὸ τὸ μετεωρότατον und dann ibid. 5 τέως μὲν οὖν ὀλίγοις τισὶ τῶν ἑαυτοῦ μερῶν εἰς ἑτέρας (Par. 1039 Mon. 481 ἑκατέρας) χρείας διεσχημάτιστο. Doch kehren wir zu dem Berichte vom Schlusse des Streites zurück!

p. 680. 7 ἐγένετο (Παῦλος) — ἐγκρατής. τῷ δὲ (Διοσκόρῳ) μεγαλοφροσύνη κτῆμα ἀντὶ κτήματο;, μεῖζον ἀντ' ἐλάττονος περιγέγονε καὶ τὸ εἴσω γενέσθαι τῶν νόμων τῶν εὐαγγελικῶν, οἳ συνεκτικωτάτην τῶν ἐντολῶν τὴν ἀγαπητικὴν διάθεσιν ἀπεφήναντο. Die Worte εἴσω bis ἀπεφήναντο nehmen Bezug auf Ev. Matth. 22. 37—40 ὃ δὲ ἔφη αὐτῷ· ἀγαπήσεις κύριον τὸν θεόν σου ἐν ὅλῃ τῇ καρδίᾳ σου καὶ ἐν ὅλῃ| τῇ ψυχῇ σου καὶ ἐν ὅλῃ τῇ διανοίᾳ σου. — δευτέρα ὁμοία αὐτῇ· ἀγαπήσεις τὸν πλησίον σου ὡς σεαυτόν. ἐν ταύταις ταῖς δυσὶν ἐντολαῖς ὅλος ὁ νόμος κρέμαται καὶ οἱ προφῆται. Aber statt περιγέγονε καὶ τὸ εἴσω κτλ. liest Par. 1039 περιγέγονε κοινὸν ἀμφοῖν ἀγαθὸν ἡ φιλαδελφία καὶ τὸ εἴσω κτλ. Warum H. diese Worte, die auch Petav. noch im Text hat, gegen seine Handschriften (Apparat p. LXXV) ausgeworfen hat, ist mir unerfindlich; denn die Stelle wird durch diese Auswerfung nicht besser, sondern schlechter. Man mag allenfalls noch ein δέ nach κοινόν einsetzen, und es heiſst dann: ἐγένετο (Παῦλος) — ἐγκρατής. τῷ δὲ (Διοσκόρῳ) ἡ μεγαλοφροσύνη κτῆμα ἀντὶ κτήματος, μεῖζον ἀντ' ἐλάττονος. περιγέγονε, κοινὸν δ' ἀμφοῖν ἀγαθὸν (ἐστὶν) ἡ φιλαδελφία καὶ τὸ εἴσω γενέσθαι τῶν νόμων τῶν εὐαγγελικῶν.

p. 680. 49 καὶ περὶ τῶν χρημάτων, ἃ διείληφα, ταῦτα Λαμπωνιανὸς ἔχειν ὁμολογεῖ.

χρημάτων liest nach H.s Apparat nur der Lipsiensis; seine übrigen Handschriften sollen ἐγκλημάτων haben, sicher lesen so meine für diesen Brief in Betracht zu ziehenden Codices Par. 1039 und Mon. 481. Es handelt sich, wie aus den folgenden Worten unzweideutig hervorgeht, um Armengelder (πτωχικὰ χρήματα). Lamponianus war nach p. 680. 30 f. Presbyter. Diesen lag thatsächlich die Leitung der Liebesthätigkeit in der alten Kirche ob, bis sie in die Hände der Bischöfe überging. Im Hirten des Hermas Sim. 9. 27 und bei

Polykarp Ep. ad Philippenses c. 6 wird die Versorgung der Witwen und Waisen als die Pflicht der Presbyter genannt (Uhlhorn, Liebesthätigkeit p. 155). Das διαλαμβάνειν der Gelder, das Synesius von sich aussagt, wird dann mit „verteilen" (nämlich unter die Presbyter) zu übersetzen sein. Es handelt sich nun aber um das Wort ἐγκλημάτων. Dafs nicht schlankweg statt dessen die Lesart χρημάτων in den Text gesetzt werden darf, hat auch Petav. Notae in Synesium p. 56 gesehen, so sehr auch er an dem unerklärlichen Wort Anstofs nahm. Es ist vielmehr Grund anzunehmen, dafs χρημάτων seiner Zeit eine Glosse für das unverständliche ἐγκλημάτων war und erst von da aus sich im Texte einnistete. Ein ἔγκλημα in der Bedeutung „Kollekte" — das waren ja doch damals schon die Armengelder — läfst sich nun nicht rechtfertigen und nicht erklären; „einsammeln" müfste dann ἐγκαλεῖν heifsen, das ist aber nie der Fall. Diesen Begriff bezeichnet vielmehr bei Synesius das auch im Klassischen schon gebräuchliche ἐκλέγειν, einmal in unserm Briefe 680. 25, wo auch von der Fürsorge für die Armen die Rede ist, in dem Ausdruck φόρους ἐξ ἀπόρων ἐκλέγων und dann 148. 733. 30 ἐκλεγόντων τοὺς φόρους. Ich habe seinerzeit ernstlich an ein Wort ἐκλεγμάτων gedacht und konnte mich, wenn dies Wort auch noch nicht nachzuweisen ist, doch auf seine Ableitung von ἐκλέγειν und auf seine unanfechtbare Bildung berufen.

## Ep. LXXII.

p. 683. 17 ff. ἐγὼ γὰρ ἐδόκουν σαφῶς κατανενοηκέναι τὸν ἄνθρωπον πάντα ῥᾴδιον εἰπεῖν καὶ ποιῆσαι καὶ προσεδεχόμην τε καὶ προὔλεγον, ὡς ἐκ τῆς τυχούσης αἰτίας εἰς τὴν φύσιν ἐπανελεύσεται, ὅν γε εἰκὸς ἀτολμότερον ἔσεσθαι προσκεκυφότα ταῖς ἐκκλησίαις πολὺ μᾶλλον ἢ εἰ μηδὲν ὕποπτον αὐτῷ κατελείπετο.

In diesem τοῖς ἐπισκόποις überschriebenen Briefe berichtet Synesius von einem Rückfall des Statthalters Andronikus, der πρῴην οὔπω πρῴην wegen seiner Feindseligkeiten gegen die Kirche und wegen seiner Gewaltthätigkeiten gegen Unterthanen aus der Kirche exkommuniziert werden sollte, aber der Absendung des darauf bezüglichen Rundschreibens durch seine Bufse noch zuvorgekommen war. Über die Frage, ob man den Sünder auf grund seines reumütigen Gebahrens zu Gnaden annehmen solle oder nicht, war es im Synedrium zu Meinungsverschiedenheiten gekommen. Synesius war für Abweisung des Bittgesuches und Aufrechterhaltung des Exkommunikationsbeschlusses, und zwar aus den in den obenstehenden Worten angegebenen Gründen, in denen er des Mannes unverbesserliche Sinnesart und zugleich die Erwartung darlegt, er werde vorsichtiger sein, wenn er einmal mit der Kirche einen Zusammenstofs gehabt hätte als wenn er ohne einen Denkzettel davonkäme (ἢ εἰ μηδὲν ὕποπτον αὐτῷ κατελείπετο). Die Worte προσκεκυφότα ταῖς ἐκκλησίαις entsprechen diesem Sinn nicht nur nicht, sie drücken vielmehr das gerade Gegenteil davon aus; es ist statt προσκεκυφότα: προσκεκοφότα zu schreiben und zum Vergleich der Ausdrucksweise 67. 675. 41 und 46. 659. 40 heranzuziehen. Diese Verbesserung, die ich schon im Winter 1892 für meine zum Spezialexamen des Jahres 1893 einzureichende Arbeit vorgenommen hatte, glaubte ich doch noch einmal aufführen zu dürfen; obwohl inzwischen Naber in der Mnem. N. S. 22 p. 114 die gleiche Konjektur veröffentlicht hat. Bei Lesung des Mon. 490 fand ich meine Vermutung bestätigt.

## Ep. XC.

p. 692. 26 ff. ἡμεῖς τε οὖν ἐνταῦθα στυγνοῦ βήματος αὐτὸν ἐξειλόμεθα καὶ τἆλλα ἐλάττους αὐτῷ παρὰ πολὺ τὰς συμφορὰς ἐποιήσαμεν.

Andronikus geriet, nachdem er aus der kirchlichen Gemeinschaft ausgeschlossen war, in mifsliche Verhältnisse; seine Feinde fielen über ihn her, und der Fluch der Kirche erfüllte sich in unerwarteter Weise (p. 682. 18 νῦν ἀδικεῖται, 22 τοῖς ὑπὲρ κατάραν ὡμίλησεν). Jetzt hat es den Synesius seines ehemaligen erbitterten Feindes erbarmt. Das zeigt er dem Patriarchen Theophilus mit den Worten an στυγνοῦ βήματος αὐτὸν ἐξειλόμεθα. Der Sinn dieser Worte war mir lange nicht verständlich; ich wufste nicht, was unter dem βῆμα zu verstehen sei. βῆμα ist sonst oft der Richterstuhl, das Tribunal, und in diesem Sinne auch in die christliche Terminologie übergegangen, wie im N. T. der Brief ad Rom. 14. 10 πάντες γὰρ παραστησόμεθα τῷ βήματι τοῦ θεοῦ und II. Cor. 5. 10 τοὺς γὰρ πάντας ἡμᾶς φανερωθῆναι δεῖ ἔμπροσθεν τοῦ βήματος τοῦ Χριστοῦ zeigen. Aber mit βῆμα in dieser Bedeutung verträgt sich ἐξελέσθαι nicht. Ein neues Licht kam für mich in die Stelle erst durch des Markus Diakonus' V. Porphyrii, wo es p. 55. 20 der neuen Bonner Ausgabe heifst: ἡ δὲ γυνὴ εἶπεν· παραδίδωμι ἐμαυτὴν τῷ φοβερῷ καὶ φρικτῷ βήματι τοῦ Χριστοῦ, εἰ προέγνων τί ποτε κτλ. Diese Stelle beweist, dafs seit der Abfassungszeit der oben zitierten neutestamentlichen Schriften βῆμα aus der konkreten Bedeutung „Richterstuhl, Tribunal" in die abstrakte: „Gericht" übergegangen sein mufs. Hatch-Redpaths Konkordanz zur LXX wird vielleicht über einen frühern derartigen Gebrauch Auskunft gewähren; doch ist mir dieses Werk leider nicht zugänglich geworden. Und in der angeführten Verwendung ist βῆμα auch an unserer Stelle zu verstehen. Synesius hat den Andronikus aus dem grausamen Gericht, dem er als Exkommunizierter verfallen sein mochte, genommen und ihn wohl in die Reihe der Gläubigen, wenn auch vielleicht der lapsi, wieder eingereiht.

## Ep. XCIX.

p. 697. 25 ff. καὶ μὴ χαλεπήνῃς, εἰ κέρδος οὐχ ὑμᾶς Θεοτίμῳ, Θεότιμον δὲ ὑμῖν εἶναι δοκιμάζω καὶ λέγω. ἀλλὰ τοῦτο, εἴ γε ποιητὴς ἀνὴρ

τῶν νῦν ἐνθεώτατος, δυνάμεως δὲ δεῖταί τις (Par. 1039 Mon. 481
τὶς ἄν) ποιητικῆς, ἵνα καὶ τοῖς μετέπειτα δόξῃ μηδὲ τοὺς ἀπόντας λάθῃ.
So hat H. den Text konstituiert und geglättet, aber auf Kosten
der Überlieferung. Denn alle Handschriften, sowohl die seinigen
(Apparat p. LXXVII) als auch die meinigen (Par. 1039 Mon. 481. 490)
lesen ἐνθεώτατος δυνάμεως δέοιτο' (die Interpunktion im Mon. 481)
δυνάμεως δὲ δεῖται κτλ. Der Wortlaut kann so, wie er überliefert
ist, nicht gehalten werden. Aber eine Auswerfung der Worte δυνάμεως δέοιτο ist deswegen noch nicht gerechtfertigt, vielmehr liegt
die Vermutung nahe, dafs sich δυνάμεως δὲ auf das überlieferte erste
δυνάμεως beziehe. Von dem δέοιτο der Handschriften kann nun
freilich dieses erste δυνάμεως nicht abhängen; statt des Gedankens:
„der Dichter bedarf der Macht" ist an unserer Stelle gerade der
gegenteilige: „der Dichter besitzt Macht" zu erwarten. Diesen Sinn
gewinnen wir, wenn wir δυνάμεως mit ἐνθεώτατος verbinden; denn
ἔνθεος mit Gen. hat z. B. bei Aesch. Eum. 17 die Bedeutung: „von
Gott mit etwas begabt". Es bleibt nur noch das Verbum δέοιτο
und dieses macht Schwierigkeiten. Es mufs geändert werden, und
ich schlage die Änderung in γένοιτο = εἴη vor, wie γίνομαι speziell
bei Synesius an unzähligen Stellen gebraucht ist. Es ist psycho-
logisch und paläographisch leicht denkbar, dafs der Schreiber, durch
das nachfolgende δεῖται verführt, schon hier statt γένοιτο ein δέοιτο
einsetzte. An dem δεῖταί τις ἄν des Par. 1039 und des Mon. 481
wage ich nicht zu rütteln. Die Stelle lautet also: ἀλλὰ τοῦτο
(sc. ἔστιν), εἴ γε ποιητὴς ἀνὴρ τῶν νῦν ἐνθεώτατος δυνάμεως γένοιτο'
δυνάμεως δὲ δεῖταί τις (mit oder ohne ἄν), ἵνα κτλ. Der Optativ darf
nicht Anstofs erregen, wenn man bedenkt, wie gern im attizistischen
Griechisch (cf. Schm. 1 p. 97 f.!) εἰ mit dem nicht mehr lebendigen
Optativ gebraucht wurde; der Optativ ist an dieser Stelle wohl nicht
schwerer zu ertragen als an der ersten der oben auf Seite 117 u. (für
opt. mit εἰ) angeführten Stellen. Welche Gewalt übrigens Gott der
Dichtkunst verliehen haben soll, sagt Synesius deutlich 49. 661. 3
ποιητικὴ γὰρ ἔδωκεν ὁ θεὸς ταμιεύειν τὴν εὔκλειαν und 660. 45 Σιμω-
νίδης Ἱέρωνα τῇ διαδοχῇ τοῦ χρόνου συνέστησε.

Ep. CV.

p. 705. 8 ff. Synesius weigert sich, das ihm angetragene Episko-
pat anzunehmen, und führt in dem gegenwärtigen Briefe alle Gründe
aus, die ihn zu dieser Weigerung zwingen. Bis 705. 6 hat er von
seiner persönlichen Unwürdigkeit und Unfähigkeit gesprochen, nunmehr geht er zu den Bedenken über, die ihm seine Verheiratung und
seine wissenschaftlichen Anschauungen erregen. Er sagt:
κἀκεῖνο δεῖ προσεῖναι τοῖς πρὸς τὸν ἀδελφὸν γράμμασι· πάντως δὲ
ἀναγνώσονται συχνοὶ τὴν ἐπιστολήν. καὶ γὰρ οὐχ ἥκιστα τούτου χάριν

αὐτὴν ὑπηγόρευσα τοῦ πᾶσι καταφανὴς εἶναι τὸ πρᾶγμα, ἵν' ὅτι ἂν
ἀποβῇ, — ἀναίτιος ὦ. So Hercher; aber Par. 1039 und Mon.481 überliefern τοῦ πᾶσι καταφανὴς (Mon. 490 καταφανές) εἶναι τὸ πρᾶγμα
δεδιώς, ἵν' ὅτι ἂν ἀποβῇ κτλ.; daran zu ändern liegt kein Grund vor.

p. 705. 27 ff. χαλεπόν ἐστιν, εἰ μὴ καὶ λίαν ἀδύνατον, εἰς ψυχὴν
τὰ δι' ἐπιστήμης εἰς ἀπόδειξιν ἐλθόντα δόγματα σαλευθῆναι. οἶσθα
δ' ὅτι πολλὰ φιλοσοφία τοῖς θρυλουμένοις τούτοις ἀντιδιατάττεται
δόγμασιν. ἀμέλει τὴν ψυχὴν οὐκ ἀξιώσω ποτὲ σώματος ὑστερογενῆ
νομίζειν. τὸν κόσμον οὐ φήσω καὶ τἄλλα μέρη διαφθείρεσθαι. τὴν
καθωμιλημένην ἀνάστασιν ἱερόν τι καὶ ἀπόρρητον ἥγημαι καὶ πολλοῦ
δέω ταῖς τοῦ πλήθους ὑπολήψεσιν ὁμολογῆσαι.

Synesius bezeichnet klar die drei Differenzpunkte, die ihn von
der kirchlichen Lehre scheiden. Seine davon abweichenden Ansichten
gehören zu denen, die auf wissenschaftlichem Wege (δι' ἐπιστήμης)
bewiesen worden sind (εἰς ἀπόδειξιν ἐλθόντα), und solche Über-
zeugungen können nur schwer, wenn überhaupt, erschüttert werden
(über σαλεύω in diesem Sinne cf. Kraus obs. crit. p. 59!). Mit den
Worten χαλεπὸν — σαλευθῆναι bereitet Synesius auf seine neuen,
wissenschaftlichen Bedenken überhaupt vor und erst im nächsten
Satze οἶσθα — δόγμασιν werden die drei einzelnen Dissense mit τοῖς
θρυλουμένοις — δόγμασιν eingeführt; τούτοις steht also in dem Sinn
von τοῖσδε (cf. ob. p. 91!). Das im ersten Satz stehende εἰς ψυχήν
kann also nicht im Sinne von: „in Bezug auf die Seele" gefasst
werden; denn erstens ist dort überhaupt noch nicht von den einzelnen Streitpunkten die Rede und zweitens beziehen sich dieselben
eben nicht nur auf die Seele, sondern auch auf den Weltuntergang und
auf die Lehre von der Auferstehung. Auch von ἐλθεῖν die Worte
abhängig zu machen, hat seine Schwierigkeiten, nicht nur wegen der
Häufung der beiden Präpositionalausdrücke mit εἰς, sondern auch deswegen, weil in dem rein bildlichen Ausdruck εἰς ἀπόδειξιν ἐλθεῖν das
periphrastische ἐλθεῖν nicht mehr stark genug sein wird, eine neue
lokale Bestimmung von sich abhängen zu lassen. Die Redensarten mit
ἐλθεῖν εἰς: εἰς ὄνησιν γενέσθαι (i. e. ἐλθεῖν) = „nützlich werden", εἰς
ἀπόλαυσιν ἔρχεσθαι = „genossen werden", εἰς πεῖραν ἐλθεῖν = „versuchen" sind p. 138 angegeben worden. Eine ganze Menge solcher auch
in der Koine (Wilke-Grimm p. 175 b) gebräuchlicher Phrasen führt
Schmid IV 471 f. an. Mit den Worten εἰς ψυχήν ist im Text nichts an-
zufangen; sie stammen gar nicht von dem Autor unsers Briefes, sondern
sind ursprünglich wohl eine an den Rand geschriebene Glosse [εἰς
ψυχήν = „die Stelle bezieht sich auf die Seele"] gewesen, durch die ein
mönchischer Schreiber auf die Wichtigkeit dieser Worte hinweisen wollte;
von da aus ist die Bemerkung mit Unrecht in den Text gekommen.

p. 706. 32 ff. εἰ δὲ μὴ προσίεταί με λειτουργὸν ὁ θεός, καὶ ἐκ
προοιμίων δεῖ τὸ θειότατον ἀγαπᾶν τὴν ἀλήθειαν, ἀλλὰ μὴ διὰ τῶν

ἐναντιωτάτων, ὁποῖόν ἐστι τὸ ψεῦδος, εἰς τὴν ὑπηρεσίαν αὐτοῦ παραδύεσθαι. Nach seiner anfänglichen entschiedenen Weigerung hat sich Synesius immer mehr mit dem Gedanken der Annahme des Episkopats vertraut gemacht und dabei den Grundsatz des notwendigen Gehorsams gegen Gott, der ihm durch die Menschen diese Aufgabe zuteilt, aufgestellt: p. 706. 8 καρτερήσω, ἂν ἐπιτάττῃ θεός, — λειτουργίαν τινὰ ταύτην, εἰ καὶ βαρεῖαν, ἐκπιμπλὰς τῷ θεῷ; 29 ὑποδύσομαι τὴν ἀνάγκην καὶ ὡς θεῖον σύνθημα καταδέξομαι; 31 τῷ θεῷ δ᾽ ἐθελοντὴν δεῖ πείθεσθαι. Man sieht, Synesius hat seinen eigenen Willen überwunden. Und nun soll er nach unserm Text fortfahren mit den Worten: εἰ δὲ μὴ προσίεταί με λειτουργὸν ὁ θεὸς κτλ.? Wie soll Synesius das machen, dafs er, von Gott nicht zum bischöflichen Amte zugelassen, trotzdem von vornherein die Wahrheit, das Göttlichste, liebt, indem er nämlich seine abweichende Meinung in dogmatischen Fragen offen aufdeckt und nicht mit Hilfe des stärksten Feindes Gottes, der Lüge, sich in seinen Dienst einschleicht? Es mufs im geraden Gegensatz zu unserm Wortlaut heifsen: „wenn mich Gott zuläfst", und so meinen es auch meine drei Handschriften, wenn sie schreiben: εἰ δὴ προσίεταί με λειτουργὸν κτλ. Diese Lesart ist aufzunehmen.

### Ep. CVI.

p. 706. 40 ff. καὶ δῆτα μαθὼν ὡς τὸ σπουδαζόμενον ὑπὸ σοῦ κηπίον πρὸς ἅπασι καὶ τοῦτον ἐκόμισε τὸν καρπόν, ἥσθην διπλῇ τῷ τε κάλλει τοῦ λαχάνου καὶ τῇ φήμῃ τοῦ τόπου. Synesius hat von seinem Bruder Euoptius mit anderen Kulturerzeugnissen von dessen Grundstück auch eine Partie Silphion übersandt bekommen. Den Überbringer fragte er, ob diese Frucht auf dem eigenen Grund und Boden des Bruders gewachsen sei oder ob Euoptius etwa von einem ihm selbst gemachten Geschenke seinem Bruder mitgeteilt habe. Das erstere war der Fall und das erfüllt Synesius mit doppelter Freude; er freut sich jetzt sowohl an der Schönheit der Frucht als auch — an dem Rufe (?) des Ortes. Statt φήμῃ erwartet man einen andern Begriff, wie φορᾷ (Fruchtbarkeit) oder φύσει (Beschaffenheit); letzteres dürfte sich noch am meisten, lautlich wenigstens, dem überlieferten φήμῃ nähern.

### Ep. CXXX.

p. 717. 15 ff. schreibt Hercher:
ἀλλὰ σύγγνωθι, τειχήρης γάρ εἰμι καὶ πολιορκούμενος γράφω, τῆς ὥρας πολλάκις φρυκτοὺς ὁρῶν καὶ αὐτὸς καὶ ἀνάπτων καὶ αἴρων τοῖς ἄλλοις σημεῖα. κυνηγέσια δὲ ἐκεῖνα τὰ πρόσω, οἷς ἐπ᾽ ἐξουσίας ἐχρώμεθα πρότερον, οὐχ ἥκιστα διὰ σέ, πάντα ἔρρει.
Es ist nicht abzusehen, warum H. die handschriftliche Lesart κυνηγέσια δὲ ἐκεῖνα τὰ πρόσω κατανοῶν eigenmächtig verlassen zu

müssen geglaubt hat. Es ist nach σημεῖα ein Komma, nach διὰ σέ ein Punkt zu setzen.

## Ep. CXXXVII.

p. 723. 31 f. ἔρρωσο καὶ φιλοσόφει καὶ διατέλει τὸ ἐν ἡμῖν ἀνα-κεχωσμένον ὄμμα ἀνορύττων.

So schreibt Synesius seinem Freunde Herkulianus. Er bezieht sich damit auf Platos Republik VII 533 D ἡ διαλεκτικὴ μέθοδος — τὸ τῆς ψυχῆς ὄμμα κατορωρυγμένον ἠρέμα ἕλκει καὶ ἀνάγει ἄνω, wobei aber κατορωρυγμένον in ἀνακεχωσμένον geändert ist. Der hier notwendige Begriff des Vergrabens kann in ἀναχώννυμι nicht liegen; ἀναχώννυμι ist wohl infolge eines Schreibversehens durch das in der Nähe stehende ἀνορύττων entstanden; es wird statt dessen κατακε-χωσμένον zu schreiben sein. Der Ausdruck τὸ τῆς ψυχῆς ὄμμα ist den Platonikern geläufig, Synesius selbst gebraucht ihn noch im Dio 10. 47 C πάντα ταῦτα κοσμεῖ τὸ ὄμμα ἐκεῖνο.

p. 720. 37 οἱ πολλοὶ δὲ οὐ διὰ τὸ φρονεῖν, ἀλλ' αὐτὸ δι' αὐτό, καὶ τελειότητα ἀνθρωπίνην ἥγηνται τὸ βιοῦν ὀρθῶς, τὴν ὁδὸν οὐχ ὁδὸν ἀλλ' ἐφ' ὃ δεῖ δι' αὐτῆς φθάσαι νομίζοντες, κακῶς φρονοῦντες. σωφροσύνη γὰρ ἄλογος καὶ ἀποχὴ κρεωδαισίας πολλὴ παρὰ πολλοῖς ἀλόγοις εἴδεσιν ἐνδέδοται παρὰ τῆς φύσεως. ἀλλ' οὐκ ἐπαινοῦμεν οὔτε κορώνην οὔτ' ἄλλο τι τῶν εὑρομένων (εὑραμένων) φυσικὴν ἀρε-τήν, ὅτι φρονήσεως ἔρημα. ἡ δὲ κατὰ νοῦν ζωὴ τέλος ἀνθρώπου.

Synesius hat im vorangehenden Satze darauf hingewiesen, daſs schon die Alten auf einen richtigen Lebenswandel als die Vorbedingung (προοίμιον) des philosophischen Denkens gedrungen haben; denn, sagt Plato Phaedo p. 67 B, μὴ καθαρῷ - καθαροῦ ἐφάπτεσθαι μὴ οὐ θεμιτὸν ᾖ. Im schroffen Gegensatze dazu steht die Meinung der oben genannten πολλοί; es sind dies die christlichen Mönche. Sie tadelt Synesius von seinem neuplatonischen Standpunkt aus, der ihm die Glückseligkeit in einem vollkommenen Leben und dieses erst wieder im Denken begründet sein liefs, auch im Dio aufs entschiedenste. Auch sie streben zwar, sagt er, dem höchsten Ziel zu und verdienen wohl (Dio 46 A) das beste Leben zu erlangen, aber sie wissen nicht (ibid. 49 D), daſs das Streben nach Mäfsigkeit nur das Mittel zu einem höhern Zweck ist: οἴονταί γε δεῖν σωφρονεῖν, οὐ διότι σωφρο-νητέον εἰδότες, ἀλλ' ἐπίταγμα λαβόντες ὥσπερ νόμον ἀναίτιον, ὃν ὁ μὲν θεὸς οἶδεν, ὅτι τοῦτο δι' ἄλλο, διὰ τὰς νοήσεις, καὶ ὅτι προύργου πρὸς ἄνοδον τὸ πρὸς μηδὲν τῶν ἐν ὕλῃ παθαίνεσθαι oder ibid. p. 50 C ἡμεῖς οὖν τιμῶντες τὰς ἀρετὰς ἴσμεν, ἥντιν' ἔχουσι τάξιν, ἣν αἱ τῶν στοιχείων γραμμαὶ πρὸς ἐπιστήμην βιβλίου. πρῶται γάρ εἰσιν ἀνιόντων ἐπὶ τὸν νοῦν. Diese Gedanken sind auch in den Worten οἱ πολλοί — κακῶς φρονοῦντες enthalten; aber es ist leicht ersichtlich, daſs nach dem αὐτὸ δι' αὐτό ein Verbum ausgefallen ist, etwa: μετίασιν oder σπου-δάζουσιν, von dem dann ebenso wie von ἥγηνται das Objekt τελειότη-

τα ἀνθρωπίνην abhängig zu machen ist. Der Satz schliefst nachdrücklich mit den Worten κακῶς φρονοῦντες. Diese Behauptung wird im
folgenden mit einem durch γάρ eingeleiteten Satze begründet: sie sind
falscher Meinung; denn die Müfsigkeit und die Enthaltung von Fleisch-
genufs ist ihnen von der Natur, nicht vom Geiste eingegeben (ἐνδέδοται) und deshalb eben unvernünftig. Synesius bekennt sich übrigens
mit diesen Worten zu dem Neuplatonismus des Plotin, nicht zu dem des
Porphyrius, der in seiner Schrift περὶ ἀποχῆς ἐμψύχων für die Enthaltung von Fleischspeisen eingetreten war. Die ἄλογα εἴδη, ein
dunkler Ausdruck, werden (cf. Soph. El. 1177!) unvernünftige Personen
sein sollen, und mit ihnen sind dann wieder wohl in erster Linie die
Mönche gemeint. Worin ihre σωφροσύνη bestand, zeigen des näheren
einige Stellen im Dio, wo es von ihnen heifst, dafs sie μίξεων ἀπέ-
χονται (p. 50 A), dafs sie Körbe flechten (p. 46 C) und dafs sie getrennt von einander (p. 45D) leben. Im letzten Satz unsrer Stelle
versagt Synesius noch einmal dieser Selbstzucht seine Anerkennung
mit den Worten: ἀλλ' οὐκ ἐπαινοῦμεν οὔτε κορώνην οὔτ' ἄλλο τι
τῶν εὑρομένων φυσικὴν ἀρετήν, ὅτι φρονήσεως ἔρημα. Ohne Zweifel
ist mit dem ἄλλο τι τῶν εὑρομένων φυσικὴν ἀρετήν, mit den Dingen,
die eine natürliche (äufserliche) Tugend verschaffen, (cf. εὑρίσκομαι
in diesem Sinn N. T. Hebr. 9. 13 αἰωνίαν λύτρωσιν εὑράμενος) abermals an die Übungen der Mönche gedacht, aber κορώνην im Sinn
„Krähe" ist in diesem Zusammenhang unmöglich. Nach demselben
erwartet man vielmehr auch hier noch einmal die Bezeichnung für
eine Mafsregel der Mönche, die ihnen eine φυσικὴ ἀρετή im Sinn
ihres Gegners einbringen sollte. Wenn ich nun darauf hinweise, dafs
Synesius 67. 681. 26 die lateinischen vacantivi mit βακάντιβοι, 144.
728. 42 den magister ordinarius mit ἄρχων ὀρδινάριος und 145. 729.
21 den subadiuva mit σουβάδιουβα ins Griechische überträgt, so verliert wohl auch die Vermutung, dafs in dem κορώνη die lateinische
corona stecke, an Unwahrscheinlichkeit. Corona ist aber die Bezeichnung für die Tonsur, und diese sollte, schon bevor sie im V. scl.
auch im Klerus Eingang fand, Büfsende und Mönche als Demutssymbol
(Kurtz Kirchengeschich.¹¹ I. Bd. p. 212) durch Erinnerung an die
Dornenkrone Christi an die ihrem Stande entsprechende Demut (σωφροσύνη = dem von der christlichen Ethik geprägten ταπεινοφροσύνη)
gemahnen. Im Mittelalter ist κορώνη in diesem Sinn ganz geläufig.
Gegen solche allerdings eine φυσικὴ ἀρετή zu Wege bringende Mafs-
regeln verwahrt sich Synesius; ἡ δὲ κατὰ νοῦν ζωὴ τέλος ἀνθρώπου.

### Ep. CXLI.

p. 726. 26 ff. ἀντίγραφον οὖν τῆς τετράδος ἀπόστειλον, πρὸς αὐτῆς τῆς ψυχῆς, ἣν κοσμεῖν βούλεται τὸ βιβλίον. ἀλλ' ὅπως τάχιστά
τε καὶ ἀσφαλῶς τοῦτ' ἔστιν, εἰ διὰ τῶν πάντως ἀποδωσόντων ποιή-

σεις. τῷ γὰρ παρὰ θάτερον διαμαρτεῖν πάντως οὐ ποιήσεις. κἂν
σχολαίτερον ἀποστείλῃς (ὑστερήσει γάρ μου τῆς παρουσίας), κἂν δῷς
τῷ μὴ πάντως δώσοντι. Die Überlieferung der Stelle ist stark verwirrt, den Herausgebern
Petavius (Notae p. 63) und Hercher (Appar. p. LXXVIII) hat die-
selbe Schwierigkeiten gemacht, auch Kraus obs. crit. p. 65 hat sich
damit abgegeben. Der Befund meiner Handschriften ist folgender.
Statt τῷ lesen Par. 1039 und Mon. 481 τό, gewifs mit Unrecht; statt
πάντως ἀποδωσόντων hat Mon. 490 ταχέως πάντως ἀποδωσόντων und
Petavius macht daraus ταχέως καὶ πάντως ἀποδ.; ταχέως ist unnötig;
eines erklärenden Zusatzes bedürfte nur ἀσφαλῶς, nicht τάχιστα, am
wenigsten einer solchen Erklärung durch das gleiche Wort; von σχολαιότερον steht -ότερ im Mon. 481 auf einer Rasur, darüber ϝ σχολαίτερον; die ganze Partie τῷ γὰρ — ποιήσεις endlich ist im Mon. 490
ausgelassen. Diese Auslassung ist nicht berechtigt; denn mit derselben würde den folgenden Worten κἂν σχολαίτερον — δώσοντι die
Beziehung genommen. In dem vorangehenden mit ἀλλ' ὅπως beginnenden Satze kann ἀλλ' ὅπως mit τάχιστα = „quam celerrime" zusammen genommen, und es mufs dann noch ein ἀπόστειλον aus dem
Vorangehenden ergänzt werden; in dem nachfolgenden auf ἀσφαλῶς sich
beziehenden Satzgefüge mufs dann aber statt des präsentischen ἔστιν
ein Futur ἔσται („das wird der Fall sein") geschrieben werden. Durch
diesen Satz ist aber der Zusammenhang des nachfolgenden Satzes
τῷ γὰρ παρὰ θάτερον u. s. w. mit den Worten τάχιστά τε καὶ ἀσφαλῶς empfindlich gestört. Dies ist nicht der Fall, wenn τοῦτ' ἔστιν
lediglich einem erklärenden „id est" gleichgestellt und dann das Futur
ποιήσεις in der im grammatischen Teil oben p. 114 besprochenen
Weise eines elliptischen Finalsatzes mit ὅπως zusammengenommen
wird. Freilich wird dann das εἰ nach τοῦτ' ἔστιν weichen müssen.
Doch bietet diese Fassung so unverkennbare Vorteile, dafs die Dar-
angabe des εἰ nicht zu gewagt erscheint.

## Ep. CXLIII.

p. 727. 41 ff. τοιούτοις ἀνθρώποις ἀλαζόσι περιτυχὼν κηφῆσιν
οὔτ' ἐπαίουσι λόγων οὔτ' ἐφιεμένοις, μισήσας τὸ φῦλον οὐχ ἑτέραν
αἰτίαν εὑρίσκω τῆς τροφῆς αὐτῶν ἢ τὸ ἀναγώγως καὶ πρὸ ὥρας
ἠξιῶσθαι τὴν ἀρχὴν ἴσως ὑφ' ἑτέρων ὁμοίων ὡς οἷόν τε πολυτελῶν
ἀκροάσεων.
Synesius ermahnt in diesem Briefe seinen Freund Herkulianus in
echt neuplatonischer Geheimniskrämerei, mit seinen philosophischen
Ansichten nicht an die Öffentlichkeit zu treten, um nicht Schaden
damit anzurichten. Er hält ihm nun aus seiner eigenen Erfahrung
das Bild der ihm verhafsten Philosophaster vor, die nur einmal ein
paar ehrwürdige Aussprüche aufgeschnappt haben und nun ganz ver-

gessen, dafs sie darum doch nicht mehr als Idioten sind, sie werden
aufgeblasen (φύσης ἐμπλησθέντες), im Kreise Unwissender wagen sie
sich an jedes Problem (ἐν οὐκ εἰδόσιν οὐδὲν ἀναδυομένη sc. ἡ δοξο-
σοφία) und trauen sich alles unbesonnen zu (πάντα ἀπερισκέπτως
τολμῶσιν). Statt τροφῆς ist nach dem allen in den oben stehenden
Worten τρυφῆς zu schreiben.

p. 727. 49 f. In den Worten δεῖ δέ σε, εἴπερ αὐτῇ φιλοσοφίᾳ
γνησίως προσελήλυθας, ἀφίστασθαι κοινωνίας τῆς πρὸς τοὺς ἀπο-
στρόφους αὐτῆς lesen Mon. 481 und Par. 1039, dieser allerdings an
korrigierter Stelle statt eines früheren ἀπογρόφους, wie es scheint,
ἀποτρόφους, Mon. 490 —. Diese Lesart halte ich für die richtige
und ziehe zum Vergleich die Stellen 67. 682. 12 ἀπότροφος ἐκκλησίας
und 66. 674. 33 οὔτε πόρρωθεν ἐνετράφην τοῖς νόμοις τοῖς ἱεροῖς
herbei; ohne Gen. steht ἀπότροφος noch 148. 731. 37.

Ep. CXLVI.

p. 729. 35 ff. ἐπιθυμήσας ἀρρενῶσαι τὴν ἱεράν σου ψυχὴν τῷ δι'
ἐπιστολῶν ἐπιπλῆξαι τῷ σφοδρῷ τῆς εἰς τὴν συντυχίαν ἡμῶν ἐνστάσεως, πολλῷ πρότερον — αὐτὸς ἐθηλύνθην.

ἐνστάσεως schreibt Hercher „cum Morello"; Petavius hat im Texte
die auch von meinen Handschriften Par. 1039, Mon. 481 (490 —)
gebotene Lesart συστάσεως stehen lassen und erklärt sich nur in den
Notae p. 64 mit Morells Änderung einverstanden. σύστασις ist nun
hier nicht brauchbar, darüber kann kein Zweifel bestehen; aber es
fragt sich, ob nicht an Stelle der von Morell eingesetzten Lesart
ἐνστάσεως sich eine bessere, d. h. palaeographisch leichtere und plau-
siblere Wendung des Ausdrucks finden läfst. Als ich damit beschäftigt war, eine solche zu finden, stiefsen mir die Worte Platos
im Philebus 46 D auf: ἀγανάκτησιν καὶ ὕστερον ξύστασιν ποιεῖ. Hier
ist es strittig, ob ξύστασιν oder, was die besten Handschriften haben,
ξύντασιν zu lesen sei; ähnlich steht es bei Thukydides 7. 71. 1.
Wie nun diese Stellen auch entschieden werden mögen — Wohlrab
schreibt jetzt bei Plato σύντασιν = contentionem —, so geht doch
das eine deutlich daraus hervor, wie leicht in den Handschriften
ξύντασις und ξύστασις mit einander verwechselt werden konnten. Ich
schlage also vor, statt einer Änderung des handschriftlichen συστάσεως
in ἐνστάσεως die näher liegende und zum Sinne unserer Stelle sich
trefflich schickende (cf. auch 147. 730. 42 συντείνει εἰς) Emendation
συντάσεως vorzunehmen, und lese τῷ σφοδρῷ τῆς εἰς τὴν συντυχίαν
ἡμῶν συντάσεως.

Ep. CXLVII.

p. 730. 40 f. οὗτος οὖν ὁ Γάνος ἐπεφήμισέ σοι (sc. Ἰωάννῃ) τὸν
μονήρη βίον καὶ πρόφασιν τῆς εἰς τὴν πόλιν εἰσόδου βιβλία καὶ τὸν

νοῦν αὐτῶν, ὅσος εἰς θεολογίαν συντείνει, καὶ φαιὸν τριβώνιον ἀμπέχεσθαί σέ φησιν.

Es ist in diesem Briefe, der an einen Johannes, wohl kaum den oben besprochenen Statthalter, gerichtet ist, davon die Rede, dafs derselbe die Menschen verlassen hat (ἀφεὶς τοὺς ἀνθρώπους ἡμᾶς), dafs er sich zurückgezogen (ἀνεχώρησας) und das glückselige Leben (μακαρίας ζωῆς) d. h. das Einsiedlerleben (μονήρη βίον) sich gewählt hat, um sich ungehindert theologischen Studien hingeben zu können. Es ist, wie kaum zu zweifeln ist, von einem christlichen Anachoreten die Rede. Aber der Ausdruck τῆς εἰς τὴν πόλιν εἰσόδου liefs mich lange nicht darüber zur Gewifsheit kommen. Sicherheit brachte mir erst eine Stelle, die ich unter den Testimonia in der Einleitung zur neuen Bonner Ausgabe von Markus Diakonus' Vita Hypatii las. Dort steht p. XI aus Palladius ad Lausum c. 12 (Migne Patrol. Graeci Tom. XXXIV p. 1034 c): οὗτος ὁ μακάριος (Ammonius asceta Aegyptius) — εἰς τοὺς καιροὺς ἐκείνους ἐλθόντος Ἀμμωνίου ἐν Κωνσταντίνου πόλει διὰ χρείας τῶν τῆς ἐρήμου πολιτῶν u. s. w. Wenn hier die Anachoreten der ägyptischen Wüste πολῖται genannt werden, hat auch Synesius von dem Weggang des Johannes in die Einsiedelei als von einer εἴσοδος εἰς τὴν πόλιν, von einem Eintritt in die Gemeinde der Einsiedler, reden können.

## Ep. CXLVIII.

In diesem Brief an seinen Freund Olympius schildert Synesius in launiger Weise sein glückliches Landleben procul negotiis. Manche Probe von der Naivität seiner Bauern hat er dem Adressaten seines Briefes bereits mitgeteilt, eine neue gibt er ihm zum besten.

p. 733. 41 ff. ἐν ἡμῖν εἰσί τινες, οἳ μέχρι καὶ νῦν Ἀγαμέμνονα κρατεῖν ἥγηνται τὸν Ἀτρείδην, τὸν ἐπὶ Τροίαν, τὸν μάλα καλόν τε κἀγαθόν. τοῦτο γὰρ παιδόθεν ἡμῖν ὡς βασιλικὸν παραδέδοται τοὔνομα. καὶ Ὀδυσσέα τινὰ αὐτοῦ φίλον ὀνομάζουσιν οἱ χρηστοὶ βουκόλοι, φαλακρὸν μὲν ἄνθρωπον, ἀλλὰ δεινὸν ὁμιλῆσαι πράγμασι καὶ πόρον ἐν ἀμηχάναις εὑρεῖν. ἀμέλει γελῶσιν, ὅταν περὶ αὐτοῦ λέγωσιν, ἡγούμενοι πέρυσιν ἐκτετυφλῶσθαι τὸν Κύκλωπα, καὶ ὡς εἴλκετο μὲν ὑπὸ τῷ κριῷ τὸ γερόντιον, τὸ δὲ κάθαρμα τὴν θύραν ἐτήρει καὶ οὐραγεῖν ᾤετο τὸν ἡγεμόνα τῆς ποίμνης, οὐκ ἀχθόμενον τῷ φορτίῳ, τῇ δὲ αὐτοῦ συμφορᾷ συναχθόμενον.

Das klingt allerdings stark ans Jägerlatein an. Aber auffallend ist, dafs Synesius seinen Helden Odysseus einen ἄνθρωπος φαλακρός und ein γερόντιον sein läfst. In seinem Encom. calv. kommt Synesius c. 11 p. 74 D ebenfalls auf Odysseus zu sprechen, und auch hier erscheint er als φαλακρός: τὸν Ὀδυσσέα παίζουσιν οἱ μνηστῆρες, μειράκια κομῶντα καὶ διαρρέοντα, καὶ ταχὺ μάλα κακῶς ἀπολούμενοι, πλεῖον ἑκατόν, ὑφ᾽ ἑνὸς ἅπαντα φαλακροῦ, ὃν τέως λαμπαδηκόμον ὄντα καὶ φῶς ἅπτοντα χειροποίητον νουϑετοῦσιν ἀπηλλάχϑαι πραγμάτων, ὡς ἀρκούσης τῆς κεφαλῆς περιλάμψαι τὴν ὅλην οἰκίαν. Hier bezieht sich Synesius, wie schon Petavius Notae p. 31 gesehen, auf des Eurymachus Worte Od. 18. 354 f. ἔμπης μοι δοκέει δαίδων σέλας ἔμμεναι αὐτοῦ ‖ καὶ κεφαλῆς, ἐπεὶ οὔ οἱ ἔνι τρίχες οὐδ' ἠβαιαί. An dieser Stelle, die auf eine einzelne Situation Bezug nimmt, in der Odysseus wirklich ein Kahlkopf und ein Greis war, ist diese Schilderung vollständig am Platze; aber dafs Synesius auch seinen Landleuten die allgemeine Vorstellung eines kahlköpfigen und greisenhaften Odysseus beilegt, ist doch nur erklärlich, wenn besagte Vorstellung durch Kunst und Litteratur ein allgemein giltiges Gepräge erhalten hatte. Davon ist mir aber nichts bekannt geworden.

## Ep. CLI.

p. 734. 31 f. ἆρά μοι μένεις φιλόσοφος, ἆρα ἐκεῖνος, ὃν ἀπολέλοιπα Πυλαιμένης, ἡ νεοτελὴς ψυχή, τὸ σπέρμα τὸ ϑεῖον; φοβοῦμαι τὸν χρόνον τὸν ἀπὸ γενέσεως, πλέον φοβοῦμαι τὴν ὁμιλίαν τῆς ἀγορᾶς. In beweglichen Worten gibt Synesius hier seiner Sorge Ausdruck, ob denn sein Freund Pylaemenes auch noch ein Philosoph bleiben werde (μενεῖς?) jetzt, wo er sich anschicke, seinen bisherigen Wohnsitz in der Pentapolis mit Konstantinopel zu vertauschen, um sich dort der Zunft der Rhetoren, der Gegnr des Synesius, anzuschliefsen. Dabei ist aber nicht verständlich, was Synesius mit den Worten τὸν χρόνον τὸν ἀπὸ γενέσεως meint; Naber hat Mnem. N. S. XXII p. 120 kühn τὸν χρόνον τὸν ἀπὸ Συνεσίου daraus gemacht. Synesius bezweckt offenbar eine Steigerung, in deren zweitem Glied die Furcht vor des Pylaemenes Umgang auf dem Markte mit den verhafsten Rhetoren zum Ausdruck kommt; das erste Glied mag dann wohl von der Furcht schon vor der Zeit gesprochen haben, in der Pylaemenes sich nach Konstantinopel aufmacht. Diesen Sinn gibt unsere Stelle in ungezwungener Weise wieder, wenn aus dem Präpositionalausdruck ἀπὸ γενέσεως das Substantivum ἀπογενέσεως gebildet wird. γίνομαι im Sinne eines Verbs der Bewegung ist bei Synesius, wie auch sonst, an vielen Stellen, z. B. 4. 641. 47; 41. 655. 33; 67. 675. 30; 679. 21 gebraucht und das Substantivum ἀπογένεσις in dem Sinne „Abreise, Weggang“, das bei Passow fehlt, habe ich schliefslich noch zur Begründung meiner Vermutung in Sophokles' Greek Lexicon aus Plotin ed. Creuzer I p. 519. 3 und aus Jamblich Myst. 39. 2 (hier allerdings in der falschen Schreibung ἀπογέννησις) belegt gefunden; aus Epikur bei Eustath. p. 111. 25 führt auch Passow die Form παραγένησις (sic!) in der Bedeutung „Gegenwart“ an. Wir lesen also: φοβοῦμαι τὸν χρόνον τὸν ἀπογενέσεως, πλέον φοβοῦμαι τὴν ὁμιλίαν τῆς ἀγορᾶς.

# Register

## zum grammatischen Teil des III. Kapitels.

### I. Sachregister.

**A.**

Abstrakte im Plural 74.
Abundantia der III. Deklination 30.
Akkusativ des Substantivs, absolut gebraucht 76; des Neutrums eines Adjektivs oder Pronomens modal 75; Akkusativ des Partizips von unpersönlichen Ausdrücken absolut 109; Akkusativ bei Verben 76; des Weges 75 f.; der Zeit 78.
Akkusativ mit Infinitiv nach δέος 106; bei Subjektsgleichheit ebda.
Aktivformen statt medialer 97.
Anomala der III. Deklination 30.
Aoriste I. und II. Akt. und Med. 52 f.; Aoriste II. Pass. 54; mediale im passiven Sinn 97; Aorist statt eines Perfekts 99; Aorist mit ἄν von der Gegenwart in der irrealen Apodosis 119.
Artikel bei einem Präpositionalausdruck 88; bei fragenden und relativen Pronomina 87; fehlt bei πᾶς, ἅπας 87 f.; bei οὗτος, ἐκεῖνος 88; fehlt trotz individueller Beziehung 88; steht beim Prädikat 86 f.; substantiviert einen Konjunktional-, Relativ- und Fragesatz 87; wiederholt bei attributiven Bestimmungen 86.
Attische Deklination beim Substantiv 30; beim Adjektiv 34.
Attraktion beim Inf. 84; beim Relativ ebda.; bei ὅσος u. s. w. 84 f.
Augment 42 ff.

**C.**

Comparatio compendiaria 86.

**D.**

Dativ absolut gebraucht 80; komplexiver 80; Dativ beim Passiv 79 f.; bei Verben 80 f.; von der Zeitdauer 80.
Deliberativ vertreten durch Optativ (mit ἄν) 103 u. 113.
Dual des Nomens 71 ff.; des Verbums 98.

**E.**

Eigennamen auf -γένης, -κράτης, -μένης, Deklination derselben 32 f.
Ellipse der obliquen Kasus des Personalpronomens 91 f.; des Verbums 112.

**F.**

Finalsätze 113 ff.
Fragesätze, abhängige 113.
Futur, attisches 51 f.; Futur III. Bildung 54; Futur III. Pass. statt Futur I. 101; Futur mit ἄν 128; Futur im imperativischen Sinn 100; mediales im passiven Sinn 97.

**G.**

Genetiv der Beziehung, abhängig vom Artikel 77 f.; bei Komparativen statt ἤ 78; beim Passiv ebda.; Genetiv der Ursache ebda.; bei Verben 78 f.; Gen. der Zeit 78.

**H.**

Heteroklita der III. Deklination 31.
Historisches Präsens 98.

**I.**

Imperativ vom medialen Perfekt 105.
Imperfekt statt Aorist 99 f.
Indefinite Pronomina 40 f.
Indikativ Fut. und Optativ Aor., abhängig von εἰ, wechselnd 104 f.
Infinitiv nach verba sentiendi 105; Inf. zum Ausdruck des Wunsches 108; absoluter Inf. 105; finaler·Inf. frei angeschlossen 116; substantivierter Inf. 106 f.; Inf. des Aorists statt gew. Futurs 98; Inf. Perf. nach unpersönlichen Ausdrücken 100; in der abhängigen Frage 113; ersetzt durch ἵνα c. con. 108; — durch ὅπως (c. con.) ebda.
Ionismen 24 ff.

**K.**

Kausalsätze 119 f.

Komparation der Adjektive 37.

Komparativ mit dem Genetiv eines Reflexivpronomens 85; statt eines Positivs ebda.; statt eines Superlativs 85 f.; ersetzt durch den Positiv mit μᾶλλον 85; gesteigert durch μᾶλλον, οἶον ebda.

Kondizionalsätze 117 f.

Konjunktiv mit ἄν statt Optativ mit ἄν 102 f.; Konjunktiv mit ἄν im hypothetischen Relativsatz 122.

Konsekutivsätze 116 f.

Konstruktion nach dem Sinn 75.

Kontraktion in der Deklination der Substantiva 29 f.; in der Deklination der Adjektiva 33 f.; beim Verbum 55 f.

Konzessivsätze 120 f.

**M.**

Medialformen statt aktivischer 95 ff.

**N.**

Negation bei einem von einem negativen Begriff abhängigen Verbum wiederholt 129 f.; zusammengesetzte fortgesetzt durch οὔτε-οὔτε 130.

Neutrales Prädikat bei einem Nomen mit männlichem oder weiblichem Geschlecht 134.

Neutrale Satzapposition 134.

Neutrum eines Adjektivs substantiviert 70 f.; desgleichen eines Partizips 109.

Nominativ des Partizips absolut gebraucht 109.

Nominativ mit Inf. statt Akk. mit Inf. 106.

**O.**

Optativ nach einer Zweckpartikel 104; Optativ Aor. und Ind. Fut., abhängig von εἰ, wechselnd 104 f.; Optativ mit ἄν vertreten durch den Konjunktiv mit ἄν 102 f.; statt eines Deliberativs 103; Opt. mit ἄν im Relativsatz 122; ohne ἄν ebda.

Ortsbezeichnung, Anomalien derselben 82 ff.

**P.**

Partitiver Genetiv, Stellung 77; nach einem transitiven Verbum 77.

Partitivkonstruktion statt eines adjektivischen oder pronominalen Attributs 76 f.

Partizip, absolutes statt des verbundenen 109.

Partizipialadverbien 109.

Perfekt statt eines Aorists 98 f.; Perfekt mit ἄν 128.

Periphrase des einfachen Verbums mit εἰμί und γίνομαι 101 f.

Personalendungen des Verbums 49 ff.

Personalpronomina 39 f.; abgeschwächt 88 f.

Plural von der redenden Person 74.

Plusquamperfekt ohne Augment 46 ff.; statt eines Imperfekts (Aorists) 101.

Positiv vertreten durch den Superlativ 86.

Possessivpronomen, umschrieben durch den Genetiv des persönlichen 93; ohne Artikel 93.

Potentialis ohne ἄν 103 f.

Präsentisches Perfekt 100 f.

**R.**

Reflexivpronomina 39 f.

Relativpronomina 41; Relativpronomen statt des fragenden 94; statt einer Bedingungspartikel mit einem Indefinitum 95.

Relativer Anschluß 95.

Relativsätze 122.

**S.**

Sigmastämme von Substantiven auf -ας 30; auf -ος, Gen. Plur. 29; Sigmastämme von Adjektiven 34.

Subjektsakkusativ fehlt beim Akk. mit Inf. 109.

Subjektsgenetiv fehlt beim absoluten Partizip 109.

Superlativ als Regens eines Genetivs vom gleichen Nomen 86; Superl. statt eines Komparativs 86. 162; Superl. ersetzt durch Positiv mit μάλα 86; verstärkt durch ὅπως, ὅσον (δύναμαι), ὅστις, durch μάλιστα 86.

**T.**

Temporalsätze 122 ff.

Terminus in quo statt des Terminus ex quo 84.

**V.**

Verba liquida, Aoristbildung 56 f.

Verba auf -μι, Frequenz 57 ff. Übergang in die Konjugation der Verba auf -ω 59 f. 62 f.; Übergang in Verba contracta 62.

Verbaladjektiv von εἰμι, Bildung 51; Verbaladjektiv, Gebrauch 111 f.; auf -τέα 112.

Verbum im Plural bei Subjekt im Neutr. Plur. 133 f.

**W.**

Wechsel zwischen Futur und Präsens 100.

Wortstellung, Abweichungen von der gewöhnlichen 134 f.

## II. Wortregister.

**A.**

ἃ τοῦτο 95.
ἀγαθώτατος 37.
ἄγαμαι mit Gen. 78.
ἄγω Perfekt 64.
ἀθρόος Kontraktion 33 f.
αἱρέω Fut. 64.
ἁλίσκομαι Augm. 45 f.
ἀλλά 168.
ἀλλὰ-ἄρα 168. ἀλλὰ γάρ (ἀλλὰ-γάρ) 168 f.
ἀλλὰ-γάρ τοι 169. ἀλλὰ-γέ 169. ἀλλὰ-
μέν 169. ἀλλὰ μήν 169. ἀλλ' οὖν γε 169.
ἄλως Akk. Plur. 30.
ἅμα 139.
ἀμέλει 169.
ἀμφί 135 f.
ἀμφισβητέω Augm. 49; mit Gen. 78; mit
ὑπέρ ebda.
ἄν mit Ind. Aor. bei Wiederholung in
der Vergangenheit 127; ebenso ἄν mit
Part. ebda.; ἄν in der Protasis 127;
ἄν beim Indik. 127 f.; beim Inf. Aor.
nach ἐλπίζω 128; beim Futur 128;
beim Perfekt 128; doppeltes ἄν 127;
ἄν fehlt beim Potentialis 103 f.; beim
Irrealis 127.
ἄν = ἐάν Form 24; Frequenz 122; mit
Optativ 119.
ἀνά 136.
ἀνέχομαι Augm. 49; mit Gen. 78; mit
Akk. ebda.
ἀνέῳγα intransitiv verboten? 64 ff.
ἄνθος Gen. Plur. 29 f.
ἀνθ' ὧν kausal 120.
ἀνοίγνυμι: ἤνοιξα 48.
ἀντί 141.
ἀνύω-ἀνύτω 54.
ἄπαγε mit Gen. 79.
ἀπαγορεύω Fut. 66.
ἀπό 141 ff.
ἀποδειλιάω mit μή und Konj. 116.
ἀποδέχομαι mit Gen. 79.
ἀποκτείνω Perf. 66.
ἀπολαύω konstr. 79.
ἀποστερέω konstr. 79.
ἄρα 169.
ἆρα 169.
ἀρέσκω konstr. 80.
ἄρχομαι mit Inf. oder Part. fehlt 111.
ἄστυ Gen. Sing. 29.
-αται III. Pers. Plur. Perf. = -νται 25 f.
ἀτάρ 169.
-ατο III. Pers. Plur. Plusqmpfkt. = -ντο
25 f.
ἄττα 41.
αὐτός = ipse Stellg. 90; αὐτὸς αὐτοῦ 91.
αὐτός = οὗτος 90.

αὐτοῦ in reflexiver Bedeutung attributiv
gestellt 89 f.
αὔξω, nicht αὐξάνω 66.
ἀφαιρέομαι konstr. 79.
ἀφ' οὗ kausal 120; temporal 122.
ἄχρι 143.

**B.**

βιῴην, nicht βιοίην 56.
βουλοίμην (ἄν) 128 f.
βούλομαι Augm. 42 ff.
βοῦς, Akk. Plur. 29.

**Γ.**

γάρ 169; γὰρ ἄρα 169; γὰρ δή 169; γάρ
τοι 169.
γέ 169; γέ τοι 169.
-γένης, Eigennamen auf, Deklin. 32 f.
γίγνομαι-γίνομαι 26.
γιγνώσκω-γινώσκω 26.
γίνομαι zur Umschreibung des Verbums
101 f.; mit τοῦ und Inf.? 107.
γράφω Pfkt. 66.

**Δ.**

δάκρυον 31.
δέ 169 f.; δὲ ἀλλά 170; δέ γε 170; δὲ δή
170; δ' οὖν 170.
δέδια 66 f.
δέεται unkontrahiert 55 f.
δείδω mit Inf. 106.
δέος mit Akk. mit Inf. 106.
δεῦρο Bedeutung 84.
δή 170; δήποτ' οὖν 170; δήπου 170; δήπουθεν 170 f.
δῆτα 171.
διά 147 ff.
διάκειμαι mit ὡς und Part. 110.
διατελέω mit Part. 111.
διδράσκω Aor. 57.
δίδωμι Frequenz 57 f.
διέφθορα Bedeutung 67.
διότι 125.
δίχα 143.
δίψος-δίψα 31.
δύναμαι Augm. 42 ff.
δύνη 59.
δύο Deklin. 41.
δυοκαίδεκα 42.
δύς- in Kompositen. Augm. 48.
δυσχεραίνω mit Akk. 76.
δυώδεκα 42.

**E.**

ἒ siehe οὗ.
ἐάν Frequenz 122; mit Ind. 118.
ἑαυτοῦ u. s. w. — αὑτοῦ u. s. w. 40; ἑαυτοῦ (αὑτοῦ) Stellg. 92; ἑαυτοῦ, ἑαυτῶν

für ἐμαυτοῦ u. s. w. und σεαυτοῦ u. s. w.
92 f.
ἐβουλόμην (ohne ἄν) 128.
ἐγκρίνω konstr. 80.
ἐγώ ohne Nachdruck gesetzt 88 f.
ἔδει und ἔδει ἄν 128.
ἐθέλω Augm. 44.
εἰ mit Konj. 118.
-ειας, -ειεν, -ειαν Optat. statt -αις, -αι,
　-αιεν 50 f.
εἰ δὲ μή ohne Verbum 118.
εἰμί Formen 61; zur Umschreibung des
　Verbums 101 f.; εἰμί ὡς 117.
εἶμι Formen 61.
εἰπάμην 53.
εἰς 136 ff.
-εισαν und -εσαν im Plusqmpfkt. 49.
εἴσω 143.
εἶτα 171.
ἐκ 143 ff.
ἐκεῖνος Stellung 91; ohne Artikel 88;
　auf Folgendes hindeutend 93; ἐκεῖνος
　= σός 93 f.
ἐκτός 145.
ἐλεύσομαι 67.
ἐμοὶ δοκεῖ 105.
ἕνεκα 145.
ἐννεακαιδέκατος 42.
ἐνοχλέω Augm. 49.
ἐν τοῖς mit Ordinale 87.
ἐντός 145 f.
ἐν ᾧ temporal 122.
ἐξαρτάομαι mit Akk. 76.
ἔξεστι konstr. 108. 110.
-εος (-οῦς) Adjektive auf — 33.
ἐπεί temporal, Frequenz 122.
ἐπεί, ἐπειδή, ἐπείπερ kausal 120.
ἔξω 146.
ἐπειδάν Frequenz 122.
ἐπειδή temporal, Frequenz 122.
ἔπειτα 171.
ἐπέκεινα 146.
ἐπί 156 ff.
ἐπιμέλομαι-ἐπιμελέομαι nicht vorhanden
　56.
ἐπὶ ῥητοῖς ἐφ᾽ ᾧ „unter der Bedingung,
　dafs" 117.
ἐπιτήδειος, ον oder -ος, -α, -ον 36 f.
ἐς für εἰς 24 f.
ἐσθίω Plusqmpfkt. Pass. 67.
ἔστε ἄν „so lange als" 123 f.; „bis" 126.
-έστερος Komparativendung von o-
　Stämmen 37.
ἕστηκα Formen 60 f.
ἔστιν ὑπότε, ὅστις, ὅτε, οὗ 122.
εὐ- in der Augmentation 44.
εὖ in Kompossiten. Augm. 48.
εὐθύ 146.
εὐρόμην-εὑράμην 53 f.
εὑρίσκω Augm. 44.

-εύς Akk. Plur. 29.
εὐτυχέω konstr. 81.
ἐφ᾽ οἷς kausal 120.
ἐφ᾽ ᾧ kausal 117 u. 120; final 115.
ἔχω Fut. 67.
ἕως Frequenz 123.
ἕως „so lange als" 123; „bis" 125.
ἕως ἄν „bis" 125; ἕως mit Konj.; mit
　Ind. Fut. 125.
ἕως οὗ 126.

**H.**

-η Endung der II. Pers. Sing. Präs. und
　Fut. Med. u. Pass. 49.
-ήεις Adjektive auf — 34.
ἡμὼν-ἡῶν 28.
ἡμεῖς ohne Nachdruck gesetzt 89.
ἡμιδεής Kontraktion 34 f.
ἦν Form 24; Frequenz 122; mit Opt. 119.
ἤνεγκα-ἤνεγκον 52 f.
ἡνίκα 123.
ἥρως Akk. Plur. 29.

**Θ.**

θαρρέω konstr. 81 f.
θάττων 37.
θέλω Augm. siehe ἐθέλω.
θιγγάνω-θίγω 57.
θοῖτο-θεῖτο 60.

**I.**

ἴδιος statt eines Possessivpronomens 93.
ἴζω Aor. 67.
ἵημι Frequenz 58; Aor. II. mit κ 60.
ἰητρός-ἰατρός 28.
ἵνα final 113; ἵνα ἄν final 115; vertritt
　einen Inf. 108; ἵνα = ὥστε 117.
ἴσα adverbiell 75.
ἵστημι Frequenz 58 f.
ἵστημι-ἱστάω 62.
ἰτέον-ἰτητέον 51.

**K.**

καὶ γάρ (καὶ-γάρ) 171; καὶ γὰρ δὴ καί
　ebda.; καὶ-γέ ebda.; καὶ-δέ ebda.; καὶ
　δή ebda.; καὶ δὴ καί ebda.; καὶ δῆτα
　ebda.; καὶ μέντοι ebda.; καὶ μήν ebda.
καίπερ mit Part. konzessiv 121.
καίτοι mit Part. konzessiv 120; kausal
　121 f.
κακίων ausgestorben 37.
κἄν Frequenz 122; κἄν-κἄν ebda.
κἄν εἰ mit Konj. 118.
κάπειτα 171.
κατά 149 ff.
κᾆτα 171.
κατόπιν 146.
κίνησις statt στάσις 82 f.
κλεῖς Akk. Plur. 30.
κρατέω konstr. 82.

-κράτης, Eigennamen auf --. Deklination 32.

κρύπτω konstr. 82.

## A.

λανθάνω mit Part. 111.

λεώς 30.

λούομαι, λούεται u. s. w. — λοῦμαι, λοῦται u. s. w. 55.

## M.

μάλα mit Pos. ersetzt den Superlativ 86.

μάλιστα zur Verstärkung des Superlativs 86.

μᾶλλον verstärkt den Komparativ 85.

μᾶλλον mit Pos. ersetzt den Komparativ 85.

μάχομαι Fut. 67 f.

μέλλω Augm. 42 ff.; mit Inf. Fut. 98.

μὲν ἄρα 171; μὲν γάρ ebda.; μέν γε ebda.; μὲν δή ebda.; μὲν οὖν 171 f.; μέντοι 172.

-μένης, Eigennamen auf. Deklination 33.

μετά 151 ff.

μέχρι 146.

μέχρι temporale Konjunktion, 123; μέχρι und μέχρι ἄν „bis", „bis dafs" 126 f.

μή statt οὐ 131 ff.; μή = ἵνα μή 115; mit Ind. nach einem zu ergänzenden Verbum des Fürchtens im scheinbaren Hauptsatz 116; mit Ind. Fut. nach einem Verbum des Fürchtens ebda.

μὴ δέ = μηδέ 41.

μηθείς siehe οὐθείς.

μήν 172.

## N.

ναῦς Deklination 30.

νεώς 30.

-ντων in der III. Pers. Plur. Imperat. 49 f.

-νυμι, Verba auf, Übergang in Verba auf -νύω 62 ff.

## Ξ.

ξύν für σύν 26 f.

## O.

ὅδε Stellung 91.

ὃ δέ epanaleptisch 94.

-όεις, Adjektive auf, 34.

οἱ siehe οὐ.

οἴγνυμι Augm. 45 f.

οἶδα Formen 68.

-οίην Optativendung der Contracta auf -έω 56.

οἰκεῖος statt eines Possessivpronomens 93.

οἴομαι, ᾠόμην-οἶμαι, ᾤμην 55.

οἷον verstärkt den Komparativ 85.

οἷος, ὅσος mit Inf. 105.

οἷς kausale Konjunkt. 120.

ὀλισθάνω Aor. 57.

ὄνειρος Akk. Plur. 31.

ὀνίναμαι Aor. 68 f.

ὀπηνίκα 123.

ὁπότε temporal 123; kausal 120.

ὅπου kausal 120.

ὅπως verstärkt den Superlativ 86.

ὅπως final 113 f.; ὅπως (mit Konj.) vertritt einen Inf. 108.

ὅπως und ὅπως μή elliptisch 114.

ὅπως ἄν final 114.

ὅρα ὅπως 113; ὅπως ἄν 114.

ὁράω Augm. 45 f.; Perfekt u. Aor. Pass. 69.

ὀρέγω 69.

ὄρνις-ὄρνεον 31 f.

ὁσάκις 123.

ὅσον (δύναμαι) verstärkt den Superlativ 86.

ὅσος = ὅς 95.

ὀστέον-ὀστοῦν 28.

ὅστις = ὅς 94; als Interrogativpronomen von zweien 94; verstärkt den Superlativ 86.

ὅταν Frequenz 123.

ὅτε temporal 123; als Bedingungs- und Temporalpartikel 119; kausal 120.

ὅτι = quod 119 f.

ὅτι μή nach einem negativen Pronomen 130.

ὅτου, ὅτῳ u. s. w. 41.

οὐ statt μή 133.

οὗ, οἷ, ἕ Gebrauch 28. 39.

οὐδ᾽ ἄν εἰ mit Optat. 118.

οὐδέ nach affirmativem Gliede 130.

οὐδὲ γάρ οὐδέ 130 f.

οὐδέ + εἷς = οὐδείς 40 f.

οὐδεὶς ὅστις 95.

οὐθείς 41.

οὐκ ἔστιν ὅπως 103.

οὐκ ἔχω ὅπως 103.

οὐκοῦν 172.

οὔκουν 172.

οὐ μή mit Ind. Fut. 116.

οὖν 172.

οὔτε statt οὐδέ 130.

οὗτος Stellung 90 f.; ohne Artikel 88; statt ὅδε 91.

οὕτως statt ὧδε 91.

ὀφλισκάνω-ὄφλω 57.

-όω, Verba auf —, selten 56.

## Π.

παλαιότερος-παλαίτερος 37.

παρά 160 ff.

παραχωρῶ τινί τινος 79.

παρίσταται mit Inf. persönl. konstr. 106

παρ᾽ ὅσον „aufser dafs" 122.

πᾶς (ἅπας) ohne Artikel 87 f.

παύομαι mit Part. 111.

πέλεκυς Nom. Plur. 29.

πέμπω: ἐπέμφθην? 54.

πέρα 146.
περί 153 f.
πέτομαι Fut. 69.
πίμπλημι-πιμπλάω 62; Ausfall des μ 67.
πλεῖν ἤ 38.
πλείων-πλέων 37 f.
πλήν 146; πλήν εἰ, πλήν εἰ μή 119.
πλόος, Adjektive auf —, 33.
ποῖος == τίς 94.
πολλαπλάσιος, -σίων 35 f.
πόῤῥω 146.
πρηνής-πρανής 36.
Πρίηπος-Πρίαπος 28.
πρίν Gebrauch 124.
πρίν ἤ 124.
πρό 146.
πρός 164 ff.
πρότερον ἤ mit Inf. 124 f.

**Ρ.**

ρσ und ρρ 27.

**Σ.**

-σθων, -σθωσαν Endung der III. Pers.
  Plur. Imperat. 49 f.
σκοπέω πῶς und πῶς ἄν 113.
σμικρός-μικρός 25.
σσ und ττ 27.
στάδιον Plur. 31.
στάσις statt κίνησις 82 f.
στέρομαι und στερίσκομαι konstr. 79.
σύ ohne Nachdruck gesetzt 89.
συμβαίνει mit Inf. persönl. konstr. 106.
σφᾶς siehe σφῶν.
σφίσιν siehe σφῶν.
σφίσιν == αὐτοῖς 28.
σφῶν, σφίσιν, σφᾶς Gebrauch 39.
σχολαιότερος-σχολαίτερος 37.

**Τ.**

τέθνηκα Formen 69.
τὲ-καί (τὲ καί) 172 f.
τέλεος-τέλειος 36.
τελέω Fut. 69.
τίθημι Frequenz 59; Aorist II mit κ 60.
τίνω, τίσω u. s. w. 69.
τοιγαροῦν 173.

τοίνυν 173.
τοιοῦτος, ὅς 95.
τοιοῦτος (τοσ.) statt τοιόσδε (τοσ.) 91.
τοῦ mit Inf. final 115 f.
τούτου statt αὐτοῦ 90.
τριςκαιδέκατος 42.

**Υ.**

ὑγιής Kontraktion 34 f.
υἱός Deklination 31.
ὑμεῖς ohne Nachdruck gesetzt 89.
ὑπακούω konstr. 82.
ὑπέρ 154 ff.
ὑπεροράω konstr. 79.
ὑπό 167 f.

**Φ.**

φαίνω Aor. Pass. 69.
φημί Formen 61 f.
φθάνω mit Part. und mit Inf. 111.
φύομαι Aor. 69 f.

**Χ.**

χάριν 147.
χρῆν-ἐχρῆν 49.
χρώς Deklination 32.
χωρίς 147.

**Ω.**

-ώδης, Adjektive auf — 34.
ὠθέω Augm. 44 f.; Aor. Akt. 70.
-ων, Komparativformen auf —, Kontraktion 35 f.
ὠνέομαι Augm. 44 f.
ὡς final 114; konsekutiv 116 f.; kausal
  120; temporal 123; ὡς-ἕως ebda.; ὡς
  mit Inf. statt ἵνα 115; ὡς mit Part.
  kausal 110; ὡς mit Part. statt eines
  Objektsatzes nach διάκειμαι τὴν γνώμην 110; ὡς ἄν mit Part. 110; ὡς ἄν
  final 114 f.
ὡς mit Akk. 138 f.
ὥσπερ mit Part. „wie wenn" 110.
ὥσπερ ἄν εἰ mit Komparativsatz 110.
ὥστε konsekutiv 116; nach συντυγχάνει
  117; mit Konj. 117; statt ἵνα 115;
  satzverbindend 116.

Druckfehler.

Seite 1: Zeile 4 von oben ist zu lesen: ☉ 23 und ☾ 16.
 „ 25 „ 16 „ : nur Mon. 490;
 „ 37 „ 25 „ hat dasselbe.
 „ 40 „ 7 „ auf den Inschriften.
 „ 44 „ 17- „ (mit v. l. εὕρατο).
 „ 54 „ 19 „ εὑρέσθαι.
  59  18 unten 736. 22.
  69  11 τίνω.

Zeitfracht Medien GmbH
Ferdinand-Jühlke-Straße 7
99095 Erfurt, Deutschland
produktsicherheit@kolibri360.de